U0164147

清末民初公羊學研究

——皮錫瑞、廖平、康有為

丁亞傑◎著

目錄

自序

民國八十一年六月完成碩士論文《康有爲經學述評》後，當年九月即至專科學校任教。任教期間，深深體會技職教育體系對人文學科的衝擊：不論是課程架構、專業教師認知、學生學習態度、學校對國文教師定位等，均不利於國文教學。

此時在寫作碩士論文期間的問題意識，再度呈現：生於今世，潛心古典，其意義爲何？對當代是否有價值？所不同者，以往是在中文系之內反省，由於有共同的價價觀，頗能獲得師長鼓勵；現在則是在中文系之外思考，學科間的鴻溝，備受他人質疑。

內外交攻，並不因爲進入博士班就讀，而有所稍減，反而成爲生命的焦慮。這一焦慮，也影響到論題的選擇，原本計畫從晚清上溯清初，探討清初經學史問題，最後仍回到晚清範疇，以康有爲爲核心，擴大到皮錫瑞、廖平，用《公羊》學貫串三家學術，名曰：「清末民初公羊學研究—皮錫瑞、廖平、康有爲」。原因無他，三氏均能運用經典，以切合當世，可以爲我輩參稽。

全書結構，俱見緒論；各章名稱、問題導向，可參考各章前言，不再贅論。其實學業永無完成之日，希望以此爲基礎，繼續深研經典對生命的意義這一課題。

民國九十一年二月一日丁亞傑序

緒論

第一節　研究動機

　　讀書治學，大體而言，有兩種方向：一是探究客觀知識，回復歷史真相；一是反省存在困境，處理生命問題。前者偏重研究對象，是近代學術主流；後者偏重研究主體，希望藉著融合主客，提升心靈境界。以人文學科研究而言，應著重後者[1]，是以本題目的，也在於此。至於選擇經典為研究目標，亦自有故，經典所以能為人尊崇，不在於時間的久暫，而在於一片混沌中，提出問題，並試圖發掘答案。問題與答案，不僅僅針對時代，更能針對宇宙人生；不僅僅是知識問題，更是生命問題。研讀經典，正在解消我們的困境與疑惑，經典宛如真理之光，照耀黑暗的世界，指引我們前進，並進而省察我們的價值與意義，可以「生命的學問」稱之。

　　儒家經典，就在彰顯此一特色，從戰國末年以降，儒家經典即是一整體存在，《左傳‧僖公二十七年》：「《詩》、《書》義之府也；《禮》、《樂》德之則也，德、義，利之本也。」《詩》、《書》、《禮》、《樂》四者並稱，作為道德修養的根據。其後《莊

---

[1] 例如林毓生就很明白的指出人文研究要了解：（一）人是什麼？（二）人活著幹什麼？（三）人與社會的關係是什麼？研究的中心目的在尋找人的意義，見〈不以考據為中心目的之人文研究〉，《思想與人物》（臺北：聯經出版公司，1983年8月），頁263—275，引文見頁264。

子・天下》云：「《詩》以道志，《書》以道事，《禮》以道行，《樂》以道和，《易》以道陰陽，《春秋》以道名分。」已從純粹道德修養，向外投射至人事，且進而探索宇宙。《春秋繁露・玉杯》云：「《詩》、《書》序其志，《禮》、《樂》純其美，《易》、《春秋》明其知。」研讀經典，是讓生命純美，並能掌握客觀世界。《史記・太史公自序》更云：「《易》著天地陰陽四時五行，故長於變；《禮》經紀人倫，故長於行；《書》記先王之事，故長於政；《詩》記山川谿谷禽獸草木牝牡雌雄，故長於風；《樂》樂所以立，故長於和；《春秋》辯是非，故長於治人。」生命存在、天地山川、宇宙變化，均須透過經典理解，反過來說，缺乏這些經典，我們根本不能理解自己及賴以生存的世界。此一傳統，是對五經採取整體認知，將之視爲掌握最高根源的知識體系，下明人事，上究天道，經典成爲向外探索世界，向內反省人生的根據。

　　清末民初正是文化巨變的時代，時空不斷的流蕩，人在時間的流衍、空間的轉徙中，逐漸理解自己及其世界，其時知識分子會選擇《公羊》面世變，即因人是歷史的存在，逸脫文化傳統，我們也無法理解自己。[2]這正是問題的所在，何謂文

---

[2] 其時「少年喜言《春秋》，推《公羊》之義，以貫究西學，其言巧辯，亦頗有駭聽者，老師宿儒，遂因此而諱言《公羊》」，見王蘧常編：《沈寐叟年譜》（臺北：臺灣商務印書館，1982年5月），「光緒24年戊戌」條，頁32—33。曹元弼欲治《孝經》救此風氣，沈曾植善之，以爲孔子「志在《春秋》，行在《孝經》，學者知此，乃可以言《公》、《穀》微言耳」，沈曾植未必贊成康有爲經說，但如是講法，也是《公羊》家言，與乾嘉學者不類。

化傳統？其內容為何？其流變為何？對現在影響何在？對未來如何說明？《公羊》學者即試圖處理這些問題，並尋找答案，方法或有爭議，答案也不盡人意，不同意見的對諍，勢所難免，而其影響，流播至今，未嘗稍歇。研究本題即欲理解晚清《公羊》學者如何以經典面對世變，生命意義如何安頓，世界秩序如何條理。而在理解他人的同時，也理解自己，借著研究過程，尋求安身立命的根據。

第二節　研究目的

一、察知清末民初公羊家思想

　　清末民初又是一傳統與現代接榫、中國與西方交會的時代，古學於此復興，西學也於斯時傳入，文化變遷劇烈，激擾其時知識分子，多數學者，或默會於傳統，或注目於西方，左衝右突，所呈現的風貌，均非單線式的發展，正好相反，學者博通淹雅，著述繁多，學術風格多變，綜攝各個領域。[3]如皮

---

[3] 近代思想史的複雜龐大，可參考龔師鵬程：〈面對近代思想史〉，《近代思想史散論》（臺北：東大圖書公司，1991 年 11月），頁 1—14，主要論點見頁 3—7；古學的復興，除《公羊》學外，尚有先秦諸子學、魏晉玄學、陸王心學、佛學、駢文、宋詩，見〈傳統與反傳統—論晚清到五四的文化變遷〉，同書，頁 15—59，主要論點見頁 45—50。晚清西學的傳入，可參考郭廷以：〈近代西洋文化之輸入及其認識〉，《近代中國的變局》（臺北：聯經出版公司，1990 年 8 月），頁 27—49；熊月之：《西學東漸與晚清社會》（上海：人民出版社，1994 年 4 月），則是對此一專題的全面研究。

錫瑞（道光 30 年—光緒 34 年，1850—1908）「始攻《尚書》，…中治鄭學，…晚歲博貫群經，創通大義，窮經而外，兼擅詞章」（張舜徽〔1911—1992〕：《清人文集別錄》，卷 23，頁 623—624）。其實皮錫瑞始好駢文，三十而後方治經學，從文學轉到經學，而經學雖以今文為主，又不廢古文，可以通學稱之。皮錫瑞學術所代表的意義是重振魏晉駢文，發揚經今文學。廖平（咸豐 2 年—民國 21 年，1852—1932）以制度分別夾纏的經今古文問題，以為《王制》是今學，《周禮》是古學，並進而從制度的研究，探索人在宇宙間的終極價值，並將諸子、讖緯等納入經學範疇，此即著名的經學六變說：「於是三千年來之孔子，及數千年之經學，與夫由經學而興起之思想言論，其作用如何，影響如何，皆有重加考定之必要矣。」（《清人文集別錄》，卷 23，頁 628）廖平學術所代表的意義是重新尋得判別經今古文之爭的門徑，使經今文學躍上正統的地位。康有為（咸豐 8 年—民國 16 年，1858—1927）最初研治理學，從程朱轉向陸王，其後研治經學，則是由古文轉向今文，並以儒學為儒教，視孔子為教主。並以《公羊》學面對世變。

　　考察三氏的為學歷程，經學、理學、文學，難以做一絕對的畫分，其中又有今文與古文、程朱與陸王、散文與駢文的分流並峙，所以三氏均有指點學者如何治學的著作，皮錫瑞有《經學歷史》、《經學通論》，廖平有《今古學考》、《古學考》，康有為有《長興學記》、《桂學答問》。人不是抽象的存在，正好相反，是一具體存在，所以指點治學途徑的著作，對讀者而言，固可由此獲得門徑，但對作者而言，卻可察知存在感受與其生命歷程的關係，兩者的結合，對學術途徑應有相當的影響，並可探討解經方法的異同。生平志業、治學途徑、經典詮釋之間的糾結，正是我們首要研究的課題，其目的在於理解清末民初

《公羊》學者如何以所承受的傳統面對時局。

二、了解清末民初公羊學理論

經學研究，經由以「孔子─儒家─經典」這一結構分析，如對經典理解不同，會影響對孔子、儒家的理解；同樣如對孔子認識有異，也會影響對儒家與經典的定位。經學今古文之爭，固與此一結構有關；今文學者內部的不同，也是如此。理論的背後，其實已蘊含對孔子與儒學的認知。皮、廖、康三氏，均有探討經典真偽的作品，考其原意，與其說是文獻的研究，不如說是思想的發揮，考證不過是達到目的的方式，所以如只注意其考證的過程與結果，自會覺其武斷曲解，但若仔細體會其思想，輒覺其精神昂揚，別有旨趣。

皮錫瑞始攻《尚書》，中治鄭學，《公羊》思想不甚明顯，直至晚年作《經學歷史》、《經學通論》，雖然博貫群經，創通大義，但已有強烈的《公羊》思想：「故必以經為孔子作，始可以言經學；必知孔子作經以教萬世之旨，始可以言經學。」（《經學歷史・經學開闢時代》，頁 11）六經為孔子所作，自是《公羊》家通義。而孔子作六經的目的則是：「孔子之教何在？即在所作六經之內。故孔子為萬世師表，六經即萬世教科書。惟漢人知孔子維世立教之義，故謂孔子為漢定道，為漢制作。」（《經學歷史・經學開闢時代》，頁 9）在皮錫瑞看來，漢代風俗淳美，即是通經致用之故，以此推論，孔子之教，雖行之百代，仍然有其成效。由此再進一步探討孔學內容，皮錫瑞反覆指出孔學真義在立法改制。[4]而立法改制只是春秋三世

---

[4] 參考皮錫瑞：《經學通論・春秋》（臺北：臺灣商務印書館，1989 年 10 月臺 5 版），〈論春秋素王不必說是孔子素王春秋為

說的理論基礎，所以具體內容仍當求之於三世說，但皮錫瑞只論述三世之義是《春秋》微言，並未指陳三世內容。[5]廖平最初是「平分今古」，「今學主《王制》、孔子，古學主《周禮》、周公。」（《初變記》，李耀仙編：《廖平選集（上）》，頁 546）相較皮錫瑞，廖平已指出以制度之異，比較今古學的不同。其後廖平「尊今抑古」，「於是考究古文家淵源，則皆出許、鄭以後之僞撰。所有古文家師說，則全出劉歆以後據《周禮》、《左氏》之推衍。又考西漢以前，言經學者，皆出孔子，並無周公；六藝皆爲新經，並非舊史。」（《二變記》，《廖平選集（上）》，頁 547）經古文學是否劉歆推衍，看似文獻眞僞的判定，詳究其實，是對孔學內容的理解有異，「新經」與「舊史」的對比，即說明了其中的消息，舊史僅是往事的記載，新經才是理想的所在。廖平《三變記》以降，就是根據重新理解的孔學而來：「孔子乃得爲全球之神聖，六藝乃得爲宇宙之公言。」（《三變記》，《廖平選集（上）》，頁 549）六藝能爲宇宙之公言，其性質必須是新經，而不能是舊史。然而六藝從最廣義的角度分析，

後王立法即云爲漢制法亦無不可〉、〈論春秋改制猶今人言變法損益四代孔子以告顏淵其作春秋亦用此意〉、〈論春秋爲後世立法惟公羊能發明斯義惟漢人能實行斯義〉等諸條。

[5] 田漢雲以爲《經學通論》所展示的儒學理論體系，是由方法論、制度論、教化論構成，見《中國近代經學史》（西安：三秦出版社，1996 年 12 月），第 6 章，〈今文經學的正宗與別流〉，頁 338—410，引述見頁 365。方法論即《周易》的變與不變；制度論即《春秋》的立法改制；教化論即《詩經》、《書經》、《儀禮》的大義。此一分析甚爲精采，將《經學通論》理論化，但制度論僅是建立理論甚礎，並未提出應採行何種制度。

仍是古代的文獻，何能爲後代所法式？經典所以能新，則依賴
讀者對經典的重新詮釋，所以經典的意義是開放的形態，有待
我們挖掘，而非客觀存在，能自明其價值。廖平經學六變，雖
然怪誕，而都有一定的理路可尋。

　　皮錫瑞治經，重在通貫，強調大義；廖平治經，從客觀經
典走向主體生命；康有爲治經，則在建構理想世界：「孔子之
教何在？在六經。內之窮理盡性以至於命，外之修身以至家國
天下，及於鬼神山川草木咸得其所，故學者莫不宜爲經學。」
（《新學僞經考・重刻僞經考後序》，頁 399）孔學雖然兼修內
外，但其進路則是：「必當有仁政，乃能達其仁心。」（《春秋
筆削大義微言考・宣公十五年》，卷 6，頁 28）以往是由仁心
推及仁政，現在則成爲推行仁政，才能成就仁心，兩者的思考
方向相反，個人道德是在社會結構內完成，而非憑藉個人道德
改善社會。如此思想存在於受命改制這一觀念，但此一觀念不
彰，其因則在《公羊》學式微，《公羊》學式微的原故，又與
劉歆僞造群經有關。康有爲的考證，其前提如此。至於仁政的
具體內涵，康有爲以「三世說」表出。

　　綜合上述，可理解《公羊》學理論大要：分析經典意涵，
以追尋孔子原意；探索孔學內容，以確定立法改制；描述春秋
三世，以舖陳理想世界。本題第二部分，就在探討晚清《公羊》
學理論，分析三家《公羊》學的流變，並比較三家的異同。

三、探究清末民初公羊學影響

　　光緒 21 年（1895），中日甲午戰爭，中國大敗，陳寶箴（道
光 11 年—光緒 26 年，1831—1900）巡撫湖南，湖南新政運動
次第展開，光緒 23 年（1897）德國強佔膠州灣，新政運動更

臻於頂峰，皮錫瑞主講「南學會」，有《南學會講義》12 篇[6]，通觀其內容，學術與政治各半。面對世變，皮錫瑞以爲：「蓋千古不易者道也，歷久必變者法也，道與法判然爲二，非可並爲一。」（《南學會講義・論不變者道必變者法》，《分類纂輯湘報》，乙集下，頁 21）道屬於原理層面，法則屬於制度層面，原理不可變，但制度必須改變，所以其學術雖以傳統經學爲主，卻也能接受新的概念，並且在南學會大力宣揚。而制度必須更革的理論基礎，就在《公羊》學，他說：「學者要知孔子何爲教祖，當先考求孔子刪定六經之旨，《春秋》一經，爲聖人經世之書，更須先通大義微言，方知孔子創教，實有素王改制之事。」（《南學會講義・論孔子創教有改制之事》，《分類纂輯湘報》，乙集下，頁 20）學術力主《公羊》，政治倡導變法，兩者之間，則存在理論與應用關係。正因如此，與皮錫瑞同屬湖南學者的葉德輝（同治 3 年—民國 16 年，1864—1927）批判《公羊》學：「大抵《公羊》之學，便於空疏，沈文起所謂書短而易習，義淺而易推者，兩漢《公羊》大師，均不能出此評論，…聰穎之士，既喜其說之新奇，尤喜其說之簡易，以至舉國若狂，不可收拾。」（〈葉吏部與石醉六書〉，蘇輿〔同治 12 年—民國 3 年，1873—1914〕編：《翼教叢編》，卷 6，頁 15）並大力抨擊孔教說：「聖人之教，先之以人倫，而以神道輔其不及；耶穌之教，先儱之以鬼神，而又專主一祀，抑倫理於其後。」（〈葉吏部與南學會皮鹿門孝廉書〉，《翼教叢編》，卷 6，頁 21）這些評論，是由變法改制而來，觸及文化論爭。

---

[6] 張舜徽稱《南學會講義》「識議通達，篇篇可誦」，傾服之狀，情見乎詞，見《清人文集別錄》（臺北：明文書局，1982 年 2 月），卷 23，頁 624。

　　湖南新政風起雲湧，廖平並未直接參與此一政治、文化活動，但學說爲其時湖廣總督張之洞（道光 17 年—宣統元年，1837—1909）所不喜，曾透過宋育仁（咸豐 8 年—民國 20 年，1858—1931）告誡廖平不可講今古學、《王制》及攻駁《周禮》。推考其實，此時正是廖平經學二變「尊今抑古」，「孔子受命制作，爲生知，爲素王，此經學微言傳授大義。帝王見諸事實，孔子徒託空言，六藝即其典章制度。」（《知聖篇》，卷上，條 1，《廖平選集（上）》，頁 175）這與梁啓超（同治 12 年—民國 18 年，1873—1929）主講湖南時務學堂之說若合符節。如無限制推衍其說，改革者均可借孔子名義，宣稱自己掌握眞理，實行於政務，其弊無窮。光緒 24 年（1898）康有爲變法失敗，廖平則已步入經學三變「大統小統」，續其經生之業，探究宇宙之妙。章太炎（同治 8 年—民國 25 年，1869—1936）嘗評廖平：「君之言極恢怪者，以六經皆孔子所作，雖文字亦孔子造之，與舊記尤相左，人亦不敢信。」（〈清故龍安府學教授廖君墓志銘〉，廖幼平編：《廖季平年譜》，頁 95）這當然不太正確，至少皮錫瑞、康有爲、梁啓超等均如此相信，晚清政潮與思潮，與《公羊》學有莫大關連。

　　以《公羊》學結合晚清政潮與思潮者，非康有爲莫屬；皮錫瑞參與湖南新政，以思想導引爲主；廖平亦然，且根本未參與政治活動；康有爲則反是，《新學僞經考》、《孔子改制考》已引發經學爭論，七次上書又啓戊戌變法的先聲，最後更能直接受命皇帝，參與密笏，以此而論，晚清諸經學家，無出其右。尤有甚者，學者論政，多出之於批判，康有爲則有整體計畫，且能付諸實踐。「吾土之學，始於盡倫，而終于盡制。所謂制者，亦以飾其倫而已。」（《日本書目志》，頁 80）一反傳統，建立社會制度以完成人倫價值，並強調經濟的重要：「中國之

病弱非有他也，在不知講物質之學而已。」（《物質救國論·序》）
制度經濟而外，則是文化：「共和之國，非關其政治之善，而
在道德與物質之良。」（《共和評議》，頁 93）而康有爲最爲人
所批評者，可能不在變法諸措施，而是變法的理論基礎，亦即
其經學思想，朱一新（道光 26 年—光緒 20 年，1846—1894）
最能道出康有爲學術的流弊：「詆詰古人之不已，進而疑經，
疑經之不已，進而疑聖，至於疑聖，其效可睹矣。」（〈朱侍御
答康長孺第三書〉，《南海先生與朱一新論學書牘》，蔣貴麟編：
《萬木草堂遺稿外編（下）》，頁 804）[7]朱一新的預測，並非
懸空論斷，錢玄同（光緒 13 年—民國 28 年，1887—1939）即
直指：「把古文經打倒以後，再來審查今文經。」（〈重論今古
文學問題—重印新學僞經考序〉，《新學僞經考附》，頁 390）
顧頡剛（光緒 19 年〔1893〕—1980）也明言受康有爲《新學
僞經考》影響甚大（《古史辨·一·序》，頁 43）。[8]

　　以《公羊》思想作爲變法改制的理論基礎，從而引發對經
典內容的爭議；本題第三部分即析述晚清《公羊》學予其時政
治及學術的影響。

第三節　　　研究範圍

---

[7] 類似的憂心，尚有章太炎：〈今古文辨義〉，湯志鈞編：《章
太炎政論選集》（北京：中華書局，1977 年 11 月），頁 108—115；
劉師培：〈漢代古文學辨誣〉，《左盦外集》，《劉申叔先生遺書》
（臺北：華世出版社，1975 年 4 月），第 3 冊，頁 1613—1633。
[8] 但顧頡剛很清楚的指出康有爲以辨僞爲手段，以改制爲目
的，是運用政策，而非研究學問。所以雖受康有爲影響，卻不
滿其治學方法。

　　本題研究範圍之界定考慮有二：一是時代的斷限，二是對象的選擇。一般而言，「晚清」或「近代」的斷限，多從道光 20 年（1840）始，本年中、英因鴉片貿易引發戰爭，延宕近兩年，終於道光 22 年（1842）簽定南京條約，割讓香港、五口通商、賠償煙價等。此一事件的歷史意義，在於西方以武力打開中國門戶，中國再也不能採取閉關政策。以此事件發生年代作爲「近代中國」的起點。這一理論，自有其方法論上的問題（詳第五節），本題以此爲參考架構。

　　本題以思想的變化爲論述根據，大凡一傳統從變化、崩解到重組，即象徵其文化面臨巨變，文化的綱紀既失，維繫社會秩序的價值體系也因之分解，社會結構也面臨離析，「世衰」因而「道微」，正因此之故，但貞下起元，往往開創新世代的文化傳統。[9] 本題既以晚清《公羊》學爲主要範疇，即略微觀

---

[9] 例如東漢末年尚談論，啓魏晉玄言，馬融、崔瑗驕佚，開魏晉奢風，見錢穆：《國史大綱》（臺北：臺灣商務印書館，1980年 11 月修訂 7 版），第 3 編，第 10 章，〈士族之新地位〉，頁126—144，引述見頁 133。中唐哲學突破，即啓宋代探討性命，究心陰陽之學，見龔師鵬程：《江西詩社宗派研究》（臺北：文史哲出版社，1983 年 10 月），第 2 卷，〈宋詩之背景與宋文化之形成〉，頁 61—138，引述見頁 113。明末鑒於明代經學研究的缺失，於是要求回歸原典，考辨《古文尚書》、《周禮》、《大學》、《中庸》等，開啓清代學風，見林師慶彰：〈明末清初經學研究的回歸原典運動〉，《明代經學研究論集》（臺北：文史哲出版社，1994 年 5 月），頁 333—360。這些也說明學術思想發展與朝代興衰未必有一致關連，不能以政治斷代方式施之於

察清代《公羊》學發展狀況，以說明上述情境。

被推爲清代《公羊》學之祖的莊存與（康熙 58 年—乾隆
53 年，1719—1788），其著作除《春秋正辭》、《春秋舉例》、《春
秋要旨》系列《春秋》學名作外，也有《毛詩說》、《周官記》、
《周官說》等，兼綜古今，不類經今文家法，能列清今文經師
之祖，在其解經方法：「不專事箋注，得先聖微言於語言文字
之外」（阮元：〈莊方耕宗伯經說序〉，《味經齋遺書》，卷首），
原來乾嘉經師，即專事箋注，究心語言文字之中，方法異途，
學術也判然爲二，日後《公羊》學者群推莊氏，應即在此。而
覽其《春秋正辭》，近承元末趙汸（元仁宗延佑 6 年—明太祖
洪武 2 年，1319—1369）《春秋屬辭》，遠紹東漢何休（漢順帝
永建 4 年—漢靈帝光和 5 年，129—182）《春秋公羊傳解詁》，
深入《春秋》經傳文辭，以尋求《春秋》大義。其姪莊述祖（乾
隆 15 年—嘉慶 21 年，1750—1816）則以爲：「《春秋》之義，
以三傳而明，而三傳之中，又以《公羊》家法爲可說，其所以
可得而說者，實以董大中綜其大義，胡毋生析其條例，後進遵
守，不失家法，至何邵公作《解詁》悉櫽栝就繩墨，而後《春
秋》非常可怪之論，皆得其正。」（《夏小正經傳考釋·序三》，
《珍藝宧叢書》）一如莊存與，莊述祖治經兼綜古今，但以《公
羊》傳《春秋》之緒，且以董仲舒（漢文帝 4 年—漢武帝太初
元年，前 176—前 104）、胡毋生（？—？）、何休一脈相承，
則啓後代《公羊》學風。綜觀二莊之學，並未越出樸學軌跡，
與其說是標榜《公羊》學，毋寧是與乾嘉漢學稍異，二莊其實
是將變而未變。

至劉逢祿（乾隆 41 年—道光 10 年，1776—1829）此一情

學術思想史。

況大有改變:「學者莫不求知聖人,聖人之道備乎五經,而《春秋》者五經之筦鑰也。」(《春秋公羊經傳何氏釋例‧序》)莊述祖僅指出《春秋》大義應於《公羊》求之,劉逢祿卻以爲透過《春秋》可掌握五經,進而掌握聖人之道。這兩者差距甚大,前者只是在說明《春秋》大義在《公羊》,後者則可引申爲孔子之學,要在《春秋》,劉逢祿除《春秋公羊經傳何氏釋例》外,尚有《公羊春秋何氏解詁箋》、《穀梁廢疾申何》等,專明何休之學,並作《論語述何》,開以《公羊》釋群經之先。宋翔鳳(乾隆 44 年—咸豐 10 年,1779—1860)步武劉逢祿,作《論語說義》,以爲:「先王既沒,明堂之政湮,太學之教廢,孝弟忠信不修,孔子受作《春秋》,其微言備於《論語》。」(《論語說義‧一》,頁 1,《浮谿精舍叢書》)而微言又以《公羊》爲說,《公羊》則主何休。劉逢祿、宋翔鳳張何休一家之言,並以之解釋群經,清代《公羊》學至此才入漸變的時期。

　　龔自珍(乾隆 57 年—道光 21 年,1792—1841)學術精博,以《公羊》三世解〈洪範〉八政:「食、貨者,據亂而作;祀也、司徒、司寇、司空也,治升平之事;賓、師乃文致太平之事。」(〈五經大義終始答問‧一〉,《定盦續集》,卷 2,頁 24,《龔定盦全集》)龔自珍心目所在,不只是解釋經典,更將經典施之於實際政事,所謂援經以議政。但其援經議政,又不僅限現實生活,而能關注終極原理:「聖人之道,本天人之際,臚幽明之序,始乎飲食,中乎制作,終乎聞性與天道。」(〈五經大義終始論—西漢微言大義之學〉,《定盦文集》,卷下,頁 1,《龔定盦全集》)[10]唯有如此,人才不是動物的存在、物理

---

[10] 廖平經學六變,最後轉向「天學」,其實即承龔自珍追尋性命天道;康有爲晚年創辦「天遊學院」,作《諸天講》,也不在

的存在，也不是食飽無憂，即完成人的價值，而要不斷省察人
的意義，提升人的境界。上與天合，意即人已覺知眞理所在，
不爲現世及形體所限。魏源（乾隆 59 年—咸豐 6 年，1794—
1856）接踵龔自珍，以經義論政，並由何休上溯董仲舒：「近
日曲阜孔氏（廣森）、武進劉氏（逢祿）皆《公羊》專家，亦
止爲何休拾遺補缺，而董生之書未之詳焉。」（《魏源集・董子
春秋發微序》，頁 135）[11] 於是作《董子春秋發微》，又作《海
國圖志》介紹西學。龔、魏均未注解《公羊》，但確是以《公
羊》爲基礎，論經、議政、接受新知；脫離傳注形式，以經學
大義姿態論學。至此方可稱《公羊》學大變時期。

　　皮錫瑞、廖平、康有爲，承繼前賢，變本加厲，確立經學
統系，尊今抑古，孔子改制，太平理想，變法維新，均非前輩
學者所到之境。加以皮錫瑞學凡三變，廖平經學六變，康有爲
亦有二變，本身的多變，再加上時局之變，既憂生亦復憂世，
經學與生命縮而不分，這才是《公羊》學巨變時期。[12]本題即

研究宇宙現象，而在思索人的終極歸宿。三氏均不欲學術局限
於現世，期望能有一超越現世的形上根據。

[11] 清中期至末葉，注解董仲舒《春秋繁露》者有：凌曙：《春
秋繁露注》、魏源：《董子春秋發微》、康有爲：《春秋董氏學》、
蘇輿：《春秋繁露義證》，凌曙書甚簡，魏源書未見，康有爲發
揮一己之學，蘇輿書最精博。

[12] 楊向奎分期是：孔廣森、劉逢祿爲第一期，是爲發現何休
《解詁》時期；龔自珍、魏源爲第二期，乃以新知益舊學時期，
自此《公羊》學者不以傳統之國學爲滿足而學新知；康有爲等
爲第三期，時海禁大開，列強環伺，康有爲等遂於《公羊》求
變法，而以西洋社會爲指歸，見《清儒學案新編》（濟南：齊

以此時期作爲研究斷限。

斷限既立，研究對象也因之明朗，而又別自有說。此一時期前有王闓運（道光 3 年—民國 5 年，1823—1916），後有梁啓超、譚嗣同（同治 4 年—光緒 24 年，1865—1898）、崔適（咸豐 2 年—民國 13 年，1852—1924）、呂思勉（光緒 10 年〔1884〕—1957）等。諸家成就，不專在經學，不類皮、廖、康，爲學雖亦不限經學，但究以經學顯揚，此其一。皮、廖、康已建立近代經今文學典範，問題、方法、答案，規模宏大，影響深遠，後起學者，難越其矩矱，此其二。有此二故，所以研究對象也以此三氏爲主，庶免支蔓。

第四節　前人研究成果

皮錫瑞、廖平、康有爲三氏，學術成就既屬多方，思想層面也甚爲深廣，後人研究甚多，尤以康有爲爲然。

從研究數量分析，康有爲最多，廖平次之，皮錫瑞最少；從研究內容分析，皮錫瑞的經學史、《易》學、《詩》學均已有研究，《尚書》、《三禮》、《春秋》尚乏專論，尤其是《尚書》，皮錫瑞有《尚書大傳疏證》、《今文尚書考證》等，爲晚清《尚

魯書社，1994 年 3 月），第 4 卷，〈龔自珍定庵學案〉，頁 150。與本題相較，楊向奎不列二莊爲第一期，也可證明本文所說，二莊是將變而未變；發現何休《解詁》，不能漏列宋翔鳳；孔廣森解「三科九旨」不同何休，雖其《公羊》號稱絕學，但谿徑別開；至於凌曙、陳立以禮解《公羊》，用力雖勤，斷制則少。是以本文論述二莊；劉、宋；龔、魏；皮、廖、康；而以孔、凌、陳爲別支。

書》大家，迄今未有研究成果。廖平研究集中在經學六變，其
主要經學成就《公羊》學與《穀梁》學，也乏人問津。康有爲
研究重在綜論經學思想，專題則著重《新學偽經考》、《孔子改
制考》，其《公羊》學專著《春秋筆削大義微言考》、《春秋董
氏學》缺少深入探討，其「四書新注」(《論語注》、《孟子微》、
《中庸注》、《禮運注》)也缺少綜合分析其思想體系的作品。
皮錫瑞、廖平更缺乏詳細的年譜，大型傳記也付諸闕如

　　由是可知皮、廖、康三氏相關研究雖多，但可供探究的問
題，亦復不少。本文著重分析三家《公羊》學理論，並比較異
同、探索影響，可補充此一研究範圍的不足。

第五節　研究方法

　　方法，意謂如何觀看研究對象，而方法論則是觀看此一觀
看，察知其特色，反省其限制，並自覺的理解何以採行此方法
而非他種方法。[13]觀看晚清經學史及思想史的方法，大略有二：
一是西力衝擊，二是階級利益：

　　西力衝擊說以爲道光 20 年（1840）中英鴉片戰爭後，中

---

[13] 康樂即以「方法」屬於「對象語言」，亦即「第一層次語言」，
「方法論」爲「後設語言」，亦即「第二層次語言」，二者屬於
不同層次知識，見〈論「方法」及「方法論」〉，康樂、黃進興
主編：《歷史學與社會科學》（臺北：華世出版社，1981 年 12
月），頁 23—42，引文見頁 25。但康樂以爲方法是演繹、歸納、
比較、統計等，則較狹隘。方法至少含蓋研究程序的探討，研
究的技術與步驟，理論架構與分析途徑。本文所指方法，著重
在理論架構與分析途徑。

國即進入新的世代，此一世代與傳統中國最大的不同是西方文化的衝擊。同治 3 年(1864)，自強運動展開，至光緒 20 年(1894)甲午戰敗，30 年經營，一旦瓦解，中國非但未能自強，屈辱反而一次次加深，此時「變局」之說甚囂塵上，如何應變，成為其時知識分子關注焦點。西方衝擊與中國應變，也成為後來學者觀看晚清史的方法，且是一普遍的概念。[14] 這一方法是重著於中西對比，中國傳統是一靜態體，不能也不願改變，於是在原地等待他人刺激、挑戰，帶動本身反省、回應。西方變為衡定的標準、真理的象徵，擁抱西方者為進步，固守傳統者為保守，進步與保守之間，又已隱含價值判斷。但歷數晚清學者：皮錫瑞、廖平、康有為、章太炎、嚴復（咸豐 4 年─民國 10 年，1854─1921)、王國維（ 光緒 3 年─民國 16 年，1877─1927)、劉師培（ 光緒 10 年─民國 8 年，1884─1919) 等，無不在進步與保守間徘徊，甚而為人指責荒誕。何能如此簡單判分其屬性。忽視傳統學者如何選擇、消融西方文化，是此一理論第一

---

[14] 這一方法，源於美國費正清（John King Fairbank），影響深遠，如郭廷以：《近代中國史綱》（香港：中文大學，1989 年 3 版）即曾列兩章（第 2、4 章）討論西力衝擊；張灝更說：「什麼是使中國固有文化內部本身發展演變成為一個思想變動？是西方武力的擴張和文化刺激所造成的。」見〈思想的轉變和改革運動〉，John K. Fairbank、劉廣京編：《劍橋中國史·晚清篇（下）》（臺北：南天書局，張玉法主譯，1987 年 9 月），頁 301─375，引文見頁 301；王爾敏也認為：「晚清政治思想轉變是循著西化的道路向前推進。」見〈晚清政治思想及其演化的原質〉，《晚清政治思想史論》（臺北：華世出版社，1976 年 4 月 2 版），頁 1─30，引文見頁 1。

個缺點。

其次，中西比較演變爲傳統、現代之爭，中國是傳統，西方爲現代，從傳統轉變爲現代，是理所當然的過程，於是橫向對比演爲縱向進化，西方文化爲一典範，堪爲中國模仿學習。從而引發「現代化」問題，傳統社會必須進到現代社會，才算有價值，任何自外於此「潮流」者，均是認識不足。其濃厚的決定論性質，難爲人所接受。[15]第三，中國文化在接觸西方之前，是一封閉系統，在西方挑戰下，逐漸被打破。詳究其實，西方侵略使中國參與世界、邁向現代，改變中國封建的社會形態。如此理論，有爲西方侵略中國尋找合理化之嫌。

---

[15] 金耀基指出傳統社會必然也必須進到現代社會，才算有價值，任何自外此一潮流者不是自卑感作祟，就是優越感過高，要不就是知識認知不足，見《從傳統到現代》（臺北：時報文化出版公司，1987 年），頁 167—182。但是現代化至少有四種理論：目的價值論，以西方文化爲唯一判準；工具價值論，不完全以西方價值爲唯一判準，仍存在傳統社會地區，且有高度自主性；實踐理論，認爲應從道德層面，探究社會與人民存在價值；發展理論，認爲現代化即社會的持續發展，又分爲政治發展優先論、經濟發展優先論、社會文化發展優先論，見陳秉璋、陳信木：《邁向現代化》（臺北：桂冠圖書公司，1988 年 11 月），第 1 章—第 6 章，理論甚爲複雜，何能選擇「正確」方向？卡爾·巴伯（Karl Popper）說得好：「歷史定論主義者本身似乎也缺乏想像力，因爲他們無想像『導致變遷清況』的改變」，見《歷史定論主義的窮困》（臺北：聯經出版公司，李豐斌譯，1984 年 5 月），頁 108。此一初起情況的改變，吾人是否還會大聲疾呼現代化？

　　階級利益說視經學爲封建文化的主體，經學學者爲封建階
級，經學研究的目的是維護本階級利益。清代中期至末期的轉
變，則視爲封建階級與資產階級的對抗，兩者均利用經學的形
式鬥爭，不同的只是經學內容。經學今古文之爭、晚清變法之
爭，已轉變成階級之爭。原來中共奉馬克斯主義爲經典，歷史
發展從原始共產制、奴隸社會制、封建社會制、資本主義制到
新共產主義社會。此五階段論特色是：前一階段必然進到下一
階段；下一階段必然比上一階段進步；是人類社會的共同歷程。
簡言之，是決定論、進步史觀、普遍史的糅和。此說的問題在
於視歷史發展五階段論爲眞理，然而人類社會發展是否如此簡
單，自是啓人疑竇；秦漢至清既是封建社會，經學研究又是維
護階級利益，乾嘉、桐城、常州等學派，又代表何種階級？康
有爲、章炳麟同治經學，經說絕不相同，政治立場亦復有異，
也甚難區別其階級。凡此均造成解釋的困難，正本淸源之道在
揚棄以五階段說來解釋經學歷史。[16]

　　不論是西力衝擊抑或階級衝突，均是以西方的觀點觀看中
國，如能以中國本身的觀點觀看中國，自會有新的解釋系統。
但這並非對西方的存在，視而不見，中西交會，是一客觀事實，
不容抹煞。以中國觀點觀看中國，是從中國傳統內部觀察文化
演變之跡，並進而分析其原因，評估其價值，討論其影響，再

---

[16] 有關中共史學理論，詳可參考逯耀東：《中共史學的發展與
演變》（臺北：時報出版公司，1979 年）。此種理論的副產品
是證明中共政權的必然性與合理性。朱維錚編：《周予同經學
史論著選集》（上海：上海人民出版社，1983 年 11 月），湯志
鈞：《近代經學與政治》（北京：中華書局，1989 年 8 月），《經
學史論集》（臺北：大安出版社，1995 年 6 月）均採此一方法。

與西方對中國影響作一比較，或能擴大視界，重解歷史。[17]

　　以上的詮釋路向，自是不盡人意，甚至不爲我們接受，但這正好表明：歷史有待我們詮釋。文獻或史料不會說話，會說話的是詮釋者，歷史向來不是客觀存在，且能自明其價值。如將歷史區分爲二個層次：一是實際發生的歷史事件，一是經過史學家詮釋的歷史，我們會發現，我們所閱讀的歷史，並不是客觀事件，而是經過史學家創造的歷史。如此論述，豈非在說歷史可以任意解釋，充滿主觀、不確定，這樣與我們所批評的詮釋路向有何不同？不然，歷史解釋，須放置在「詮釋過程」中分析，才能理解其中微妙。

　　有待研究的問題甚多，詮釋者爲何選擇此而不選擇彼？這就涉及「問題意識」的來源，問題如果與其存在的感受無關，可能引不起詮釋者的興趣，但這並不是古爲今用，而是問題必須有「意義」：能說明文化價值、能分析現狀淵源、能反省人生處境等，而這些問題，又根本離不開詮釋者所處的時代，於

---

[17] 晚近美國學者柯文（Paul A. Cohen）即已指出西方學者貫以三種模式研究中國近代史：「衝擊—反應」，「傳統—近代」，「帝國主義」，而缺乏「中國內部取向」的研究進路，見《在中國發現歷史》（臺北：稻鄉出版社，林同奇譯，1991 年 8 月）。其實後二者即是「衝擊—反應」說的變形，所以本文著重分析此說。柯文又分析西方對中國衝擊，應分爲三個層面探討：最外層帶，直接對西方入侵作出反應，如通商口岸、兵工廠、基督徒、總理衙門等；中間地帶，間接由西方催化，如太平天國、同治中興；最內層帶，不受西方入侵影響，如晚清文化與社會側面，見該書第 1 章，〈「中國對西方之反應」癥結何在？〉頁11—67，引述見頁 54—56。此所以也要考慮西方的影響。

是在選擇的過程中，無可避免的會有強烈的主體意願。其次是架構的舖陳、史料的擷取。歷史史料，不可能完備無缺：人為疏失、天災人禍、自然淘汰，在在使史料不完全。即使如此，詮釋者不可能也不需要全納入，而是在一詮釋系統下，選擇並解釋史料，詮釋者理解歷史事件，絕非從虛無開始，其所處文化傳統、知識水準、物質條件，構成理解的整體結構，均影響其歷史解釋。[18]此一詮釋系統其實是一「理論預設」，理論預設的正誤，又可以以史料檢查，能否否證預設。詮釋者與詮釋對象、預設與史料，形成一循環狀況，從而消融主客對立的困境，「存在感受／歷史解釋／實踐行動」密不可分，亦即詮釋者、詮釋情境、詮釋對象交融在一起，最後並以其所詮釋結果作為人生的價值根據。所以人文學科關心者不僅是眞，還有美與善，不僅是知識問題，還有實踐問題；人文學科的眞理，是人性的體現與昇華。因此方法論也是價值論。本題即以此一方法，研究清末民初《公羊》學三大家。

---

[18] 參考許冠三：《史學與史學方法》（臺北：萬年青書店，出版年月不詳），第 2 章，〈歷史知識之不完性〉，頁 29—47；龔師鵬程：《大俠》（臺北：錦冠出版社，1987 年 10 月），第 3 章，〈歷史的詮釋〉，頁 11—34，第 6 章〈歷史研究的方法問題〉，頁 77—98；張汝倫：《意義的探究—當代西方釋義學》（臺北：谷風出版社，1988 年 5 月），第 4 章，〈釋義學的本體論轉折〉，頁 85—110，第 5 章，〈哲學釋義學的興起〉，頁 110—161；歐因斯特·卡西勒（Ernst Cassirer）：《論人—人類文化哲學導論》（臺北：文星書店，劉述先譯，1959 年 11 月），第 10 章，〈歷史〉，頁 196—231。

第一章　生平志業

　　清末民初是一文化變遷劇烈的時代，此一變遷既源自傳統內部，也源自傳統外部。道光 20 年（1840）中英鴉片戰爭，是近代中國與西方接觸之始，也是中國連串屈辱之始。但在這一時期，仍有許多學者專注於傳統學術研究，對西學不甚措意。例如陳喬樅（嘉慶 14 年—同治 8 年，1809—1869）《三家詩遺說考》作於道光 18 年（1838）至道光 22 年（1842），包世臣（乾隆 40 年—咸豐 5 年，1775—1855）《安吳四種》作於道光 24 年（1844），咸豐 4 年（1854）陳澧（嘉慶 15 年—光緒 8 年，1810—1882）作《漢儒通義》，其時太平軍已定都江寧，咸豐 9 年（1859）鍾文烝（嘉慶 23 年—光緒 3 年，1818—1877）《穀梁補注》初步完稿，次年英法聯軍攻入北京，王先謙（道光 22 年—民國 6 年，1842—1917）刊刻《皇清經解續編》在光緒 14 年（1888），孫詒讓（道光 28 年—光緒 34 年，1848—1908）《周禮正義》成於光緒 25 年（1899），前一年戊戌變法失敗。

　　然而魏源早在道光 22 年（1842）就開始撰《海國圖志》，系統介紹西方知識，王韜（道光 8 年—光緒 23 年，1828—1897）約於光緒 1 年（1875）主張變法自強，薛福成（道光 18 年—光緒 20 年，1838—1894）於光緒 5 年（1879）作《籌洋芻議》提出變法，鄭觀應（道光 22 年—民國 11 年，1842—1922）於光緒 6 年（1880）至光緒 16 年（1890）年間，相繼完成《盛世危言》、《盛世危言後編》等，提倡重商思想，陳熾（咸豐 5 年—光緒 26 年，1855—1900）於光緒 19 年（1893）作《庸書》倡言學習西方以求自強。

　　兩種現象，宛如處在不同世界，偏偏發生在同一時空，說明文化變遷的複雜，外力的衝擊固然造成變遷，傳統的重詁也

造成變遷。[1]從傳統內部而論，無論傳統多豐富，仍不能窮盡所
有問題，即使最偉大的天才，也無法照射後代所面臨的新情境。
因此在大部分傳統尚能令人滿意的前提下，須重新闡述，即使

---

[1] 張灝於 1970 年說使中國文化內部的發展演變成思想變動，主
因即是西方武力擴張與文化刺激，見 John K. Fairbank、劉廣京
編：《劍橋中國史・晚清篇 1800─1911（下）》（臺北：南天書
局，張玉法主譯，1987 年 9 月），第 5 章，〈思想的轉變和改革
運動〉，頁 301─375，引述見頁 301。但後來又修正這一見解，
並舉例說明，江南製造局自同治 4 年（1865）至光緒 21 年（1895）
譯印西書，僅售出 1 萬 3 千本，晚清大儒朱次琦、陳澧、俞樾、
黃以周的著作，見不到西學蹤影，甲午以後，情況改觀，由於
學堂、學會、報紙紛紛設立，西學逐步在士大夫間傳布，影響
力漸增，見〈晚清思想發展試論─幾個基本論點的提出與檢討〉，
《近代中國思想人物論─晚清思想》（臺北：時報出版公司，1980
年 6 月），頁 19─33，引述見頁 26─31。前後論點不同，即可
見出近代文化變遷的複雜。又從梁啓超：《中國近三百年學術
史》、《清代學術概論》（臺北：里仁書局合刊本，1995 年 2 月）、
錢穆：《中國近三百年學術史》（臺北：臺灣商務印書館，1980
年 1 月臺 7 版）所討論問題，也未見西方衝擊的模式，但從郭
廷以：《近代中國史綱》（香港：中文大學出版社，1989 年第 3
版 4 刷）、《近代中國的變局》（臺北：聯經出版公司，1987 年 6
月）、王爾敏：《晚清政治思想史論》（臺北：華世出版社，1969
年 9 月）、《中國近代思想史論》（臺北：華世出版社，1977 年 4
月）則觸處可見西力衝擊對中國影響。取材的範圍自有影響─
梁、錢以清代爲主，郭、王以晚清爲主─但不同的觀點，也會
有不同的論述。

是細微的修正，也能補足傳統的缺失，維持傳統的權威。從傳統外部而論，原有傳統面臨其他傳統時，尤其是外來傳統挾其政治、經濟、軍事優勢時，原有傳統更易變遷。這些外來傳統所以會爲人接受，造成原有傳統變遷，是因其明顯的優越性質。[2]晚清文化的變遷，無疑的受到內部與外部同時衝擊，傳統遭遇內外兩重批判，其中激攪震盪，可想而知。此時知識分子，必須重建新的思考方向，以穿越生命的迷津，走向自己所選擇的道路，掌握本身的生命。完全依照舊有傳統，無法穿越迷津；但完全捨棄舊有傳統，又無所依憑。傳統，就在這一情境下被重新解釋[3]，生命情調也呈顯與之前不同的風貌。[4]本章即採取這

---

[2] 參考愛德華・希爾斯（Edward Shils）：《論傳統》（臺北：桂冠圖書公司，傅鏗、呂樂譯，1992 年 5 月），第 5 章，〈傳統爲什麼會變遷：內部因素〉，頁 263—295，引述見頁 263—267，第 6 章，〈傳統爲什麼會變遷：外部因素〉，頁 297—322，引述見頁 297—299。

[3] 此涉及文化與個人的關係，參考基辛（R.Kessing）：《當代文化人類學》（臺北：巨流圖書公司，于嘉雲、張恭啓譯，1981年 3 月），第 11 章，〈文化與個人〉，引述見頁 285；莊錫昌、孫志民：《文化人類學的理論架構》（臺北：淑馨出版社，1998年 11 月 3 刷），第 15 章，〈文化與心理人類學〉，頁 225—239，尤其是頁 233 所引休（Hsu）所提出應研究人的欲求對維持或改變社會文化體系所發揮的作用。另參考龔師鵬程：〈俠骨與柔情—論近代知識分子的生命型態〉，《近代思想史散論》（臺北：東大圖書公司，1991 年 11 月），頁 101—135，特別是頁 131 從文化人類學討論生命型態問題。在實際研究方面，陳少明、單世聯、張永義：《被解釋的傳統—近代思想史新論》（廣州：中山

一進路，說明不斷的詮釋傳統，固然可以彰顯傳統的價值；而傳統又是不斷的透過自我解釋，因而也肯定自己存在的價值。[5]

大學出版社，1995 年 5 月），即從經學、佛學、西學分析，說明傳統如何被重解。

[4] 如漢代天人哲學，魏晉以後即不居主導地位，而乾嘉漢學，顯然不包括漢人此一哲學。更確切的說，董仲舒「人副天數」的思想，清代《公羊》學者也未大力引申。凡此均可說明傳統並非一成不變，而是在時空流布中呈現、選擇、發展、轉化。

[5] 文學作品經由文學傳統形塑，文字整理編排，不完全等於作者傳記，亦即眞實的作者與作品中的作者，不完全相同，讀者所理解的作者是作品中的作者，無從得知眞實作者的心靈，參考 Rene&Wellek：《文學理論》（臺北：大林出版社，梁伯傑譯，未標出版年月），第 7 章，〈文學與傳記〉，頁 94—102。但這並不意謂文學可遺世而獨立，艾布拉姆斯（M.H.Abrams）以作品、藝術家、世界、欣賞者繪製三角形，說明其間複雜關係，世界即是作品所呈現客觀狀態，由人物與行動，思想與情感，物質與事件所構成，見《鏡與燈—浪漫主義文論及批評傳統》（北京：北京大學出版社，酈稚牛、張照進、童慶生譯，1989 年 12 月），第 1 章，〈導論：批評理論的總趨向〉，頁 1—40，引述見頁 5。劉若愚稍加改變，以宇宙、作家、作品、讀者構成循環往復的圓形，作家對宇宙有所感受，展示在作品，傳達予讀者，見《中國文學理論》（臺北：聯經出版公司，杜國清譯，1985 年 8 月 2 刷），第 1 章，〈導論〉，頁 1—25，引述見頁 13—14。本章重在呈現三家生命型態，即從作品中窺知作者對存在的感受，描述此一感受外現的姿態，並非傳記研究。

第一節　皮錫瑞生平志業

　　皮錫瑞一生困於科甲，同治 13 年（1874）25 歲、光緒 9 年（1883）34 歲、光緒 15 年（1889）40 歲、光緒 18（1892）43 歲、光緒 20 年（1894）45 歲，屢試不售，不能一第，遂成皮錫瑞最大憾事：

> 何事風塵走，感茫茫黃沙控騎，青門攀柳，金馬衣冠同一夢，空負屠龍身手。且更訪悲歌屠狗，留得青氈故物，笑終年閉置，車中婦，恁清福，憑銷受。　江湖望關遙回首，最難忘鳳城詞客，燕臺老友。朝市山林皆避世，造物於人何厚，容使我名高身後。世事升沉君莫問，幸眼前猶有一杯酒，臧否事，休挂口。（〈金縷曲寄都中舊友〉，《師伏堂詞》，頁 4—5）

揚眉京城，待詔金門，雖成一夢；但對自己學問，卻甚為自負。只是屠龍身手居然側身於市井屠狗，反諷強烈。名高身後，是自嘲，是自慰，也是自許。眼前則是借酒澆愁，萬事封口。相對於少年時代：

> 鼓角何悲壯，一聲聲夢魘驚卻，旅魂飄揚。奔走頻年皮骨在，祇有青山無恙。奈撫鏡，白頭惆悵，祭酒布衣吾老矣。問書生可有封侯相，無用處，洴澼絖。　少時思破乘風浪騁縱橫，揚舲溟渤，挂帆江上。被酒狂言休掩耳，亦解談兵論將，更學得談天豪放。九萬天池南北極，信荒唐漆吏，言非妄，都付與，小海唱。（〈金縷曲江上鼓角〉，《師伏堂詞》，頁 1）

被酒狂言，談兵論將，並思封侯拜相，而今魂魄遠揚，壯志不再，僅存皮骨，只能以洴澼絖自喻，今昔對比，益見難堪，用舍由人，一切歸諸天命：

> 三年學屠龍，技成無所售。百金買洴澼，奇方致封侯。
> 虎鼠隨用舍，龍蛇聽浮沈。古來雲臺勳，豈必皆奇謀。
> 材大或難用，珠明多暗投。末路詎可問，天道常悠悠。(〈雜
> 詩之六〉，《師伏堂詩草》，卷1，頁8)

大材明珠，豈能自棄棄人，但天道悠悠，有無可理解處；外在
限制，以不可問作結。然而終究不能自甘於無用：

> 片帆千里，奈峭風吹轉大孤山路。歲歲奔馳雙鬢老，笑
> 殺江邊鷗鷺。紙上蒼生，人間白眼，都被浮名誤。引杯
> 看劍，一樽橫睨千古。　古來神助才人，滕王閣上，詠
> 落霞孤鶩。弱冠請纓情慷慨，我亦能吟佳句。碧海黃塵，
> 豐城紫氣，無處逢知遇。雁隨人遠，江聲流夢先去。(〈百
> 字令鄱湖阻風偶感〉，《師伏堂詞》，頁5)

歲歲奔馳，意謂回回落第，皮錫瑞很清楚何所營求，也了解代
聖立言，不過是紙上蒼生，但就是無能放下，並且以能吟佳句
自傲，但知遇難逢：

> 風景如斯，臨水登山，豈不快哉？問騷人何意，先悲九
> 辨，靈均已死，尚鬱孤懷，蛩語西堂，波飛北渚，都付
> 秋墳鬼唱哀。涼聲起，又窗鳴破紙，葉打空階。　堪嗟
> 甚矣吾衰，覺白日堂堂不再來，料封侯無分，虎頭將老，
> 干霄有氣，龍劍猶埋。鏡裡清霜，燈前細雨，放眼誰為
> 天下才。君知否，正三壺盈尺，東海如杯。(〈沁園春秋
> 感和夏鑒臣〉，《師伏堂詞》，頁7)

洴澼絖僅有自嘲之意，真正的自喻其實是劍；橫睨千古，是生
命在時間輾轉；干霄有氣，是生命在空間提升。歷史人物，豈
在眼內；當下即是，屢挫不折。寶劍屠龍，何等英雄意象。以
劍自喻喻人，並非偶然之作，有時雙喻人己：「豐城有雙劍，耀
若青芙蓉。」(〈寄懷欽六章之一〉，《師伏堂詩草》，卷2，頁8)

或是單稱他人：「碧海珠光乍明晦，豐城劍氣猶沈鬱。」（〈贈李
荔村即以誌別〉，《師伏堂師草》，卷 2，頁 19）最終是龍劍長埋，
劍氣難伸，也只能引杯看劍，聊以自慰。[6]

　　光緒 9 年，皮錫再度落第，有詩云：「材雖庸比櫟，瓜豈繫
同匏。鎩翼投林鵲，歸思在戶蛸。長安一回首，落日滿鞭鞘。」
（〈出都四十韻之二〉，《師伏堂師草》，卷 3，頁 18）材雖同櫟
木，但也待價而沽，用世之意，甚爲明顯，不甘落榜，也甚爲
明顯，回首長安，徒呼負負：

>　別我青門外，思君碧海濱。臨風一回首，落日更傷神。
>　斷梗寧常合，秋花敢怨君。五陵衣馬盛，滾滾六街塵。（〈別
>　程伯翰之一〉，《師伏堂詩草》，卷3，頁 19）

劍氣本可干霄，禮試報罷，卻淪爲傷心京城，由長劍龍吟而爲
落日秋花，意象迴異，正是意氣蕭條的反映。眼見同學少年，
揚聲鳳城，自己卻揮鞭出都，返鄉再起，更是心情黯淡的寫照。
原來龍劍長埋，是指會試不第，與眼見人間危阨，因而氣沖牛
斗，思以寶劍出鞘，盡除世間不平，大異其趣。皮錫瑞的哀憐，
是自哀自憐，是傳統知識分子朝考不得的自我憂傷，以文字干

---

[6] 晚清以劍自喻，以龔自珍最著，以劍象徵生命激揚，如「絕
域從軍計惘然，東南幽恨滿詞箋，一簫一劍平生意，負盡狂名
五十年。」〈夜坐〉，《定盦詩集》，頁 6，《龔定盦全集》（臺北：
新文豐出版公司，1975 年 3 月），但激昂的生命，經歷流歲蹉
跎，逐漸消歇：「少年擊劍更吹簫，劍氣簫心一例消，誰分蒼凉
歸棹後，萬千哀樂集今朝。」〈己亥雜詩〉，《定盦雜詩》，頁 15，
《龔定盦全集》。參考龔師鵬程：〈俠骨與柔情—論近代知識分
子的生命型態〉，《近代思想史散論》，頁 101—135，頁 116—119
分析龔自珍劍氣與簫心的問題。

祿所遇的困境。弱冠請纓只是文字英雄，能吟佳句方是才能所在。所以感嘆世路難行，世路狹窄。

皮錫瑞嘗作〈擬行路難十八首〉、〈行路難十八首〉。〈行路難〉原是樂府古辭，宋・郭茂倩（？—？）引《樂府解題》：「〈行路難〉，備言世路艱難及離別悲傷之意，多以君不見為首。」（《樂府詩集・雜曲歌辭十》，卷 70，頁 997）而以南朝宋・鮑照（東晉安帝義熙 10 年—宋明帝泰始 2 年，414—466）擬作最知名。然而鮑照之作，固有仕途不遇的憾恨：「對案不能食，拔劍擊柱長歎息。丈夫生世能幾時，安能蹀躞垂羽翼。棄檄罷官去，還家自休息。朝出與親辭，暮還在親側。弄床兒前戲，看婦機中織。自古聖賢盡貧賤，何況我輩孤且直。」（〈行路難之六〉）罷官歸家，長伴親側，看似勘破名利；但聖賢寂寞，我輩孤直，建立勳業之想，仍時時存於胸中。時不我予，徒呼奈何，世路艱難，就在此處。但更多的卻是生命終將消失的憂傷：「君不見河邊草，冬時枯死春滿道。君不見城上日，今暝沒山去，明朝復更出。今何時當得然，一去永滅入黃泉。人生苦多歡樂少，意氣敷腴在盛年。且願得志數相就，床頭桓有酤酒錢。功名竹帛非我事，存亡貴賤委皇天。」（〈行路難之五〉），草枯草生，日出日沒，但生命卻不能如此，一去不復返。這已從外在世界的觀察，轉為內在生命的探索，觸及生命的本質。行路難何止是世路艱難，離別悲傷，更是存在的困境，不遇畢竟屬於外在世界，只是一時阻礙，以歌代哭，隱居山林，索隱行怪，潛心著述等，或可解消部分哀傷；生命終歸何處，則是無法探究，更無能迴避。鮑照只能驚悚生命的短促：「盛年妖艷浮華輩，不久亦當詣冢頭。」（〈行路難之十〉）時以電喻生命：「生人倏乎如絕電，華年盛德幾時見。」（〈行路難之十一〉最後只能歎息：「日月流邁不相饒，令我愁思怨恨多。」（〈行路難之十七〉，所引俱

見《樂府詩集‧雜曲歌辭十》，卷 70，頁 998—1000）[7]既不能
超越，於是隨酒逐樂，暫忘此憂。

皮錫瑞則是偏重男兒志在四方，立功名於當世的抒發，較
缺乏對存在本質的反省：

> 君不見落葉隨驚風，飄飄各西東。男兒志四方，安能日
> 坐環堵中。挂帆過洞庭，采蘭香老天冥冥。策蹇游燕趙，
> 擊筑歌殘風。浩浩白浪如山向人立，黃蒿蔽日連雲表。
> 我身胡為蹈此險，云是西望長安之古道，五陵車馬來紛
> 紛，飛沙撲面令人老。（〈擬行路難之二〉，《師伏堂詩草》，
> 卷 1，頁 15）

落葉猶能四方飄零，男兒更當遠遊，但是白浪如山，黃沙蔽日，
所為何來？長安古道，五陵年少，很清楚的道出遠遊的目的，
不是超越世俗，而是進入俗世，追求世俗價值。然而卻又說：「人
生歲月若驚電，為樂無時憂已及。」與鮑照「人生苦多歡樂少」
類同，但是皮錫瑞的問題是：「有客向我笑，問我何悒邑，升沉
得失詎有定，何不飲酒日鼓瑟。」（〈擬行路難之十八〉，《師伏
堂詩草》，卷 1，頁 18）升沉得失，方是關懷重點；飲酒鼓瑟，
是為解消落第的不順；與對生命的驚懼無關。再度遠遊之餘，
並慨嘆世路狹隘：

> 海上張旗尚未休，江湖浪跡復何求？長途不異僧行腳，
> 小住何妨屋打頭。顧伏瓜廬尋大隱，空紉蘭佩託離憂。
> 乾坤浩蕩猶嫌隘，楚客偏思賦遠游。（〈驛夜〉，《師伏堂
> 詩草》，卷 4，頁 5）

浪跡江湖，其實是競走京城，由是可以推知，寶劍出鞘，就是

---

[7] 鮑照以後，諸如吳均、費昶、盧照鄰、賀蘭進明、顧況等，
寫作〈行路難〉時，均呈顯對生命消逝的憂傷。

大魁天下。江湖寶劍，本是俠客意象[8]，皮錫瑞卻將之轉換爲文士科考。繫瓜是借隱求仕，仕而不得，寄不遇於蘭珮。遠遊並不是尋找生命的終極意義，而是明知前途困窘，仍無怨悔，沉溺在追求功名氣氛裡。而落第的不甘，又轉化爲自我惕厲：

> 微陽沒奔湍，噫氣沸廣澤。岸失遠山青，天與洪濤白。
> 覆載無偏私，扶搖有順逆。如何飛廉虐，必與川路易。
> 當東而更西，欲南乃復北。阻風自年年，益覺乾坤窄。
> 微生何足云，乃亦勞天厄。方當自修省，豈能怨阻塞？
> 顧復怪前賢，為文詛風伯。(〈江干阻風〉,《師伏堂詩草》,
> 卷5,頁6)

借著觀察山川草木，覺知乾坤雖窄，但天地無私，一時得失，只是個人生命順逆的記錄。惟有自修，才能改變順逆：

> 眾鳥各投林，孤雲亦歸山。無情與有知，意倦皆來還。
> 昔余隱城市，日暮閉元關。抗懷在清淨，紛念忘塵寰。
> 胡為縈世網，一去渺不聞。竹柏絕古懽，埃壒多俗顏。
> 凌晨促征駕，入暝車班班。俛仰追昔娛，超遙不可攀。
> 猶思戒磨涅，豈敢避艱險。緬懷古聖人，道可居蠻夷。(〈道
> 中晚行作〉,《師伏堂師草》,卷1,頁24)

從自然與人爲的對比，彰顯出身離世網，自是悠遊自得；身在世網，豈能無視名利？欲超拔其中，惟有身在世間，心離俗世。

---

[8] 寶劍是最傳統的武器，而自魏晉以降，負劍遠遊，即成俠客蒼涼意象，俠客論劍，又代表武功高下，此一主題，可參考陳平原：《千古文人俠客夢—武俠小說類型研究》（臺北：麥田出版公司，1997年12月初版2刷），第5章，〈仗劍行俠〉，頁127—153，討論劍的傳統與意義見頁 131—138。皮錫瑞自非以劍代替武功，而是以劍象徵文章。

否則車駕促征，何只是前往有形的目的地，更是無形的終生煎熬。聖人之道卻不然，無處不可，既可居禮儀之邦，亦可居蠻夷之地。脫離世網，遂成皮錫瑞生命目標。然而此事豈易爲，一方面嘆息：「羅網密密世路窄，風沙冥冥天宇空。」另一方面卻自勵：「君不見英雄撫髀志騰躍，搔首上睨青天高。」(〈滬上見西人以鐵網罝阜鵰作詩悼之〉，《師伏堂詩草》，卷 5，頁 12)衝破羅網是突破不第的限制[9]，不是突破生命內外在的限制：

> 栖鴉將暝色，歸去各紛紛。古樹光偷月，方塘影渡雲。
> 未能逃世網，何術離人群？獨憶元亭畔，殘書冷舊芸。(〈歸
> 鴉〉，《師伏堂詩草》，卷 4，頁 7)

想要逃離世網，但又沉陷於英雄名利。最後只能承認根本未能逃離世網，自不能自外人群，於是又回到世俗，再度面對世俗的價值。哀感與矛盾，充斥在皮錫瑞生命中：

> 獵獵葦風道，鱗雲靜不流。船唇齧石齒，舵尾接濤頭。
> 歲月催黃葉，生涯寄白鷗。吾心人若止水，與世任浮沉。
> (〈葦風〉，《師伏堂師草》，卷 3，頁 6)

似乎隨著時間流逝，山川草木，才是最後歸依，名利糾葛，不再是關懷重心。身如白鷗，遨翔在世間，觀看人世一切。「安得求羊侶，深林共荷樵。」(〈金華道中〉，《師伏堂詩草》，卷 4，頁 6)遠離世俗，與羊爲侶，安之遊之，外在世界與己無關，

---

[9] 相較之下，譚嗣同則激烈許多，衝決利祿、俗學、群學、君主、倫常、天、全球群教、佛法的網羅，見〈仁學自敘〉，蔡尙思、方行編：《譚嗣同全集》(北京：中華書局，1998 年 6 月 3 刷)，頁 289—291，引述見頁 290。如此層層遞進，推究極致，非至於無網羅不止，而無網羅，也意謂到達虛無飄渺之境，人生虛幻，進而否定世俗一切價值。

山林成爲皮錫瑞的安慰：

> 一聲長嘯，看壺中天地，無邊空闊。朝市山林誰大隱，
> 試問長房真訣。聖道龍蛇，神州蠻觸，夢幻何工拙。澹
> 忘塵世，不知秦漢興滅。　休歎仙聖漂淪，岱輿員嶠，
> 已合連鼇沒。賸有三山乾淨土，留作吾徒生活。桑海人
> 間，蓬瀛天上，望見金銀闕。放懷樽酒，且談今夕風月。
> （〈百字令奉題夏芰舲壺天大隱圖〉，《師伏堂詞》，頁 6）

正因迢然塵外，遠離世路，所以乾坤頓感寬闊，再看人間一切，
只如蠻觸相爭。然而岱輿員嶠連鼇沒，豈不是追尋功名，已成
夢影，日漸遠揚，所以才感歎仙聖漂淪。此時三山淨土，固是
生活依憑，但不也是逃遁場所？「畏人憐客子，避世獨耕夫。」
（〈畏人〉，《師伏堂詩草》，卷 4，頁 10）就說明了遁世的根本
原因，一是逃避眾人安慰憐憫，二是失意的自我放逐，而與歸
依自然無關。山林不是生命的歸宿，僅僅作爲暫時棲身之地。[10]
是以所說：「早使聲名脫韁鎖，肯焚芰製出山林。」（〈暮行〉，《師
伏堂詩草》，卷 4，頁 4—5）顯然也非實情。眞情是：

> 舟行輕似葉，客意澹如僧。翰墨誠疏計，山林尚未能。
> 落霞明雁路，殘月冷魚罾。旅夜懷身世，頻年老一燈。（〈泊
> 樵舍〉，《師伏堂詩草》，卷 5，頁 4）

落霞與殘月，是皮錫瑞不第的哀感，深林共荷樵與山林尚未能，
構成皮錫瑞內在的矛盾。於是又說：「憂患皆從識字始，自悔雕
蟲困佔畢。」（〈擬行路難十八首之十八〉，《師伏堂師草》，卷 1，
頁 18）或者是：「空將歲月擲雕蟲，浩歎今人不如古。」（〈黃

---

[10] 所以山林文學，意態多方，有借隱求仕，有逃避世情，有自
我放逐，不完全是與大化合一。生活的空間相同，生命的情態
則異。

34

氏山齋贈別內兄君輔〉,《師伏堂詩草》,卷 2,頁 18—19）本來以屠龍身手自高,如今卻以雕蟲小技自悔。徘徊歧路,終須有定：

> …雕蟲小技少時事,老驥壯心千里心。名山著書志苦晚,相期與子珍平生。…（〈贈李荔村即以誌別〉,《師伏堂詩草》,卷 2,頁 19—20）

本詩作於光緒 4 年（1879）,時年 29 歲。科舉不第,潛心著述,固是文士傳統,但日後從文學轉向經學,著述宏博精湛,也應與最終的選擇有關。名山著書,非是自娛,也關係懷抱理想：

> 黃河一千年一清,安得躬逢聖人生,老死不見兵與革,嬉遊鼓腹歌承平。昔有放勳御黃屋,十日並出民人驚,后羿彎弓射不得,大風鑿齒方縱橫。洪水湯湯浩方割,橫流地上龍蛇行。黃農忽焉沒,天地皆荊榛。生逢堯年尚如此,何況我輩今之人。（〈行路難之十六〉,《師伏堂詩草》,卷 3,頁 5）

古猶如此,今何以堪,指古道今,暗示身在衰世,遠尚古道：「弱冠觀群書,抗心在千古。篋藏鉛刀不一試,久事筆硯終何補。」（〈行路難之六〉,《師伏堂詩草》,卷 3,頁 4）鉛刀終究一試,成就仍在筆硯,初治《尚書》,中治鄭學,晚歲貫通群經大義,有功後學。

第二節　廖平生平志業

一、聖凡之間

廖平嘗言：「畢生學說,專以尊經尊孔為主。」（《孔經哲學發微·尊孔總論》,《廖平選集（上）》,頁 303）觀察廖平經學發展,確如其自述。考其尊經尊孔,實有一特殊型態,即追尋

經典作者：

> 來示以治經以申明經義為主，作者可作不必追論穿鑿求
> 之。此尋章摘句之學則然，而非所論於微言大義也。將
> 治其經，而不知作者謂誰，則不可通者多矣。(〈答友人
> 論文王作易書〉,《四益館文鈔》，頁 11)

古典作品形成，大致有兩種型態，一是在歷史中逐漸形成，或
有原始形貌，但經過累積、修改、增刪，才形成後代所見的形
式與內容，因作者並不固定，所以只能論作品意義，很難將作
者與作品連結，從身世背景去討論作品意義；一是有明確作者，
可以考察其生平、交遊、生命歷程等，作者與作品關係密切，
難以分割。前者是集體作者觀，後者是固定作者觀。但不論何
種作者觀，作品均有待讀者解釋，然而讀者並不是超然世外，
而是生存於歷史之內，在解釋過程中，讀者的經驗、知識、所
處的社會結構，會主導解釋內容與發展，是以所申明的經義，
是否就是作品意義，即已甚難論斷，何況逆探作者原意，更何
況經典作者歷來聚訟紛紜。廖平堅持固定作者觀，並以之衡量
一切經典，未免固執。但深入其內心世界，則又別自有故：

> 群經事業，其艱巨奚啻填海移山，二千年名儒老師，其
> 敗覆者積尸如麻，欲以一人之身，擔負此任，真所謂以
> 管窺天，以蠡測海，無功有罪，一定之理。(〈答江叔海
> 論今古學考書〉,《四譯館雜著》，頁 137)

皮錫瑞雅擅詞章，多篇學術著作序文，是以駢文寫成；康有爲
詩歌，多以新名詞爲之，被稱爲嶺南一大家；廖平不以文學知
名,《四譯館雜著》、《四譯館文鈔》、《四譯館文集》，均以經學
討論爲主，未有詩文創作，即使研經匪易，生平仍以研治經學
自任。考其經學六變，生命的目標，仿佛已與經學結合。生命
型態與經學解釋，不能分開。正因生命主體與經學解釋結合，

所以研究經學，會追尋經典作者，在主體與主體交映情境下，以掌握經典意義：

> 欲明經學，必先知聖與制作六經之本旨。…學者必先知聖而後可以治學。(〈治學大綱〉，《四益館雜著》，頁 129)

「知聖」即理解作者制作原意，這與理解作品原意又有差別，前者在掌握作者生命精神，後者在分析作品內容意義。知聖是廖平經學思想重要基礎，從此延伸，構成其《公羊》學體系。知聖之「聖」，自是指孔子：

> 孔子者六經之主人，六經者孔子之家產。(〈尊孔篇〉，《四益館雜著》，頁 5)

此即前述固定作者觀，且更明言六經所有權屬於孔子。因此經學研究，至少有兩大部分：一是經典本身研究，二是經典作者研究，而後者又較前者重要。廖平有生動說明，指出兩者之異：

> 學海堂所刻《經解》與《通志堂經解》，雖不言孔子亦可。(〈尊孔篇〉，《四益館雜著》，頁 3)

更具體說明是：

> 每怪兩部《皇清經解》，號稱絕作，試將孔子取銷，謂世間並無其人，其書仍可自立，近故力張微言大義。(《孔經哲學發微·尊孔總論》，《廖平選集(上)》，頁 303)

在廖平看來，經學研究最後形成作品分析，無與於作者，更看不出作者精神所在。其基本預設是作者與作品是不可分割的整體，作品不能遺世獨立，而必關連作者。只注意分文析義、尋章摘句，根本不能理解作者，所以才會說後代的經學研究，即使取消孔子，也並不妨礙經學這一學門存在。廖平所言，觸及讀者與作者生命的交會，惟有在主體生命交會的前提下，方能

理解作品獨特的意義[11]，這其實是改變了乾嘉經學研究傳統。此
一改變，固可進入作者生命深處，但是對作者的理解，也是從
作品開始，此其一。對作者創作性質的認定，不能師心自用，
也須以傳統講法爲根據，此其二。讀者對作品的詮釋、傳統對
讀者的影響，在在造成解讀經典的結論。所以主體生命交會，
絕非憑空想像，而是從文化傳統發展而來。廖平以「微言大義」
作爲掌握作者創作目的的線索，就是最好說明，微言大義並非
廖平首創，而是漢儒通義，至其內容是爲漢制法，也非廖平獨
創，仍是漢儒通說，廖平是在這一基礎上發揮。

至於知聖之「知」，廖平將之與學聖之「學」作一區別：

> 不求知聖，專於學聖，遂以庸言庸行、村學鄉愿為孔子，
> 人人有自聖之心。(〈尊孔篇〉，《四譯館雜著》，頁4)

知聖是求理解聖人，學聖是學習聖人，然而研讀經典，最終目
的就在以聖人爲典範，知聖而不學聖，就中國哲學的實踐性格
而言，毋寧有所缺失。聖人可否學習，是問題關鍵：

> 俗學專言學聖，不求知聖，遂以孔子為學究，人人可以
> 為孔子。必知生民未有、賢於堯舜、生知前知，而後可
> 以言知聖。(《孔經哲學發微‧尊孔總論‧四益館經學四
> 變記》，《廖平選集（上）》，頁313) [12]

---

[11] 這可以說明傳統學術研究論著，多列作者生平、交遊、著述
等專章的原因，其背後就是作者與作品的整體觀。或者說是以
人爲中心的研究方式，而不是以作品爲中心的研究方式。所引
發的問題是人文學科，究竟應以作者爲中心，抑或以作品爲中
心。

[12] 相同意見，另見《知聖續篇》，條30，《孔經哲學發微‧凡例‧
十》，《孔經哲學發微‧尊孔總論》，條5，李耀仙編：《廖平選

聖人不可學習，是因聖人具有神聖性格。這一性格是讓凡人仰望，而非學習，更不是以聖人自命。前已言之，就中國哲學實踐性格而言，由知聖到學聖，理所必至，廖平則將之劈成二截，知聖而不學聖。此一講法，確可消除以聖人自命之弊，以聖自命，所言所思，自以爲是眞理，於是易以倨傲的姿態面臨世俗，輕視世俗的結果，非但不能建立世俗秩序，反而破壞世俗秩序。[13]廖平扭轉這一方向，神聖不再臨向世俗，而是世俗仰望神聖，此一區別，其實只是一線之隔，不是無法跨越的鴻溝。仰望神聖，企圖依賴聖人及其所創立的經典，重建社會秩序，正是廖平生命內在欲求。

　　知聖既是理解聖人及其所創作的經典，這就需要讀者詮釋，讀者資格、詮釋進路，須先討論：

　　　　故必有賢者出，依經立義，取古人行事，皆緣附六藝，
　　　　無改作之嫌，並使後人不至援古事以攻駁六藝，此賢者
　　　　所以為聖譯。(《知聖篇》，卷上，條 11，《廖平選集（上）》，

集（上）》(成都：巴蜀書社，1998 年 7 月)，頁 247，301，304。
[13] 如王陽明門人王艮、董澐先後出遊而歸，陽明問其所見，俱以「滿街都是聖人」告，陽明云：「你們拏一箇聖人去與人講學，人見聖人來，都怕走了，如何講得行？須做得箇愚夫愚婦，方可與人講學。」見陳榮捷：《王陽明傳習錄詳註集評》(臺北：臺灣學生書局，1983 年 12 月)，卷下，條 313，頁 357。陽明後學流於狂禪，不拘禮法，即以聖人自命之弊。凡人之所以畏懼而走，即因聖人高不可攀之故，陽明勸人以凡夫面貌出現，並非降格以求，但也有聖人易爲之病。廖平以知聖代替學聖，目的應在避免聖人易爲、聖人自命之弊。

頁 182）[14]

賢者才有資格解讀聖人性格與經典內容，解讀方式類似翻譯，避免加入自己意見。亦即賢者是居於聖人與凡人之間，傳達聖人生命姿態與經典義理。神聖世界與世俗世界的關係，不是神聖與世俗的對立，也不是神聖向世俗妥協，而是借由賢者溝通，世俗仰望神聖，透過聖人宣說的義理，布勒世界秩序。「聖—賢—凡」是基本人文結構，廖平即以此一賢者自居，一生工作，就在「翻譯」經典[15]，自稱「四譯」、「五譯」、「六譯」，根源即是此故。不斷翻譯，也不斷提升本身生命層次。

二、天人之際

　　民國 2 年（1913）廖平時年 62 歲，曾云：「四變記成，心願小定」（〈答江叔海論今古學考書〉，《四譯館雜著》，頁 128），考廖平經學雖云六變，但前三變討論今古學問題，後三變則討

---

[14] 相同意見，另見《知聖篇》，卷上，條 39，41，《廖平選集（上）》，頁 199，201。

[15] 龔師鵬程指出中國傳統作者觀有兩種，一是所有權作者觀，一是神聖性作者觀，前者有明確的作者，後者則來自神，任何人均可參與這一作品，而且視參與作品爲神聖性活動，不敢自居作者，作者也被視爲神聖。漢代經今文學者執持神聖性作者觀，以述者自居，且視孔子有一定神聖性格，本節作者觀分類，即參考此一架構，見〈中國文人傳統之形成：論作者〉，《文化符號學》（臺北：臺灣學生書局，1992 年 8 月），頁 3—46，引述見頁 12，27。廖平即採神聖性作者觀，視孔子爲神聖，堅持六經爲孔子所作，以「傳譯者」自居，知聖而非學聖，又非止廖平，皮錫瑞、康有爲皆然。

論天人問題，探索人存在的終極根源。從今古學轉變爲天人學，經學四變是其中關鍵。廖平深信古代天人相通：「古者天地相通，人可上天，所謂飛行、乘雲御風者也。」(《知聖續篇》，條13，《廖平選集（上）》，頁 235)[16]並作人學表與天學表區別兩者之異：

人學指人間制度，是根據「君—伯—王—帝—皇—帝—王—伯—君」政治稱號，配合「禮—義—仁—德—道—德—仁—義—禮」道德條目，結合而成。而從其進化、退化疆域大小分析，人學顯然是循環狀態。至於「皇帝之世，聖人始來，靈物始至，運衰則不復至，而別游天地」可知聖人在盛世出現；天地不限於我們所處的宇宙，別有不同天地存在。聖人不是一般人，而具有神的性格，人所能者在期待聖人來臨。一旦氣運衰落，世界退化，聖人別游。整個理論，具有相當程度的宇宙命定論。

天學指諸天制度，聖人又有化人、至人、神人之稱，聖人既不僅存在我們所處的宇宙，所以還有地球以外的星球，地球以外的諸天地。人不應限於此世，更要進於彼世。但前已言之，此一理論既是命定論，人又如何突破已定之局，從人間轉向天界？廖平雖言進化，卻又未指出如何進化？這是其理論重大的困境。此一困境的特色是無法指出由人向天的具體進程，但引領人們朝向未來，未來成爲希望所在。從廖平所作〈宇宙觀〉更可見出意指所在。

這一架構，是模仿佛教宇宙觀而來，亦即世界是經由成立、持續、破壞，最後轉變爲另一世界，宇宙就在此一過程中不斷生成、變化，這就是成、住、壞、空四劫。廖平截取佛教教義，

---

[16] 另見《知聖續篇》，條 70，《廖平選集（上）》，頁 278。

再分配經典，又加上疆域大小，構成自己的宇宙論。沒有任何
證據，也無法證明此一理論合理與否。與人學表、天學表相較，
共同特色是循環往復，此其一；以經典判定時世，此其二。所
顯現的意義是每一經典，代表一時代，借由經典閱讀，才能進
入特定時代，在特定制度下，人才可能證明自己的存在並實現
自己的價值；經典也不再是有待爬梳的客觀文獻，而是讀者以
生命閱讀，在閱讀過程中，發現、完成自我，最後求得絕對自
由。經典，說明了宇宙的開創與結束，也說明了人的終極嚮往。
對廖平而言，經典就是一切。

第三節　康有爲生平志業

一、民生憂苦

　　魏源曾分析清代由盛而衰的原因：「黃河無事，歲修數百萬，
有事塞決千百萬，無一歲不虞河患，無一歲不籌河費，此前代所
無也。夷煙蔓宇內，貨幣漏海外，漕釐以此日蔽，官民以此日
困，此前代所無也。士之窮而在下者，自科舉則以聲音訓詁相
高，達而在上者，翰林則以書藝工敏，部曹則以胥史案例爲才，
舉天下人才盡出於無用一途，此前代所無也。其他宗祿之繁，
養兵之費，亦與前世相出入。」（《魏源集·明代食兵二政錄敘》，
頁 163）北方困於黃河之患，每年耗無數經費，河道仍屢屢崩
決，無救本之方；南方官鹽價高，導致私鹽盛行，官方取締，
則官民相仇，坐視不問，則虧蝕累累；漕運運河淤積，從南到
北，關卡重重，層層勒索；兼以鴉片入而白銀出，年年入超，
國礎已危。[17]而士大夫非沈湎於聲音訓詁即遊賞於書法工藝，所

---

[17] 清朝治河、鹽政、漕運之弊，詳可見蕭一山：《清代通史》（臺

以魏源倡導經世之學。清季危懼如此，康有爲在其詩作，也呈現盛衰交替的意象：

> 秦時廥堞漢家營，匹馬高秋撫舊城。鞭石千峰上雲漢，連天萬里壓幽并。東窮碧海群山立，西帶黃河落日明。且勿卻胡論功績，英雄造事令人驚。(〈登萬里長城〉,《汗漫舫詩集》,《康南海先生詩集》, 卷 2, 頁 18—19)

連天萬里，碧海群山，意象雄偉，立馬其間，自會有英雄造事之感，然而撫今追昔，盛世不再，秦漢只存在歷史之中，只是歷史記憶，而非眞實情境，從歷史滑落到現實，又是另一番景況：

> 澗道飛陰雪，群山亂夕陽。關城生白草，亭堠雜垂楊。立馬千峰紫，盤鷹大漠黃。時平關路治，百里月蒼涼。(〈由居庸關登長城還〉,《汗漫舫詩集》,《康南海先生詩集》, 卷 2, 頁 19—20)

由情生景，景總是以衰敗居多，斜陽、衰草、冷月，構成康有爲北遊大漠的基本情調，如「沙河荒城帶落日」(〈夜宿沙河〉,《汗漫舫詩集》,《康南海先生詩集》, 卷 2, 頁 13),「莫色落疲驢」(〈秋尋碧雲寺失道夜宿田家〉,《汗漫舫詩集》,《康南海先生詩集》, 卷 2, 頁 21), 北方壯麗山河，在康有爲筆下，似乎失去傳統昂揚之氣，充滿哀生失路之感：

> 世味由來薄似霜，何堪燕市送年光。經過人事成流水，無限江山付夕陽。四海舊交半墟墓，百年此夜幾壺觴。

北：臺灣商務印書館，1985 年 4 月臺 6 版),第 19 章,〈道光時代之內政與變亂〉, 第 95 節,〈道光之內政〉,頁 880—885; 孟森:《清代史》(臺北：正中書局，1984 年 11 月臺 8 版),第 4 章,〈嘉道守文〉, 第 6 節,〈道光朝士習之轉移〉,頁 322—340。

　　六街喧爆看鐙去，又作京華夢一場。(〈除夕與鎮南對酌〉，
《汗漫舫詩集》，《康南海先生詩集》，卷 2，頁 34)
江山夕陽，百年堪傷，正道出民生多憂患的根本原因，生命必
須處於外在環境，外在環境的良窳，自會影響生命的情緒、欲
望：「壯士覽山河，長風動人愁。」〈九秋登塔高吟〉，《汗漫舫
詩集》，《康南海先生詩集》，卷 2，頁 24)這一愁慘之心，一方
面化爲激厲萬民意志，作〈愛國歌〉、〈愛國短歌行〉、〈干城學
校歌〉等，自勵勵人，高唱：「中華大地比全歐，全國同文宰亞
洲。」〈愛國歌之九〉，《延香老屋詩集》，《康南海先生詩集》，
卷 1，頁 10)或是：「今爲萬國競爭時，惟我廣土眾民霸國資。」
〈愛國短歌行之三〉，《延香老屋詩集》，《康南海先生詩集》，卷
1，頁 15)宰制、稱霸代替落日、秋草，壯氣與哀感，呈現鮮
明對比。而我奮我武，不能改變日蹙國勢，於是另一方面仍陷
溺在生民苦痛之中。
　　時而低吟：「江山搖落空憂國，湖海飄零獨臥床。」(〈誂陳
逸山農部見贈〉，《延香老屋詩集》，《康南海先生詩集》，卷 1，
頁 55)時而自問：「腐儒心事呼天問，大地河山跨海來。臨眺
飛雲橫八表，豈無倚劍嘆雄才。」(〈秋登越王臺〉，《延香老屋
詩集》，《康南海先生詩集》，卷 1，頁 31)身世家國，混而爲一：
　　　身世可堪逢百憂，萬方多難竟無休，死生契闊嗟吾輩，
　　　煙雨迷茫話小樓。(〈贈鄭大鶴同年之三〉，《納東海亭詩
　　　集》，《康南海先生詩集》，卷 13，頁 14)
萬方固然多難，腐儒絕非空憂，意氣縱橫，躍入苦海：「民生多
憂患，志士多苦辛。」(〈爲徐計甫編修寫扇兼呈高理臣給諫變
曾王右遐侍御鵬運〉，《汗漫舫詩集》，《康南海先生詩集》，卷 2，
頁 90)志士苦辛，表現在與民同憂：「眾生有病我遂病。」(〈偕
若海公裕品茗不忍池中無著亭看月已而病若海以二詩來答之〉，

《納東海亭詩集》,《康南海先生詩集》,卷 13,頁 9)與民同病,
不若與民治病:「眾生有病我仍來。」(〈丁巳十月廿二日夕美使
派文武吏士專車護送出京鐵寶臣尙書顧亞蓬侍郎商雲汀侍講即
來慰問道謝並呈之三〉,《美森院詩集》,《康南海先生詩集》,卷
14,頁 26)[18]來此世,自爲眾生而來:「發願來人間,欲將亂世
撥。」(〈辛酉七月祝徐君勉五十壽〉,《游存廬詩集》,《康南海
先生詩集》,卷 15,頁 2)晚清確是亂世,欲撥亂世,必須有具
體完整方法:

> 夜夜登樓望大星,紫微帝座故熒熒。山河兩戒誰能考,
> 廟社千秋尚有靈。道喪官私惟帖括,政蕪兵食盡虛名。
> 虞淵墜日難挽救,漆室幽人泣六經。(〈蘇村臥病寫懷〉,
> 《延香老屋詩集》,《康南海先生詩集》,卷 1,頁 40)

帝星雖熒熒,觀望仍夜夜,山河已有割裂之危,但盼列祖列宗
佑護,焦灼翻增,孤忠耿耿,憂世憂民,情盡乎辭;而士大夫
帖括相高,沈迷舉業,兵食大政,盡皆荒廢,見解一如魏源;
挽清朝於墜落,舍六經而何由?

> 聖統已爲劉秀纂,政家並受李斯殃。大同道隱禮經在,
> 未濟占成易說亡。良史莫如兩司馬,傳經只有一公羊。

---

[18] 丁巳爲民國 6 年(1917),張勳於徐州謀復辟,入京之前,問
策於康有爲,康有爲爲之草定復辟諸詔,重要事項有除苛稅、
改新律、召國會、尊孔教、定官制等,事見吳天任:《康有爲先
生年譜‧民國六年條》(臺北:藝文印書館,1994 年 11 月),
冊下,頁 635—650;諸詔書見《丁巳要件手稿》,蔣貴麟編:《康
南海先生遺著彙刊》(臺北:宏業書局,1987 年 6 月再版),第
13 冊。康有爲哀憐生民,絕不止於情感抒發,而是有具體方法,
應付世事,與傳統文人異。

群龍無首誰知吉，自有乾元大統長。（〈門人陳千秋曹泰
梁啓超韓文舉徐勤梁朝杰陳和澤林奎王覺任麥孟華初來
草堂問學示諸子〉，《萬木草堂詩集》，《康南海先生詩集》，
卷3，頁5—6）

經雖有六，傳經卻僅《公羊》學：「撥亂春秋志，辛勤梁父吟。」
（〈丙辰二月五日送君勉回粵赴義兵討洪憲纂僭寫近詩付善伯歸
示君勉〉，《納東海亭詩集》，《康南海先生詩集》，卷13，頁12
—13）《春秋》可以撥亂，撥亂的目的是導向太平，這在悼念譚
嗣同、林旭詩作極爲明顯：「問吾談春秋，三世志太平，其道終
于仁，乃服孔教精。」（〈六哀詩・譚嗣同〉，《大庇閣詩集》，《康
南海先生集》，卷5，頁89）「商榷三世義，講求維新理。」（〈六
哀詩・林旭〉，《大庇閣詩集》，《康南海先生集》，卷5，頁92）
孔子之教在《春秋》，《春秋》重在三世，變法維新，所據正是
三世說。這一系列講法，自是《公羊》學，而世人不知，感泣
六經，正爲此故。重振斯學，舍我其誰？「擬經制禮吾何敢，
蠟屐持籌事未分。」（〈蘇村臥病寫懷〉，《延香老屋詩集》，卷1，
頁39）正欲回復這一套聖人之學。

康有爲嘗言：「我生好古多幽癖，書畫鼎彝更瓦石。」（〈門
人狄楚卿以所印帖數十本遠贈卻寄〉，《避島詩集》，《康南海先
生詩集》，卷9，頁63）好古之古何所指？論詩學云：「意境幾
於無李杜，目中何處著元明。」（〈與菽園論詩兼寄任公孺博曼
宣之三〉，《南蘭堂詩集》，《康南海先生詩集》，卷11，頁89）
書法則鼎彝瓦石，詩藝則元明唐宋，論散文：「惟師三代法秦漢，
然後氣格濃厚。」論駢文：「惟師秦漢法魏晉，然後體氣高古。」
（《廣藝舟雙楫・導源》，卷4，頁9）上溯秦漢，幾成爲康有爲
書藝文學的共同歷程，但是上溯秦漢又不僅只是復古，氣格濃
厚、體氣高古，是風格判斷，所以秦漢既是時代之古，更是價

值與審美的核心。所以又感嘆：「方今大變人好新，古物棄同沙礫擲。」（〈門人狄楚卿以所印帖數十本遠贈卻寄〉，《避島詩集》，《康南海先生詩集》，卷9，頁64）這此不與變法維新之新矛盾？

> 大瀛海水忽橫流，小九州通大九州。別有文明開世界，竟由新法破鴻溝。素王道統張三世，黃帝神靈嗣萬秋。我作大同書已竟，待看一統合寰球。（〈己酉六月自歐歸過蘇彝士河感懷兩戒俛念萬年吾亦四度過此倦遊息轍將述作矣〉，《南蘭堂詩集》，《康南海先生詩集》，卷11，頁78）

借新法所破之鴻溝，應是新舊古今之爭，然而無論是借新破古抑或借新破舊，仍有新舊及今古畛域，何能合其溝而通其異？原來新法非從天外而來，仍本於舊，亦即仍本於傳統、本於歷史。講論《公羊》，高揚三世，探究天人，通變古今，都根據自身文化。倡導維新，即是復古，反過來說，高唱復古，所以開新。　關鍵在對古的態度，或重新解釋，或懷疑批判，就在解釋與批判之時，重塑了傳統，或者說重構了古代。古，呈現不同以往的面貌，變成理想的化身。此時的古，即可以新當之，新，其實本古而來。所以康有為致力維新，卻又嘆息時人好新。其中委曲，正因維新本於傳統，循新則揚棄傳統，名同而實已異。維新既是本於傳統，深入傳統，以開新局，勢所必須：「固知下無學，不足振國群。」（〈日本內務大臣品川子爵以吉田松陰先生幽室文稿及先生墨跡見贈題之〉，《明夷閣詩集》，《康南海先生詩集》，卷4，頁24）即處於這一思想脈絡。[19]

---

[19] 民國6年（1917），康有為參與復辟，倡導讀經；民國24年（1935），章太炎以為救國之道，舍讀經莫由。康有為、章太炎論學殊異，對讀經態度則同，考其因由，即在二氏深入傳統相

變法失敗，康有爲仍念念不忘：「欲鑄新中國，遙思邁大秦。」
（〈生民二章之二〉，《逍遙遊齋詩集》，《康南海先生詩集》，卷
7，頁 3）[20]甚至欲殖民巴西，開創新世界：「我將殖民巴西地，
樓船航渡歲億千。樹我種族開我學，存我文明拓我田。移民迅
速殖千萬，立新中國光昒天。」（〈巡覽全美國畢將遊巴西登落
機山頂放歌七十韻〉，《寥天室詩集》，《康南海先生詩集》，卷 8，
頁 54）這仍基於《公羊》三世說，立太平世界，所以說開我學
以鑄新國，或者是存我文明，立新中國。以《公羊》救世，貫
穿康有爲整個思想，也是其生命情調。

生命固須面對外在環境，因而有種種艱險，但是外在環境
仍可改變，借變法以易世，就是最佳例證：「慘淡風雲經幾變，
轉移天地愧無能。」（〈二月花朝紅海看月出風翻昔有一家骨肉
三洲地之句久佚此詩補作之今余亦一家分住亞美非也〉，《南蘭
堂詩集》，《康南海先生詩集》，卷 11，頁 35）以轉移天地形容

同，深入之道則異，亦即二氏雖敬服傳統，但對傳統有不同認
知，賦予傳統不同面貌。雖以讀經爲要，但對經典的解釋，卻
存在二種系統。然而一朝廢經，都不能見容於二氏。復古與開
新，其複雜折繞，於此可見。分見《丁巳要件甲手稿‧讀經》，
頁 10；〈論讀經有利而無弊〉，湯志鈞編：《章太炎政論選集》（北
京：中華書局，1977 年 11 月），冊下，頁 862─868。
[20] 從此詩可知，新中國之說，其源甚早，康有爲時或稱新中華，
梁啓超有《新中國未來記》，顧頡剛則懷疑中國民族業已衰老。
今日大陸恆言新中國，其實與康有爲、梁啓超、顧頡剛相同，
都是對既有文化系統質疑，從而冀望重建新的世界。康有爲、
梁啓超等援引《公羊》學三世說，顧頡剛批判漢代君主專制與
儒教壟斷，中共援引馬克斯主義五階段論。

變法，變法涉及根本改變，可以想見。變法失敗，欲於海外尋新地以存種族。這些想法，或有不易實踐處，然而進一步思考，變法成功，造境樂土，生命真能無憂？這就觸及生命本質，人生有時而盡，外在環境無論如何美好，我們終究須面對生命的結束，生死難安，正是生命最大的苦痛，無與於外在環境，所以這是生命的本質困境：

> 戊戌當年逮捕拏，天乎姊妹幸生逃。覆巢破卵原同難，持節環球聊自娛。世亂帝王亦難免，人生憂患本來俱。婆伽婆為破煩惱，長記天游作天徒。(〈薇璧二女久別以母張氏夫人逝世來滬奔喪送喪於茅山事訖分散以七月十八日同行會少離多又有家國存亡之感老夫雖有天游之學亦復悽黯不可為懷同遊半淞園拓影得詩四章送之之四〉，《游存廬詩集》，《康南海先生詩集》，卷 15，頁 9—10)

戊戌政變，有幸生逃，與生而來的憂患，卻無所逃於天地間，從外在世界逐步進逼內在生命，指出世變固造成生命苦痛，人生憂患本來俱，則與世變無必然關係。婆伽婆意為世尊，諸佛之一，最主要功能就是破除煩惱。本詩作於康有為晚年，康有為早年曾求助於道教[21]：

> 僊館清參讀道書，黃庭寫罷證真如。放生記輟周顒饌，池上雲泉看巨魚。(〈讀書西樵山白雲洞之三〉，《延香老屋詩集》，《康南海先生詩集》，卷 1，頁 26)

《黃庭經》是道教五大經典之一，為道教各派共同尊奉；真如

---

[21] 康有為讀書西樵山在光緒 5 年（1879）至光緒 8 年（1882），時年 22 歲至 25 歲；元配張夫人妙華去逝，在民國 11 年（1922），時年 65 歲。見吳天任：《康有為先生年譜》，光緒 5、6、7、8 年，民國 11 年諸條，冊上，頁 20—28，冊下，頁 706—708。

則是佛教術語，意謂一切事物並無眞實性，即一切法皆因緣生，一切存在皆受決定條件（因）與輔助條件（緣）決定，無獨立實在性，此即空性。周顒是南齊人，兼擅《老子》、《周易》，並精通佛理。引周顒自喻，其意甚明。詩後有自注:「吾居雲泉仙館曬書臺下之室數月，讀佛道書，館前引泉爲放生池，中念眾生皆有血氣知覺，同苦痛刻，乃放魚而戒殺焉，齋一月而復，今方當人道競爭，以待太平世乃行也。」[22]由此詩可知，康有爲雖以《公羊》應世，但面對生命困境時，則出入釋道，尤以佛教影響極大；而其大同思想，起源亦甚早。以戒殺爲太平世方可行之，兩者有一定程度結合。這一結合，自不止於戒殺，而是對生命的根本認識：

> 家國牽連溺愛河，有身可患奈之何？預知歷劫懼喜受，
> 最痛生民憂難多。誓拯眾生甘地獄，備纏諸苦陷天羅。
> 瞿曇巧慧先紆避，宣聖兢持僅得過。（〈己酉除夕前二日
> 酬梁任公弟寄詩並電問疾六章之二〉，《南蘭堂詩集》，《康
> 南海先生詩集》，卷 11，頁 112）

家國，仍只是外在環境，最大的憂患來自有身。根據佛教教義，

---

[22] 康有爲逝世後，其女康同璧搜集遺詩，並於民國 25 年（1936）由弟子崔斯哲手寫，編成《康南海先生詩集》，民國 65 年（1976）經弟子蔣貴麟編入《康南海先生遺著彙刊》第 20、21 冊；1987年上海市文物保管委員會文獻研究部重編康有爲詩集，根據手稿及抄本而成，名爲《萬木草堂詩集》，與崔斯哲手寫本略異，本詩自注，即爲崔斯哲手寫本所無。參考崔斯哲:〈康南海先生詩集跋〉，《康南海先生詩集》，《康南海先生遺著彙刊》，第 21 冊；《萬木草堂詩集》（上海：上海人民出版社，1996 年 7 月），「編者說明」，本詩自注見頁 12。

身由五陰組成，色是一切色法的類聚，受是苦、樂、捨、眼等諸感受，想是眼觸等所生諸想，行是意志，識是眼識等諸識類聚。亦即形軀、感受、想像、意志、綜合認知感受外在世界能力，構成我們的身心。然而形軀有生老病死，感受、想像、意志等有怨憎會、愛別離、求不得等諸苦，生命就處於此一苦境。

康有為屢以地獄形容[23]：「吾來窺獄門，森聳尚氣索。從來大聖哲，多蒙誅縲絏。濁世類地獄，專為救苦入。」（〈登厄岌坡利士岡俛瞰雅典感喟累欷〉，《瀛漣詩集》，《康南海先生詩集》，卷10，頁19—20）眾生在此地獄，康有為則誓欲拯救，立志如此，不免以教主自居，以君臨萬方的姿態，俛看世人，少年白頭，未曾易志：「本是餐霞人，偶為世網誤。…未忘生民疾，聊向人間住。」（〈餐霞吟〉，《延香老屋詩集》，卷1，頁28—29）延香老屋是康氏祖傳宅第，康有為青年讀書處，此詩約作於光緒6年（1880），時年23歲。考康有為志向，絕非偶然為之，應是本欲為之，以偶抒懷，貌似謙虛，實則睥睨。時逾30年，狂放不稍殺：「我本摩詰所化身，眾香國裡吾久薰，偶來濁世任斯文，預人家國亦艱辛。」（〈題梁任甫所藏唐人寫維摩詰經〉，《憩園詩集》，《康南海先生詩集》，卷12，頁23—24）此詩作於宣統3年（1911），時年54歲。《維摩經》是維摩居士與佛陀弟子文殊師利菩薩講論佛法的經典，不但自比維摩，且自認是維摩化身，從佛國降臨濁世，救人家國。較之青年時代，有進而無退。「而今游戲在人間，民生同患何忍去。」（〈一天園詩十

---

[23] 另見〈耶路薩冷國…〉，〈九月避地再遊印度絕無僧寺傷念大劫感懷身世〉，〈己酉除夕前二日酬梁任公弟寄詩並電問疾六章〉，《南蘭堂詩集》，《康南海先生詩集》，蔣貴麟編：《康南海先生遺著彙刊》，第21冊，卷11，頁49，96，112。

章‧人天廬〉,《游存廬詩集》,《康南海先生詩集》,卷 15,頁 21)
此詩作於民國 10 年(1921),時年 64 歲。不忍生民,一如已
往,但游戲人間,非教主而何?

於是又屢言暫遊世界,終有離開塵世之日[24]:「世界偶然留
色相,生涯畢竟託清波。」(〈題荷花畫幀〉,《延香老屋詩集》,
《康南海先生詩集》,卷 1,頁 55)這是以荷花自喻,色身雖留
濁世,實相卻是清淨,可以見出康有爲對現實世界的態度:「既
現救國身,未肯脫垢衣,不忍心難絕,且復隨慈悲。」(〈陳登
萊及門人陳繼儼募修白沙先生嘉會樓楚臺雲求題二額追思與簡
竹居舊游寫寄二子〉,《寥天室詩集》,《康南海先生詩集》,卷 8,
頁 23)身是偶然因緣和合而成,現在人世,就如同著垢衣,沒
有脫除,是因不忍生民悲苦。佛教是另尋彼岸新世界,不墮入
此岸輪迴,康有爲是在此岸建立華嚴世界:

> 鳳靡鸞吪歷幾時,茫茫大地欲何之。華嚴國土吾能現,
> 獨眺神州有所思。(〈將去日本示從亡諸子梁任甫韓樹國

---

[24] 類似詩作甚多,另見〈蘇村臥病寫懷〉,〈珠江艇子題畫〉,《延
香老屋詩集》;〈舊慰余瑣尾〉,〈故山東道監察御史聞喜楊公深
秀〉,《大庇閣詩集》;〈哀何易一〉,《避島詩集》;〈耶路薩冷國…〉,
〈舊作詩篇遷流多失任甫請搜印刻老珍敝帚檢於絕國凡得千餘
首緝成題之〉,《南蘭堂詩集》;〈善伯與我共難月餘君勉與我共
患難廿年善伯持歸示君勉吾輩既爲救國而來萬千若難原是故入
假使鐵輪頂上旋定慧圓明終不失〉,《美森院詩集》;〈哭寐叟四
兄尙書哀詞〉,《游存廬詩集》;並見《康南海先生詩集》,《康南
海先生遺著彙刊》,第 20,21 冊,卷 1,頁 40,73,卷 5,頁 4,
87,卷 9,頁 60,卷 11,頁 48,115,卷 14,頁 9,卷 15,頁
42。

　　徐君勉羅孝高羅伯雅梁元理〉,《明夷閣詩集》,《康南海
　　先生詩集》,卷 4,頁 31)

華嚴在佛教原義是佛法圓備之義,康有爲詩作常有華嚴意象,
一指美麗、莊嚴,如:「旌旗飛揚壓翠微,客舍華嚴百億扉。」
(〈瑞士國在阿爾頻山中湖山之勝游客之盛爲天下第一吾兩過
之〉,《逍遙遊齋詩集》,《康南海先生詩集》,卷 7,頁 45)。一
指華嚴法界,如:「地獄天宮皆淨土,華嚴流轉現刹那。」(〈久
不見菽園以詩代書〉,《大庇閣詩集》,卷 5,頁 27)[25]華嚴宗有
四法界之說,事法界是現象界差別事相。理法界是差別事相所
依據之理,此處之理,並非經驗之理,亦非知識法則,而是實
相或眞象,此實相可稱爲眞如或眞如心。理事無礙法界,現象
由實相而生,實相在現象顯現。事事無礙法界,現象與實相不
離,一一現象彼此之間,皆同一眞如所生,現象雖有差別,但

---

[25] 前者之義見〈攜同璧女再遊舊京波士淡之訶蓥湖離宮相望風
景甚佳〉,〈登巴黎鐵塔頂與羅文仲周國賢飲酒於下層酒樓高三
百尺處憑闌四顧巴黎放歌〉,〈遊法國方點部螺宮觀拿帝及其后
奧公主奩廚金宮畫柱文石床几繡爲之感〉,〈請于丹墨國相顯沙
告獄吏而觀丹墨國獄莊嚴整潔當爲歐美之冠〉,〈稍士巴頓湖島
雜詠〉,《逍遙遊齋詩集》;〈謁墨總統爹士亞士于前墨主避暑行
宮〉,《寥天室詩集》;〈重九登金山塔今新修矣寺前沙州又新生
者丹徒令童君觀瀛置酒寺中僧出紙請題二詩付與〉,《納東海亭
詩集》;後者之義見〈辛丑二月偶披棋局見與鐵君舊聯句再題一
詩〉,《大庇閣詩集》;〈龍井〉,《納東海亭詩集》;《康南海先生
詩集》,《康南海先生遺著彙刊》,第 20 冊,卷 7,頁 58,61,76,
77,93,第 21 冊,卷 8,頁 69,卷 13,頁 27;第 20 冊,卷 5,
頁 50,第 21 冊,卷 13,頁 39。

能彼此融攝；就各現象而言，也能顯現眞如本身，亦即一事理
可通至其他事理，一境界可通至其他境界。²⁶正因事事無礙，境
界可以互通，各種境界的呈現，在於主體的修行，所以才說地
獄天宮皆淨土；意謂經由變法，國家可以莊嚴美麗，以變法自
強達到華嚴國土的目標。政治變革與佛教義理，有一定程度結
合。康有爲對變法的強烈自信，現身救世的自我期許，華嚴四
法界之說，應予其甚深支持。變法失敗，康有爲想另尋地點以
實踐理想：「別造清涼新世界，遙傷破碎舊山河。」(〈題邱菽園
風月琴尊圖〉，《大庇閣詩集》，《康南海先生詩集》，卷 5，頁 6)：

> 平生悲憫天人志，開闢臻荒宙合圖。流落天涯誰或使，
> 縱橫瀛海氣遍粗。手扶舊國開雲霧，足踏新洲遍海隅。
> 慣歷諸天經萬劫，教宗國土此區區。(〈遍遊北美將往南
> 美巴西闢新地〉，《寧天室詩集》，《康南海先生詩集》，卷
> 8，頁 58—59)

但這似是外在性質的改造，亦即生命與外在環境的變革，而非
內在性質的反省，亦即生命本身困境的超越，然而清涼之喻，
就是以菩薩的悲智，照攝萬物，無復煩惱。所以外在環境的變
革與內在困境的超越，最終結合在一起，層層遞進，推向完美
世界。這如何可能？「他日大同之世，佛教必興復於大地也。」

---

26 本節論述佛教義理，參考勞思光：《中國哲學史》(坊間本)，
第 2 卷，第 3 章，〈中國佛教哲學〉，頁 187—368，原始教義見
頁 190—204，華嚴宗教理見頁 326—344；楊惠南：《佛教思想
發展史論》(臺北：東大圖書公司，1993 年 6 月)，第 2 章，〈印
度佛教的分期〉，頁 39—113，根本佛教教理見頁 52—80，第 5
章，〈中國佛教的傳入與宗派〉，頁 243—383，華嚴宗教理見頁 337
—347。

（《南蘭堂詩集》,《康南海先生詩集》, 卷 11, 頁 101）挽救國族, 以三世思想；拯救眾生, 以大同思想。以三世思想, 處理生命所從出的外在環境；以大同思想, 處理生命本身的問題。而三世說的究極, 也是大同理想。康有為論《公羊》而撰《大同書》, 是論理發展的結果。

　　觀《大同書》結構, 即可知思想脈絡。《大同書》分 10 部：甲部是〈入世界觀眾苦〉, 從生命本身、生命所處的自然環境、生命與其他生命的關係、生命所處的社會環境、生命所具有的情欲, 說明人生本質是苦。這與佛教教義, 苦是生命的真相, 若合符節。綜合論之, 生命之苦, 根源在九界, 國界所以分疆土部落, 級界所以分貴賤清濁, 種界所以分黃白棕黑, 形界所分男女, 家界私父子夫婦兄弟之親, 業界私農工商之產, 亂界有不平之法, 類界有人與鳥獸之別, 苦界是以苦生苦, 傳種無窮。（《大同書‧甲部‧入世界觀眾苦‧第六章‧人所尊尚之苦》, 頁 78）救苦之道, 在破除九界, 乙部是〈去國界合大地〉, 丙部是〈去級界平民族〉, 丁部是〈去種界合人類〉, 戊部是〈去形界保獨立〉, 己部是〈去家界為天民〉, 庚部是〈去產界公生業〉, 辛部是〈去亂界治太平〉, 壬部是〈去類界愛眾生〉, 癸部是〈去苦界至極樂〉。乙部至壬部針對苦因, 提出對治之方。癸部較特殊, 既是對治之方, 更是究極之境。其中有仙、佛二學, 仙學求形軀長生, 但無論如何長生, 形軀終有毀壞的一天；所以又有佛學, 以不生不滅, 達到涅槃之境。所以《大同書》雖分 10 部, 嚴格而言, 有三大結構, 甲部是第一部分, 乙部至壬部是第二部分, 癸部是第三部分。康有為弟子錢定安（？—？）序《大同書》開宗明義即云：「《大同書》者, 先師康南海先生本不忍之心, 究天人之際, 原《春秋》三世之說, 演《禮運》天下為公之義, 為眾生除苦惱, 為萬世開太平致極樂之作也。」

（〈大同書序〉）清楚的掌握三世與大同之間理論關連。由三世
而大同，徹底解脫生命所處內外交困之境。

二、我生天游

　　然而理論的發展，並未完成。其一是現實世界，即使再美
好，一如形軀，終有毀滅的一日，佛教講成住壞空，就在說明
世界的形成、持續、毀壞，再形成另一世界。康有爲亦云：「天
地大逆旅，家國長傳舍。」（〈登箱根頂浴蘆之湯〉，《明夷閣詩
集》，《康南海先生詩集》，卷 4，頁 14）甚而直接指出：「世界
本來有成壞，化城無礙現華嚴。」（〈遊印度舍衛城訪佛跡之八〉，
《須彌雪亭詩集》，《康南海先生詩集》，卷 6，頁 10）世界既然
終將毀壞，勢須另尋不變的世界。既有不變的世界，人就應生
於此處，康有爲建構天遊之學，並說：「大同之後，始爲仙學，
後爲佛學。下智爲仙學，上智爲佛學。仙佛之後，則爲天遊之
學矣。吾別有書。」（《大同書‧癸部‧去苦界而至極樂》，頁 453）
其二則是斷盡煩惱，證成涅槃，絕非一般人所能致，極樂之境，
本爲全體人類而造，但發展至此，僅有少數菁英臻此境，豈非
逆轉？能學仙者已甚少，但屬於下智，至於屬上智的學佛，更
高層次的天遊之學，可想而知。

　　現身救世，自居教主，在我生與眾生之間，康有爲其實是
以君臨之姿俯視下界：「獨立嵯峨積金頂，俛看人世遍塵埃。」
（〈雨夜宿白雲觀竟夕聞泉聲〉，《游存廬詩集》，《康南海先生詩
集》，卷 15，頁 40）正因人世遍塵埃，所以：「華嚴國土時時現，
大地光明無語言，只是眾生同一氣，要將悲憫塞乾坤。」（〈示
任甫之二〉，《汗漫舫詩集》，《康南海先生詩集》，卷 2，頁 85）
這些都是哀憐眾生，而不是觀看我生。觀我生是：

　　　　山林小築觀天性，鵝鴨比鄰近物情。魚躍鳶飛參道妙，

菊芳蘭秀識時行。山邊射虎看人猛，湖上騎驢觀我生。
拄杖雲中日成趣，盪舟煙外月微明。（〈松雲徑至飲淥亭
之二〉，《游存廬詩集》，《康南海先生詩集》，卷 15，頁 25）

眾生固然悲苦，但康有為本身生命並不是充滿悲苦，時云遊戲
人間、或曰歷劫俗世，金身偶現、誤入塵網等，這是為救眾生，
我生不得不如此，是以超越我觀實存我，所呈現的情境。至於
超越我則是觀看世界，逍遙自得，頗類莊子性情。要能欣賞人
間，首須斷離情感，否則時歌時哭，或悲或喜，不能壯遊人世：

> 壬戌之秋，七月十七日，錢同薇、同璧二女，酒後步月，
> 薇、璧問《易》義，並及人天之故。明日行，無人間悲
> 感之情，庶幾遊於人間，而不為人世所囿，則超然自在
> 矣。（《游存廬詩集》，《康南海先生詩集》，卷 15，頁 10）
> [27]

此序作於民國 11 年（1922），時年 65 歲，固是晚年定論；讀書
延香老屋時作：「縱橫宇宙一微塵，偶到人間閱廿春。」（〈蘇村
臥病寫懷之三〉，《延香老屋詩集》，《康南海先生詩集》，卷 1，
頁 40）此詩作於光緒 6 年（1880），時年僅 23 歲，四十年間，

---

[27] 其詩為：「行時問易說經詮，不似凡人傷別筵。記取天遊臺上
月，伏生有女出人天。」康有為詩題有時甚長，類似一篇小文，
實可以序當之，另定詩題。伏生為漢初傳經諸儒中，年壽資歷
最深者，據《漢書·儒林傳》顏師古注引衛宏《定古文尚書序》：
「伏生老，不能正言，言不可曉也，使其女傳言教錯。」伏生
所傳《尚書》是伏生口授，其女傳讀，朝錯記錄，是最早的《尚
書》傳本。康有為自喻伏生，其女喻伏生之女，以經學傳家應
世，固甚瞭然。又專論伏生作品，可參考程元敏：〈漢代第一位
經學大師伏生〉，《國文天地》，第 7 卷，第 8 期，1992 年 1 月。

情調不改，未可以晚有進境當之。無情方能遊世，無情並非心
如草木金石，而是無人間悲感之情。佛教新譯眾生即作有情，
即迷染於世情，爲五陰緣合而成，所以爲煩惱所纏，不得解脫。
觀眾生有情，觀我生無情。以有情觀眾生，但又無力救世，只
能寄諸遺憾於諸天：「孤臣無地可埋憂，且作諸天汗漫遊。」(〈壬
戌十月十三日恭逢大婚慶典微臣蒙賞給御書天游堂匾額又御書
福壽字各一方感恩賦詩恭紀〉，《游存廬詩集》，《康南海先生詩
集》，卷 15，頁 32—33) 更進一步則是逍遙於諸天：

> 龐公能以目代耳，居德淳和物不搜。翠竹青桐階下立，
> 瑤環瑜珥眼前明。不憂不懼樂天性，全受全歸觀我生。
> 安樂空中入非想，天游光裡聽天聲。(〈贈朗夫之二〉，《游
> 存廬詩集》，《康南海先生詩集》，卷 15，頁 56)

佛教諸天，是欲界六天，色界十八天，無色界四天；欲界是有
淫、情、色、食四欲的世界，色界是無淫、食二欲卻有色身的
世界，無色界是心識居於深妙的禪定的世界。這是生命層級的
畫分，未必有此世界。康有爲諸天，則運用近代天文、物理、
地質等知識，說明宇宙的構成、地球的性質，所以指出佛所說
諸天皆是虛想(《諸天講·佛之神通大智然不知日月諸星諸天所
言諸天皆虛想篇第十二》，卷 12，頁 1)，佛所說諸天確是虛想，
必須從教理理解，不能指實。但其後康有爲卻又建立其特有的
形上天，從「欲天」至「元元天」，總計有二百四十二天(《諸
天講·諸天二百四十二天第十》，卷 10，頁 11)，「元元天」之
上，又有「銀河天」、「渦雲天」，構成諸天，諸天各有教主，其
智慧高於地球教主至不可思議之境(《諸天講·佛之神通大智然
不知日月諸星諸天所言諸天皆虛想篇第十二》，卷 12，頁 11)，
又力主上帝必然存在(《諸天講·上帝篇第十一》，卷 11，頁 3
—4)，致使《諸天講》一書，前後判若雲泥，難以索解。

　　諸天各有教主，顯然實指諸天存在，康有爲只是說明諸天
名義，並未從理論上證明諸天存在；地球教主何身分曖昧；地
球教主與上帝關係不明。都是《諸天講》理論缺陷。[28]可以確知
者是康有爲自構一諸天學說，將自身投射於此形上世界中：「去
去人間，寄想諸天。」（《南蘭堂詩集》，《康南海先生詩集》，卷
11，頁1）心遊諸天，俯視下界，以信念解消生命所遇的困境。
聖人與教主，觀眾生與觀我生，交織夾纏，構成康有爲渡人自
渡的生平志業。

---

[28] 所以美籍學者柯文（Paul A. Cohen）諷刺這是「偽科學的形
　　而上學的探討」，見《在中國發現歷史—中國中心觀在美國的興
　　起》（臺北：稻香出版社，林同奇譯，1991年8月），第4章，
　　〈走向以中國爲中心的中國史〉，頁193—259，引文見頁201。
　　譚嗣同亦然，見《仁學·仁學界說》，蔡尚思、方行編：《譚嗣
　　同全集》，頁291—293。

第二章　治學途徑

　　梁啓超曾以「以復古爲解放」分析清代學術史:「第一步，復宋之古，對於王學而得解放;第二步，復漢、唐之古，對於程、朱而得解放;第三步，復西漢之古，對於許、鄭而解放;第四步，復先秦之古，對於一切傳注而得解放。夫既已復先秦之古，則非至對於孔、孟而解放爲不止。」(《清代學術概論‧二》，頁 11，《中國近三百年學術史／清代學術概論》合刊本)這一觀察，極爲精確。

　　就研究對象論，黃宗羲(萬曆 38 年—康熙 34 年，1610—1695)即認爲儒者應有經天緯地之能，至少包含財賦、軍事、文學、政治四種專長(《南雷文定‧後集‧贈編修弁玉吳君墓誌銘》，卷 3，頁 1，《梨洲遺著彙刊》)，與宋明理學家重心性本體之說，取徑不同。顧炎武(萬曆 41 年—康熙 21 年，1613—1682)門人潘耒(順治 3 年—康熙 47 年，1466—1708)敘述其學問云凡經義、史學、吏治、財賦、典禮、輿地、藝文，莫不疏通源流，考證謬誤(《日知錄‧原序》)，顧炎武重通經致用，所提出觀念，已蘊含典章制度疏考證，實爲通經致用本源。綜合黃宗羲、顧炎武二氏之學，可以得知考證典章制度，是學術之本，開啓乾嘉禮制考證之源;其規模格局，與宋明儒者大異，從哲學形上本體探究，轉爲人事制度關懷。阮元(乾隆 29 年—道光 29 年，1764—1849)自述爲學路向，是從宋人始，上溯唐、晉、魏，至漢而得其實(《揅經室集‧二集‧西湖詁經精舍記》，冊上，卷 7，頁 547)，乾嘉學者強調漢學，不僅是時代近古，其說可信;更重要的是對漢以後經說持不信任態度，所以追求原始經說，以得孔孟眞相。時代今古本不能作爲學術眞僞判準，但因對漢以後經說懷疑，二者結合，漢學成爲學術標準。至此，

漢學已有價值判斷，江藩（乾隆 26 年—道光 11 年，1761—1831）
就指責經術一壞於東西晉清談，再壞於南北宋道學，至惠棟（康
熙 36 年—乾隆 23 年，1697—1758）、戴震（雍正 1 年—乾隆 42
年，1723—1777），昌復漢學，千載沉霾，一朝復旦（《漢學師
承記‧序》，卷 1，頁 6），亦即必須通過漢學，才能掌握經典原
意，「千載沉霾，一朝復旦」，可見出江藩對漢學的自信與樂觀。

就研究方法論，戴震認為聖人義理存於典章制度（《戴震集‧
題惠定宇先生授經圖》，頁 214），又認為從文字語言才能通達
聖人心志（《戴震集‧古經解鉤沉序》，頁 193），形成「聖人心
志—典章制度—文字語言」的結構，語文是這一結構根本。至
於語言文字與聖人心志的關係，有兩種存在形式，一是語文僅
是工具，借之以理解聖人心志；一是聖人心志就在語文之中，
戴震顯係後者。（《戴震集‧與是仲明論學書》，頁 138）持此一
觀念者，自不止戴震，錢大昕（雍正 6 年—嘉慶 9 年，1728—1804）
也以為惟有經由訓詁，才能理解六經文字，進而理解聖人。（〈臧
玉琳經義雜識序〉、〈經籍纂詁序〉、〈小學考序〉，《潛研堂文集》，
卷 24，頁 375，377，378，）焦循（乾隆 28 年—嘉慶 25 年，1763
—1820）也說訓詁明才能識周孔之義理。（《雕菰集‧寄朱休承
學士書》，卷 13，頁 203）乾嘉學術，集中在聲音訓詁、典章制
度研究，即認為惟有此一路向，方能理解聖人義理。

清代漢宋之爭，固是宋儒、漢儒孰能掌握聖人義理，有學
術時代的畫分；但核心的問題可能是方法論，究竟應由心性本
體抑或語文典制解讀經典，方能得知孔孟之學。亦即明道是漢
宋兩派共同目的，但明道之途卻大相逕庭。宋明理學與清代經
學相較，其異有二：一是終極關懷不再是形上本體探究，而是
人事制度安排；二是方法不再是道德實踐與體悟，而是探索語

言文字、典章制度所蘊含的聖人義理。[1]乾嘉學術較偏重語言文字研究，晚清《公羊》學則偏重典章制度研究。魏源就指出由訓詁聲音逆溯典章制度，再由典章制度探尋微言大義，結合經術、政事、文章，才能見聖人之全。(《魏源集‧兩漢經師今古文家法考》，頁 152) 此一講法，漢學宋學，從原本平行對立，化爲縱向互補，相當程度消融漢宋之爭。研究對象、研究方法合流至晚清，均指向西漢微言大義之學。晚清《公羊》學者，一再申明微言大義，其實正是清代經學發展的結果。[2]

第一節　皮錫瑞治學途徑

一、始攻尙書

---

[1] 余英時指出在專制君主威權之下，陽明說教對象從朝廷轉向社會的原因，是因專制君主使天下之是非一出於朝廷，而陽明卻說良知只是是非之心，良知又是人人具有，於是是非之權暗中從朝廷奪回，還予每個人。泰州學派流布天下，並深入社會基層，與此有莫大關連。而泰州學派又以「百姓日用即道」號召，是以明清儒學所開闢的新方向可稱爲「日用常行化」、「人倫日用化」，見〈現代儒學的回顧與展望〉，《現代儒學論》(臺北：八方文化公司，1996 年 9 月)，頁 1—59，引述見頁 10，39。皮錫瑞與湖南仕紳參與新政，廖平《知聖篇》欲開士智，康有爲更鼓勵光緒帝變法，三氏宣說對象雖是仕紳與朝廷，但亟欲借《公羊》學建立理想社會制度，以安頓人民，與余英時析論實有暗合之處。

[2] 從這一觀點觀察，也可得知晚清思想變遷，不僅與西力衝擊有關，更與儒學衝擊有關。

　　皮錫瑞本喜好詞章，於光緒 5 年（1879）30 歲時始治經，轉變之由，曾有自述：

> 所論經學，雖屬根柢，然年少有才者，多不願治樸學。予少亦好議論詞藻，王壬秋先生勸專治一經，不肯聽。近以才華日退，自分詞章不能成家，又困於名場，議論無所施，乃遁入訓詁。（皮名振：《皮鹿門年譜·光緒二十年·四十五歲》，頁 27）

皮錫瑞確擅文學，同治 9 年（1870）21 歲，所作古今體詩開始編年輯存，同治 12 年（1873）24 歲，所作駢文開始編年輯存。但絕非 30 歲以後即封筆不爲。詩作一直編輯至光緒 24 年（1898）止，駢文則有光緒 21 年（1895）2 卷本，光緒 30 年（1904）增刊 4 卷本。計皮錫瑞文學作品有《師伏堂詩草》6 卷、《師伏堂駢文》4 卷、《師伏堂詞》1 卷。自述：「才華日退，自分詞章不能成家。」應是謙退之語，至於：「議論無所施，乃遁入訓詁。」或可稍探詞章與經學的關連。作〈讀顧亭林先生詩〉：「雅抱在三代，遙懷託東京。」又作〈讀王船山先生詩〉：「先生王佐材，非時困荊棘。」（俱見《師伏堂詩草》，卷 2，頁 22）三代理想、王佐之材，其實是自述本身懷抱，非時困荊棘，自是科場不第自道，而遙託東京，則是治學方向。皮錫瑞治經，初受金鶚（乾隆 35 年—嘉慶 24 年，1770—1819）影響：

> 是歲公始治經，於杭州得臨海金誠齋鶚《求古錄禮說》，喜其斷制精碻，故公於禮制，最爲精審博通。（《皮鹿門年譜·光緒五年·三十歲》，頁 16）

范希曾（光緒 25 年—民國 19 年，1899—1930）曾指出：「《禮說》廣釋經義，非獨說禮之作。」（《書目答問補正·經部·三禮總義》，卷 1，頁 11）張舜徽也說：「然則其書雖以禮說爲名，而所包之事甚繁，雖不以文集標目，固允推爲文集中之上駟矣。」

（《清人文集別錄》，卷 12，頁 328）皮錫瑞嘗云：「余不長校刊，
惟考定名物制度，頗可自信。」（《皮鹿門年譜‧光緒二十五年‧
五十歲》引三月二十三日日記，頁 70）考定名物制度，是與歷
史變遷結合：

> 予惟善古者，必皆驗於今。古人去今遠矣，論者取古人
> 之善而襃之，取古人之惡而貶之，即榮於華袞，嚴於鈇
> 鉞，於古人奚所增損。若徒藉是以為勸戒，抑亦末矣。
> 所以必斷斷持論者，正欲借古人所行之得失，以證今之
> 得失，假古人所言之是非，以證今之是非也。（〈鑑古齋
> 日記序〉，《皮鹿門年譜‧光緒二十八年‧五十三歲》，頁
> 79—80）

一字之襃，榮於華袞，一字之貶，嚴於鈇鉞，這就是《春秋》
傳統。此時竟以古人已矣，奚所增損論之，豈不否定《春秋》
褒貶傳統？然而這正可以說明晚清《公羊》學者的學術路向，
研治經學，主要目的是從歷史變遷中尋求理想，以為典型在夙
昔，三代制度，就是理想所在，所以考定古代名物制度，背後
即有隱藏寄託。其實乾嘉學者，即有此意，如錢大昕云：「《易》、
《書》、《詩》、《禮》、《春秋》，聖人所經緯天地者也，上之可以
淑世，次之可以治身，于道無所不通，于義無所不該。而守殘
專己者，輒奉一先生之言以為依歸，雖心知其不然，而必強為
之辭。又有甚者，吐棄一切，自誇心得，笑訓詁為俗儒，訶博
聞為玩物，于是有不讀書而號為治經者，並有不讀經而號為講
學者。」（《潛研堂文集‧抱經樓記》，卷 21，頁 336）經典既然
可以經天緯地，淑世治身，治經成為最高的學術目標，訓詁則
是惟一治經方法。這一講法在當時即已招致批評，否則錢大昕
不會有如此譏評。但是，這是信念抑或實事？歷朝治經，代不
乏人，號稱大師者，也所在多有，而與治道似無甚關係。以清

朝爲例，如果乾嘉盛世與考據治經有關，嘉道轉衰，是否也可歸咎經學考據？[3]其次，上古制度，諸如封建、井田、軍制、學制等，何能實施於後代？皮錫瑞即嘗言：「冠昏喪祭之禮，古時民間通行，後世已不盡通行矣。若夫王朝之禮，古今異制，後世尤不能行。」（《經學通論‧三禮‧論王朝之禮與古異者可以變通民間通行之禮宜定畫一之制》，卷 3，頁 41）但侈言造福人民，卻無具體方法，類同宋明理學：

> 降逮元明，競逞虛誕，俗學蔑古，委之榛蕪，空言禍經，
> 烈於秦燒。（《尚書大傳疏證‧序》，頁 1）

以皮錫瑞之言形容：「學非空談而已，必求得之於心，施之於世，切實可行得去，**纔算得有體有用**。」（《南學會第一次講義‧論立學會講學宗旨》，《分類纂輯湘報》，乙集下，頁 2）得之於心，是有生命主體，承擔家國責任；但這一承擔，並非空談，而是要能施之於世；欲施之於世，必須有一具體可行方案。推論及此，又必須探究制度，但這一研究，卻又不同以往：

> 且今方言變法，尤宜講求古今通變。漢唐以上，何以富

---

[3] 孫鼎臣、左宗棠即說洪楊之亂，由於漢學，見蕭一山：《清代通史》（臺北：臺灣商務印書館，1985 年 4 月修訂臺 6 版），第 5 篇，〈今文學運動與東西文化之輸入〉，第 30 章，〈今文學運動之中堅〉，第 126 節，〈魏源〉，頁 1798 引。又蕭一山嘗記載與其師梁啓超討論考據的對話：「梁任公先生以史學名世，尤爲通儒，而亦於新文化運動後推崇考據，余嘗以實齋勿趨風氣追時尙之說勸之，先生歎曰：『君言良是，唯予不能爲。』蓋恐不治考據，貽人以空疏之譏，此與龔、魏之心情正同，其事殊可哀矣。」見同上，頁 1799。考據與實學相等，從乾嘉以至民初，未嘗稍改。

　　強？宋明以下，何以貧弱？誠於歷代沿革得失升降之故，
瞭然於心目，思所以善變而取法於古，有不必盡學於四
夷，而自可強中國者。豈惟斷斷然取陳人朽骨，而與之
較短長哉？（〈鑑古齋日記序〉，《皮鹿門年譜‧光緒二十
八年‧五十三歲》，頁 80）

探討歷代沿革得失升降之故，除了描述歷代制度外，更重在發
掘朝代興衰的原因；斷斷然取陳人朽骨，即是僅考據歷代制度，
未能與興衰結合。晚清《公羊》家有強烈歷史意識，就在於想
探究歷史背後的意義。這是制度／意義的研究，制度的建立，
有其思想史的意義；反之，經世思想，也須呈現在制度上。這
與戴震、錢大昕、焦循等人似相雷同，關鍵在意義的連結，其
深度與廣度。善變法古，最能說明這一情境，通古今之變即在
此處顯現。「議論無所施，乃遁入訓詁」應是將經世思想，借著
治經表出。經典所記載的制度，是借以提供討論是非得失，以
為後代參鏡；所以經典所承載的意義，也對後世開放，不同時
代，自會對制度／意義有不同反省。經典所以萬世不刊，其故
在此。

　　皮錫瑞治《尚書》，即強調此一進路，亟言《尚書》篇篇有
義，學者應講求大義，然而大義如何得見？並不是立基一基本
觀念，層層推導，逐漸建構一套理論，這是思想家的思考路向。
經學家不如是，先考證制度與史事的真相，再推究制度與史事
背後的意義：

　　〈堯典〉見為君之義，莫大於求賢審官，其餘巡守、朝
覲、封山、濬川、賞功、罰罪皆大事，非大事不書，觀
此可以知作史本紀之法矣。(《經學通論‧書經‧論百篇
全經不可見二十九篇篇篇有義學者當講求大義不必考求
逸書》，卷 1，頁 75)

67

以巡守爲例，《尚書‧堯典》有：「輯五瑞，既月乃日，覲四岳群牧，班瑞于群后。歲二月，東巡守，至于岱宗，柴，望秩于山川，肆覲東后。協時月正日，同律度量衡，修五禮、五玉、三帛、二生、一死，贄，如五器，卒乃復。」五月南巡、八月西巡，十一月北巡，禮制一如東巡。即使上古眞有天子巡守之事，降及後世，也不能全然仿照。其中若干思想，恐也非後人所能接受，如引《白虎通義‧瑞贄》釋五瑞，珪、璧、琮、璜、璋，分別代表東方、中央、西方、北方、南方，又以陰陽二氣說明五瑞性質，而有五種功能，分別是質信、聘問、起土功、徵召、發兵。（俱見《今文尚書考證‧堯典》，卷 1，頁 52—62）這是以陰陽五行說明人事，並將人事納入天道，人與宇宙就借著氣結合，形成政治規範。巡守制與五行說，漢以後幾無採信施行。[4]必欲上規漢代，匪特制度仿古而行，思想亦須式依古代，預設萬世不變的制度，封閉固定的思想，以此淑世治身，寧非甚難。伏生《尚書大傳》說明巡守之義：「五年親自巡守。巡猶循也，循行守視之辭。亦不可國至，人見爲驚擾，故至四嶽，知四方之政而已。」何能知四方之政：「見諸侯，問百年。命大師陳詩，以觀風俗；命市納貢，以觀民好惡。山川神祇有不舉者爲不敬，不敬者削以地；宗廟有不順者爲不孝，不孝者黜以爵；變禮易樂者爲不從，不從者君流；改衣服制度者爲畔，畔

---

[4] 蔣善國指出巡守制度是在五行思想興起後才產生，出於後人的理想，秦始皇巡守，也僅是巡行四方，未如〈堯典〉所載，至四嶽巡守，見《尚書綜述》（上海：上海古籍出版社，1988年3月），第5編，〈尚書的眞僞〉，第一，〈今文尚書的眞僞〉，第3章，〈堯典的整編時代〉，參，〈今本堯典作於漢武帝時說的錯誤〉，九，〈巡守制度與五行和統一思想〉，頁163—164。

者君討，有功者賞之。」(《尚書大傳疏證·堯典》，卷 1，頁 14
—15）原來天子的功能，不在政治，而在文化，以文化現象判
定政治清濁，而禮樂就是文化核心。《禮記·王制》、《白虎通義·
巡狩》、《公羊傳解詁·隱公八年》，都秉承此一講法，形成儒家
政治學。權力來源、分配、制衡，胥不在討論之列。討論政治，
在禮樂、文化，風俗，而不在權力。巡守制或不見行於後代，
但巡守制所表示的意義，卻不因巡守制不行而失去其價值。然
而不去細究巡守制各項細節，諸如順四時而出、五歲一巡守、
巡守必祭天、太平乃巡守等（陳立〔嘉慶 14 年—同治 8 年，1809
—1869〕:《白虎通義疏證·巡狩》，卷 6，頁 289—301），又無
從理解巡守制完整意義。制度的研究，又不可或缺，所以乾嘉
漢學家以爲不究典制，無以知義理。從制度推究意義，亦即從
禮制推究禮意：

> 其他一切典禮，以及度數儀文之末，皆可因時制宜，後
> 世於王朝之禮，考訂頗詳，民間通行之禮，頒行反略。
> 國異政，家殊俗，聽其自爲風氣，多有鄙俚悖謬之處，
> 官吏既不之禁，士大夫亦相習成風。宜命儒臣定爲畫一
> 之制，原本《儀禮》，參以司馬《書儀》、朱子《家禮》，…
> 故宜變而通之，期不失夫禮意而已。(《經學通論·三禮·
> 論王朝之禮與古異者可以變通民間通行之禮宜定畫一之
> 制》，卷 3，頁 42)

度數儀文，可以因時制宜，但禮意不可失；然而鄙俚悖謬，所
指正是禮制，而非禮意；所以才要畫一禮制，使禮意在完善的
制度中呈現。制度與意義的複雜繫連，由是可見。皮錫瑞治《尚
書》，多以「疏證」爲名，所引禮制尤多，固與其經學思想有關：
「六經之文，皆有禮在其中，六經之義，亦以禮爲尤重。」(《經
學通論·三禮·論六經之義禮爲尤重其所關繫至爲切要》，卷 3，

頁 81）也與晚清制度性思考有關。

> 漢儒多言禮，宋儒多言理。仲尼燕居，子曰：「禮也者理
> 也。」〈樂記〉：「禮者理之不可易者也。」禮與理本一貫，
> 然禮必證諸實，合於禮者是，不合於禮者非，是非有定，
> 人人共信者也。理常憑於虛，彼亦一是非，此亦一是非，
> 是非無定，不能人人共信者也。（《經學通論·三禮·論
> 言理不如言禮之可據朱子以此推服鄭君而鄭君之説亦由
> 推致而得》，卷 3，頁 25）

皮錫瑞此一觀念，顯然承自淩廷堪（乾隆 20 年—嘉慶 14 年，1755
—1809）：「蓋道無跡也，必緣禮而著見，而制禮者以之；德無
象也，必藉禮爲依歸，而行禮者以之。」（《校禮堂文集·復禮
中》，頁 30）理是純粹觀念的探究，辨析毫芒，至爲深細，自
有其理論上的價值。然而經典既可淑世治身，儒家又強調實踐，
粹純觀念勢須在人本身、人倫關係、社會組織中呈現，這是意
義在制度中呈現。失去這一完整過程，就是清儒常言空言解經。
是以淩廷堪又云：「聖人不求諸理而求諸禮，蓋求諸理必至於師
心，求諸禮始可復性也。」（《校禮堂文集·復禮下》，頁 32）[5]
求諸理未必師心自用，但理若不能在禮呈現，最後只能是觀念
的討論，無法在人群中實踐，更無法建立社會制度。[6]理虛而禮

---

[5] 淩廷堪禮學思想，參見張壽安：《以禮代理—淩廷堪與清中葉
儒學思想之轉變》（臺北：中央研究院近代史研究所專刊 72，1994
年 5 月），第 2 章，〈淩廷堪禮學思想之內容〉，頁 33—74。
[6] 禮有儀節與制度的內含，所以不可避免具有形式意涵，更確
切的說，禮即是以形式去規範人情、人倫與人群。所以禮的流
弊是徒具形式，缺乏內容，孔子所說：「禮云禮云，玉帛云之哉？
樂云樂云，鐘鼓云之哉？」就在說明此一弊端，朱子引程頤之

實，以理、禮區別漢、宋，孔子言理即是禮，也都說明皮錫瑞
從宋上溯漢，最終追求孔子原意的學術歷程。

二、中治鄭學

皮錫瑞指出兩漢以禮名家者甚少：

> 兩《漢書・儒林傳》，以《易》、《書》、《詩》、《春秋》名
> 家者多，而《禮》家獨少。（《經學通論・三禮・論鄭注
> 三禮有功於聖經甚大注極簡妙並不失之於繁》，卷 3，頁
> 8）[7]

惟有鄭玄（東漢順帝永建 2 年—東漢獻帝建安 5 年，127—200）
兼注三禮，所以又云：

> 鄭於禮學最精，而有功於禮經最大，向微鄭君之注，則

言：「敬而將之以玉帛，則爲禮；和而發之以鐘鼓，則爲樂。遺
其本而專事其末，則豈禮樂之謂哉？」程頤即欲從形式逼進內
容，使禮具有內容意涵。見朱熹：《論語集注・陽貨》，《四書章
句集注》（臺北：大安出版社，1994 年 11 月），卷 9，頁 250。
但正如本文所說，缺乏玉帛與鐘鼓，何能表現敬與和？漢學家
考證玉帛與鐘鼓形制，宋學家則分析敬與和的意義。
[7] 此義陳澧已先發之，見《東塾讀書記・鄭學》（臺北：臺灣商
務印書館，1997 年 6 月），卷 15，頁 223。陳澧指出：「鄭君盡
注三禮，發揮旁通，遂使三禮之書，合爲一家之學。」判斷極
精，鄭玄以《周禮》爲周制，與之不合者爲夏殷制，以解決古
禮矛盾衝突處，惟有如此，三禮才能合爲一學，並有通古今之
變的意義。可參考黃彰健先生：〈鄭玄與古文經學〉，《經今古文
學問題新論》（臺北：中央研究院歷史語言研究所專刊 79，1982
年 11 月），頁 297—444，討論三禮見頁 336—387。

> 高堂傳禮十七篇，將若存若亡，而索解不得矣。…向微
> 鄭君之注，則小戴傳記四十九篇，亦若存若亡，而索解
> 不得矣。(《經學通論・三禮・論鄭注三禮有功於聖經甚
> 大注極簡妙並不失之於繁》，卷3，頁7)

六經之義，既以禮爲重，皮錫瑞又自信善於考定名物制度，孔
穎達（陳宣帝太建6年—康太宗貞觀22年，574—648）且云：
「禮是鄭學。」研究鄭玄經學，自是應有之義。

其次，探究禮學，舍鄭學而莫由，但鄭玄在經學史上，依
皮錫瑞分析，有轉關的地位，逆溯清代經學史發展：

> 國朝經學凡三變。國初，漢學方萌芽，皆以宋學為根柢，
> 不分門戶，各取所長，是為漢、宋兼採之學。乾隆以後，
> 許、鄭之學大明，治宋學者已尠，說經皆主實證，不空
> 談義理，是為專門漢學。嘉、道以後，又由許、鄭之學
> 導源而上，…是為西漢今文之學。學愈進而愈古，義愈
> 推而愈高，屢遷而返其初，一變而至於道。(《經學歷史・
> 經學復盛時代》，頁376)

由宋學而漢學，許慎（東漢武帝建武6年—東漢安帝延光3年，
30—124）、鄭玄固是關鍵；但由東漢上溯西漢，許慎、鄭玄依
舊是關鍵。前者從義理轉爲訓詁，空談與實證，這顯然有價值
判斷；後者從訓詁轉爲微言大義，一變至於道，也是價值判斷。
推原論始，復古根本就是道的呈現，復古意識，就是重新解釋
聖人之道。所以對西漢以降學問，不甚措意，以爲不能掌握聖
人原意，嘗順推漢、宋學異同：

> 治經必宗漢學，而漢學亦有辨。前漢今文說，專明大義
> 微言，後漢雜古文，多詳章句訓詁。章句訓詁不能盡饜
> 學者之心，於是宋儒起而言義理。此漢、宋之經學所以
> 分也。惟前漢今文學能兼義理訓詁之長，武、宣之間，

> 經學大昌，家數未分，純正不雜，故其學極精而有用。(《經
> 學歷史‧經學昌明時代》，頁 85)

微言大義、章句訓詁、義理之學，有高下之別，甚且江河日下，
所以治經應節節逆溯，不至於原始點不止。鄭玄〈戒子書〉：「但
念述先聖之玄意，思整百家之不齊。」(《後漢書‧鄭玄傳》)鄭
玄經學，也不僅是文字訓詁、名物考證、制度辨析。漢宋之異，
最終目標，仍在探究聖人之意。皮錫瑞推許鄭學，且為晚清精
研鄭學學者，應與此有關。從漢宋之異，轉為今古文之爭。但
鄭玄注經即混合今古文，賈公彥(？—？)早已說明：「鄭注《禮》
之時，以今古二字並之，若從今文，不從古文，即今文在經，…
於注內疊出古文，…。若從古文不從今文，則古文在經，注內
疊出今文，…。」(《儀禮注疏‧士冠禮》，卷 1，頁 7)《四庫全
書總目‧儀禮注疏》、段玉裁(雍正 13 年—乾隆 20 年，1735—
1815)《周禮漢讀考》、阮元《儀禮校勘記‧序》、胡承珙(乾隆
41 年—道光 12 年，1776—1832)《儀禮古今文疏義》、陳澧(嘉
慶 15 年—光緒 8 年，1810—1882)《東塾讀書記‧鄭學》，均指
出此一特點，並稱美有加。皮錫瑞雖不堅持門戶之見，但仍以
今文為主，鄭玄兼採今古，嚴格而言，是未遵家法：

> 蓋以漢時經有數家，家有數說，學者莫知所從，鄭君兼
> 通今古文，溝合為一，於是經生皆從鄭氏，不必更求各
> 家，鄭學之盛在此，漢學之衰亦在此。…所謂鄭學盛而
> 漢學衰者，漢經學近古而可信，十四博士今文家說，遠
> 有師承，劉歆創通古文，衛宏、賈逵、馬融、許慎等推
> 衍其說，已與今學分門角立矣。然今學守今學門戶，古
> 學守古學門戶。今學以古學為變亂師法，古學以今學為
> 黨同妒真，相攻若讎，不相混合。…漢學衰廢，不能盡
> 咎鄭君，而鄭採今古文，不復分別，使兩漢家法亡不可

> 考，則亦不能無失，故經學至鄭君一變。(《經學歷史·
> 經學中衰時代》，頁 146，153，154)

鄭玄所處學術背景是：「自秦焚六經，聖文埃滅。漢興，諸儒頗
修藝文。及東京學者，亦各名家。而守文之徒，滯固所稟，異
端紛紜，互相詭激，遂令經有數家，家有數說，章句多者或迺
百萬餘言，學者徒勞而少功，後生疑而莫正，鄭玄囊括大典，
網羅眾家，刪裁繁蕪，刊改漏失，自是學者略有所歸。」(《後
漢書·鄭玄傳》)章句即師法、家法[8]，鄭玄囊括大典，網羅眾
家，刪裁繁蕪，刊改漏失，不守家法，甚至是破壞家法。經由
此一方式遍注群經，雖然使學者略有所歸，其實在無形之中，
已統一經說，有鄭學而無漢學，所以皮錫瑞才說鄭學盛而漢學
衰：

> 鄭君雜糅今古，使穎門學盡亡，然穎門學既亡，又賴鄭
> 注略得考見。今古之學若無鄭注，學者欲治漢學，更無
> 從措手矣。此功過得失互見而不可概論者也。鄭君黨徒

---

[8] 呂思勉指出章句最初類似後世符號，但去古漸遠，語法漸變，
經義非復加符號所能理解，所以再增加說解，即後世所稱章句，
見《章句論》(臺北：臺灣商務印書館，1977 年 3 月臺 1 版)，
引述見頁 1，4。林師慶彰說明章句是順著經文各章、各句脈絡，
將所援引資料納入，然後再加以引申闡述，章句是當時經師解
經方式，此種詮釋方式是由創立學派經師所傳，形成典範，就
是師法或家法，見〈兩漢章句之學重探〉，原載《漢代文學與思
想學術研討會論文集》(臺北：文史哲出版社，1991 年)，頁 255
—278，收入林師慶彰編：《中國經學史論文選集(上)》(臺北：
文史哲出版社，1992 年 10 月)，頁 277—297，引述見頁 280，
288。

遍天下，即經學論，可謂小統一時代。(《經學歷史‧經
學中衰時代》，頁 156—157)

又云：

鄭君生當漢末，未雜虛玄之習、偽撰之書，箋注流傳，
完整無缺，欲治漢學，舍鄭莫由。(《經學歷史‧經學分
立時代》，頁 179)

由鄭注而上，可以探究今文學；由鄭注而下，可以不受玄學、
偽書影響。皮錫瑞云，鄭玄先通今文，後通古文，所以先後不
合，然而：「並非有意矛盾，故示參差之跡，學者因其參差之跡，
正可考見經學門戶之廣。」(《鄭志疏證‧自序》，頁 1) 因此皮
錫瑞研治鄭學，不完全是發皇鄭玄一家之學，借以上窺西漢今
文學，再直探聖人之道，才是最終目的所在。

　　再次，禮學本身即有強烈的經世內容：

鉅典周監，酌兩代之文；遺經孔定，成一王之法。乃考
工是補，義缺一官；推士而上，篇僅十七。曲臺所記，
小戴斯刪；三禮並稱，二漢獨略。偉經國之大業，宏復
古之隆規。於是有《周官》、《儀禮》、《禮記》注，《魯禮
禘祫義》、《答臨孝存周禮難》。(〈漢大司農鄭公碑〉，《師
伏堂駢文》，卷 4，頁 1)

以復古之路，實踐經國之業，恢復三代制度，即是面對當代現
實。皮錫瑞認為鄭玄禮學，不只有學術意義，更有經世價值。

　　鄭玄不止一經生，仍有其存在感受以注經，首發其覆者為
陳澧：「鄭《箋》有感傷時事之語。〈桑扈〉：『不戢不難，受福
不那。』《箋》云：『王者位至尊，天所子也，然而不自歛以先
王之法，不自難以亡國之戒，則其受福祿亦不多也。』此蓋嘆
息於桓靈也。〈小宛〉：『螟蛉有子，蜾蠃負之。』《箋》云：『喻
有萬民不能治，則能治者將治之。』此蓋痛漢室將亡，而曹氏

將得之也。又『戰戰兢兢，如履薄冰』《箋》云：『衰亂之世，賢人君子，雖無罪猶恐懼。』此蓋傷黨錮之禍也。〈雨無正〉：『維曰于仕，孔棘且殆。』《箋》云：『居今衰亂之世，云往仕乎，甚急迮且危。』此鄭君所以屢被徵而不仕乎？鄭君居衰亂之世，其感傷之語，有自然流露者，但箋注之體謹嚴，不溢出於經文之外耳。」（《東塾讀書記・詩》，卷 6，頁 87）[9]前二例是暗喻所處時代，一如幽、厲，後二例暗喻自身遭遇，無罪被禍。

　　作品可能的意義，影響讀者解讀，讀者以自身所感，解讀作品的意義，作品—讀者交互循環，經典所呈現的是開放的結構。皮錫瑞云：「鄭君作《譜序》，深知孔子錄詩之意，陳氏引鄭《箋》，深知鄭君箋《詩》之意。」（《經學通論・詩經・論鄭譜鄭箋之義知聲音之道與政通》，卷 2，頁 47）孔子—鄭玄—陳澧，借由作品，彼此共感。此一感受，在皮錫瑞看來，其實是有經世含義。[10]

---

[9] 繼陳澧、皮錫瑞後，高明先生也指出鄭玄箋《詩》有感傷時事語，見〈鄭玄學案〉，《禮學新探》（臺北：臺灣學生書局，1981年 9 月臺 3 版），頁 231—300，鄭玄箋《詩》事見頁 292；劉成德更在陳澧基礎上，加上陳澧未舉出之例，從鄭玄所處歷史背景分析箋意，見〈鄭玄箋詩寄托感傷時事之情〉，原載《蘭州大學學報》，頁 127—132，1990 年 1 期，收入林師慶彰編：《中國經學史論文選集》，頁 364—374。

[10] 鄭玄箋《詩》，有一定程度經世意涵，區分正風、變風：「以爲勤民恤功，昭事上帝，則受頌聲弘福如彼；如違而弗用，則被劫殺大禍如此。吉凶之所由，憂娛之盟漸，昭昭在斯，足作後王之鑒，於是止矣。」正變之分，即政治清濁之分，政治良窳又視勤民恤功而定，見《詩譜序》，孔穎達：《毛詩正義》（臺

76

　　結合鄭玄論《春秋》：「孔子既西狩獲麟，自號素王，爲後
世受命之君，制明王之法。」（《六藝論疏證‧春秋》，頁 32）
皮錫瑞研治鄭學，有一定理路可循，由宋明理學，上溯鄭玄禮
學，即以制度安頓義理；再由鄭玄禮學，分辨今古文學，而制
度有今古文學之異；最後從今文學確定孔子爲素王，爲後世制
法。

三、博貫群經

　　皮錫瑞晚年最重要的著作是《經學歷史》1 卷、《經學通論》
5 卷，前者綜論各朝代經學發展，後者分論各經沿革、問題、
治經途徑。縱橫交錯，何止爲初學參考，更足爲學者深研。《經
學歷史》全書 10 篇，其篇目名稱、對應時代、經學特色表列如
下：

皮錫瑞：《經學歷史》大要表

篇目名稱	對應時代	經學特色
經學開闢時代	春秋	孔子刪定六經
經學流傳時代	戰國	孔門傳經
經學昌明時代	西漢	今文學盛行
經學極盛時代	西漢末至東漢	兼通群經，著述繁多
經學中衰時代	東漢末至魏晉	兼採今古文
經學分立時代	南北朝	北主鄭玄、服虔，南主王弼、孔安國、杜預
經學統一時代	唐	義疏學
經學變古時代	宋	疑經
經學積衰時代	元、明	空衍義理

北：藝文印書館，1985 年 12 月），頁 6。

經學開闢時代，斷自孔子，這是今文家法；經學發展大致對應
朝代，但從其定名，可知價值判斷，漢代、清代評價最高，元、
明評價最劣。由是可知，皮錫瑞雖不反宋學，但實以漢學爲主，
即使東漢章句訓詁之學，也優於宋明義理之學。至於經學史發
展，皮錫瑞分析，凡有四變：一是鄭玄糅合今古，二是南北學
分立，三是孔穎達撰《五經正義》，四是宋慶曆疑經之風。鄭玄
糅合今古，經學發展卻是：

> 鄭《易注》行而施、孟、梁丘、京之《易》不行矣，鄭
> 《書注》行而歐陽、大小夏侯之《書》不行矣，鄭《詩
> 箋》行而魯、齊、韓之《詩》不行矣，鄭《禮注》行而
> 大小戴之《禮》不行矣，鄭《論語注》行而齊、魯《論
> 語》不行矣。(《經學歷史·經學中衰時代》，頁 154)

今文諸經盡廢，鄭學大盛，確是經學史一大變遷，但皮錫瑞則
不無遺憾之情。南北學分立則是：

> 北學，《易》、《書》、《詩》、《禮》皆宗鄭氏，《左傳》則
> 服子慎。…南學則尚王輔嗣之玄虛，孔安國之偽撰，杜
> 元凱之臆解，此數家與鄭學枘鑿，亦與漢儒背馳。…以
> 致後世不得見鄭學之完全，並不得存漢學之什一。(《經
> 學歷史·經學分立時代》，頁 179)

鄭玄糅合今古，雖使今文諸經不行，但鄭學並非古文學，鄭注
之中，仍保存今文經說。亦即借由鄭注，今文經典雖已不在，
但今文經說仍存。所以皮錫瑞說欲治漢學，舍鄭莫由。但其後
北學折入南學，並此保存漢學之機亦亡，孔穎達撰作《五經正
義》，所採諸經注是：

> 《易》主王注，《書》主孔傳，《左氏》主杜解；鄭注《易》、
> 《書》，服注《左氏》，皆置不取。(《經學歷史·經學統
> 一時代》，頁 211)

鄭學除《禮記》注外，已不存在於《五經正義》，這象徵鄭學式
微，也意謂漢學益形衰落；私家注疏則有賈公彥《周禮注疏》、
《儀禮注疏》，保存鄭玄《周禮注》、《儀禮注》。鄭學至唐代，
以三禮之學爲全。降及宋代：

> 宋人盡反先儒，一切武斷，改古人之事實，以就我之義
> 理，變三代之典禮，以合今之制度，是皆未敢附和以必
> 然者也。(《經學歷史‧經學變古時代》，頁 280)

先儒指漢、唐諸儒，武斷指以義理爲斷，對宋人以義理治經，
其實相當不以爲然。綜觀皮錫瑞經學史觀，從漢末至明代，是
一由盛而衰的歷史，至清代才逐步上溯，恢復經學光采。這一
過程是以西漢今文學爲經學正統，鄭玄糅合今古，正統雖已不
純，但仍有今文學餘緒；南北學分立，鄭是北學，最後併入南
學，鄭學寖微；宋人疑古，不信漢學，至斯以降，經學衰微已
極。所以皮錫瑞以爲清儒能紹承漢學，一在傳家法，二在守顓
門。(《經學歷史‧經學復盛時代》，頁 352) 從日漸消沉，到衰
極復盛，類似弧形發展，彼端是孔子，此端是清儒，遙遙相對，
研經目的是得孔子真義，而今文學是其中核心。[11]

從《經學通論》所推薦治經書目也可得知此一思想：

皮錫瑞：《經學通論》推薦書目表

經典	推薦書目	作者時代

---

[11] 此一經學史觀，慨嘆今文學不再，卻較少措意探討鄭玄通學
的興起、孔穎達修撰《五經正義》、唐代經學轉爲宋代經學、清
代經學復興等等的思想史發展，具體問題諸如兩漢經學如何轉
向魏晉玄學、唐代義疏之學如何轉爲宋明理學、宋明理學如何
轉爲清代考證學等，即使在皮錫瑞的解釋架構下，仍有甚多問
題待研究。

易	王弼周易注		魏
	程頤易傳		宋
	焦循易章句、易通釋、易圖略		清
	張惠言周易虞氏義		清
書	陳喬樅今文尙書經說考		清
	孫星衍尙書今古文注疏		清
	王先謙尙書孔傳參正		清
詩	孔穎達毛詩注疏		唐
	朱子詩集傳		宋
	陳奐詩毛氏傳疏		清
	陳喬樅魯詩遺說考、齊詩遺說考、韓詩遺說考		清
三禮	賈公彥周禮注疏		唐
	賈公彥儀禮注疏		唐
	孔穎達禮記正義		唐
春秋	公羊	凌曙春秋繁露注	清
		劉逢祿公羊何氏釋例	清
		陳立公羊義疏	清
	穀梁	楊士勛穀梁注疏	唐
		許桂林穀梁釋例	清
	左傳	孔穎達左傳正義	唐
		李貽德左傳賈服注輯述	清
		顧棟高春秋大事表	清

從作者時代統計，魏有一人，宋有二人，唐有六人，清代高達十四人。從今古文分析，屬於今文經典有十部，屬古文經典有六部。從作者研究對象分析，晉代有五人，漢代十五人。《周易》

以漢代《易》學爲主，但不廢義理；《尙書》古文爲僞，所以首在分辨今古文，自以今文爲主；《詩》雖仍宗《毛傳》，但也強調今文詩；三禮全宗鄭注；《春秋》先《公》、《穀》而後《左傳》，但仍以《公羊》爲《春秋》正宗。整體而論，是以漢學爲研讀核心，宋學基本排除在外；雖然不廢古文，但以今文爲要。雖無門戶，但仍有主從。

第二節　廖平治學途徑

一、今古之學

廖平自述治學轉變：

> 予幼篤好宋五子書、八家文。丙子，從事訓詁文字之學，用功甚勤，博覽考據諸書，冬閒，偶讀唐宋人文，不覺嫌其空滑無實，不如訓詁書字字有意，蓋聰明心思於此一變矣。庚辰以後，厭棄破碎，專事求大義，以視考據諸書，則又以為糟粕而無精華，枝葉而非根本。取《莊子》、《管》、《列》、《墨》讀之，則乃喜其義實，是心思聰明至此又一變矣。(《經學初程》，頁 12)

丙子是光緒 2 年（1876）時年 25 歲，庚辰是光緒 6 年（1880）時年 29 歲，而其經學初變是光緒 11 年（1885）時年 34 歲。在 25 歲之前，廖平喜好宋代理學及唐宋八大家文學，並未齒及經學。25 歲以後，研治訓詁文字學，仍未言及經學。29 歲專求大義，方論及經學，且盛道諸子思想嚴密。從時代而言，是循著宋—唐—東漢—西漢—先秦，節節上溯；從學科而言，則含蓋理學、文學、文字學、經學、子學。對唐宋文學，評價是「空滑無實」，對文字訓詁學，評價是「破碎」，對諸子評價則是「義實」。廖平並未進一步申說這些評價具體意涵，所以不能有更清

楚的了解。觀察廖平經學六變前的學術轉變，這些轉變是對傳統學術的認知、評價與選擇。在此之前，相繼發生鴉片戰爭（道光 20 年，1840）、英法聯軍（咸豐 10 年，1860）、自強運動（咸豐 10 年—光緒 11 年，1860—1885）、中法越南戰爭（光緒 9 年，1883）等重大事件。西學也於鴉片戰爭以後，漸次傳入。但均未影響廖平，傳統學術的衝擊，遠甚於西力衝擊。其次，與清代經學史的發展，若合符節，從宋明上溯先秦，且以爲西漢微言大義之學，最能代表孔子之學。從整體分析，無論是清代經學的層層進遞，或是廖平的轉變，其目的都是重新理解孔學。

　　光緒 23 年（1897）廖平致書宋育仁，清楚的了解自己治學軌跡雖變，目標未改：

> 嘗考國朝經學，顧、閻雜有漢宋，惠、戴專申訓詁，二陳（左海、卓人）漸及今古，由粗而精，其勢然也。鄙人繼二陳而述兩漢學派，撰《今古學考》，此亦天時人事，非鄙人所能自主者也。初撰《學考》，意在別戶分門，息爭調合，及同講習四五年之久，知古派始於劉歆，由是改作《古學考》，專明今學，此亦時會使然，非鄙人所能自主者也。（〈與宋芸子論學書〉，《四益文鈔》，頁 7）

此封書信的背景是廖平經學二變，尊今抑古，引起張之洞不滿，廖平舊日學侶宋育仁銜命告戒，廖平致書說明思想轉變之由，所以屢以時會使然作爲遁詞。然而進一步追問，何以由今及古，是天時人事，非人自主？正可證明清代經學史雖不斷發展，但最後目標，是一脫依傍，直接探尋孔學原貌，廖平不過是循著這一目標前進，所以才歸之時勢。又云：

> 學人治經，義當尊聖，不師一老。別求作者，則刪經疑經，直其日熾。既用西漢之學，不得不主聖人，既主聖人，不得不舍羌里。（〈與宋芸子論學書〉，《四益文鈔》，

頁 8）

以孔子為六經作者，就是視孔子為開創文化的聖人，在這一前提下，對經學史、經典判斷，自會有異於不同學派學者。這其實是在一特殊理論架構逐步形塑而成的觀念。這一理論架構，就是《公羊》學：

> 素王一義為六經之根林綱領。（《知聖篇》，條 1，《廖平選集（上）》，頁 175）

既以孔子為素王，六經即是孔子手定，目的是為後世制法，開創太平之基。廖平經學思想恢宏奇詭，此一根本觀念卻未改變，貫透其經學六變。

至於治經目的，一在於「通經致用」（《知聖篇》，條 59，《廖平選集（上）》，頁 212），一在於「有益身心」（《經學初程》，頁 18），前者是政治社會秩序的安排，後者是個人生命境界的提升。這兩項目標，也是治經方法、經典內容優劣的判準。廖平經學六變，詳究其實，就是圍繞此二目標展開。

廖平經學六變表列如下[12]：

---

[12] 廖平經學六變年代，廖宗澤：《六譯先生年譜》，收入廖幼平編：《廖季平年譜》（成都：巴蜀書社，1985 年 6 月）所記載，與黃開國：《廖平評傳》（南昌：百花洲文藝出版社，1993 年 8 月），第 2 章，〈經學六變概論〉，所考證年代，略有差異，廖宗澤以為廖平初變始於光緒 9 年（1883），三變結束於光緒 27 年（1901），四變始於光緒 31 年（1906），結束於民國 6 年（1917），五變始於民國 7 年（1918），結束於同年，六變始於民國 8 年，針對不同處，黃開國逐一修正，見該章頁 45—58 分析。但年代差異不大，更未因此而有學說矛盾的判斷，為求精確，本文採黃開國分期。

廖平經學六變表

六變	開始年代	結束年代	宗旨	代表作品
初變	光緒 11 年（1885）	光緒 13 年（1887）	平分今古	今古學考
二變	光緒 13 年（1887）	光緒 23 年（1897）	尊今抑古	知聖篇 闢劉篇
三變	光緒 23 年（1897）	光緒 31 年（1906）	小統大統	地球新義
四變	光緒 31 年（1906）	民國 7 年（1918）	天人時期	孔經哲學發微
五變	民國 7 年（1918）	民國 10 年（1921）	六書文字皆出孔子	文字源流考
六變	民國 10 年（1921）	民國 21 年（1932）	以內經說詩、易	易經經釋 詩經經釋

綜合六變說，前三變討論今古學，以制度的互異，分別今古學的不同；後三變超越今古學之爭，討論天人問題，從制度研究，進而探索人存在的終極意義。前三變屬於通經致用範疇，後三變屬於有益身心範疇。所討論的對象，有制度、疆域、文字、讖緯等。廖平最終目的，並非拒斥若干學派，而是建立一大系統以容納不同學說。

廖平經學初變探討問題是：經典異同、禮制沿革、書目類聚。但其中關鍵仍是孔子思想內容、學說流變。經學今古之分是：

> 經在先秦已有二派，一主孔子，一主周公，如三傳是也，齊、魯今學，燕、趙古學。漢初儒生，達者皆齊、魯，以古學為異派，抑之故致微絕。當時今學已立學官，而民間古學，間有傳者。後孔壁古經出，好古之士往據此

今學相難，今學亦無以奪之，雖不立學官，隱有相敵之勢。至于劉歆校古書得古文，古學愈顯。世以孔壁所出經皆古字，別異于今學，號曰古經，與博士本並行。至後漢而今古之名立矣。（《今古學考》，卷上，《廖平選集（上）》，頁47）

又云：

孔子初年問禮，有從周之言，是尊王命、畏大人意也。至于晚年，哀道不行，不得假手自行其意，以挽弊補偏，于是以心所欲為者，書之《王制》，寓之《春秋》，當時名流，莫不同此議論，所謂因革繼周之事也。後來傳經弟子因為孔子手定之文，專學此派，同祖《王制》。其實孔子一人之言，前後不同，予謂從周為孔子少壯之學，因革為孔子晚年之意者，此也。（《今古學考》，卷下，條4，《廖平選集（上）》，頁68—69）[13]

至於主要經典今古學也有不同：

今學諸書皆主《王制》派，古學諸書皆主《周禮》派。（《今古學考‧今古學專門書目表》，卷上，《廖平選集（上）》，頁53）[14]

廖平區別今古學，看似今古兩大系統，其實已涉及周公、孔子、地域、典籍等主要觀念。古代學術分為周公、孔子兩派；齊魯、燕趙之異也釋為周孔之異；《周禮》、《王制》代表今古學制度不同。如以此判別今古，不致有衝突，但廖平又以孔子初年之學、

---

[13] 另見《今古學考》，收入李耀仙編：《廖平選集（上）》（成都：巴蜀書社，1998年7月），卷上，頁43，卷下，條11，頁70。

[14] 另見《今古學考》，卷下，條9，10，11，12，13，20，22，23，57，74，《廖平選集》，頁70，71，74，76，88，95。

晚年之學分別今古，則有難以合同之處，試表列如下：
廖平今學古學表

今學	孔子	孔子晚年	王制	齊魯
古學	周公	孔子初年	周禮	燕趙

一說是孔子全爲今學，周公全爲古學；一說則是孔子初年是古學，晚年是今學，孔子一身集今古二學，周公仍爲古學。前者周孔並列，後者以孔子爲中心。二說重心實有不同：平分今古問題不止此，孔子初年、晚年如何分期？周公是否制作《周禮》？齊魯、燕趙如何分派？廖平僅是提出看法，缺乏理論推導與文獻證明。上列異同，僅具結構形式，今古雙方爭論內容，方具有意義形式，這一不同，廖平以制度區別：

> 《論語》因革損益，唯在制度，至于倫常義理，百世可知。故古今之分，全在制度，不在義理，以義理古今同也。(《今古學考》，卷下，條 17，《廖平選集（上）》，頁 73)

義理相同，義理表出的方式不同，此一方式，即是制度。既然義理相同，於是探索重心，轉移至制度研究。這一講法，在相當程度上，將義理視爲共同知識，學者可共感共知，循著這一思路，義理的地位，不復以往。今古之分，從文字訓詁、經典區畫變而爲制度異同，於是又回首古代制度，但制度既是孔子理想所在，豈能執實而論？發展成理想制度的建立；另一方面，理想制度也不能脫離時代，古史（西周、春秋、戰國）研究日益重要。前者啓發《公羊》學美好世界構想，後者帶動古史討論。至於今學的制度與古學的制度，究竟是完全相異抑或互有因革，廖平認爲今學損益周制，古學全爲周制：

> 今異于古，皆孔子損因周制之事。今古相同，此孔子因仍周制不改者也。(《今古學考》，卷上，《廖平選集（上）》，

頁 46—47）

今古之分，以孔子爲樞紐，周公只是孔子壯年所從；今古之分以制度爲核心；今古相襲，今學從古學變化而來。今與古表面是平行並列，實際卻是縱向繼承，但有修正改易。從而廖平據此作〈今古學專門書目表〉，分今學書目、古學書目，包含經傳子史，依類而從，絕不混雜；至於兼有今古者，另作〈今古兼用雜同經史子集書目表〉，分爲 4 類，今多於古、古多於今、今古雜、今古同。（《今古學考》，卷上，《廖平選集（上）》，頁 50—55）從前表論，今古學涇渭分明，但從後表論，卻相互混雜。廖平又云：

> 今古兩家所根據，又多同出於孔子，於是倡爲法古、改制、初年、晚年之説。然後二派如日月經天，江河行地，判然兩途，不能混合。（《六變記‧初變記》，《廖平選集（上）》，頁 548）

周公地位，根本消失，完全以孔子爲今古之分的惟一標準。與經典區畫合觀，今古之分，顯然分際非如廖平所言清晰。可能的解釋是經典的來源、性質本就不一，儒家內部理論、流派也甚紛歧，所以存在不同經說。兼以古代制度又因國別、地域不同，而互有差異，無法清晰畫分兩個系統。[15]日後儒學途轍不一，

---

[15] 先秦典籍流傳狀況，屈萬里先生有極精要考辨，見《先秦文史資料考辨》，《屈萬里全集》，第 4 冊（臺北：聯經出版公司，1983 年 2 月），下編，第 2 章，〈經部書和史部書〉，頁 309—407，經部書見頁 309—395。儒家在戰國流傳狀況，荀子指出有子張、子夏、子游、子思孟子等不同，見《荀子新注‧非十二子》（臺北：里仁書局，1983 年 11 月），頁 77—91，引文見頁 90。韓非則分爲子張、子思、顏氏、孟氏、漆雕氏、仲良氏、孫氏、

應肇因於此。

　　以制度分今古，前提是《公羊》學素王說，素王自是指孔子，孔子無帝王之實，只能寄理想於六經，所以六經就是孔子所制定典章制度，由於孔子早年、晚年學說不同，因而有今古學之分。據此，孔子爲素王、制作六經、改定制度，其實都可從經學初變推導而得。經學二變，就在發揮這些觀念。從經學初變到經學二變，是內在理路發展而成。

　　經學二變在說明孔門所傳之經是有傳授，劉歆所傳之經無本源，孔門所傳之經是今文經，劉歆所傳之經是古文經，此即尊今抑古說，此說今古之分是：

> 博士說經，皆有傳授，以師說為主。西漢中如伏、韓、賈、董、匡、劉諸書，全以經義為主，不徒侈言訓詁而已。專言訓詁，是為古文派，其學既無本源，又多與經相反，今為考訂，其誤自見。(《古學考》，條 69，《廖平選集（上）》，頁 147) [16]

樂正氏八派，見陳奇猷：《韓非子集釋‧顯學》（臺北：華正書局，1977 年 4 月），頁 1080—1106，引文見頁 1080，孔門弟子不同人格事功，見蔡仁厚：《孔門弟子志行考述》（臺北：臺灣商務印書館，1985 年 10 月）。戰國各國不同制度與變革，參考楊寬：《戰國史》（臺北：臺灣商務印書館，1998 年 10 月），第 4 章，〈春秋戰國間社會經濟制度的變革〉，頁 155—190，第 5 章，〈戰國前期各諸侯國的變法改革〉，頁 191—215，第 6 章，〈中央集權的政治體制及其重要制度〉，頁 216—278。凡此均可說明春秋戰國的歷史，絕非單線相傳，而是多元發展，不論是平分今古、尊今抑古、古大今小，均甚難解釋實際歷史。
[16] 另見《古學考》，條 50，《廖平選集（上）》，頁 138。

以訓詁言古文派，並不能相對凸顯今文派特色，惟有以師說經義說明今文派思想，才能點出今文經學與古文經學最大不同，所以以「專言訓詁」為古文派特徵，只是陪襯之語，重點是「師傳口授」，其內容是：

> 孔子受命制作，為生知，為素王，此經學微言傳授大義。帝王見諸事實，孔子徒託空言，六藝即其典章制度，與今六部則例相同。素王一義為六經之根株綱領，此義一立，則群經皆有統宗，互相啓發，箴芥相投。自失此義，則形體分裂，南北背馳，六經無復一家之言。以六經分以屬帝王、周公、史臣，則孔子遂流為傳述家，不過如許、鄭之比，何以宰我、子貢以為賢於堯舜，至今天下群縣立廟，享以天子禮樂，為古今獨絕之聖人？孟子云：「宰我、子貢智足以知聖人。」可見聖不易知。今欲刪除末流之失，不得章微言，以見本來之真。洵能真知孔子，則晚說自不能惑矣。(《知聖篇》，條 1，《廖平選集（上）》，頁 175)[17]

素王才是今古學異同焦點，古學如言訓詁而又主素王，廖平不會如此抑貶古文學派。從初變到二變，廖平論今古之異，甚少論及經典文字、篇卷、來源異同，而是集中討論孔子地位、素王說的內涵等。經學六變，其實是對孔子認知不同而變化。孔子承受天命，降世人間，思安排人間秩序，於是改制定法，所定法制，悉在六經。孔子已略近於神的地位，日後孔子逐漸神化，可從素王推論而得；經典與政治關係密切，且經典不是改制工具，而是根本；聖人微言大義就在典章制度中。所定法制，

---

[17] 另見《知聖篇》，條 5，19，22，《廖平選集（上）》，頁 177—178，189，190。

既在六經，根據這一前提推論，六經必須是孔子所作，而不是
前代文獻，否則無以見聖人命意所在，所以廖平屢言孔子制作
六經：

> 六經，孔子一人之書；學校，素王特立之政。(《知聖篇》，
> 條 19，《廖平選集》，頁 189）[18]

對於「制作」，廖平又有其特殊定義，以《春秋》為例，從舊史
言是「修」，從取義言是「作」(《知聖篇》，條 13，《廖平選集
（上）》，頁 184），六經並不完全是孔子創作，而是立基於前代
文獻以取其義：「孔子六藝，由舊文而繙新義。」(《知聖篇》，
條 43，《廖平選集（上）》，頁 201）[19]如此立論，可以避開六經
全由孔子所創的困境，也較符合實際歷史發展。至於六經的性
質是：

> 六經要旨，以制度為綱。(《知聖篇》，條 15，《廖平選集
> （上）》，頁 185）

所以以制度為六經要旨，是因制度足以治國理政，這顯然是經
學經世致用的傳統：

> 禮儀與制度有異，禮為司徒所掌，如今之儀注，即《儀
> 禮》是也；制度則經營天下，裁成萬類，無所不包，如
> 《王制》是也。制度最大最要，禮儀特其中一門，欲收
> 通經致用之效，急宜從制度一門用功。(《知聖篇》，條 28，
> 《廖平選集（上）》，頁 194）

區分禮儀與制度，是批判乾嘉經學只知用力於字句之間，忽略

---

[18] 另見《知聖篇》，條 10，11，13，22，23，37，43，62，68，
《廖平選集（上）》，頁 181─182，184，190─191，199，201，
213，217。

[19] 另見《知聖篇》，條 23，《廖平選集（上）》，頁 191。

典章流別，批評阮元所刻《學海堂經解》：「一字之說，盈篇累牘，一句之義，眾說紛紜。」(《知聖篇》，條 54，《廖平選集(上)》，頁 208) 又云：「阮、王二刻，能逃望文生訓者，寧有幾人？」(《知聖篇》，條 66，《廖平選集(上)》，頁 216) 然而通經致用，本就是經學傳統，且從清初至乾嘉，並未中斷[20]，何以廖平對乾嘉之學，深感不滿？這可從顧炎武對文字與制度的關係分析：「後之君子，因句讀以辨其文，因文以識其義，因其義以通制作之原，則夫子所謂以承天之道而治人之情者，可以追三代之英，而幸有之歎，不發於伊川矣。」(《亭林詩文集‧儀禮鄭注句讀序》，卷 2，頁 32) 句讀—文義—制度，層層上遞，逆探聖人原意，這一路向，基本上啟發乾嘉經學研究方法；仰望三代之治，則是經學研究的思想根源；而三代之治又記載於經典之中，兩者結合，形成以考據研究經典的途徑，然而此途徑對經典義理理解，並不是必然的關係，亦即名物訓詁，有時有助於我們理解經典義理，有時則否。

前者之例如《公羊傳‧僖公二十八年》：「經：晉人執衛侯，

---

[20] 陸寶千以黃道周、黃宗羲、顧炎武為例，分析清初經學之盛，由於晚明以來經世要求所致，經世既為普遍要求，儒家經典即成為治道根源，見《清代思想史》(臺北：廣文書局，1983 年 9月)，第 4 章，〈論清代經學—以考據治經之起源及其成就之限度〉，頁 163—196，引述見頁 164，167。乾嘉時代的經世思想，漆永祥也以錢大昕、段玉裁、阮元、焦循為例，指出諸家以為三代盛世存於經典之中，尤其是三代禮制，所以訓詁名物、考訂禮制為其時學術重心，見《乾嘉考據學研究》(北京：中國社會科學出版社，1998 年 12 月)，第 8 章，〈乾嘉考據學思想〉，頁 210—245，引述見頁 241—243。

歸之于京師。傳：歸之于者何？歸于者何？歸之于者，罪已定矣。歸于者，罪未定也。罪未定，則何以得爲伯討？歸之于者，執之于天子之側者也，罪定不定，已可矣。歸于者，非執之于天子之側者也，罪定不定，未可知也。」討論重點在「歸之于」與「歸于」辭例異同，歸之于者，罪已定，歸于者，罪未定；一說歸之于者，緩辭，歸于者，急辭。惠士奇（康熙 10 年—乾隆 6 年，1671—1741）舉證分析，曹伯負芻殺太子自立，成公 13 年，諸侯請討，但遲至 15 年，始執曹伯歸之于京師，不得謂急；晉文公有殺衛侯之志，不得謂緩，以罪已定、未定說爲確（《春秋說》，卷 231，頁 27，影印皇清經解春秋類彙編第 1 冊），陳立引惠士奇說後，結論是：「蓋諸侯分土而治，不得自治，即不得專執，皆必斷之天子也。」（《公羊義疏》，卷 35，頁 907—908）急辭、緩辭，與尊崇天王無關，罪已定、未定，才涉及尊王，辭例的解釋，顯然觸及對經典義理的解釋。

後者之例如《公羊傳・宣公十六年》：「經：夏，成周宣樹災。」「宣樹」解釋，臧琳（順治 7 年—康熙 52 年，1650—1713）歸納有二：據《左傳》是講武之屋，據《漢書・五行志上》是藏樂器之所（《經義雜記・宣樹火》，卷 195，頁 3—4，影印皇清經解諸經總義類彙編第 1 冊）；而據《公羊傳》義是宣宮之樹，用以藏樂器。樹不論作何種解釋，都不影響「成周宣樹災何以書？記災也。外災不書，此何以書？新周也」的《公羊》大義（《公羊義疏》，卷 49，頁 1282—1283），因爲重點是外災何以書，而不是樹的性質與功能。

名物訓詁與經典義理之間，至少存在前者明而後後者明、前者與後者無關、前者不明不影響後者之明三種關係。如再涉及通經致用，古代禮制能否適用今日，亦啓人疑竇。方東樹（乾隆 37 年—咸豐 1 年，1772—1851）譏刺漢學家考證車制、宮室、

衣服冕弁，連篇累牘，未知孰是，並云：「竊以此等明之固佳，
即未能明，亦無關身心性命國計民生學術之大。」又云：「三統
之建，忠質之尙，井田禮樂諸大端，三代聖人已不沿襲，又何
論後世而欲追古乎！」（《漢學商兑》，卷下，頁 34）方東樹所
論，就是後兩者情況。

　　區分制度與禮儀，是在脫離乾嘉以降經學研究深通名物訓
詁，但卻缺乏經世致用的困境。然而三代禮制無論如何美好，
一如方東樹質疑，何能行之於今日？廖平又認爲：「《春秋》之
功，全在一王之制，以爲萬世法。」（《知聖篇》，條 40，《廖平
選集（上）》，頁 201）可是《公羊傳》並未有一套完整制度，
可供參考探擷。禮儀既與制度不同，歷史證明《周禮》又不可
施行，以《王制》爲聖人大法，也是僅存的選擇：

> 《王制》以後世史書推之，其言爵祿，則職官志也；其
> 言封建九州、五服，則地理志也；其言興學選舉，則選
> 舉志也；其言吉凶、巡狩諸事，則禮樂志也；其言國用
> 財富，則食貨志也；其言司馬所掌，則兵志也；其言司
> 寇所掌，則刑法志也；其言四夷，則外夷諸傳也。（《古
> 學考》， 條 31，《廖平選集（上）》，頁 128）[21]

借史書之志，以說明《王制》性質，有其不得不然的處境，職
官、地理、選舉、禮樂、食貨、兵、刑法等，誠然是國家大事，
然代有不同，至於爵祿、九州、五服、巡狩等，後世豈能用之？
廖平以「宏綱巨領」形容，絕非偶然。《公羊傳》既乏制度設計，

---

[21] 另見《今古學考》，條 65，66，67，68，69，103，《知聖篇》，
條 30，53，54，56，《廖平選集（上）》，頁 90—93，106，195，
208，209，210。其中《今古學考》條 103 與本段所引幾完全相
同，也可知經學初變與經學二變，並非截然異質，不可相通。

《王制》又僅是宏綱巨領，重新組合經典，以補充制度性思考不足，或可爲一新進路。經學三變，即朝此方向發展。

　　尊今抑古，劉歆所傳古文經典被指爲經過羼亂，群經因此而分裂，不符合西漢經學爲一整體的傳統，如陸賈以「先聖」初創人類文明，以法律規範人情；「中聖」設立教化，俾使人民知禮儀，「後聖」以五經綜合天地，建立文化系統，匡正當時，垂範來世。（《新語‧道基》，王利器：《新語校注》，頁 9—18）賈誼（漢高祖 7 年—漢文帝 12 年，前 200—前 168）則以六經爲六藝，本之先王而來，與「六理」（道、德、性、神、明、命）並列，外在呈現是六經，內在義理是六理，研究六經，即探索此理。（《新書‧六術》，王洲明、徐超：《賈誼集校注》，頁 311—312）廖平改變經典割裂情境：「必群經傳記，無一不通，方爲精奇，今以「大統」說《周禮》，舊所閹割之條，悉化腐朽爲神奇。」（《知聖篇》，條 49，《廖平選集（上）》，頁 205），並重組經典，賦予新的結構：

> 《詩》以言志，《書》以述行，《禮》以治外，《樂》以養中。…《春秋》與《詩》、《書》、《禮》、《樂》，皆主新制，同為孔子之書，非獨《春秋》為然。然《春秋》詳人事典制，舊文嚴於遵守，運用無方之道不與焉，故又作《易》以補之。…六經之道以《春秋》為初功，以《易》為歸宿。治經者當先治《春秋》，盡明微言，以四經實之，然後歸本於《易》。此孔子作六藝之宗旨也。（《知聖篇》，條 16，《廖平選集（上）》，頁 187）[22]

無論是志、行、中、外，都是針對人而言，孔子新制也僅是指

涉本身所處時空，不觸及所處時空以外，但另一組合則不然：

> 六經有大小久暫之分，《春秋》地祇三千里，為時二百四
> 十年；《尚書》地祇五千里，為時二千年；《詩》地域至
> 三萬里，為時百世，所謂「無疆無數」；《易》則六合以
> 外。（《知聖篇》，條 32，《廖平選集（上）》，頁 196—197）

此時僅《春秋》指涉所處的歷史時空，《尚書》可指向二千年，
已難以取信於人，《詩》、《易》廣漠無垠，根本出於想像之外，
雖然，另一組合則更為玄妙：

> 《詩》、《易》詳天事，言無方物，所謂空言；《春秋》、《尚
> 書》乃將天言衍為人事。（《知聖篇》，條 13，《廖平選集
> （上）》，頁 183）

《詩》、《易》為天事，《春秋》、《尚書》為人事。六經，始於人
事制度，開展為時空大小，再開展為天人之分。人事制度是初、
二變的內容；時空大小，是三變的觀念；天人之分是四變以後
的境界。二變重組經典，事實已開啟三變以後的論點。天言衍
為人事，已預設「天—孔子—經典」的神聖結構。六經無論如
何神奇，《春秋》詳人事制度，所以始終是一基點。

　　小大又不如此簡單，不僅僅是地域小大、歷史年數、經典
分配，有一複雜理論，指向未來發展。小大的意義如下[23]：

廖平小大之學對照表之一

小	王制	春秋尚書	王伯	小統	小康	中國	天下分裂	六合以內
大	五帝德	詩	皇帝	大統	大同	世界	天下一家	六合

---

[23] 見《知聖續篇》，條 1，5，8，9，10，14，16，18，19，57，
60，70，《廖平選集（上）》，頁 226，230，232，233，235，237，
238，239，266，268—269，278。

	周禮	易					以外

六經從今古文對立，轉爲小大異同，歷史分爲小康、大同兩期，前者是世界分爲眾多國家，後者破除國家疆域。歷經二千年，中國與眾多國家同，仍處於小康，但應朝向大同。小大又不僅是制度之異，更是天人之異。其中，從小康到大同，從中國到世界，從天下分裂到天下一家，雖是兩階段論，卻是從《公羊》三世說變化而來。其理論結構是：

> 上古本大，中古漸小，百世以下又大。初則由大而小，後又由小推大。王伯由孔子制作，而以歸之三代古皇帝，亦猶王伯之制，由孔子制作，而以歸古之王伯。(《知聖續篇》，條17，《廖平選集（上）》，頁237)[24]

「古代」是「大」，「現在」是「小」，「未來」又是「大」，孔子立基於「現在」，式法「古代」，是從「小」回到「大」，然而「未來」又是「大」，所以從「小」回到「大」，表面似是回到「古代」，實際上卻是投射「未來」，返古即所以開新：

> 由小康以臻大同，是由春秋以返古之皇帝，疆域最大，風俗最純。(《知聖續篇》，條60，《廖平選集（上）》，頁269)

由春秋返古皇帝，即是從現在朝向未來；從人間仰望天上。

二、天人之學

---

[24] 「亦猶王伯之制，由孔子制作而以歸古之王伯」，疑爲「亦猶皇帝之制，由孔子制作而以歸古之王伯」，方才符合下句「是孔子不惟作王伯，兼制作皇帝」的評論，但《知聖篇》兩種版本系統，《六譯館叢書》本、《適園叢書》本，均作「王伯」無誤，有待考證。由下上文義，參以他條，仍可推論廖平原義。

　　經學研究，據廖平言，既要經世致用，又須有益身心。今古之學即在經世致用，著重制度異同，從制度建立安排社會秩序，而不是從道德出發安排社會秩序，職是之故，對宋儒多所批判。天人之學，則在安頓本身生命，生命安頓，大要有二：一是使行為合於日常生活規範，進而不斷自我要求，以合於更嚴格的道德規範，亦即合於君子或士大夫的標準；其次是超越形體與世俗，脫離一切依憑，獲得徹底自由自在；前者還在人間，後者超出人間，顯現宗教性質。廖平經學平四變以後，都在探討後者問題。

　　而其探討方式，以經典為主，再加上個人玄思，舖陳整個思想體系。配合三變諸說，重建廖平經學思想：

廖平小大之學對照表之二

人	小	春秋	王制	小	中國	六合以內
		尚書	周禮	大	世界	
天	大	詩、易			六合以外	

（《六變記‧四變記》，《廖平選集（上）》，頁 552—553）

小大在經學三變，一指人天之分，二指疆域大小，易生混淆；本表將小大分處於不同格線內，較為明朗，經典分配，也較為合理。在人學部分，今古不再對立，制度不同也有理論體系的說明；在天學部分，以《詩》、《易》屬之。至此，經學回復整體結構，不是平行並立，彼此無關，也不是歷史文獻，記載前言往行。經學有獨立存在的價值。不僅如此，並以經學為核心，容納其他典籍於經說之下，如《楚辭》、《山海經》、《列子》、《莊子》等，甚至佛教也包含在內。所以廖平的生命就是經典，沒有經典，廖平無法存在此世。在經典基礎上，繼續探究生命最終歸宿。

　　五變分人學三經、天學三經。人學三經是《禮經》、《春秋》、

《尙書》,《禮經》在修身,《春秋》是治國學,《尙書》是平天下學。(《六變記‧五變記箋述》黃鎔箋述,卷上,《廖平選集(上)》,頁 558,562,565) 從修身可以推至平天下,是因禮樂「由人心生,感物而動,以通於政」(《六變記‧五變記箋述》,卷上,《廖平選集(上)》,頁 562),這是本《禮記‧樂記》而來的政治理論,心物相感,緣於外在生活環境,環境惡劣,感受怨怒,怨怒的感受,自有偏常的行動;環境優良,感受順暢,順暢的感受,自有合禮的行動。人與人相互感通,構成整體組合,個人與社會、國家,就在此一理論下連結,不論是人民或主政者,都應以創造優美的生活環境爲主要目標。這一目標,又根據經典循序達成。天學三經是《樂》、《詩》、《易》,《樂》是王伯之樂,《詩》是神遊學,《易》是形遊學。(《六變記‧五變記箋述》,卷下,《廖平選集(上)》,頁 605,607,617) 王伯學就是治國理政,是前三變之遺;神遊與形遊,才是五變新說。人天之際,有一定秩序,不可踰越;神遊,尙在我們想像範圍之內,是心靈的徹底自由,不爲外物拘束;形遊,則是從心靈不爲外物拘束,達到形體不爲外物限制。這從理論上可以理解,心靈與形體不可分離,甚至受形體牽絆,心靈徹底解放,形體亦須隨之徹底解放。但很難想像,形體如何拋棄一切依憑,獲得徹底解脫。廖平借用鬼神以說明此一景況,是在彼世界,而由此世界到達彼世界,亦即由人到天的過程,必須經由「進化」,是未來的發展,而非現在可及:「近人據佛理言人民進化,將來必可至輕飛身舉,眾生皆佛。」眾生皆佛的景像是:「人人辟穀飛身,無思無慮。」(《六變記‧四變記》,《廖平選集(上)》,頁 554 —556) 經學六變,其實至四變已臻其極,五變只是作更深入說明,基本觀念並未改變。

至於六變,最主要是廖平個人體會,民國 8 年(1919),廖

平中風，時年 68 歲，聲瘖掌攣，但神智明澈：「優遊中得《詩》、
《易》圓滿之樂，遂半生未解之結於《靈》、《素》，獲大解脫。」
（《六變記‧六變記》柏毓東述，《廖平選集（上）》，頁 619）
外人甚難了解真實情況，僅能推論，這是經學五變的展現。至
70 歲時，因六變已成，再無改變，自號「六譯老人」（廖宗澤：
《六譯先生年譜‧民國十年辛酉七十歲條》，卷 7，頁 79）。廖
平曾言「聖作賢譯」，變至六譯，已無可變，即可知其自我定位
及抱負所在。

第三節 康有爲治學途徑

一、窮究性命

光緒 2 年（1876），康有爲時年 19 歲，鄉試不售，於是拜
同邑朱次琦（嘉慶 12 年—光緒 7 年，1807—1881）爲師。朱次
琦是朱子（南宋高宗建炎 4 年—南宋寧宗 6 年，1130—1200）
學者，對朱子以後的學術發展，曾有如是評論：「烏虖！孔子歿
而微言絕，七十子終而大義乖，豈不然哉。天下學術之變久矣，
今日之變則變之變者也。秦人滅學，幸猶未墜，漢之學，鄭康
成集之，宋之學，朱子集之，朱子又即漢學而稽之者也。會同
六經，權衡四書，使孔子之道大箸於天下。宋末以來，殺身成
仁之士，遠軼前古，皆朱子之力也，朱子百世之師也，事師無
犯無隱者焉也。然而攻之者互起，有明姚江之學，以致良知爲
宗，則攻朱子之格物；乾隆中葉以至於今日，天下之學多尊漢
而退宋，以攷據爲宗，則攻朱子爲空疏，一朱子也，而攻之者
迺相矛盾虖！學術之變，古未有其變也。烏虖！古之言異學者，
畔之於道外，而孔子之道隱；今之言漢學宋學者，咻之於道中，
而孔子之道歧，何天下之不幸也。彼攷據者不宋學而漢學矣，

而獵璞文，蠹大誼，叢脞無用，漢學之長，有如是哉。」（簡朝亮：《朱九江先生年譜·咸豐八年·五十二歲》，《朱九江先生集》，卷首，頁 25）其中有三項要點：

以朱子能倡明孔子之道，所以能爲百世師，這正是朱陸爭議焦點。程朱陸王，何者才傳承孔子之道？持執任何一方者，皆難免落入門戶之見。朱次琦評王陽明（明憲宗成化 8 年─明世宗嘉靖 7 年，1472─1528）：「夫良知良能皆原孟子，今舉所知而遺所能虖？既不讀書，何以致良知也？不讀書而致良知，宜姚江不以佛氏明心爲非也。」（《朱九江先生年譜·咸豐八年·五十二歲》，《朱九江先生集》，卷首，頁 26）直以不讀書指責陸王一派，然而陸王豈眞不讀書，只是彼此讀書方法互有不同，嚴格而論，是對知識性質、知識本身、致知方法，互有異見，致使難以融合。以不讀書相譏，未脫意氣。

但對朱子的評論，則有開創新學之意，朱子集宋學之大成，但其學卻又就漢學而稽之，顯然欲以朱子溝合漢宋。從朱子所編《近思錄》或可稍知朱學梗概，該書計 14 卷，綱目如下：論道體、論爲學大要、論格物窮理、論存養、論改過遷善、克己復禮、齊家之道、出處進退辭退之義、治國平天下之道、制度、君子處事之方、教學之道、改過及人心疵病、論異端之學、論聖賢氣象。含蓋形上本體、道德實踐、治學方法、治國之道等，內以治身，外以治國，不完全是良知的發悟。《朱子語類》卷 1至卷 13，論理氣、論鬼神、論性理、論學，卷 104 至卷 121，論治道、論取士、論兵刑、論民財、論官，也都是治身治國之論，中間則以論經學爲主。上承形上本體，下開治國之道，中間轉關，就在經學。朱子經學著作有《易本義》、《詩集傳》、《儀禮經傳集解》、《孝經刊誤》、《四書集注》，《語類》尚收錄散論諸經議論。如以經世致用屬漢學，形上本體屬宋學，朱子經學

正可會通漢宋。可免空疏之慨，無本之嘆。所以朱次琦才質疑，
陽明學派責其格物，乾嘉漢學責其空疏，何其矛盾如是。正因
朱子兼擅兩者，自易遭雙方批駁。

　　至於朱次琦攻乾嘉漢學無用，是以子之矛，攻子之盾。漢
學之興，批評宋學最有力的觀點就是空言心性，曾幾何時，漢
學派也遭致相同譏評：「然則通經將以致用也，不可以執一也，
不可以嗜璈也。學之而無用者，非通經也。…班氏云：『後世經
傳既已乖離，博學者又不思多聞闕疑之義，而務碎義逃難，便
辭巧說，破壞形體，說五字之文，至於二三萬言，後進彌以馳
逐，故幼童而守一蓺，白首而後能言，安其所習，毀其所不見，
終以自蔽，此學者之大患也。』今之漢學，其免班氏之譏否？」
又云：「六書小學，治經者所時資也。必謂先盡讀小學諸書，而
後可通聖人之道也，將徒蔽之也。為其書之不能無鑿也。」（《朱
九江先生年譜・咸豐八年・五十二歲》，《朱九江先生集》，卷首，
頁 30）一是對乾嘉學風的批評，一是對乾嘉治學方法的質疑。

　　朱次琦倡導朱子學，即極力避免空疏無本之譏，餖飣瑣碎
之習，消雙方之短，集雙方之長。理論核心在修身與讀書。修
身之目有四：惇行孝弟、崇尚名節、變化氣質、檢攝威儀。讀
書之目有五：經學、史學、掌故之學、性理之學、辭章之學。（《朱
九江先生年譜・咸豐八年・五十二歲》，《朱九江先生集》，卷首，
頁 25—26）修身重道德修養，讀書重知識理論；前者直己直人，
後者通經致用；前者在個人、宗族，後者在歷史、制度。但這
兩者又不是涇渭分明，彼此無關：「讀書者何也，讀書以明理，
明理以處事，先以自治其身心，隨而應天下國家之用。」（《朱
九江先生年譜・咸豐八年・五十二歲》，《朱九江先生集》，卷首，
頁 29）其理論結構是「修身—讀書—致用」，這與朱子理論結
構，「形上本體—經學—經世致用」，何其相像。道德實踐、客

觀知識、經世濟民,三者滾合,朱次琦確能上承朱子,開啓新
學風。

　　康有為在朱次琦禮山講堂,未明而起,夜分始寢,日讀宋
儒書、經說、小學、史學、掌故、詞章等,嘗形容其時受學心
境:

> 於時捧手受教,乃如旅人之得宿,盲者之睹明,乃洗心
> 絕欲,一意歸依。以聖賢為必可期,以群書為三十歲前
> 必可盡讀,以一身必能有立,以天下為必可為。(康有為:
> 《自編年譜・光緒二年・十九歲》,頁 8)

朱次琦所給予康有為者,不止於讀盡群書,更在於以聖賢自任
的自信,以天下可為的氣魄。較之訓詁考據,廣狹有別,確乎
能屹立天地之間,所以康有為才會以旅人得宿,盲者睹明形容。
康有為從學二年後,學思有一轉變:

> 忽絕學捐書,閉戶謝友朋,靜坐養心,同學大怪之。以
> 先生尚躬行,惡禪學,無有為之者。靜坐時忽見天地萬
> 物皆我一體,大放光明,自以為聖人則欣喜而笑。忽思
> 蒼生困苦,則悶然而哭。忽見有親不視,何學為,則即
> 束裝歸廬先墓上。同門見歌哭無常,以為狂而有心疾矣。
> 至冬辭九江先生,決歸靜坐焉。此《楞嚴》所謂飛魔入
> 心,求道迫切,未有歸依之時,多如此。(《自編年譜・
> 光緒四年・二十一歲》,頁 10)

梁啓超於光緒 16 年(1890)時年 18 歲,來向康有為請益:「先
生乃教以陸王心學,而並及史學、西學之梗概。」(〈三十自述〉,
《飲冰室文集之十一》,頁 16—17,冊 4)曾云:「九江之理學,
以程朱為主,而間採陸王。先生獨好陸王,以為直捷明誠,活
潑有用,故其所以自修及教育後進者,皆以此為鵠焉。」(《南
海康先生傳》,第 3 章,〈修養及講學時代〉,《飲冰室文集之六》,

頁 61，冊 3）[25]朱次琦之學，實未間採陸王。但康有爲兼採陸王，可證其學術思想不願爲朱子學所限囿。考察康有爲對王學，確有一定程度好感，不類乾嘉漢學家：「東漢言經學，南宋言道學，晚明言心學，皆有氣節。」平列經學、道學、心學，而以氣節當之，即可見其治經意趣所在。又云：「明人講心學，故多氣節，與後漢、南宋相埒，本朝氣節掃地，不講心學也。」氣節指道德節操，是對生命規範的堅持，如此議論，實乃有激而然：「康熙間大學士皆朱學，而氣節不光。」降及乾隆：「廉恥壞於乾隆，風俗靡於道光。」此後則是：「道光以後，上無禮，下無學，賄賂公行，垂至于今。」此一生命規範主要導向士大夫，士大夫生命規範如此，康有爲欲以王學矯此流弊，顯而易見。所以才說：「段金壇爲巫山令，貪劣特甚，孫淵如爲山東糧道，受賄三四十萬。可知漢學家專務瑣碎，不知道理，心術大壞，若從宋學入手，斷無此事。」對漢學家的批評，大抵限於道德行爲；對漢學家學問，仍表敬服：「王引之《經義述聞》、《讀書雜志》可看。」甚至漢學後勁，也能欣賞：「俞樾是王引之之學，《古書疑義舉例》可看。」（上引康有爲語，俱見蔣貴麟編：《南海

---

[25] 鍾賢培以爲康有爲對朱次琦講的陸王心學，特別感興趣，認爲它直捷明誠，活潑有用，見《康有爲思想研究》（廣東高等教育出版社，1988 年 8 月），第 1 章，〈中國近代資產階級改革先驅者的一生〉，頁 1—35，引文見頁 3；馮契則以爲朱次琦治學以程朱爲主，間採陸王，康有爲獨好陸王，以爲陸王心學直捷明誠，活潑有用，見《中國近代哲學史》（上海：上海人民出版社，1989 年 5 月），第 5 章，〈康有爲的哲學思想〉，頁 189—239，引文見頁 189。均未掌握朱次琦學術性格，也未了解康有爲並未堅持陸王學。考其致誤之由，始自梁啓超。

康先生口說・明、國朝學派》，卷下，頁 176—189）知識與道
德，有一明確分野。

　　陸象山（南宋高宗紹興 9 年—南宋光宗紹熙 4 年，1139—
1193）曾言：「東海有聖人出焉，此心同也，此理同也；西海有
聖人出焉，此心同也，此理同也；南海、北海有聖人出焉，此
心同也，此理同也。千百世之上，有聖人出焉，此心同也，此
理同也；千百世之下，有聖人出焉，此心同也，此理同也。」（全
祖望〔康熙 44 年—乾隆 20 年，1705—1755〕：《宋元學案・象
山學案》，卷 58，頁 4）這是對自身掌握最高宇宙原理的自信，
生命主體籠罩上下四方古往今來的聖哲。王陽明更教導學生：「諸
公在此，務要立箇必爲聖人之心。」（陳榮捷：《王陽明傳習錄
詳註集評》，卷下，條 331，頁 378）讀書治學，是學爲聖人。
康有爲亦然：

> 鄙人深思古義，綜約教恉，下學上達，原始要終，尊德
> 道學，由內及外，群言淆亂，則折衷于洙泗之聖，末世
> 昏濁，則上探于三代之英。道器兼包，本末並舉，蓋皆
> 人道之宜，天理之節，始于爲士，終于爲聖，由斯道矣，
> 諸子勖哉。（《長興學記》，頁 6）

所欲開創者爲一聖人之學，轉向陸王，其自有故。然而陸王心
學，主在探討主體實有的價值自覺，康有爲卻欲由內及外，道
器兼包，本末並舉。康有爲的聖人之學，與陸王心學側重道德
體踐，實有不同。梁啓超續云：「既又潛心佛典，深有所悟，以
爲性理之學，不徒在軀殼界，而必探本於靈魂界。遂乃冥心孤
往，探求事事物物之本原，大自大千諸天，小至微塵芥子，莫
不窮究其理。」這是窮究性命一路，對具體生命的始源、歸宿，
亟欲究明。梁啓超又云：「以爲人相我相眾生相，既一無所取無
所著，而猶現身於世界者，由性海渾圓，眾生一體，慈悲普渡，

無有已時。是故以知爲體，以悲爲用，不染一切，亦不舍一切。
又以願力無窮，故與其布施於將來，不如布施於現在。大小平
等，故與其惻隱於他界，不如惻隱於最近。於是浩然出出世而
入入世，縱橫四顧，有澄清天下之志。」（俱見《南海康先生傳》，
第 3 章，〈修養時代及講學時代〉，《飲冰室文集之六》，頁 61，
冊 3）在佛教而言，具體生命是因緣和合而生，充滿意望，爲
了滿足永無止盡的欲望，因而以苦爲本質，具體生命輪迴不斷，
就永遠生存於苦痛之中，所以要超越此岸，渡至彼岸的極樂世
界。康有爲自認本身現身世界，目的是在現世之中渡化萬民。
與佛教有異，不是引領眾生至彼岸，而是在此岸創造樂土。本
是商略性命，卻轉而澄清天下，這與康有爲思考路向、親身經
歷有關。

二、經世濟民

光緒 4 年（1878）21 歲這一轉變，在康有爲學思路程甚爲
重要。同門以禪學攻之，以爲有狂疾，康有爲本身則形容是求
道迫切，無所歸依。本年冬天，即辭朱次琦，返抵里門，次年
隱居家鄉西樵山，專講道佛之書。程朱陸王，佛理道書，固是
左衝右突，但也兼容並蓄，無所執持，的確是求道迫切，想在
傳統文化中獲得眞理之源。歌哭無端，即可見出此一焦慮。光
緒 12 年（1886）29 歲作《康子內外篇》，可很清楚的見到由性
命之學轉向經世之學之故：

> 窮天地造化之故，綜人物生生之理。（《康子內外篇・理
> 學篇》，頁 8）

生生之理，自不限於一己，也會涉及他人。此時生命可發展兩
種方向：一是棄絕人事，專究一己生死；一是由己及人，廣探
生命意義。由後者言，生命取普遍義，完成每一具體生命存在

的價值。亦即本身能安身立命，悠然於世，也希望眾生亦然。
康有為選擇後者，自道這是氣質使然：

> 康子燕居，目若營，神若凝，心若思，眉間蹙蹙，常若
> 有憂者。或問之曰：人生不易，佳日難逢，行樂無荒，
> 以逸厭生，如何出囚以自戕賊也？曰：予非不樂生也。
> 予出而偶有見焉，父子而不相養也，兄弟而不相恤也，
> 窮民終歲勤動而無以為衣食也，僻鄉之中，老翁無衣，
> 孺子無裳，牛宮馬磨，蓬首垢面，服勤至死，而曾不飽
> 糠覈也。彼豈非與我為天生之人哉？而觀其生，曾牛馬
> 之不若，予哀其同為人而至斯極也。以為天之故阨斯人
> 耶？非然，得無政事有未修，地利有未闢，教化有未至，
> 而使然耶？斯亦為民上者之過也。使人人皆得樂其生，
> 遂其欲，給其求，則余之好樂，將荒於萬人矣，雖日歌
> 舞，豈所惡哉？或坐視其兄弟顛困苦，眴眴側目，而己
> 方縱逸焉，亦何樂之有？（《康子內外篇‧不忍篇》，頁
> 16）

欲令人人樂其生，這就從觀我生到觀人生，從憂慮一己之生到
憂慮世人之生，反過來說，他人的生命之樂，也就是自己生命
之樂。這是思想轉化的內在理路。但我生如此，人生卻如彼，
推究原因，不在於天道，而在於人事。政治、經濟、文化，居
於其中關鍵。日後康有為思想，即以文化為核心，融合政治、
經濟，欲創造一太平盛世。此事豈易為，《周禮》、《王制》、《太
平經國書》、《文獻通考》、《經世文編》、《天下郡國利病書》、《讀
史方輿紀要》等著作，盡在康有為閱讀書目內。光緒5年（1879）
22歲，遊歷香港，光緒7年（1881）24歲，道經上海，見宮室
瑰麗，道路整潔，商業繁盛，始知西方治國法度，於是又大購
西書，大講西學，盡釋故見。（《自編年譜》，頁11，12）此一

經歷，是康有爲走向經世的外在原因。至此，聖賢之學，有一清楚面貌：

> 聖人之言，非必義理之至也，在矯世弊，期於有益而已。
> （《康子內外篇‧勢祖篇》，頁 26）

由程朱而陸王，由憂生而憂世，最後確定聖人之言，非必義理，而在宮室、衣服、禮樂、妻妾、器物。（《康子內外篇‧人我篇》，頁 21）[26]這豈不與漢學家相類？但專就名物考定，康有爲常以破碎稱之，分儒者有三等：八股之文，八韻之詩，竊甲第於鄉，這是曲巷陋儒；於經有訓詁、聲音、名物、義理，於史有掌故、考據、地理、議論，破碎而無統紀，繁巨而不關緊要，這是京邑文儒；通義理之科，講經緯之條，編閱天下之才，老於當世之事，這才是大人魁儒。（《康子內外篇‧覺識篇》，頁 20）曲巷陋儒不計，京邑文儒，所指正是漢學大家。名物考證可爲，前提是在制度下衡量。孔子之道，是在存在感受下，不斷從歷史解釋中逼近，最後形成詮釋者心目中理想的形象：

> 予小子六歲而受經，十二歲而盡讀周世孔氏遺文，乃受經說及宋儒先之言。二十七歲而盡讀漢、魏、六朝、唐、宋、明及國朝人傳注、考據、義理之說，所以考求孔子之道者，既博而勤矣。始循宋人之途轍，炯炯乎自以為得之矣，既悟孔子不如是之拘且隘也。繼遵漢人之門徑，紛紛乎自以為踐之矣，既悟其不如是之碎且亂也，苟止於是乎，孔子其聖而不神矣。…既乃去古學之僞，而求

---

[26] 蕭公權即指出，康有爲並非全然接受陸王心學，因陸王心學過分強調個人道德，忽略社會制度探討，見《康有爲思想研究》（臺北：聯經出版公司，汪榮祖譯，1988 年 5 月），第 3 章，〈儒學新詁〉，頁 39—90，引述見頁 59。

之今文學，…而得《易》之陰陽之變，《春秋》三世之義，
曰：孔子之道大，雖不可盡見，而庶幾窺其藩矣。(《禮
運注·序》，《孟子微／中庸注／禮運注》合刊本，頁 235
─236)

循著宋、唐節節上溯，重探孔學真相，這是幾乎是清代經學共
同路向；但以陰陽解釋宇宙源起，以三世說明世界發展，視爲
孔子之學，則繫乎詮釋者個人學思。所以能如此詮釋，前提須
是被詮釋者有這些特色，《易》與《公羊》確是儒家經典，也確
有這些思想；所以會如此詮釋，在於非如此無法會通詮釋者思
想，面對詮釋者所處的時代。既是：「欲復古制，切于人事，便
于經世，周人六藝之學最美矣。」又是：「但禮爲人用，務從時
王，今學者鑽研禮經，或有深邃，行于今制，則瞠目不知，其
失容多矣。」(《長興學記》，頁 13，12) 從前者論，似是復古，
從後者論，又似反古。執持一端，未能見其全。康有爲以爲經
世之學，務必通變宜民。通變，就不會堅持復古或反古，而是
選擇、解釋古代文化現象，以作爲現在參考。新學僞經、孔子
改制、三世理想，都是在這一思想背景發展而成。而漢學、宋
學，也不再對立，皆出於孔子：

孔子之學，有義理，有經世。宋學本于《論語》，而《小
戴》之〈大學〉、〈中庸〉及《孟子》佐之，朱子為之嫡
嗣。凡宋、明以來之學，皆其所統。宋、元、明及國朝
《學案》，其眾子孫也，多于義理者也。漢學則本于《春
秋》之《公羊》、《穀梁》，而《小戴》之〈王制〉及《荀
子》輔之，而以董仲舒為《公羊》嫡嗣，劉向為《穀梁》
嫡嗣。凡漢學皆其所統，《史記》、《兩漢》君臣政議，其
支派也，近于經世者也。(《長興學記》，頁 16)

康有爲之漢學，與乾嘉之漢學，大異其趣；而無論漢學、宋學，

也都能掌握孔子學術性格的一部分。其後的問題則是義理與制度融合的理論。何止消弭漢、宋學之爭，也消弭中學、西學之異。

　　光緒 17 年（1891）康有爲曾有信予沈曾植（咸豐 1 年—民國 11 年，1851—1922），完整的說明學思變遷之由，首先再度批評乾嘉漢學：

> 今天下博聞強識之士不少，患無知道者，尤患無任道者。惟漢學之破碎，見聞之博雜，有以累其心，風節之披靡，眾口之排擠，有以挫其氣，自非金剛不壞之身，未有不化作繞指柔者。故今之中國，圓顱方趾四萬萬人，於四子書遍域中誦之，而卓然以先聖之道自任，以待後學，不爲毀譽排擠非笑所奪者，未有人焉。此所以學榛塞，風氣披靡也。（〈與沈刑部子培書〉，蔣貴麟編：《萬木草堂遺稿·書牘類上編》，卷 4，頁 264）

康有爲所以一再批評乾嘉漢學，須從其思想脈絡觀察，對訓詁曾有如是意見：「近世聲音訓詁之學，則所謂小言破道，足收小學之益，決不能冒大道之傳，則辨之不足辨也。」對考據則說：「凡義理經世，不關施行，徒辨證者，歸考據類。」（《長興學記》，頁 8，12）孔子之道，不在訓詁與考據，但再詳細考察，訓詁如非小言破道，考據如能關乎經世，康有爲也不至反對。這些均涉及對孔子的認識。孔子之道前述所論陰陽之變、三世之義。其次說明自己求學歷程：

> 僕受質甚熱，得癥點之半。十一齡屬文，讀《會典》、《通鑑》、《明史》。十五後涉說部、兵家書，于時曹不知學，而時有奇特之想。將近冠年，從朱九江先生遊，乃知學術之大，于是約己肄學，始研經窮史，及爲騈散文詞，博採縱涉，漁獵不休，如是者六七年。二十四五乃翻然

於記誦之學，近于謏聞，乃棄小學、考據、詩詞、駢體
不爲。于是內返之躬行心得，外求之經緯世務，研辨宋
元以來諸儒義理之説，及古今掌故得失，以及外夷政事、
學術之異，樂律、天文、算術之瑣，深思造化之故，而
悟天地人物生生之理，及治教之宜，陰闔陽闢，變化錯
綜，獨立遠遊，至乙酉之年而學大定，不復有進矣。(〈與
沈刑部子培書〉,《萬木草堂遺稿·書牘類上編》，卷 4，
頁 265)

從遊朱次琦實是康有爲治學轉捩點，從此始知學。但康有爲云
24、25 歲後，學術大變，身心性命、經世致用、古今掌故、西
方政事、現代科學，都在研治之列，最後發展一神秘不可究詰
的宇宙論。溯其遠源，是從 21 歲辭朱次琦回鄉始。然而博覽縱
觀，並不以學問家自許：

所經之地，所閱之民，窮困顚愚，幾若牛馬，慨然遂有
君師之責，以爲四海窮困，不能復潔己而拱手談性命矣。
(〈與沈刑部子培書〉,《萬木草堂遺稿·書牘類上編》，
卷 4，頁 265)

康有爲常云現身救世，何止以君師自任，直以教主自命。而君
師並列，也可知其治學目的，不同於現代意義的探求眞理，而
是經世濟民：

又愛張江陵之言曰：「吾平生學在師心，不但一時之毀譽
有所不計，雖萬世之是非，有所不計也。」又曰：「余有
一宏願，願以身爲蓐薦，使人寢處其上，溲溺垢穢之，
吾無間焉，期有濟于世而已。」僕竊願有然。自顧其身，
不甚可愛，多生數十年無大補于世，雖德行高妙，著述
繁富，亦覺無謂。(〈與沈刑部子培書〉,《萬木草堂遺稿·
書牘類上編》，卷 4，頁 265)

引述張居正（明世宗嘉靖 4 年—明神宗萬曆 10 年，1525—1582）
之語，極爲感人。康有爲師心自用，頗遭世謗，也與張居正相
類。但康有爲治學目的，也從此處益加清晰。

　　至乙酉年學術大定，乙酉年是光緒 11 年（1885），時年 28
歲。梁啓超轉述康有爲之語：「吾學三十歲已成，此後不復有進，
亦不必求進。」（《清代學術概論・二十六》，頁 76，《中國近三
百年學術史／清代學術概論》合刊本）從康有爲著作成書而論，
《新學僞經考》成於光緒 17 年（1891）34 歲、《孔子改制考》
成於光緒 18 年（1892）35 歲，顯然有一段差距。但從思想型
態而論，大同思想淵源甚早，《禮運注》據康有爲序作於光緒 10
年（1884）時年 27 歲，講述小康大同之義。《大同書》據梁啓
超云早在康有爲隱居西樵山時即已構思，成書之後，秘不示人
（《清代學術概論・二十四》，頁 70，《中國近三百年學術史／
清代學術概論》合刊本），僅梁啓超、陳千秋（同治 8 年—光緒
21 年，1869—1895）得見，康有爲隱居西樵山是在光緒 5 年
（1879），時年 22 歲，陳千秋從學是在光緒 16 年（1890），康
有爲時年 33 歲，《大同書》應成於這一段時間。康門弟子伍莊
（光緒 7 年—民國 48 年，1881—1959）〈諸天講序〉則云：「南
海先生《諸天書》，起草於二十八歲時，作《大同書》之後。」
據此《大同書》作於 28 歲前，《諸天講》作於其後。《實理公法
全書》據康有爲《自編年譜》初步定形於光緒 11 年至 13 年（1885
—1887），時年 28 歲至 30 歲。上述諸書，均有一共同特色，起
草時代較早，成書時代較晚，是以內容時有不合於起草時代，
而致啓人疑竇。但從梁啓超、伍莊等敘述，可以證明康有爲思
想大體成形於 30 歲前，應無疑問。

　　大同世界既是康有爲終極關懷，證成這一世界，即成其學
術目標，《新學僞經考》、《孔子改制考》就是此一進路。

第三章　經典詮釋

從先秦至漢代，《春秋》學或《公羊》學逐漸形成一特定解釋系統。孟子（周烈王 4 年—周赧王 26 年，前 372—前 289）指出《春秋》是天子之事，天子之事的表現在義，而義又足以令亂臣賊子懼。（《孟子》，〈滕文公下〉，〈離婁下〉，焦循〔乾隆 28 年—嘉慶 5 年，1763—1820〕：《孟子正義》，卷 13，頁 452—456，頁 459，卷 16，頁 572—576）降至漢代，《春秋》之「義」逐步擴大，董仲舒云孔子立新王之道（《春秋繁露‧玉杯》，蘇輿：《春秋繁露義證》，卷 1，頁 28），司馬遷（漢景帝中元 5—漢昭帝始元 1 年，前 145—前 86）承之，以爲《春秋》是一王之法。（《史記‧儒林列傳》）王法說發展爲兩種系統：王充（東漢光武帝建武 3 年—東漢和帝永元 3 年，27—91）認爲孔子《春秋》是素王之業，觀《春秋》可以知王意。（《論衡‧超奇》，黃暉：《論衡校釋》，卷 13，頁 609）何休則指實《春秋》託新王受命於魯（《公羊傳解詁‧隱公元年》，卷 1，頁 1）。趙歧（？—東漢獻建安 6 年，？—201）也以爲孔子正王綱。（《孟子‧滕文公下》，焦循：《孟子正義》，卷 13，頁 452）前者是虛說，後者是實指；前者是以作者價值判斷加諸歷史事件與人物，後者是作者建立一王之法要求後世遵守。經典意義漸漸擴大，甚而扭曲。

原來我們一出生於世，傳統即已先於我們存在，所以我們不可能脫離傳統以理解傳統，只能在傳統中理解傳統，但在理解傳統的同時，又會因存在感受調整、修正、補充前此的解釋，從而創造了新的傳統。[1]

---

[1] 相關詮釋學理論，詳見張汝倫：《意義的探究—當代西方釋義

皮錫瑞、廖平、康有爲就在《公羊》學傳統下，重新理解
《公羊傳》。此時詮釋者、詮釋對象與詮釋傳統，密邇相關。詮
釋對象與詮釋傳統予詮釋者給定的觀念，詮釋者又在這給定觀
念下創發新意義。既參與傳統，也創造傳統。《公羊》學的解釋
傳統，又關連經典作者、經典性質才能全盤理解，本章即從詮
釋學進路分析三家對《公羊傳》的解釋。

第一節　皮錫瑞經典詮釋

一、春秋作者

皮錫瑞認爲，不僅是《春秋》，六經皆是孔子所定：

> 《詩》、《書》、《禮》、《樂》、《易》、《春秋》六藝乃孔子
> 所手定，得稱經。(《經學歷史·經學流傳時代》，頁 59)

孔子手定六經，自是有其目的，皮錫瑞以爲治經、讀經即是探
討、體會孔子作經的要旨：

> 讀孔子所作之經，當知孔子作六經之旨。孔子有帝王之
> 德而無帝王之位，晚年知道不行，退而刪定六經，以教
> 萬世。其微言大義實可爲萬世之準則。後之爲人君者，
> 必遵孔子之教，乃足以治一國，所謂「循之則治，違之
> 則亂」。後之爲士大夫者，亦必遵孔子之教，乃足以治一
> 身，所謂「君子修之吉，小人悖之凶」。(《經學歷史·經

學》(臺北：谷風出版社，1988 年 5 月)，第 5 章，〈哲學釋義
學的興起〉，頁 111─161。蘇輿《春秋繁露義證》極爲精博，也
頗能理解《公羊》學傳統，但批判康有爲等《公羊》思想不遺
餘力，正在不能接受《公羊》思想的轉化，而極力追求《公羊》
學本義。

學開闢時代》，頁9）

這裡提出數個概念：一是孔子有帝王之德無帝王之位，此即「素王」問題；二是微言大義的具體內容；三是經學的實際效用。皮錫瑞經學思想的核心，其實正是環繞這些問題展開。惟孔子為素王，其所手定的六經才有政教的意義，如若不然，再有價值的著作，何能作為萬世準則？而孔子為素王，並非孔子自稱，否則即是僭妄，這一名義，是《公羊》學傳統：

> 孔子手定六經，以教後世，非徒欲使後世學者，誦習其義，以治一身；並欲使後世王者，實行其義，以治天下。《春秋》立一王之法，其義尤為顯著，而惟《公羊》知《春秋》是素王改制，為能發明斯義；惟漢人知《春秋》為漢定道，為能實行斯義。（《經學通論・春秋・論春秋為後世立法惟公羊能發明斯義惟漢人能實行斯義》，卷4，頁13—14）

《公羊》學方知素王之義，微言大義與改制有關，經學在漢代曾發生實際的效用。對前述三個問題，有一簡略的說明。重心已漸漸轉移至對《公羊傳》的掌握，惟有在《公羊》學統中，才能見知素王改制此一重要意涵，而這一意涵，又幾乎是孔子作六經的惟一目的。此時已由作者探討，轉向作品分析。經學今古文之爭，會集中在孔子—《春秋》—《公羊》、《左傳》之爭，就是今古文家在其中各有一套解釋系統，而此解釋系統，有相當程度的封閉性，無法相互涵攝。《公》、《左》之爭，相互排斥，根本的關鍵，應在此處。皮錫瑞會在《經學歷史》、《經學通論》中以相當篇幅駁斥《左傳》傳經之謬，殆非無故。皮錫瑞又云：

> 謂《春秋》皆本魯史舊文，則孔子何必作《春秋》？謂《春秋》皆用周時舊法，孔子亦何必作《春秋》？（《經

學通論・春秋・論春秋改制猶今人言變法損益四代孔子
以告顏淵，其作春秋亦即此意》，卷 4，頁 13）
《春秋》既非魯史舊文，也非前代文獻，於是涉及《春秋》性
質。

二、春秋性質

孔子作《春秋》既有特殊意涵，於是對象—《春秋》—性
質究竟何屬，甚爲重要。皮錫瑞引徐彥（？—？）《公羊注疏》
以說明《春秋》性質：

問曰：「若然，《公羊》之義，據百二十國寶書以作《春
秋》，今經僅有五十餘國，通戎夷宿潞之屬，僅有六十，
何言百二十國乎？」答曰：「其初求也，實得百二十國史，
但有極美可以訓世，有極惡可以戒俗者取之，若不可為
法者，皆棄而不錄，是故止得六十國也。」（《經學通論・
春秋・論春秋本魯史舊名墨子云百國春秋即百二十國寶
書》，卷 4，頁 32）

徐彥指出《春秋》對國史有所取捨，不可爲法者皆棄而不錄，
亦即國史是國史，《春秋》是《春秋》，《春秋》是以國史爲史料，
重新編纂而成，性質是可以爲法，目的是訓世戒俗。皮錫瑞即
以此爲根本，論述經、史之別，引劉敞（北宋眞宗天禧 3 年—
北宋神宗熙寧 1 年，1019—1068）之言以爲證：

故《春秋》一也，魯人記之則為史，仲尼修之則為經；
經出於史，而史非經也；史可以為經，而經非史也。（《經
學通論・春秋・論經史分別甚明讀經者不得以史法繩春
秋修史者亦不當以春秋書法為史法》，卷 4，頁 77）

《春秋》是經，魯史是史，分別《春秋》與魯史有異，卻未分
別經與史的不同；孔子是《春秋》由史轉向經的關鍵，也未說

明孔子如何以史爲經。經史之別，皮錫瑞引朱子的分析：

> 《左氏》是史學，《公》、《梁》是經學。史學者記得事卻
> 詳，於道理上便差；經學者於義理上有功，然記事多誤。
> （《經學通論・春秋・論公穀傳義左氏傳事其事亦有不可
> 據者不得以親見國史而盡信之》，卷 4，頁 60）

經學論義，史學記事，此是經史的根本區別，然而無事何能發\=74
義？《公羊傳》雖記事簡略，畢竟仍有記事；事中豈無義可言？
《左傳》記事詳細，仍可見出其是非善惡。皮錫瑞又云：

> 《春秋》重義不重事，治《春秋》者當先求《公》、《穀》
> 之義，而以《左氏》之事證之，乃可互相發明，不致妄
> 生疑難。（《經學通論・春秋・論公穀傳義左氏傳事其事
> 亦有不可據者不得以親見國史而盡信之》，卷 4，頁 60）

以《左傳》之事證《公羊》、《穀梁》之義，無異於以爲《左傳》
只有事，《公》、《穀》只有義，根本就是對《左傳》之義視而不
見，此一態度甚爲偏狹，皮錫瑞自是知之甚明：

> 後之治《左氏》者，能詮釋經義、解說凡例，可附於《春
> 秋》家。若專考長厤、地名、人名、事實，或參以議論
> 者，止可入《左氏》家。以與聖經大義無關，止可謂之
> 史學，不可謂之經學。（《經學通論・春秋・論春秋家左
> 傳家當分為二如劉知幾說》，卷 4，頁 66）

可見皮錫瑞仍承認《左傳》有經義、有凡例，問題是《左傳》
的經義是否即是《春秋》的經義，是否關涉聖經大義，這就涉
及孔子如何將《春秋》從史轉向經：

> 經史體例所以異者，史是據事直書，不立褒貶，是非自
> 見；經是必借褒貶是非，以定制立法，為百王不易之常
> 經。（《經學通論・春秋・論春秋是作不是鈔錄是作經不
> 是作史杜預以為周公作凡例陸淳駁之甚明》，卷 4，頁 2）

> 經史體例，判然不同，經所垂世立教，有一字褒貶之文；
> 史止是據事直書，無特立褒貶之義。(《經學通論·春秋·
> 論春秋是經左氏是史必欲強合為一反致信傳疑經》，卷
> 4，頁 50)

徐彥只是以《春秋》爲訓世戒俗之書；劉敞亦僅略分魯人記之
爲史，仲尼修之爲經；朱子具體說明經講道理，史重記事；皮
錫瑞立基於前人，指出《春秋》除了上述諸種性質外，還有「定
制立法」、「垂世立教」的特殊目標，然而從皮錫瑞所引徐彥、
劉敞、朱子等人的說明，其實甚難導出定制立法、垂世立教這
些意涵。要證明這些意涵，皮錫瑞指出孔子作《春秋》的隱藏
意義及解釋此一意義的方法：

> 《春秋》有大義，有微言。所謂大義者，誅討亂賊以戒
> 後世是也；所謂微言者，改立法制以致太平是也。(《經
> 學通論·春秋·論春秋大義在誅亂討賊微言在改立法制
> 孟子之言與公羊合朱子之注深得孟子之旨》，卷 4，頁 1)

皮錫瑞所以一再指出《春秋》不僅有褒貶，且借著褒貶定制立
法，正在《春秋》有微言大義。但將微言大義等同於立法改制，
詳究其實，無論是孟子抑或朱子，均無類似講法。首開其端者
爲董仲舒：「假其位號以正人倫，因其成敗以明順逆。」(《春秋
繁露義證·俞序》，頁 163) 因其成敗，即就歷史事件加以褒貶；
假其位號，即借此褒貶以定制法，整部《春秋》成爲理想的寄
託：

> 案《史記》以《春秋》別出於後，而解說獨詳，蓋推重
> 孔子作《春秋》之功比刪定諸經為尤大，與孟子稱孔子
> 作《春秋》比禹抑洪水、周公兼夷狄相似。其說《春秋》
> 大義，亦與《孟子》、《公羊》相合，知有據魯、親周、
> 故殷之義，則知《公羊》家三科九旨之說未可非矣。知

　　有繩當世貶損之文，則知《左氏》家經承舊史，史承赴
告之説不足信矣。知有後世知丘罪丘之言，則知後世以
史視《春秋》，謂褒貶而已者，尤大謬矣。(《經學歷史‧
經學開闢時代》，頁 32)[2]

晚清經學今古文之爭，思想脈絡、時代背景才是關鍵。孔子作
《春秋》、改制即變法、爲萬世立制等，皆非前人所到之境。劉
逢祿考證《左傳》眞僞，其中主要論點就是：「左氏僅見夫子之
書及列國之史，公羊聞夫子之義；見夫子之書者盈天下矣，聞
而知之者，孟子而下，其惟董生乎！」(《左氏春秋考證》，卷
2295，頁 5，影印皇清經解春秋類彙編第 2 冊) 皮錫瑞與此有
何不同？[3]其論式經常是經有微言大義，史則據事直書，《公羊》
可推知微言大義，《左傳》則否，所以《公羊》是經，《左傳》
是史，《左傳》絕不解經，凡以《左傳》解經者，皆亂於晉‧杜
預 (魏文帝黃初 3 年—晉武帝太康 5 年，222—284)。論《左氏》
本經傳別行，中經劉歆 (？—王莽地皇 4 年，？—23) 竄亂，
杜預別解，不同先儒等，都是爲了證明《公羊》爲惟一傳《春
秋》者：

---

[2] 這與《經學通論‧春秋‧論春秋改制猶今人言變法損益四代
孔子以告顏淵其作春秋亦即此意》(臺北：臺灣商務印書館，1989
年 10 月臺 5 版)，卷 4，頁 12，所論幾乎完全相同。董仲舒、
司馬遷一系的解《春秋》傳統，爲皮錫瑞深入運用。
[3] 許冠三指出劉逢祿用來否定各項相反資料之證據有二：一是
他處的供證，一是各學派的義理，見《史學與史學方法》(臺北：
萬年青書店，未標出版年月)，第 13 章，〈文獻考證實例的分析〉，
頁 263—284，論點見頁 275。而他處供證，仍是在學派義理下
解釋，所以考證之時，義理仍居重要地位。

> 綜而論之,《春秋》有大義,有微言,大義在誅亂臣賊子,
> 微言在爲後王立法。惟《公羊》兼傳大義微言,《穀梁》
> 不傳微言,但傳大義,《左氏》並不傳義,特以記事詳贍,
> 有可證《春秋》之義者,故三傳並行不廢。特爲斟酌分
> 別,學者可審所擇從矣。(《經學通論‧春秋‧論穀梁廢
> 興及三傳分別》,卷 4,頁 19)

如此,孔子—《春秋》—《公羊》成爲正統傳承,凡是要了解
孔子之學者,只有從這一譜系著手,具體著手處則是從《公羊》
逆溯,此時《公羊》居於核心地位。可是從《公羊傳》本身,
甚難導出皮錫瑞等人所稱之微言大義,且其微言大義究竟爲何,
也有待發掘。如何閱讀《公羊》,是此一階段的課題。此時已由
作品的分析轉向讀者的閱讀策略。

三、借事明義

　　閱讀策略就表現在對經典的解釋上,前已言之,孔子素王、
定制立法、三世理想等,具屬於微言大義的範疇,但從《公羊
傳》本身,卻無法直接讀出這些觀念,皮錫瑞提出「借事明義」
這一方法解讀《公羊傳》:

> 所謂見之行事,謂託二百四十二年行事,以明褒貶之義
> 也。孔子知道不行而作《春秋》,斟酌損益,立一王之法,
> 以待後世,然不能實指其用法之處,則其意不可見,即
> 專著一書,說明立法之意如何,變法之意如何,仍是託
> 之空言,不如見之行事,使人易曉。…故不得不借當時
> 之事,以明褒貶之義,即褒貶之義,以爲後來之法。(《經
> 學通論‧春秋‧論春秋借事明義之旨止是借當時之事作
> 一樣子其事之合與不合備與不備本所不計》,卷 4,頁 21)

原來「借事明義」,並非探究歷史事件的意義,以達到一切歷史

都是思想史目標[4]，而是借著褒貶歷史事件及人物，說明《公羊》
作者所寄寓的理想。如是，褒貶的方式應很明確，事件的記載
應很詳實，理想的導出應與褒貶、事件有邏輯上必然關係。可
是《公羊》褒貶的主要方式—時月日例—向來即引起甚多爭議；
而《公羊》記事簡略，即使皮錫瑞亦不諱言；至於理想導出前
二者的關係，皮錫瑞卻說：「止是借當時之事作一樣子，其事之
合與不合，備與不備，本所不計。」

　　在此情境下，詮釋者（讀者）的想像，就會在解釋過程中，
發揮極大的作用，如若推論極致，或可演變爲專憑己意以釋《公
羊》。這一流弊，皮錫瑞並非一無所知，是以《公羊》學的解釋，
最重要的根據是《公羊傳》。

　　如《公羊傳・隱公元年》：「經：元年春王正月。傳：公何
以不言即位？成公意也。何成乎公之意？公將平國而反之桓。」
（《公羊傳解詁》，卷 1，頁 1—2）皮錫瑞釋之云：

> 魯隱公非真能讓國也，《春秋》借隱公之事，以明讓國之
> 義。謂隱公非真能讓國者，周公攝政七年，成王長而公
> 歸政，隱公攝政十一年，桓公長而隱歸政，猶爲冕裘將

---

[4] 柯靈烏（R.C.Collingwood）將歷史事件分爲內部與外部，事
件外部是指能以物體及運動描述的部分；內部是只能依思想描
述的部分。史家所關心的則是行爲—內部與外部的統一體，歷
史研究即設身處於該項事件中，以理解當事者思想，史家努力
尋求這些思想過程，所以整個歷史就是思想史。見《歷史的理
念》（臺北：桂冠圖書公司，陳明福譯，1987 年 10 月），第 5
卷，第 1 章，〈人性與人的歷史〉，頁 275—307，引述見頁 285
—287。借事明義之「義」，固可以思想釋之，但與柯靈烏所云
歷史即思想史，顯然有異。

　　　　老之語，遲迴不決，以及於禍，是豈真能讓國者乎？《春
　　　　秋》善善從長，成人之美，隱公自以爲讓，《春秋》亦即
　　　　許之爲讓，不書即位，以成公意，而借以明讓國之義。(《春
　　　　秋講義》，卷上，頁1)

推論魯隱公無讓國之意，是誅心之論；但根據傳文，確有讓國
之行；於是即以此作爲隱公心意與行爲俱爲讓國之證。亦即借
其事以明讓國之義，足爲後世法。

　　《公羊傳·僖公二十二年》：「經：冬，十又一月，己巳朔，
宋公及楚人戰于泓，宋師敗績。傳：偏戰者日爾，此其言朔何？
《春秋》辭繁而不殺者，正也。何正爾？宋公與楚人期戰于泓
之陽，楚人濟泓而來，有司復曰：『請迨其未畢濟而擊之。』宋
公曰：『不可。吾聞之也，君子不厄人，吾雖喪國之餘，寡人不
忍行也。』既濟，未畢陳，有司復曰：『請迨其未畢陳而擊之。』
宋公曰：『不可。吾聞之也，君子不鼓不成列。』已陳，然後襄
公鼓之，宋師大敗。故君子大其不鼓不成列，臨大事而不忘大
禮，有君而無臣，以爲雖文王之戰，亦不過是也。」(《公羊傳
解詁》，卷12，頁1—2)批評宋襄公不識大道。皮錫瑞云：

　　　　宋襄獨循古禮，宜世共迂之矣。《春秋》有撥亂之義，爭
　　　　戰乃亂之尤者，《公羊》能傳大義，云疾始滅、疾火攻，
　　　　深得聖人重民命、傷戰禍之心，以宋襄爲文王之戰，亦
　　　　得《春秋》借事明義之旨。(《春秋講義》，卷上，頁2)

以戰論戰，子魚的批評無疑正確：「君未知戰。勍敵之人，隘而
不列，天贊我也，阻而鼓之，不亦可乎？猶有懼焉。且今之勍
者，皆吾敵也。雖及胡老，獲則取之，何有於二毛？明恥教戰，
求殺敵也。傷未及死，如何勿重？若愛重傷，則如勿傷，愛其
二毛，則如服焉。」(《左傳正義》，卷15，頁4)《穀梁傳》則
云：「倍則攻，敵則戰，少則守。人之所以爲人者，言也；人而

不能言，何以爲人？言之所以爲言也，信也；言而不信，何以爲言？信之所以爲信者，道也；信而不道，何以爲道？道之貴者時，其行勢也。」（唐・楊士勛〔？—？〕：《穀梁傳注疏》，卷 9，頁 5）《左傳》借子魚評宋襄公不知戰，《穀梁傳》譏其昧於勢。皮錫瑞其實並未直接稱美宋襄公，而是說《公羊》稱美宋襄公，是借宋、楚爭戰，以明聖人心志。亦即未就此事得失立論，而是在說明《公羊》所以如此之故。

　　《公羊傳・桓公十一年》：「經：九月，宋人執鄭祭仲。傳：祭仲者何？鄭相也。何以不名？賢也。何賢乎祭仲？以爲知權也。…莊公死已葬，祭仲將往省于留，塗出于宋，宋人執之，謂之曰：『爲我出忽立突。』祭仲不從其言，則君必死，國必亡；從其言，則君可以生易死，國可以存易亡。…古人之有權者，祭仲之權是也。」（《公羊傳解詁》，卷 5，頁 5）此事爭議極大，《穀梁傳》：「經：突歸于鄭。傳：曰突，賤之也；曰歸，易辭也。祭仲易其事，權在祭仲也。死君難，臣道也。今立惡而黜正，惡祭仲也。」（《穀梁傳注疏》，卷 4，頁 5）范寧（東晉成帝咸康 5 年—東晉安帝隆安 5 年，339—401）甚至說：「以廢君爲行權，是神器可得而窺也。」（《穀梁傳注疏・序》，頁 8）祭仲究竟是行權抑或專權，是《公羊》、《穀梁》爭論焦點。皮錫瑞調和二者：

> 仲爲宋執，事由脅迫，非有窺神器之心；出忽立突，皆先君之子，亦無窺神器之事。論者責仲，以其欠一死耳。
> （《春秋講義》，卷上，頁 2—3）

這一分析，固見精采，但忽嫡而突庶，且忽已先就君位，「皆先君之子，無窺神器之事」，並不能成立，果如此論，後世兄弟爭位，亦皆先君之子，於是不能論定是非。「事由脅迫」可以成立，但正如《穀梁傳》所說，「死君難，臣道也」，祭仲不能死君難，

見譏後世，良有以也。然《公羊》所論極佳，與其君死國亡，未若忍辱負重，以圖將來。皮錫瑞接著分析：

> 身死而君死國亡，其禍重；身不死而君出國存，其禍輕。避重就輕，此之謂權。《公羊》以反經合道為權，謂與常經相反，而與大道相合。祭仲未必真知此義，而其事有近合乎權者，故《春秋》借以為法。(《春秋講義》，卷上，頁 3)

反經合道，祭仲外在行為，似乎無可非議，而其內在情志，則不得而知。皮錫瑞不觸及論志原心的困境，甚而說祭仲未必知經權之義，但此事近乎行權，所以《公羊》借以明義。

《公羊傳・莊公四年》：「經：紀侯大去其國。傳：大去者何？滅也。曷為不言齊滅之？為襄公諱也。《春秋》為賢者諱，何賢乎襄公？復讎也。何讎爾？遠祖也，哀公亨乎周，紀侯譖之，以襄公之為於此焉者，事祖禰之心盡矣。」(《公羊傳解詁》，卷 6，頁 6)董仲舒以為賢紀侯：「率一國之眾，以衛九世之主，襄公逐之不去，求之弗予，上下同心而俱死之，故謂之大去。」(《春秋繁露義證・玉英》，頁 84)與《公羊傳》賢齊襄公有異。據《史記・齊世家》齊哀公為紀侯所譖，傳至齊襄公時，已歷九世，且齊哀公荒淫怠慢，自有取禍之道。齊襄公借復讎為名，滅人國家，佔人土地。厲鶚(康熙 31 年─乾隆 17 年，1692─1752)〈齊襄公復九世讎議〉就說紀、齊同姓且同盟：「滅同姓，無親也；滅同盟，無信也。襄公獸行，而賢其復九世之讎，此《公羊》之俗說也。」(陳立：《公羊義疏》引，卷 18，頁 458)針對此議，陳立譏厲鶚不知《春秋》：「《春秋》為張義之書，非紀事之書，齊襄利紀土地，自不言言，《春秋》因其託名復讎，即以復讎予之，予復讎非予齊襄也。明父祖之讎，不可一日忘。」(《公羊義疏》，卷 18，頁 458)皮錫瑞意同陳立：

故《春秋》借其事以明復讎之義，與復讎非深與齊襄也。
（《春秋講義》，卷上，頁3）

陳立、皮錫瑞皆直指齊襄公自是為利，但既託名為復讎，就順勢而為，借此事以明復讎大義。就此四例分析，約有三種情形：宋襄公行仁義之師，其心志確有此義；魯隱公讓國、祭仲行權，心志如何，不可確知；齊襄公借讎復以取利，眾口一詞。若舍心志不論，外在名義，均有可取。借事明義，事，仍受真實歷史規範，既不能無中生有，也不能與史實不合。只是事件內部的實情，不在討論的範圍，事件外在的意義，才是注目的對象。

其次，這些意義均須明見於《公羊傳》，即使《公羊傳》所無，也須在董仲舒《春秋繁露》及何休《春秋公羊傳解詁》尋得。[5]以「三統說」為例，《公羊傳》並無明文說明此一觀念，而是在董仲舒《春秋繁露‧三代改制質文》中得見：「故《春秋》應天作新王之事，時正黑統。王魯，尚黑，絀夏，親周，故宋。」（《春秋繁露義證》，頁 187—189）何休《公羊傳解詁》中有所發揮：「王者受命，必徙居處，改正朔，易服色，殊徽號，變犧牲，異器械，明受之於天，不受之於人。」（《公羊傳解詁‧隱公元年》，卷 1，頁 1）依董仲舒意，三統說是對前朝的尊重，存前王的後人，以祭祀其先祖；何休則統合董仲舒之說，以為政權更迭之際，亦即文化制度變易之時，此中所隱含的深意是政治是以文化制度核心。但不論董、何所論如何精采，三統說

---

[5] 清代《公羊》學，卻是逆推而得：劉逢祿作《春秋公羊何氏釋例》、《公羊春秋何氏解詁箋》，集中在對何休《公羊》學的研究；魏源《董子春秋發微》、康有為《春秋董氏學》始探討董仲舒《公羊》學；至於蘇輿《春秋繁露義證》則是反對康有為一系的作品。

並不見於《公羊傳》原文，皮錫瑞對此云：

> 《公羊傳》雖無明文，董子與胡毋生同時，其著書在《公羊》初著竹帛之時，必是先師口傳大義。(《經學通論·春秋·論存三統明見董子書並不始於何休據其說古時二帝三王本無一定》，卷4，頁8)

《公羊傳》雖無明文，董仲舒、何休卻能得知，關鍵在「口傳大義」，以這一套系統，保證解釋的合理。口傳大義原本在說明董、何如何得知《公羊傳》未有明文的理論，然而也可用來說明後人何以得知董、何未知的《公羊》學理論，以孔子改制為例，董仲舒《春秋繁露·符瑞》：「有非力之所能致而自至者，西狩獲麟是也，然後託乎《春秋》正不正之間，而明改制之義。」(《春秋繁露義證》，頁 157) 只言改制，而未明言為漢立制，為漢立制出於《春秋緯·演孔圖》：「丘攬史記，援引古圖，推集天變，為漢帝制法，陳敘圖錄。」(《公羊注疏·隱公元年》，卷 1，頁 6；安居香山、中村璋八：《緯書集成·春秋編·演孔圖》，冊中，頁 579)，何休引之以為根據：「孔子仰推天命，俯察時變，卻觀未來，豫解無窮，知漢當繼大亂之后，故作撥亂之法以授之。」(《公羊傳解詁·哀公十四年》，卷 28，頁 6；《公羊傳注疏·哀公十四年》，卷 28，頁 14) 基本上，這已超出了董、何本身所知的範圍，但皮錫瑞卻引王充之言，以為「孔子為漢制文，傳在漢也」，並進而說：

> 不知《春秋》為後王立法，雖不專為漢，而漢繼周後，即謂為漢制法，有何不可。(經學通論·春秋·論春秋素王不必說是孔子素王春秋為後王立法即云為漢制法亦無不可》，卷4，頁11)

口傳大義的缺口一開，任何理論均可假借此一觀念進入《公羊》學的世界，宣稱這是前人不得之秘，並認為是合理的過程。借

事所明之義，本即與讀者存在感受、解釋路向有密切關連，口傳大義又保證特殊解釋的合理，形成《公羊》詮釋學對讀者開放現象。因而整部《公羊傳》均充滿各種意義：

> 蓋惟取其事之足以明義者，筆之於書，以為後世立法，其餘皆削去不錄。 或事見於前者，即不錄於後；或事見於此者，即不錄於彼。故一年之中，寥寥數事，或大事而不載，或細事而詳書，學者多以為疑，但知借事明義之旨，斯可以無疑矣。(《經學通論·春秋·論春秋借事明義之旨止是借當時之事做一樣子其事之合與不合備與不備本所不計》，卷4，頁22)

借事明義與口傳大義結合，並由此尋得《公羊》學最重要的微言大義，皮錫瑞詮釋進路從作者意圖轉向作品分析，再從作品分析轉向讀者解釋，最終即以讀者解釋為依歸；反之，正因以讀者解釋為依歸，所以對《春秋》的性質有一特殊認定，並以為孔子作《春秋》有其隱藏意涵，而惟有《公羊》能傳孔子微言大義。至此形成一循環過程，而讀者居於其中關鍵，《公羊傳》成為讀者可參與甚深的經典。《公羊》學本即恢怪，發展至晚清，更呈現特殊風貌，與其詮釋進路實大有關係。

第二節　廖平經典詮釋

一、春秋作者

廖平以為孔子作六經，推論其故，廖平實有一深刻的文化憂慮：

> 舊以為古史芻狗陳跡，不待西人廢，中國自己先廢，不知經侯聖之義所致也，孔子立新經為帝王師，俗儒多駁，證西事尤明確。…(《公羊補證·隱公十一年》，卷1，頁71)

以經爲古史，古史又爲陳跡，陳跡可廢，古史自亦可廢，由此
推論，最終廢及經典，至此爲廖平所不能忍受，亦即在中西文
化交會的時代，廖平心力所在並不是國富民強，經濟、軍事，
其所不論，「投戈講藝，偃武修文」、「別尊卑，講禮讓」（《擬大
統春秋條例·嚴討賊亂》，頁 8—9）方是其思想重心，於是可知，
所憂懼者在文化喪失憑依：

> 西人喜言進步改良，中士習聞其論，廢經之説，遂遍中
> 土。五六千年前史事陳跡，萬不可行于今日，推之海外，
> 雖下秦始焚書之令，偶語《詩》、《書》之禁，亦不為過。
> 惟廢經之後，中士何所依歸，將來大一統，政教何所憑
> 藉，實無術以善其後。（《公羊補證·隱公二年》，卷 1，
> 頁 13）

比廢經爲秦始皇焚書，可見其對廢經說的深惡痛絕，其因在於
一旦廢經，中國知識分子固無所依歸，世界「大一統」後，政
教也無所憑藉。是以經典對廖平而言，絕非是案頭用資考證的
文獻，摩挲其中，與個人生命、社會結構無關。而是國家的文
化根據，生命的深化、民族的理想，俱可在其中獲得根源，廢
經，意味著此一根源中斷，個人生命、民族文化俱爲之枯涸。
避免此一結果，並尋求轉機，是廖平《公羊》學的根本目的，
重新解釋孔學，則是其方式。孔子創作六經自是個中關鍵：

> 六經，孔子一人之書。…《易》與《春秋》，則如二公也，
> 《詩》、《書》、《禮》、《樂》則如四輔條例也。（《公羊補
> 證·定公十年》，卷 10，頁 29）

二公指齊桓公、晉文公（《左傳·昭公四年》，卷 42，頁 28），
四輔指太傅、少傅、師氏、保氏，輔佐世子（孫希旦〔乾隆 1
年—乾隆 49 年，1736—1784〕：《禮記集解·文王世子》，卷 20，
頁 563—564），將六經比擬爲二公四輔，文化指導政治的結構

已呼之欲出，廖平一生治學多變，但此一理念自始至終則未變。
至於六經的性質，可分為兩大類：

> 六經分兩大例，一述往，一知來。故知來之經，以新字
> 為標目，既曰新，則不可以舊說之。（《公羊補證・宣公
> 十六年》，卷 6，頁 31）

廖平並未再細析述往與知來的具體區別，但新與舊，在此已很
明顯的有高下之別，因此其所重者，自是知來。後又在述往與
知來的基礎上，分經學為三派：

> 述古派…以《春秋》為堯舜之道，樂道堯舜之事，故演
> 之于《春秋》。…古文派以周公為先聖，儕孔子于許鄭，
> 諸經傳記，皆以為出于文周，本乎國史，於是經變為史，
> 群以樂道堯舜為真孔子矣。…知來派，謂後聖法堯舜而
> 王者，放諸三王而不謬，百世以俟聖人而不惑。（《公羊
> 補證・哀公十四年》，卷 11，頁 26—27）

述古派與古文派即上述的述往派，兩者的區別僅在於述古派將
堯舜之事記載於《春秋》，古文派則是樂道此堯舜之事。根據廖
平此一分析，述往派（含述古與古文）所重者只是文獻的記載
與誦讀，是對古代文化的欣悅與嚮往。無論如何，古代即使再
美好，也不可能重現於今日，此其一；且今古異時，古代的制
度禮儀，也未必全適用於今日，此其二。記載文獻，誦讀往史，
讀者雖有精神的愉悅，但終究是往事，無補於今日，此所以廖
平以古史為陳跡之故。求新之道，則在以另一種路向，解讀經
學，此即知來派：

> 其（案：指孔子）奉天之學，則治歷明時，創為月令、
> 明堂之法，典章制度，立官發令，飲食衣服，各法天行，
> 隨時更易，趨步法象。（《公羊補證・成公七年》，卷 7，
> 頁 12）

孔子漸被神化，但孔學內容卻甚為明確，一在於典章制度，二
在於禮儀教化；孔學性質則是趨步法象，隨時更易。「隨時更易」
是《公羊》解釋學關鍵，往古制度可斟酌損益，納入《公羊》
學體系，古史不再是陳跡，可供我們採擷運用，廖平其實是以
「受用」的理念，解釋《公羊》學。如此固然解消了述往派所
面臨的困境，但也易造成經學解釋的「任意性」，廖平經學是可
當之波瀾壯闊而無愧，但也不免荒誕不經之譏，推究原因，與
這一觀念有莫大關係。標舉孔子、推重六經，是為了文化發展，
寄希望於未來。六經之中，廖平致力於《春秋》，《春秋》的性
質及與諸經典的關連，正待探討。

二、春秋性質

　　陳澧以為：「夫《春秋》所重者，固在其義，然聖人所謂竊
取之者，後儒豈易窺測之？與其以意窺測，而未必得，孰若即
其文其事，考據詳博之有功於經乎？」（《東塾讀書記‧春秋三
傳》，卷 10，頁 161）陳澧所云固是正論，但可討論者，亦復不
少：大義難測，即置而不論，未免買櫝還珠；考據詳博，誠有
功於經學，而有功經學，則不止考據詳博一途。廖平治《公羊》
則異於是：

> 舊說以《左氏》詳于事，《公》、《穀》惟詳義例，事實在
> 其所輕。不知本傳記事，多詳詳于《左傳》，至于事實，
> 非弟子問，則師不詳答耳。（《公羊補證‧僖公元年》，卷
> 4，頁 5）
> 先師所見事實甚備，不僅《左氏》所言而已。（《公羊補
> 證‧僖公二年》，卷 4，頁 7）
> 舊傳《春秋》皆詳事實，《古文春秋》、《國語》皆先師事
> 實傳，師之所懷，因弟子問乃詳之，不問則不言，不言

遂無事實。(《公羊補證·僖公四年》，卷 4，頁 13)
廖平認爲《公羊》記事詳於《左傳》者有三事：僖公元年，公
子友帥師敗莒師于黎，獲莒挐；僖公二年，虞師晉師滅夏陽；
僖公四年，齊人執陳袁濤塗。案此三事記載，不論文辭抑或內
容，《公羊》確勝過《左傳》，但也僅有寥寥數事，廖平以此作
爲《公羊》載事不遜《左傳》，不免以偏概全。而其重點可能不
在是，弟子發問，師乃詳答，不問則不答，說明研讀《公羊》
的特殊形式，而《公羊傳》本身，確實也是以此方式展開。但
在師生問答之際，所傳達者，自不限於事，義也在其中，所以
廖平又云：「不言事，何可以說《春秋》也。」(《公羊補證·成
公六年》，卷 7，頁 9)正因義在事中顯現，不能離事言義，所
以廖平方有此言，否則與其所批判的往史陳跡，又有何異？問
題在於師弟問答這一形式，只能存在《公羊傳》形成時期[6]，降
及後代演變爲讀者與經典的對話，且事實已無法補充，所存者
惟有意義，在對話中發覺、討論、表出。因此讀者存在感受愈
是深廣，其問題意識也愈是豐富，從而所獲致的答案也愈有獨
具的特色。

是以廖平將春秋諸國比擬爲其時世界列強；並且以文、質
分屬中國、西方；而其目的則是在這一比擬分屬的狀況下，尋
求中國未來發展方向：

> 春秋二伯，北見齊、晉，南見楚、吳。齊如英，晉如美，
> 俄如秦，德如楚，法如吳。(《公羊補證·宣公九年》，卷
> 6，頁 14)

---

[6] 《春秋》三傳的成形，見李師威熊：《中國經學發展史論（上）》
（臺北：文史哲出版社，1988 年 12 月），第 3 章，〈戰國時代
的經學蠡測〉，頁 95—114，論點見頁 99—101。

春秋時代的霸業，顧棟高（康熙 18 年—乾隆 24 年，1679—1759）
曾有精要的敘述：「春秋二百四十二年，時勢凡三大變。隱、桓、
莊、閔之世，伯事未興，諸侯無統，會盟不信，征伐屢興，戎、
狄、荊楚交熾，賴齊桓出而後定，此世道之一變也。僖、文、
宣、成之世，齊伯息而宋不競，荊楚復熾，賴晉文出而復定，
襄、靈、成、景嗣其成業，與楚迭勝迭負，此世道之又一變也。
襄、昭、定、哀之世，晉悼再伯，幾軼桓、文，然實開大夫執
政之漸，嗣後晉六卿、齊陳氏、魯三家、宋華向、衛孫甯交政，
中國政出大夫，而春秋遂爲戰國矣。」（《春秋大事表・讀春秋
偶筆》，頁 32—33）[7]中原諸國在對外抗衡楚國之時，內部也開
啓政出大夫的格局，陵夷至於戰國。此一歷史過程，周天子日
益衰微。廖平從中所感受者，正在於中國面臨被瓜分的危機：

> 桓伯以中國馭南北，晉如俄，楚如南州新國，南北爭長，
> 則瓜分中州，故鄭、陳、蔡、衛，向背不一。（《公羊補
> 證・宣公十年》，卷 6，頁 15）

之前以晉爲美，楚爲德；此則以晉爲俄，楚爲南州新國；由是
可知春秋諸侯與列強的對應，在廖平思想中，前後並不一致，
重點並不在一一符合，而在根據這一架構，檢視中國與世界諸
國的關係，從而有一新的思考路向[8]，廖平即曾言：

---

[7] 顧棟高以爲春秋時代大患在楚，實有一「中原中心觀」主導，
視中原以外國家爲異族。這一觀點影響及於呂思勉：《先秦史》
（臺北：臺灣開明書店，1961 年 3 月），第 9 章，〈春秋戰國事
跡〉，頁 150—243；童書業：《春秋史》（臺北：臺灣開明書店，
1969 年 9 月），第 7 章，〈齊桓公的霸業〉，頁 147—165，對齊
桓公的評論。

[8] 以春秋戰國比喻列強環伺，是其時知識分子普遍的觀念，不

春秋盟辭，即今之公法條約。(《公羊補證‧宣公六年》，
卷 6，頁 18)

《公羊傳‧隱公元年》:「經:三月，公及邾婁儀父盟於昧。」
何休云:「盟者，殺牲歃血，詛命相誓以盟約束也。」(《公羊傳
解詁》，卷 1，頁 3—4) 這固可視爲兩國之間的約定，類似今日
的條約。但據《左傳‧成公十六年》:「冬十月，出叔孫僑如而
盟之，僑如奔齊。」杜預注:「諸大夫共盟，以僑如爲戒。」(《左
傳正義》，卷 28，頁 18) 盟辭見《左傳‧襄公二十三年》:「毋
或如叔孫僑如欲廢國常，蕩覆公室。」(《左傳正義》，卷 35，
頁 19) 正如杜注，告諸大夫以叔孫僑如爲戒。楊伯峻(1909〔宣
統 1 年〕—1992) 云:「可見古代于所謂惡臣，有陳其罪惡以盟
諸大夫之事。」(《春秋左傳注‧成公十六年》，頁 894) 此時盟
辭，並非兩國之間約定，而是告誡諸大夫之辭。盟辭與公法條
約，不完全相等，但這就是理解公法條約的路徑。
並將中國、西方作一文化的對比:

文爲中國，質爲海外，文詳道德，質詳富強。二者偏勝
爲弊，必交易互易，然後君子見在時局，《公羊》大一統
之先兆也。(《公羊補證‧成公九年》，卷 7，頁 16)

文質代變之說，初不見於《公羊傳》，始於董仲舒:「故王者有
改制之名，無變道之實。然夏尙忠，殷上敬，周上文者，所繼
之捄，當用此也。」推考董仲舒之意，道不變，但道的表現方
式可以改變，是以董仲舒又云:「臣聞夫樂而不亂，復而不厭者，
謂之道。道者，萬世無弊，弊者道之失也。」亦即忠、敬、文，
均是道的外顯，道本身沒有缺失，道的外顯則會因時世推移而

止廖平爲然，參考王爾敏:〈晚清外交思想之形成〉，《晚清政治
思想史論》(臺北:華世出版社，1980 年 11 月)，頁 182—219。

有流弊：「先王之道，必有偏而不起之處，故政有眊而不行，舉
其偏者以補其弊而已矣。」針對不同時代，救缺補弊，並非道
有所不同，道仍是一貫不變：「三王之道，所祖不同，非其相反，
將以捄溢扶衰，所遭之變然也。」（均見《漢書・董仲舒傳》）[9]
《公羊》家即在此一觀念下，探討變革的思想。〈對策〉是以夏
忠、殷敬、周文分屬三代，兩兩相配，並無困難；〈三代改制質
文〉則以文質分屬三代，分配不等，董仲舒的方式是：「一商一
夏，一質一文」，再加上天地：「商質者主天，夏文者主地」，交
互配合如下：

董仲舒文質分配表

天地	質文	文化現象	配屬帝王
天	質—商	親親多仁樸	舜
地	文—夏	尊尊多義節	禹
天	質	親親多質愛	湯
地	文	尊尊多禮文	文王

天地之道，一文一質，實即文化內容是以文質交互構成，朝代
僅是文質的象徵，周代既屬文，商代即應屬質，夏代則屬文，
夏代之前，根據此一規定，顯然屬質，質的外現朝代是商，所
以商會列在夏代之前，而舜時代在夏前，也配屬商。名爲「四
法」，實爲文質「二法」，每一法均有其繼承、禮樂、服制、祭
祀等制度（《春秋繁露義證・三代改制質文》，頁 204—212）。

---

[9] 龔師鵬程以文化風俗解釋文質，指出董仲舒認爲天道人道只
有一個，但在不同時代卻有不同的重點或表現，而補偏救弊，
是爲了移風易俗，見《飲食男女生活美學》（臺北：立緒文化公
司，1998 年 9 月），第 3 章，〈風俗美的探討〉，頁 67—92，引
述見頁 71。

歷史就在這一形式下由夏、商、周進展至春秋，因此春秋在理論上是最美好的時代。[10]何休屢言：「春秋變周之文，從殷之質。」（見《公羊傳解詁‧隱公七年》，卷3，頁6；《公羊傳解詁‧隱公十一年》，卷3，頁12）並說明變周之文，從殷之質的理論基礎：「王者起所以必改質文者，爲承衰亂，救人之失也。」（《公羊傳解詁‧桓公十一年》，卷5，頁7）「救人之失」與董仲舒「捄溢扶衰」如出一轍，均是針對文化的偏弊而提出的改正之道。劉逢祿更有精闢的分析：「王者必通三統而治，道乃無偏而不舉之處。」（《公羊何氏釋例‧通三統例第二》，卷1280，頁8，影印皇清經解春秋類彙編第2冊）三統是道的表現，所以必貫通三統，道方無偏失，這是《公羊》家面臨變革時的基本精神。廖平即根據此精神，重新訂定文質關係：

> 舊說以杞宋託文質，不知中國文家，泰西質家，所有儀制全反，然因革損益，皆在《春秋》以外，《春秋》所記，綱常不可變更者也。（《公羊補證‧襄公六年》，卷8，頁12）

綱常即是道，道自是不可變更，此是「《春秋》所記」；道的表現方式是文質，文爲中國，質爲西方，文質不但可以互補，且更可以相互學習，所學習者已超越傳統文質交替模式，所以是「《春秋》以外」：

> 中外交通、言語、飲食、衣服、器械、宮室，各有利益。（《公羊補證‧襄公三十一年》，卷8，頁75）

---

[10] 根據文質代變的理論，時愈近而愈治，「三世說」以昭、定、哀爲太平世，其理在此。但事實卻不然，所以《公羊》家多以寄託的方式解經，惟有此一方法，方能解消理論與史實無法符合的困難。

從而將原本縱向繼承的關係，一變而爲橫向對比的關係：

> 中國今日騖于文，文勝質則史；泰西主于，質勝文則野。
> 史與野互相師法，數十百年後，乃有彬彬之盛。(《公羊
> 補證・襄公二年》，卷8，頁3)

文質觀念，是廖平理解中西文化何以有所差異的途徑，西方「好兵尙武」，是「質勝文」；中國「惰懦」是文勝質(《公羊補證・襄公三年》，卷 8，頁 6)；也是學習西方文化的理論根據，「富強之學，中不如外」，因此「禮失求野，所當求益」(《公羊補證・成公九年》，卷7，頁 18)，中國與西方，並非對立的文化體系，而是道的不同表現，如此可弭平中西文化對立的格局。廖平以爲綱常不可變，但又以爲中、西可相互師法，兩者並不衝突，且將理想寄望於未來，在後人覺其恢怪，在廖平不以爲異者，根本原因，即在《公羊》家這一變革的思想。[11]

而《春秋》所以具有此一功能，關鍵在其隱藏的含意：

> 《春秋》非史，傳非史論，自師法絕，晚近以史讀經，
> 不知史一朝往事，經乃俟後典章，史無論中外文野，少
> 知文字者即能作，經則惟孔子一人。舊以《春秋》爲史
> 筆，《左氏》爲史官，據事直書爲絕詣，是依口代筆獄吏，
> 與感麟而作聖經無優劣矣。蓋傳皆經說，自經傳出，古
> 史遂絕，所傳古史子書，皆經支流。(《公羊補證・定公
> 十三年》，卷 10，頁 32)

經史之別，在於經是「俟後典章」，史是「一朝往事」；經的作者惟有孔子，史則少知文字者皆能作；古史是經傳的補充。詳究其實，廖平之意是《春秋》要在以俟後世，歷史不過是經學

---

[11] 至於變革幅度廣狹，則視對「道」的認定而定，認定愈寬泛，變革的幅度愈大，反之則較小。

家思想的根據。記事於此並不重要，甚至是被貶抑，但是廖平
嘗言「不言事，何可以說《春秋》」，因此「事」與「義」並不
能判然二途，而是事中求義，義在事中：

> 經與史不同，史以記事，經以立義，孟子引孔子說，事
> 則桓文，義則竊取，是經必異史，乃足以見筆削褒貶。
> 後儒不明此義，專以史該經，以據事直書為止境，依口
> 代筆為聖作，創為舍傳從經，故有二傳束高閣，獨抱一
> 經之瞽說。（《公羊補證・昭公十九年》，卷 9，頁 36）

廖平所抨擊者，嚴格而言，並不是記事，更不是以此為基礎的
史學，而是以史視經，探討其記事、考證其典制，完全忽略經
典中的微言大義。微言大義的表現方式是筆削：

> 《春秋》有筆削例，魯史有刪之為削，魯史無加之為筆，
> 于史文外有加損乃為經。（《公羊補證・昭公二十八年》，
> 卷 9，頁 58）

削是不一一記載，歷史事件如此繁多，不可能也不必要全部加
以記載，史家認為有價值，方始記錄分析。所以「《王制》天下
千七百餘國，春秋見《經》、《傳》者，特一百餘國，會盟累數
備言，則不可勝言，故惟見十九國，此常辭也。」（《公羊補證・
閔公二年》，卷 4，頁 8）但何謂有價值，首則視史家的自覺意
識，能理解自身所研究方向、主題意義何在；次則視史家存在
感受，不同時代、學術社群，自會有不同判斷。是以史學在強
調客觀性之餘，本就有其主體性格。廖平特別強調後者：「變常
以見其畢至，所序愈少，所包愈多，《春秋》以見起所不見，當
就所書以推之。」（《公羊補證・閔公二年》，卷 4，頁 8）歷史
意義，就在書與不書之間呈顯。尤有進者，在削之外，還有筆：
「于史文之外，有加損乃為經。」筆不僅是史家的主體性格，
更是史家寄寓的理想所在，此時史已轉成經，史家也已成為經

學家：

> 舊説以記事為史，不知經史之分，史斷代為書，經為百
> 世法，史可廢，經不可廢，以經專為俟後聖而作。(《公
> 羊補證·昭公二十八年》，卷9，頁58)

所謂「史斷代為書」，並非史學所稱之斷代史，史著自不止斷代
為書，而是史著無論是縱貫古今的通史抑或以一代爲主的斷代
史，總是有一時間限制，無法指向未來。指向並規範未來，廖
平以爲這是經學，所以微言大義的內容是可爲萬世的制度：

> 《春秋》皆改制治人之事，與四教意不同。(《公羊補證·
> 哀公十四年》，卷11，頁26)

「四教」應指《論語·述而》：「子以四教：文、行、忠、信。」
而非《禮記·王制》：「樂正崇四術，立四教，順先王《詩》、《書》、
《禮》、《樂》以造士。」因爲六經皆與《春秋》類同：

> 六經之作，意不在魯國，在天下；不在當時，在萬世。(《公
> 羊補證·哀公十四年》，卷11，頁27)

空間與時間均從當下遠推至後世，最後並說明孔子作《春秋》
的目的：

> 《春秋》為素王新訂一王之制度，非徒刪定史文，徒示
> 褒貶而已。(《公羊補證·哀公十四年》，卷11，頁27)

原來廖平如此強調經史異同，根本原因，未必是貶抑史學，而
是要說明經學—尤其是《春秋》—的性質：立法改制，此一性
質，爲史學所缺乏；《春秋》又足爲萬世法，所以其所帶來的希
望，是在未來，而不僅是在當下。歷史不再是陳跡，未來也有
所依託，解消了廖平的歷史困境與文化憂懼。

再重新檢視廖平所云：「自《經》、《傳》出，古史遂絕，古
史子書，皆經支流」此一命題的意義：經典是宣說作者理想所
在，但空言不切實際，所以借著史事說明；史事只是說明理想

的憑藉，所以不是客觀記載；史事既是說明理想的憑藉，所以是已經過選擇的解釋；在作者宣說理想同時，或多或少，會扭曲史事；宣說理想，不止經學典籍如此，子書亦然。[12]因此廖平會宣稱「史可廢，經不可廢」此一與顧炎武大為不同的觀念。

三、推經立義

不論如何，必須先讀出《公羊傳》有前述內涵：

《公羊傳·隱公七年》：「經：戎伐凡伯于楚丘，以歸。傳：凡伯者何？天子之大夫也。此聘也，其言伐之何？執之也。執之則其言伐之何？大之也。曷為大之？不與夷狄之執中國也。其地何？大之也。」據傳義，這是尊重凡伯，所以不言執言伐，而尊重凡伯目的是尊重中國，不使夷狄執中國之人。何休以為凡伯奉天子之命，地位與國君相等，經錄「以歸」，原因是「惡凡伯不死位，以辱王命也」，亦即凡伯不能以生命維護王室尊嚴（《公羊傳解詁》，卷3，頁7）。《穀梁傳》則側重對戎的貶抑：「戎者衛也，戎衛者，為其伐天子之使，貶而戎之也。」范寧以為伐天子之使罪重，所以「變衛以戎之」（《穀梁傳注疏·隱公七年》，卷2，頁7—8）。《左傳》則記載凡伯何為戎所執的原因：「初戎朝于周，發幣于公卿，凡伯弗賓。冬，王使凡伯來聘。還，戎伐之于楚丘以歸。」原來凡伯未依禮接待戎，所以戎趁凡伯道經楚丘，執而歸之（《左傳注疏·隱公七年》，卷4，頁6）。

---

[12] 這已開啟康有為諸子皆「託古改制」的觀念，孔子的地位無形中下降；正因「史事」有如此複雜的意義，所以顧頡剛及古史辨派，才要考證「真正」的歷史，企圖在儒家派別及經典中，尋求歷史的發展及史事的真偽，經學一轉為歷史考證學。這些發展，均與廖平初意，大相逕庭。

廖平則云:

> 以戎爲衛，本爲不與諸侯之執王臣；因避言戎，則爲不
> 與夷狄之執中國。王者欲一乎天下，中外遐邇，莫敢抗
> 違。故《春秋》進退諸侯，謹嚴詳細，合乎中國也則中
> 國之，近乎夷狄也則夷狄之。《穀梁》以此爲衛是也，《傳》
> 與《左氏》以真夷狄説之者，乃順經立傳，非推經立義
> 也。(《公羊補證·隱公七年》，卷 1，頁 50)

不論是《公羊》譏貶凡伯，抑或《左傳》說明原因，「戎伐凡伯」
此一事實並無不同；但《穀梁》「變衛爲戎」，主體既經改變，
事實亦復有異；與《公羊》、《左傳》有本質上的不同。廖平即
以此原則解經，稱《公羊》、《左傳》爲「順經立傳」，《穀梁》
爲「推經立義」。從廖平解釋可看出：順經立傳，僅有褒貶；推
經立義，方有整套理想。廖平即以此一觀念，解釋《公羊傳》，
並發展其《公羊》學:

> 由是推六經之法，皆以《春秋》爲始，…春秋以前，制
> 度未備，據魯史作新經。(《公羊補證·隱公二年》，卷 1，
> 頁 16)

在春秋以前，一片蓁莽，文化的開展，就從春秋開始，而據魯
史所作的《春秋》即是此一文化進程的標誌，寄寓著人類的文
化理想。而文化理想，廖平的思考不再是個人道德修養，而是
社會制度建立，是以抨擊宋學「言心言性，無濟時用」(《公羊
補證·昭公二十五年》，卷 9，頁 53)。至於《春秋》所記載的
前代制度則是:

> 三代真制，實皆簡陋，孔子潤澤，乃稱詳明。(《公羊補
> 證·隱公元年》，卷 1，頁 4)

依理而言，既是孔子潤澤，乃稱詳明，各種制度，應均可在《春
秋》中尋得，但實際的情況反是，此其一；即使求得各項制度，

也未必能實施於後世，此其二。有此二者，會危及《公羊》的
地位：殘缺不全且又無法付諸實行的制度，要之何用？記載此
一在根本上有問題的典籍，有何價值？會出現這一困境，與《公
羊》的本質有關：

> 禮經六禮，多藉魯事以見創制。(《公羊補證‧隱公二年》，
> 卷1，頁17)

制度必須藉著魯史表明，魯史若含蓋無餘，根據其史事所建立
的制度才能完備；反之，則無法建立完備的制度。考察廖平在
《公羊補證》所論及的制度，有喪制、婚制、官制、爵制、學
校、選舉等，尤其是服喪年限討論甚多。這些均與其時背景無
甚關連，在當時思潮下，與其說要恢復這些制度，不如說要推
倒這些制度。「《春秋》乃彰明王制」(《公羊補證‧隱公二年》，
卷1，頁12) 殆成空言。解消此一困境，勢必重新審定孔子作
《春秋》的性質及與諸經的關係：

> 孔子…其奉天之學，則治歷明時，創為月令明堂之法，
> 典章制度，立官發令，飲食衣服，各法天行，隨時更易，
> 趨步法象。(《公羊補證‧成公七年》，卷7，頁12)

孔學的內容，不僅是宋明以來的心性傳統，還含蓋禮儀制度，
這自不能完全在《公羊傳》中尋得根據，必須與其餘經典配合。
而孔子所立新制，在歷史的傳承是：

> 六經新制，徒託空言，以俟後世。戰國紛爭，未能實見
> 施行，惟文學科之孟荀諸子，傳守至于秦始漢高，武帝
> 與王莽，乃廣徵博士，傳述孔言，依説立制，然後六藝
> 始見之事實。(《公羊補證‧桓公十五年》，卷2，頁34)

禮制既多借魯事明之，又須旁通其餘經典，且在歷史過程中，
未克實施，只能以學術思想的形態流傳，是以降及漢代，勢必
廣召諸儒討論，才能掌握六經內容。而在流傳過程中，文獻散

佚，固造成解解釋的困難，經無明文，也易成爲爭論的焦點，
但根據孔學內容無所不包的前提，又必須補足文獻不足及經無
明文的缺失，因而發展一特殊的解經方法：

> 于經無明文，各以意為説。(《公羊補證・文公四年》，卷
> 5，頁9)

或是：

> 凡傳不甚詳者，在學者之推擴。(《公羊補證・成公十七
> 年》，卷7，頁31)

無論經傳，均仰賴學者說明推擴，亦即讀者的參與，是完成孔
子之意的正當方式。此時的讀者不僅在解釋經典，更是代聖立
言，最後的發展則是以己言爲聖言。廖平解經風格奇特，但自
信甚堅，與此不無關係。制度的不備，可經由學者說明以彌補；
實施於後世，也可經由學者的推擴而更張。但《公羊傳》畢竟
是春秋史事，何能連結春秋與現代？廖平回答是：

> 經傳所云古者為依託例，如古蠻野後文明，天下公理公
> 例。傳言文理似尊古抑今者，當以倒影法讀之，以百世
> 下為古，如傳以後之君稱堯舜是也。(《公羊補證・宣公
> 十五年》，卷6，頁29)

傳統經典，盛稱古代，古代幾成爲範式，根據這一思考發展，
古治而今亂，降至現代尤亂，然而回到古代，本就不可能，盛
稱古代，顯得毫無意義。所謂「倒影法」是指實際的歷史發展
正好相反，是古亂而今治，古亂今治是古治今亂的倒影，要讀
其影而非讀其實體：

> 古蠻野後文明，一定之例，傳之古託于古，當用倒影法
> 指後之堯舜。董子云：法夏法商而王者非真古。三代以
> 上，草昧初開，春秋文明程度，猶僅如此，則以前可知。
> 所謂空文見經，實行其事，則在百世下。(《公羊補證・

襄公十一年》，卷 8，頁 22）

但影必須借實體而顯，所以又必須探究實體，是以讀其影而非讀其實體，必然發展成一種以「寄託」讀史的方法：不但要穿透史事背後的思想，而且要發掘作者借史事所寄寓的理想。所閱讀者是古史，所關懷者則是現在，論古即所以議今，古與今之間，不再呈現一斷裂狀態，而是交融互攝，探究歷史，別有懷抱。再與前述學者以意說經結合，《公羊》學創立制度，直指現代，毫無困難：

> 學者據《春秋》，推考今之時局，無不相合，知古知今，
> 所謂以《春秋》容天下，《春秋》有臨天下之辭也。（《公
> 羊補證・成公十五年》，卷 7，頁 27）

至此《公羊》學呈顯強烈的生命力，足可擺脫陳跡的譏評。但問題並未結束，讀者據《春秋》推考時局，亦即發掘作者的寄託，面對當代；此時讀者本身的時代問題，自會導引其解讀歷史事件，並以此建構其所發掘的作者寄託；再用此寄託面對當代，以為時代問題的答案。其流弊是以讀者寄託為作者寄託，讀者參與程度極深，最後形成古為今用，歷史成為工具：

> 有志時務，當援古證今，以求實用。（《公羊補證・襄公
> 八年》，卷 8，頁 18）

借著推經立義的解經方法，《公羊傳》固可成為文化的依憑，但完全向讀者開放的結果，與經典傳統解釋會出現差距。在一定的範圍內，或為讀者接受，超過可接受範圍，則會造成爭議。

第三節　康有為經典詮釋

一、春秋作者

康有為嘗說明其《春秋》學結構：

> 既著《僞經考》而別其眞贋，又著《改制考》而發明聖
> 作，因推《公》、《穀》、董、何之口説而知微言大義之所
> 存，又考不修《春秋》之原文，而知筆削改本之所託。
> 先聖太平之大道，隱而復明，闇而復彰。(《春秋筆削大
> 義微言考·序》)

即《新學僞經考》區別經典眞僞，《孔子改制考》說明創作制度，
《春秋筆削大義微言考》探索微言大義。三部著作，構成康有
爲《春秋》學架構。而此一架構核心即孔子，以孔子爲核心並
不特殊，而是對孔子地位的認定，才是學術分途之所在。孔子
手定六經，依然是今文家通義，我們必須追問：何以康有爲 (及
其他今文家) 堅持六經爲孔子手定？在問道的過程中，康有爲
以爲惟有孔子能掌握宇宙最高原理—道：

> 道教何從？從聖人，聖人何從？從孔子，孔子之道何在？
> 在六經。六經粲然深美，浩然繁博，將何統乎？統一於
> 《春秋》。…《春秋》三傳何從乎？從《公羊》氏。…惟
> 《公羊》詳素王改制之義，故《春秋》之傳在《公羊》
> 也。(《春秋董氏學·自序》)

據此有一清楚的譜系：道—孔子—六經—《春秋》—《公羊》，
彼此緊密相連，六經如非孔子所作，此一譜系即面臨中斷的危
機。是以必先確定六經作者爲孔子，道才能與六經結合，六經
不再是散漫的史料，一如古文家所言。六經既是道的呈現，但
畢竟是六部不同經典，如何貫穿？康有爲提出以《春秋》爲主
體，而《春秋》有三傳，如何選擇？康有爲則以《公羊》爲線
索，尋找所謂的微言大義。在這一譜系之中，孔子作六經實居
其中關鍵，此一環結不成立，整個理論體系恐有崩潰之虞。[13]康

---

[13] 侯外廬云康有爲的意圖是「另尋一種新道統」，確道中康有爲

有爲以爲道的內容是：

> 孔子之教何在？在六經，內之窮理盡性以至於命，外之
> 修身以至家國天下，及於鬼神山川草木，咸得其所。故
> 學者莫不宜爲經學。（《新學僞經考·重刻僞經考後序》）

以經學爲道的內容，並不始於康有爲，《莊子·天下》：「古之所
謂道術者，果惡乎在？曰：無乎不在。…其在於《詩》、《書》、
《禮》、《樂》者，鄒魯之士，搢紳先生，多能明之。《詩》以道
志，《書》以道事，《禮》以道行，《樂》以道和，《易》以道陰
陽，《春秋》以道名分。」至少在戰國時代，六經已爲儒家專有
的經典，名稱也已確定，內容則含蓋人事與天道，確乎是無所
不包。然而這一道術，卻因後學「不該不備」，導致「內聖外王
之道，闇而不明，鬱而不發，天下之人，各爲其所欲焉以自爲
方」，最後則是「道術將爲天下裂」（郭慶藩〔道光 25 年—光緒
17 年，1845—1891〕：《莊子集釋》，卷 10，頁 1067，1069）。要
將分裂的道術統合，勢必先統合六經。統合六經，則六經不是
前代史料，且須是聖人所作，才能有道術的地位。而聖人至少
有周公與孔子，這就涉及判斷與選擇：

> 平先儒之爭，先在辨今古之學。…古學者，周公之制；
> 今學者，孔子改制之作也。古學者，周公之制，以《周
> 禮》爲宗，《左》、《國》守之。孔子改制之作，《春秋》、
> 《王制》爲宗，而《公》、《穀》守之。（《教學通義·六
> 藝上第十八》，頁 147，《康有爲全集·一》）

周、孔並稱，應無分軒輊，康有爲最後選擇孔子，關鍵在於通
變：

的目的。見《近代中國思想學說史》（坊間本），頁 692。但新
道統卻是轉化舊道統而來，侯外廬則未述及。

> 後世不知守先王之道在於通變以宜民，而務講於古禮制
> 度之微，絕不爲經國化民之計，言而不行，學而不用。(《教
> 學通義・六藝上第十八》，頁 150，《康有爲全集・一》)

並引朱子之言云：

> 朱子曰：古禮必不可行於今，如有大本領人出，必掃除
> 更新之。至哉是言也。(《教學通義・從今》，頁 137，《康
> 有爲全集・一》)

康有爲已意識到古代禮制，無法行於今日，所以康有爲必須重
新解釋所有經典流傳、性質、功能，期能與現代結合，作爲現
代文化規範，並指引未來。推究此一思考模式的原因，在於文
化傳統在每一個體來到這一世界之前，即已存在，生命個體就
在傳統中浸潤、默化，所以人無法脫離其原有文化傳統，以一
無傳統的姿態面對世界。然而「天下無久而不蔽之道」，劉逢祿
一語中的，「變」可能才是世間常態，傳統無法滿足現狀之時，
所採取的策略至少有二：一是重新解釋傳統，以符當代，皮錫
瑞、廖平、康有爲屬之；一是揚棄舊傳統，另尋新傳統，新文
化運動、古史辨運動諸君子屬之。但不論何種形態，均會針對
原有傳統強烈批判；更重要的是並未揚棄傳統，而是尋找新傳
統。劉逢祿續云：「窮則必變，變則必反其本，然後聖王之道與
天地相終始。」(《劉禮部集・釋三科例中・通三統》，卷 4，頁
4)康有爲即是返本：回到原始經典，重新解讀，以期發現新意
義。返本的目的是從今，從今又勢須返本。古與今之間，絕非
對立斷裂，而是相互補足。康有爲對經典的討論，即在此一情
境下展開。

二、春秋性質

康有爲以爲探討孔子之道的途徑是：

因董子以通《公羊》，因《公羊》以通《春秋》，因《春
秋》以通六經，而窺孔子之道。(《春秋董氏學·序》)

亦即透過《春秋繁露》、《公羊傳》、《春秋》以掌握孔子之道。
此一思考脈絡，並非任意而來，是經過康有爲選擇判斷而成。
研讀經典是爲了追尋孔子之道，顯然在康有爲心中，乾嘉考證
學並不能達到這一目標，是以另闢蹊徑，以期有全新的解釋，
以面對當代：「孔子三世大義不明，而升平、太平不至，豈非中
國之大憾歟？故劉歆僞古學之罪不可勝誅也。」(《春秋筆削大
義微言考·僖公三年》，卷4，頁8)劉歆「僞古學」不可勝誅，
眞正原因是《左傳》無法導出「三世說」，而缺乏三世說，也就
無法指涉現在，指向未來。三世說實在是《公羊》學核心，康
有爲批判古學，實所以建立新學：

若無僞古學之變，《公羊》不微，則魏晉十六國之時，即
可進至升平，則今或至太平久矣。(《春秋筆削大義微考·
隱公元年》，卷1，頁13)

古學之僞，《公羊》之眞，就在有無三世說，不僅如此，三世說
又不止於理論，而是可付諸實踐，引導政治社會制度，康有爲
預設，如《公羊》大行，中國早已脫離亂世，進入平世。不幸
《公羊》衰微，如今之計，就是要恢復這一偉大的學問，董仲
舒、何休所傳，即是此一學問：

其傳《春秋》改制，當新王繼周之義，乃見孔子教主之
證。尤要者據亂、升平、太平三世之義，幸賴董、何傳
之，口說之未絕，今得一線之僅明者此乎！今治大地升
平、太平之世，孔子之道猶能範圍之，若無董、何口説
之傳，則布於諸經，率多據亂之義，孔子之道，不能通
於新世矣。(《春秋筆削大義微言考·發凡》，頁4)

新王繼周，說明《春秋》是新王所寄，新王意即新的理想，新

的理想則存於三世說，藉著新王與三世，孔子之道才能通於今世，孔子、儒學、經典至此而有現實的意義。這不僅《左傳》無法達到此一目的，《公羊》之外的經典，恐怕也都無法臻至此一目標。康有爲辨僞證眞，其實是在此一前提下爲之，初不與於典籍考證，而與辨僞學相距亦甚遠。

《春秋》有三傳，康有爲既以《左傳》爲僞，《公羊》、《穀梁》爲眞，於是須探討《公》、《穀》之間的關係。康有爲以爲：

> 蓋師學各有所聞，亦各有所缺，故二傳亦微有殊異詳略，然合各經考之，則多異經而同義者，蓋同出口說，大體相同也。（《春秋筆削大義微言考·隱公八年》，卷 1，頁30）

因《公》、《穀》二傳，均由先師口傳，所聞大義，大略相同，不同之處僅在於口語講解之時，微有殊異。所以二傳價值，大體相等。例如《公羊傳·桓公五年》：「經：冬，州公如曹。傳：外相如不書，此何以書？過我也。」（《公羊傳解詁》，卷 4，頁10）與《穀梁傳·桓公五年》說解全同，康有爲的說明是：「二傳之相同多如此，蓋同出一師也。」（《春秋筆大義微言考·桓公五年》，卷 2，頁 12）如此之例甚多。[14] 但也有康有爲認爲《穀梁傳》有誤者，例如《公羊傳·桓公六年》：「經：六年春正月，寔來。傳：寔來者何？猶曰是人來也，孰謂？謂州公也。曷爲

---

[14] 見《春秋筆削大義微言考》，蔣貴麟編：《康南海先生遺著彙刊》，第 7、8 冊（臺北：宏業書局，1987 年 6 月再版），〈桓公三年春正月，公會齊侯于嬴〉、〈桓公五年，天王使仍叔之子來聘〉、〈文公十又二年春王正月，盛伯來奔〉、〈宣公二年春王二月壬子，宋華元帥師及鄭公子歸生帥師戰于大棘，宋師貝績，獲宋華元〉、〈成公元年三月，作丘甲〉諸條康有爲評論。

謂之寔來？慢之也。曷謂慢之？化我也。」（《公羊傳解詁》，卷
4，頁 10）《穀梁傳‧桓公六年》：「寔來者，是來也。何謂是來？
謂州公也，其謂之是來何也？以其畫我，故簡言之也。諸侯不
以過相朝。」《公羊》之意是州公過魯，未朝見魯公，所以稱「寔
來」以指責州公怠慢；《穀梁》之意則是諸侯相過不相朝見，所
以稱「寔來」說明此是簡單的記載。二傳所論相反，康有爲的
評論是：「以二傳較之，《穀梁》所聞爲多誤也。」（《春秋筆削
大義微言考‧桓公六年》，卷 2，頁 12）似此之例，亦復不少。
[15]康有爲雖然推崇《公羊》，但也有指出其誤者，例如《公羊傳‧
定公十五年》：「經：秋七月壬申，姒氏卒。傳：姒氏者何？哀
公之母也，何以不稱夫人？哀未君也。」（《公羊傳解詁》，卷 26，
頁 12）《穀梁傳‧定公十五年》：「妾辭也，哀公之母也。」《公
羊傳》之意是哀公未即位，所以其母—昭公之妾—僅能稱姒氏，
但依據《公羊傳‧隱公元年》：「經：秋七月，天王使宰咺來歸
惠公仲子之賵。傳：何以不稱夫人？桓未君也。何以不言及仲
子？仲子微也。」（《公羊傳解詁》，卷 1，頁 5）之義推之，哀
公即位之後，姒氏即可稱爲夫人。《穀梁傳》僅說明這是稱妾之
辭。康有爲的評論是：「《春秋》之義，妾母不得稱夫人，《公羊
傳》有妾以子貴之一說，終以《穀梁》爲《春秋》正義。」（《春
秋筆削大義微言考‧定公十五年》，卷 10，頁 26）似此之例較
少。[16]

15　見《春秋筆削大義微言考》〈桓公六年春正月，寔來〉，〈桓公
　　六年，蔡人殺陳佗〉，〈莊公十又四年夏，單伯會伐宋〉諸條康
　　有爲評論。
16　見《春秋筆削大義微言考》〈莊公元年，王使榮叔來錫桓公
　　命〉，〈莊公三年春王正月，溺會齊師伐衛〉，〈莊公四年，紀侯

上述三種形態，對《公》、《穀》容有取捨之異，但嚴格而言，所舉各例，並未涉及《公羊》學理論結構，一旦觸及《公羊》學者理想所在，則以《公羊》為主：

> 孔子修《春秋》，自以為有罪，蓋改周舊制，立新王法，張三世義，貶天子，退諸侯，討大夫，改舊俗，事體宏大，故以為有罪也。（《春秋筆削大義微言考・昭公十二年》，卷9，頁17）

改周舊制，立新王法，張三世義，均非《穀梁傳》大義，而屬《公羊》通義。亦即孔子作《春秋》的本義，必須在《公羊》中尋得。

由是可知，康有為以《公羊》為《春秋》核心，與《穀梁》大義略同，雖有稍異，但並未影響《公羊》學理論，反而可以證成《公》、《穀》本源相同。至於《左傳》體例幾與《公羊》完全不同，又無與之相同的微言大義，所以康有為逕指其為偽。《公羊》既為《春秋》眞傳，孔學根本，然而某些觀念卻未直接見於經文，而在傳文中方能得知，甚至傳文也不能導出，須於董仲舒《春秋繁露》、何休《公羊傳解詁》得見。例如《公羊傳・隱公元年》：「經：元年春王正月。傳：元年者何？君之始年也。」根據傳文，元年僅是始年之意，董仲舒卻說：「唯聖人能屬萬物於一，而繫之元也。」（《春秋繁露義證・重政》，頁147）元顯然有宇宙論意涵，作為宇宙萬物發生之源，所以董仲舒接

大去其國〉諸條康有為評論。又從《穀梁傳》原文分析，無法獲致「妾母不得稱夫人」的結論，康有為如此評論，令人想起慈禧太后以清文宗之貴妃，只因產下穆宗，「有功社稷」，遂與慈安太后並尊，垂簾聽政的往事，而維新即在慈禧太后阻撓下失敗。康有為其實是以強烈的存在感受解釋《公羊傳》。

著說：「《春秋》變一謂之元，元猶原也，其義隨天地終始也。」
（《春秋繁露義證·重政》，頁 147）。如何與天地相終始，意義
並不明朗，何休云：「元者，氣也，無形以起，有形以分，造起
天地，天地之始也。」（《公羊傳解詁》，卷 1，頁 1）何休以氣
釋元，元氣是萬物之本，原始性質是無形的狀態，可以化成萬
物，氣一旦消散，萬物亦歸於無形，至此方能理解董仲舒與天
地相終始之意。但無論如何，《春秋》經文與《公羊》傳文均不
能導出董、何所說意涵。在未有文本作爲確證的情境下，證明
《公羊》、董、何所傳，確是孔子本意，有其根本上的困難[17]；
且根據《公羊》家講法，孔子據魯史作《春秋》，魯史與《春秋》
又有密切關連。康有爲對待這些問題的方式是區分《春秋》各
種不同版本：

> 《春秋》有三部：一不修之《春秋》也，只有史文及齊
> 桓晉文之事，而無義焉，此魯史之原文也。一孔子已修
> 之《春秋》也，因其文而筆削之，因文以見義焉，此大
> 義之《春秋》也，《公》、《穀》多傳之。一代數之《春秋》
> 也，但以其文為微言大義之記號，而與時事絕無關，此
> 微言之《春秋》也，《公羊》家董、何所傳為多，而失絕
> 者蓋不知凡幾矣。（《春秋筆削大義微言考·隱公元年》，
> 卷 1，頁 5）

第一種版本即所謂「魯史」原文；第二種版本是孔子立基於魯

---

[17] 這也是後代學者強烈批判《公羊》學之處，如沈玉成就指責
《公羊》微言大義，脫離《春秋》本文，甚至可說漢代《公羊》
學是董、何之學，見沈玉成、劉寧：《春秋左傳學史稿》（南京：
江蘇古籍出版社，1992 年 6 月），第 3 章，〈公羊傳和穀梁傳〉，
頁 52—65，引述見頁 65。

史原文,加上自己的價值判斷,亦即後世所稱的褒貶,《公羊傳》、《穀梁傳》即是此一系統;第三種版本就是董仲舒、何休所論及的思想,保存於《春秋繁露》、《公羊傳解詁》。由於魯史原文已不得見,所以孔子《春秋》系統,僅存《公羊傳》、《春秋繁露》、《公羊傳解詁》。魯國確有史官,據《左傳‧定公四年》伯禽初受封,周王室即:「分之土田陪敦,祝、宗、卜、史,備物、典策,官司、彝器。」(《左傳正義》,卷54,頁16)史掌宗廟祭祀、國家大事記載[18],康有為此說可以成立;《公羊傳》本身有褒貶,也有證據,第二說也可成立;董、何何能得知不見於《公羊傳》文本的意義,才是問題所在。康有為以「口說」說明這一現象[19],考《公羊傳》屢引《公羊》先師之名,以說解傳文:子公羊子、子沈子、子司馬子、子女子、子北宮子、魯子、高子[20],而這些《公羊》先師的著作,並不見於相關文獻,雖不

---

[18] 詳見郭克煜等著:《魯國史》(北京:人民出版社,1994年12月),第20章,〈魯國的文化〉,頁382—425,論點見頁389—392。

[19] 此例甚多,見《春秋筆削大義微言考》〈隱公元年,冬十又二月,祭伯來〉、〈隱公二年,紀子伯、莒子盟于密〉、〈隱公八年,冬十又二月,無駭卒〉、〈桓公三年春正月,公會齊侯于嬴〉、〈成公元年三月,作丘甲〉諸條康有為評論。

[20] 依序見《公羊傳解詁》(臺北:臺灣中華書局,四部備要本,1980年1月臺3版),〈桓公六年九月〉、〈宣公五年冬〉、〈隱公十一年冬十一月〉、〈莊公十年三月〉、〈定公元年六月〉、〈莊公三十年冬〉、〈閔公元年冬〉、〈哀公四年〉、〈莊公三年秋〉、〈莊公二十三年十二月〉、〈僖公五年秋〉、〈僖公二十年五月〉、〈僖公二十四年冬〉、〈僖公二十八年〉、〈文公四年夏〉,卷4,頁11,卷15,頁6,卷3,頁12,卷7,頁5,卷25,頁2,卷9,

足以證明這些先師就無《公羊》作品，但也有可能如同康有為
所說先師說解《公羊》是以「口說」形式存在，是以康有為第
三說基本也能成立。康有為《春秋筆削大義微言考》就列出這
三種版本經文，以《公羊傳・隱公元年》為例：

　　一年春一月，公即位。

　　一年春一月，公即位。

　　元年春王正月。

第一條是「不修《春秋》」，即魯史原文；第二條是「筆削《春
秋》之稿」；第三條是「已修《春秋》」，即今之《春秋》。其下
廣引《公羊》、《穀梁》、董、何之說，解說經義，並宣稱這些就
是聖人原意，康有為的自信，於此可見。第一種版本不得見，
可以勿論，第二種版本可稱為「大義之春秋」，第三種版本可稱
為「微言之春秋」。微言與大義的區別，大致微言指《公羊》家
寄託的政治理想，大義是指對史事的判斷。如新王、改制等屬
微言，子以母貴，母以子貴等屬大義（參考《春秋筆削大義微
言考・隱公元年》，頁 1—5）。[21] 康有為所重者自是「微言之春

頁 4，卷 9，頁 9，卷 27，頁 5，卷 6，頁 5，卷 8，頁 6，卷 10，
頁 12，卷 11，頁 14，卷 12，頁 3，卷 12，頁 9，卷 13，頁 6。
[21] 微言大義，初由劉歆〈讓太常博士書〉所提出，但未釋其義，
司馬遷《史記・十二諸侯年表序》、班固《漢書・藝文志》曾
指出《春秋》微辭，固有其政治理想，主因卻是避免觸怒當道。
康有為則將《春秋》所以用微言，一歸諸時政治禁忌，一歸諸
理想難為時人理解，見《春秋筆削大義微言考・發凡》，頁 13，
18。其後皮錫瑞云：「所謂大義者，誅討亂賊以戒後世是也；所
謂微言者，改立法制以致太平是也。」見《經學通論・春秋・
論春秋大義在誅討亂賊微言在改制立法孟子之言與公羊合朱子

秋」，而董、何所挖掘的微言，常在《公羊傳》文本以外：

> 今《公羊》、《穀梁》二傳，僅餘大義二百餘條，幸賴董、
> 何一家，得掇拾於十一，然欲以此盡孔子制作，則仍吉
> 光片羽而已。（《春秋大義微言考·桓公十二年》，卷 2，
> 頁 25）

且僅餘二百餘條，以這些戔戔之數，何能實施於今日？又時移
世易，其困難不僅是數量而已，思想衝擊、制度重建，在在顯
示出文化變易的先兆，不足之處更多，康有爲提出的方法是：

> 不知孔子改制，舉其大綱，其餘條目皆任弟子之推補，
> 故孔門後學皆有推補之權。（《春秋董氏學·春秋例第二》，
> 頁 39）

後學推補，或可解消上述困境，但其結果則是經典與世變相結
合，勢須重新解釋經典，以面對世局，對經典本義的爭論，與
日俱增，且不同的學者自有不同補，治絲益棼，與《公羊》原
義亦必差距更遠。但這就是康有爲詮釋方法。

三、假託立義

事實上不必待後世，《春秋》形成的過程中，即已出現不同解釋，
三傳異同就是最佳證明，即使同爲經今文學派的《公羊》、《穀
梁》也有這種情形。如《公羊傳·莊公六年》：「經：六年春三
月，王人子突救衛。傳：王人者何？微者也。子突者？貴也。
貴則其稱人何？繫諸人也，曷爲繫諸人？王人耳。」（《公羊傳

之注深得孟子之旨》，卷 4，頁 1。熊十力云：「大義者，如於當
時行事，一裁之以禮義，…微言者，即夫子所以制萬世法，而
不便於時主者也。」見《讀經示要》（臺北：廣文書局，1989
年），卷 3，頁 139。

解詁》，卷6，頁9）《公羊》之意是子突爲王子，身分貴重，但
稱人以說明子突爲天子所遣；至於何以稱人以貶抑子突，何休
之意是刺天子不能早定衛國繼承者。《穀梁傳・莊公六年》：「王
人卑者也，稱名貴之也，善救衛也，救者善，則伐者不善矣。」
不待范寧注解，即可知《穀梁》之意與《公羊》相反，在稱美
周天子。康有爲云：

> 《穀梁》善王救衛為正義，《公羊》刺王不能早誅，至遣
> 貴將不能救，諱為微者為次義。《春秋》一文，多含數義，
> 弟子各述所聞，正以互引而備，不必以其互異而攻，此
> 為讀《春秋》最要法（《春秋筆削大義微言考・莊公六年》，
> 卷3，頁15—16）

《公》、《穀》解此經，並未衝突，所以可「互引而備」，這是比
合經典，推勘異同，彌縫異義，從正面尋求經典各種可能的意
義，不爲表面字義所限圍，如此經典的意義更爲完善深刻，這
是經典閱讀的極佳形態。但先須說明《公》、《穀》有此現象的
原因及其合理性：

> 故知兩傳雖殊，然各記所聞，其義仍同，但所託之經文
> 有異耳。蓋後學各以記大義為主，至應託何經，不過記
> 號之事代數，但可託義，無經不可，不關要義也。此為
> 學《春秋》第一要事。（《春秋筆削大義微言考・隱公九
> 年》，卷1，頁31）

《公》、《穀》異同，固是弟子各述所聞，但推考何以有此異聞，
從作者觀點而言，在於《春秋》學首重義理，事件是義理的依
託，義是實質，事是外貌，所以在《春秋》學形成的過程中，
經文只是記號，載負義理。從讀者觀點而言，則須從理解事件
開始，進而穿透事件背後的義理，再掌握孔子制作的精義，至
此事件本身的得失，無關緊要。這一過程可以「作者—作品—

讀者」表出，具體言之是「孔子—《春秋》—讀者」，再細分之，
是「孔子—《春秋》義理—《春秋》事件—讀者」，然而孔子原
意、《春秋》本義，俱不可知，所存者只是讀者讀出的意義，是
以嚴格而言是「孔子—讀者所讀出的孔子—讀者所讀出的《春
秋》義理—《春秋》事件—讀者」，眞正的孔子反而被讀者強烈
的參與所遮蔽。康有爲這一讀者，改變了傳統的閱讀模式，讀
者不再是被動的接受作者給予的內容，而是主動推補作者的不
足。這一模式的變動，反應在作品的理解上：

> 今學《春秋》者第一最要，當知孔子《春秋》義雖爲一
> 書，而分條繫於史文中，各家條繫，時有異同，其繫事
> 文，無關宏旨，惟傳大義，同一發明。若通此例，《春秋》
> 義自大光明發現矣。（《春秋筆削大義微言考·發凡》，頁
> 4）

孔子所傳《春秋》，既重大義，所以義之所在，即是其用心之所
在，同一條經文，可表出不同大義，例如《公羊傳·桓公八年》：
「經：祭公來，遂逆王后于紀。傳：祭公者何？天子之三公也，
何以不稱使？婚禮不稱主人。遂者何？生事也，大夫無遂事，
此其言遂何？成使乎我也，其成使乎我奈何？使我爲媒可，則
因用，是往逆矣。女在其國稱女，此其稱王后何？王者無外，
其辭成矣。」（《公羊傳解詁》，卷 5，頁 3）《公羊》之義是婚禮
須使人爲介，所以雖貴爲天子也不自居主人；大夫無君命，不
能自作主張；王者擁有天下，不以魯爲外。康有爲析其義爲五：
「此經凡明數義：三公稱爵一義；婚禮不稱主人二義；大夫無
遂事三義；王者無外四義；女在其國稱女五義；若大夫無遂事、
王者無外尤爲大義矣。」（《春秋筆削大義微言考·桓公八年》，
卷 2，頁 16—17）不同經文，亦可表出相同大義，例如《公羊
傳·隱公二年》：「經：無駭帥師入極。傳：無駭者何？展無駭

也。何以不氏？貶。何爲貶？疾始滅也。」(《公羊傳解詁》，卷2，頁1)《公羊》之意是惡展無骸滅極，所以不氏以貶之，康有爲則云：「《春秋》者蓋孔子一王之法，故託惡滅國之義此」(《春秋筆削大義微言考・隱公二年》，卷1，頁14—15)；《公羊傳・桓公元年》：「經：元年春王正月，公即位。傳：繼弒君不言即位，此其言即位何？如其意也。」(《公羊傳解詁》，卷4，頁1)《公羊》之意是直書桓即位，以見其弒君之惡，康有爲則云：「此以王法正弒君之罪，託文以見大義，…蓋王者萬世之素王，故天子亦在責中也。」(《春秋筆削大義微言考・桓公元年》，卷2，頁1)這二條是借史事以點出孔子爲素王。

　　根據經傳，前者是有數義可尋，但後者根本見不出有素王之意，讀者讀出此意，就是康有爲所說賴後學推補。孔門後學解讀《春秋》，基本上即是此一模式，借著史事呈顯大義，各家認知有異，所以所選擇的史事亦有不同，但其大義略同。如是解讀《春秋》時，一可擺脫夾纏繚繞的史事考證，二可解消《公羊》各家異說，三可增美《公羊》意義。這與經文性質的認定有關：

> 蓋《春秋》以明義爲主，但託之於事耳。孔子曰：「我欲
> 見之空言，不如託之行事之博深切明。」若得魚忘筌，
> 既知其義，則事可略之矣。(《春秋筆削大義微言考・隱
> 公五年》，卷1，頁23)

經文史事，只是意義的承載者，一旦掌握意義，自可拋棄承載者。這一現象，康有爲常以「記號」說明：

> 孔子晚年，以爲吾欲託之空言，不如託之行事之深切著
> 明，故收拾各義，分附於魯史文事之中，因恐無所託識，
> 乃筆削魯史，改定其年、月、日、時、爵號、氏名諸文，
> 或增或刪，或改或削，以爲記號，…使弟子後學得以省

識其大義微言之所託。(《春秋筆削大義微言考‧桓公九
年》,卷 2,頁 18─19)

記號的功能既是指示,其結構則可分為三部分:一是記號所指
的目標,二是記號本身,三是被指示者。記號展現其指示功能
時,分析其意義至少有二:一是功能意涵,著重在指涉的對象,
亦即被指示者循著記號所指,尋找到對象,至於記號形狀、色
澤、大小、輕重等,確實是無關緊要,一旦尋獲對象,記號本
身,也是棄若敝屣,對象才是此一過程中最要的目的。另一是
意義意涵,記號所指涉者與記號本身重疊,記號所指涉者,不
在記號之外,記號本身就是意義之所在,即記號承載著意義,
這意謂所指與能指不能分離,被指示者所擁有的也就是記號,
除卻記號,被指示者不能認識外界。

　　康有為的記號說,依違在這兩者之間。時而強調功能意涵:
「託筆削數字為記號以傳之,專明非常之義,與春秋時事全不
相關涉者也。」(《春秋筆削大義微言考‧隱公元年》,卷 1,頁
4)時而強調意義意涵:「筆削如電報密碼之編輯,然又非若電
報密碼之無義也。」(《春秋筆削大義微言考‧發凡》,頁 6)案
諸《春秋》,其記號性質,應接近意義意涵,亦即春秋經文,或
有一經數義,或是數經一義,但絕非無關緊要,正好相反,大
義即在經文中見出,否則無法解釋某義何以僅在某經得見,而
不能在他經中得見。所以儘管康有為屢言《春秋》託事明義,
不應泥於經文,但又指出:

　　《春秋》文不虛立,每書一條書一字,必有一義,未明
　者著之,已明者去之。故比事屬辭,據事直書者,是不
　修《春秋》,則然豈所論於孔子筆削之微言大義哉!…夫
　無端一日一月,誠無意矣,若夫其代數記號,則深遠矣。
　(《春秋筆削大義微言考‧隱公五年》,卷 1,頁 24)

記日載月，無義可言，必須深察記載日月背後的意義，《春秋》
才不是斷爛朝報；但義託於經文史事，而經文史事能被寄託，
前提是事與義合，如此義與彼事不合，不會選擇彼事寄託此義：

> 故凡《春秋》之說，皆託以立義，當觀其通。魯非天下，
> 而託為天下；隱公非王而託為王；隱公非受命王，而託
> 為受命王；皆假託以立義。(《春秋筆削大義微言考·隱
> 公元年》，卷 1，頁 6)。

魯與周王室關係匪淺，周公之子伯禽封魯，享有天子之禮樂，
且在諸侯中班次居長，《左傳·昭公二年》：「周禮盡在魯矣。」
(《左傳正義》，卷 42，頁 1) 即周之文化中心在魯[22]，《公羊》
學者以魯為王，殆非無故。隱公有讓國之心，是以大張其事，
以貶抑亂臣賊子，有可託之道，方才託之：

> 《春秋》皆舉影以見實，一切名物不可泥也，但當博推
> 之，則無乎不在矣。(《春秋筆削大義微言考·襄公二十
> 三年》，卷 8，頁 32)

康有為以影與實比喻經文與大義，甚為貼切。經文如影，不能
執實；實體是大義，才是解經目標。任何體均有影，任一影也
可導出體，但是有此體才有此影，更確切的說，有何種實體，
就會出現何種形狀、性質的影。如此看來，不同的實體，有與
之相對應的影，影與實之間，顯然不是任意的關係。

---

[22] 詳見郭克煜等著：《魯國史》，第 4 章，〈西周時期的魯國〉，
頁 51—72 頁，論點見頁 71—72，第 13 章，〈魯國的禮樂傳統〉，
頁 219—250，論點見頁 223—226；楊向奎：《宗周社會與禮樂
文明》（北京：人民出版社，1997 年 11 月 2 版），下卷，〈宗周
的禮樂文明〉，第 2 章，〈周公對於禮的加與改造〉，283—363，
論點見頁 283—285。

　　由此推之，整部《春秋》均以類似方式記載，讀者閱讀，
不能指實而論，但也不能任意解讀，以爲影與實是隨意無規律
的狀態，否則就無法掌握《春秋》：

> 一部《春秋》，皆如華嚴十方世界，藉以張治法耳。(《春
> 秋筆削大義微言考·襄公二十三年》，卷8，頁31)

因此《春秋》顯然不是歷史著作，因其非歷史著作，所以不是
重建史事，呈現往古[23]，而是藉著歷史事件，寄託作者治國平天
下的思想。先以七等例褒貶善惡，指出大義所在，再分十二公
爲三世，描繪太平世的理想世界，以爲文化蘄向。[24]這種閱讀方
式，自大異於文字等同於眞實的傳統閱讀理念。推原論始，作
者著作之時，採取的著作形態，即不同一般：

> 故其科旨所明在張三世，其三世所立，身行乎據亂，故
> 條理較多，而心寫乎太平，乃意思所注。雖權實異法，
> 實因時推遷。故曰：「孔子聖之時者也。」(《春秋筆削大
> 義微言考·序》，頁2)

身在亂世，心在太平，著作形態有二：一是直接批判現況；一
是描繪未來，間接的批判現況。《春秋》顯然是後者，作品本身
理想即已高於實質，而要將亂世之事，轉化爲太平之義，除卻
寄託之外，也很難有其他方式。

---

[23] 史家所關懷者是人類社會過往有意義的事件，但意義的選擇，
人各不同，因此史家所重建的過去，仍是史家「筆下的過去」，
而非「眞正的過去」，見許冠三：《史學與史學方法》，第1章，
〈歷史的過去〉，頁1—28，引述見頁2—3。

[24] 七等例是以稱謂定褒貶：「州不若國，國不若氏，氏不若人，
人不若名，名不若字，字不若子。」見《公羊傳解詁·莊公十
年》，卷7，頁5。

　　最後的問題是，孔子既有如此理想，何不直接表出，而須藉著史事傳達，徒增讀者閱讀困難？對此康有爲屢引司馬遷《史記・太史公自序》之言「我欲載之空言，不如見之於行事之深切著明也」說明。思想的表出，有兩種方式：一是舖陳純粹理念，一是借鏡具體事件。前者是一套完整理論，可以在相當程度上超越時空，而爲普遍概念。但正因脫離具體情境，只能是抽象觀念，與我們生命有時而隔。例如「仁」爲儒學最高道德標準，可以定義仁的各種內涵，以爲我們應用，但缺少具體事件供我們學習。後者相反，不在建構理論系統，而是從具體事件中，導出各種觀念，以爲我們規範。所以認識仁的方法，不在其豐富的內涵，而是仁的各種行爲。如擴大言之，眞理一方面存在於邏輯推衍、程序判定；另一方面也存在具體生活、歷史文化之中。《公羊》學是後者，在歷史褒貶中見出大義，在這些大義中，尋求宇宙人生的眞理，以作爲安身立命的根據。

第四章　經典意義

　　秦始皇（周赧王 56 年—秦始皇 37 年，前 259—前 210）結束春秋以來列國紛爭之局，開啓統一政府新象，琅邪刻石表明秦不再以鬼神設教，思以新的文化精神取代。李斯（？—秦二世 2 年，？—前 208）也認爲秦不應承襲前代文化，五帝三王各有其治法，是以秦也應開創新的文化，春秋戰國所以爭亂不已，原因正是文化思想未能統一（《史記・秦始皇本紀》），由此也可見出李斯對現在與未來的自信。但秦終究享祚不永，十五年後，王朝即崩潰，歷經爭亂，代之而起的是漢朝。

　　漢初休養生息之未遑，何能論及文化傳統，然而其時知識分子，鑑於春秋戰國以降的翻覆之局，尋求新的文化傳統，一直是潛在的要求。其時思考方向，大致有三：漢初，叔孫通（？—？）制定朝儀，所定之禮，是古今混合，亦即重釋古禮，定訂今禮。叔孫通所定禮制，詳究其實，是悅帝王而略百姓（《史記・叔孫通傳》），班固（東漢光武帝建武 8 年—東漢和帝永元 4 年，32—92）以「一王之儀」說出叔孫通制禮的眞相。（《漢書・叔孫通傳》）[1] 相對於叔孫通定一王之儀，陸賈則著重審察

---

[1] 叔孫通所制禮有天子朝儀、宗廟禮樂、法律、禮器等，詳見華友根：《西漢禮學新論》（上海：上海社會科學院出版社，1998 年 2 月），第 1 章，〈西漢初期的禮樂建設與不同認識〉，頁 8—52，叔孫通部分見頁 9—19，華氏也指出叔孫通是以禮法約束漢初功臣，但並未指出叔孫通制禮之弊。黃彰健則推論，漢惠帝除挾書令，叔孫通可能居功最偉，因其時漢廷僅叔孫通爲博士，見〈論曹魏西晉之置十九博士，並論秦漢晉博士制度之異同〉，《經今古文學問題新論》（臺北：中央研究院歷史語言研究

人事，從民衆經濟生活出發，由五穀、宮室、闢土，漸及於刑
賞、禮儀與教化（《新語・道基》，王利器：《新語校注》，頁 10
—18），這一套設計，顧及國家整體發展，自較叔孫通高明。繼
之者爲賈誼指出秦皇如能考論古事，效法殷周聖王，當不致於
覆亡（《新書・過秦論中》，王洲明、徐超：《賈誼集校注》，頁
11），兩人均從人事審察，冀能引前代之戒，開後世之基，所考
慮者絕非帝王威儀，而是治國理想。《新語》、《新書》之「新」，
即漢是一新朝代，凡百措施，自不同於以往，且均提出以五經
爲教化根本（《新語・道基》，《新語校注》，頁 18；《新書・六
術》，《賈誼集校注》，頁 312）。董仲舒則從天命思考整個世界，
秦代棄捐禮義，重用法律之士，終於招致滅亡，這是上天的懲
戒，但天瑞應誠而至，由此可以推論，災異也應誠而至，天心
即人心。政權既繫於天命，也繫於人心，鑑於前代之失，漢朝
必須「更化」，以三王之道爲新的文化精神，而儒家盛道三代，
誦讀先王經典，罷黜百家，獨尊儒術，即在此背景下形成。[2]（《漢

所，1982 年 11 月），頁 445—481，論點見頁 478—480。
[2] 呂思勉云，秦漢之世，欲求致治，勢須更化，見《讀史札記・
儒術之興上》（臺北：木鐸出版社，1983 年 9 月），頁 637—640，
論點見頁 637，但呂氏並未分析何以武帝一朝力主復古更化，
又武帝何以選擇儒家作爲復古更化的根本。錢穆則有清楚分析，
漢朝至武帝時，國力強盛，恭儉無爲之治，不能掩塞社會活力，
三晉法家又失之刻急，所以選擇儒家所傳古代六藝之學，以爲
更化張本，見《秦漢史》（香港：作者自印，1966 年 4 月），第
3 章，〈西漢之全盛〉，頁 65—147，論點見頁 76—86、《國史大

書‧董仲舒傳》)

　　從李斯到董仲舒，我們可發現，思索歷史的意義，以期開創新文化，是其共同傾向；不同的是李斯偏重從「反古論」思考，叔孫通等偏重從「復古論」思考。[3]武帝一朝的思考模式顯然是復古論，而記載往古的典籍，自非六經莫屬，班固所論極精：「六學者，王教之典籍，先聖所以明天道、正人倫、致至治之成法」(《漢書‧儒林傳》)，正因漢儒有此共識，鑽研經典才會日漸興盛。

　　然而歷經戰國爭戰、秦皇焚書、楚漢相爭，先秦所傳典籍，殘缺不全，可以推想而知；典籍所載典章制度，因典籍不全而有所缺漏，也可推想而知。無論是博士說經、文獻整理，均逐漸出現意義歧出、真偽莫辨的情況。針對此種情形，漢儒發展版本、校勘、目錄、辨偽、訓詁等學問，以研究古代典籍，但是經典的意義，並未因此而統一，師法、家法的興起，就已說明各經均有不同解釋系統。獨尊儒術，是儒家傳承經典，與儒家之外學派之爭；師法家法，則是儒家內部之爭。

綱》(臺北：臺灣商務印書館，1980 年 11 月修訂 7 版)，第 3 編，第 8 章，〈統一政府文治之演進〉，頁 95—113，論點見頁 104—106、〈兩漢博士家法考〉，《兩漢經學今古文平議》(臺北：東大圖書公司，1978 年 7 月)，頁 165—233，論點見頁 179—180。
[3] 不論是「反古論」抑或「復古論」，前提是均須理解「古代」，才能獲得理論根據，從而帶動歷史研究及思考。漢代經學結合古代典章制度考證，晚清經學推動古史辨派古史研究，均是明證。

具體爭論，始於漢武帝元朔 6 年（西元前 123）董仲舒與
瑕丘江公議《公羊》、《穀梁》之學，結果是董仲舒獲得重用。（《漢
書‧儒林傳》）次則是漢宣帝甘露 1 年（西元前 53）議《公羊》、
《穀梁》異同，從此《穀梁》之學大盛。（《漢書‧儒林傳》）至
漢宣帝甘露 3 年（西元前 51），召諸儒於石渠閣講論五經異同，
增立梁丘《易》、大小夏侯《尚書》、《穀梁春秋》四經博士。（《漢
書‧宣帝本紀》）最嚴重的爭議，則是漢哀帝建平元年（西元前
6）劉歆〈讓太常博士書〉，從此引發經學今古文之爭。劉歆認
爲，三代以降的外王之道，惟有孔子傳承，而孔子所傳之道，
是在其修訂經典之中，是以研讀經典，目的是尋求此道。「道—
孔子—經典」是一源流結構，後代學者不可能回到古代，於是
僅能從流溯源，研究經典，冀能獲得三代之道。經典的意義是
如此重要，但其時博士，分文析字，煩言碎辭，既不能見到經
典所載之道；信口說而背傳記，是末師而非往古，也不能回到
古代文化傳統；漢代流傳經典殘缺不全，意謂道也殘缺不全，
博士也不肯承認。至此經典的意義，完全喪失。綜觀劉歆與博
士的爭議，論及經典文字異同、篇卷先後次序、是否傳承孔子
之道、應否列於學官，但並未爭論眞僞，更未指責對方所傳經
典爲僞。日後歷次爭論，也著重在《公羊》、《穀梁》何者義較
長，能傳《春秋》，而非眞僞之爭。

第一節 皮錫瑞經典觀

一、今古異同

皮錫瑞並未判定今古文經典眞僞，而是從文字異同說明今

古文經典意義，更未認爲劉歆僞造古文經典：

> 兩漢經學有今古文之分。今古文之所以分，其先由於文
> 字之異。今文者，今所謂隸書，世所傳熹平石經及孔廟
> 等處漢碑是也。古文者，今所謂籀書，世所傳岐陽石鼓
> 及《説文》所載古文是也。隸書，漢世通行，故當時謂
> 之今文，猶今人之於楷書，人人盡識者也。籀書，漢世
> 已不通行，故當時謂之古文，猶今人之於篆、隸，不能
> 人人盡識者也。(《經學歷史·經學昌明時代》，頁82)[4]

今古文之分，最初僅是今古文字不同，今古文字不同則是字形
演變的緣故；不同時代採用不同字形，造成辨識上的困難；於
是將前代所用字形稱爲古文，漢代所用字形稱爲今文。這大概
是漢代經學今古文分別最初的形態。文字脫落、篇次有異、卷
數不同等爭論，除《尚書》外，皮錫瑞幾乎不論及。這是因爲
今古文《尚書》確有僞造情事，其餘經典，仍肯定其價值：

> 今古文皆述聖經，尊孔教，不過文字説解不同而已，而
> 其後古文家之橫決，則有不可訓者。(《經學歷史·經學
> 昌明時代》，頁88—89)

皮錫瑞指出今古文均傳述孔門之學，只是説解不同，而非版本
不明、學者僞造。但以經典説解不同，解釋今古文異同，並不
能説明西漢今文博士分立情況，今文博士分立即表示今文學內
部説解也有不同。皮錫瑞對此的解釋是：

---

[4] 另見《經學通論·書經·論漢時今古文之分由文字不同亦由
譯語各異》(臺北：臺灣商務印書館，1989 年 10 月)，卷 1，頁
49。

> 惟齊、魯、韓《詩》本不同師，必應分立；若施讎、孟
> 喜、梁丘賀同師田王孫；大小夏侯出張生，張生與歐陽
> 生同師伏生，夏侯勝、夏侯建又同出夏侯始昌；戴德、
> 戴聖同師后倉；嚴彭祖、顏安樂同師眭孟，皆以同師共
> 學而各顓門教授，不知如何分門，是皆分所不必分者。(《經
> 學歷史・經學昌明時代》，頁68) [5]

亦即除《詩》本就師說不同，可以分立外，其餘《易》、《書》、
《禮》、《春秋》經典，不應分立博士。皮錫瑞雖以「分所不必
分」、「分立博士，有不可解者」指責漢代今文博士分立，但今
文博士分立是事實，不能僅以負面評論分析這一現象。其背後
所代表的意義，可能正是皮錫瑞所云「說解不同」，這不只是今
古文經之間的問題，也是今文經內部的問題。皮錫瑞應了解這
一困境，所以一再強調：

> 解經以最初之說為主。(《經學通論・易經・論重卦之人
> 當從史遷揚雄班固王充以文王》，卷1，頁4) [6]

---

[5] 另見《經學通論・易經・論傳經之人惟易最詳經義之亡惟易
最早》，卷1，頁16，《經學通論・書經・論伏傳史記之後惟白
虎通多引今文兩漢書及漢碑引書亦皆漢時通行之本》，卷1，頁
59，《經學通論・詩經・論三家大同小異史記儒林列傳可證》，
卷2，頁24，《經學通論・三禮・論鄭注禮器以周禮爲經禮儀禮
爲曲禮有誤臣瓚注漢志不誤》，卷3，頁6。
[6] 類似意見尚有《經學通論・詩經》〈論詩有正義有旁義即古義
亦未盡可信〉，〈論以世俗之見解詩最謬毛詩亦有不可信者〉，卷
2，頁2，19。

正因儒者未能跟從最初經說，所以才導致日後經說紛歧。如果
能服從最初經說，儒者皆能盡通經術：

> 經定自孔子，傳自漢初諸儒，使後世學者能恪遵最初之
> 義，不惑於後起之說，逕歸一途，門戶不分，不難使天
> 下生徒皆通經術。(《經學通論・書經・論尚書義凡三變
> 學者各有所據皆不知專主伏生》，卷2，頁70)

這一講法實已預設孔子思想固定不變；弟子能完整掌握孔子學
說。觀察《論語》記載，孔子對同一問題，經常在不同情境，
而有不同答案，亦即問題與答案之間，必須插入情境：或是發
問人性格不同，或是歷史局勢有異。如執其一端，何能窺其全
豹。至於第二項預設，更是無視於理解的多元發展，文本與解
釋之之間，則須插入解釋者，解釋者師承淵源、時代環境、個
性特質，均會使同一文本有不同解釋。然而，何謂最初之說？
誰能代表最初之說？最初之說是否正確？如何判定最初之說正
誤？凡此，皮錫瑞均未能解答。仍執持師說有無，分別今古文
異同。其實師法有無，就是最初之說的變相，而家法繁多，也
說明解釋的多元發展：

> 前漢重師法，後漢重家法。先有師法，而後能成一家之
> 言。師法者，溯其源，家法者，衍其流也。(《經學歷史・
> 經學極盛時代》，頁139)

據皮錫瑞分析，解經只要服從最初之說，即無疑義；師法既是
家法之源，即是最初之說，依理不應有異說，但終究發展成家
法，且源一流百，師有數家，家再分家。這就說明經典理解過
程，會隨著時空、學派、學者而有不同的解釋，不可能強求為
一。不止如此，經典意義，就在此一過程中愈加豐富深刻。觀

169

察皮錫瑞對今古文評價，並非完全不知此理：

> 凡今古學之兩大派，皆魯東家之三四傳。(《經學歷史・
> 經學流傳時代》，頁 47)

今古之學，不但均傳自孔子，而且以爲：

> 西漢今文，千得豈無一失；東漢古文，千失豈無一得。(《經
> 學通論・書經・論劉逢祿魏源之解尚書多臆說不可據》，
> 卷 1，頁 99)

今古文各有得失，雖不無貶抑古文，但承認今古文均是孔子之
學，今古文是孔門後學對經典不同的體認。至此，今古文之爭，
是儒學內部的競爭，所爭者是何者能掌握經典本義。皮錫瑞對
此問題，再度回到師說有無的立場：

> …古文不如今文，一有師承一無師承…。(《經學通論・
> 書經・論庸生所傳已有脫漏足見古文不如今文中古文之
> 說亦不可信》，卷 1，頁 73)

古文雖也傳承孔子之學，但與今文相較，並無確定師承，所以
激烈的指責：

> 今文早出有師說，古文晚出無師說。…有經而無師說，
> 與無經同。(《經學通論・書經・論古文無師說二十九篇
> 之古文說亦參差不合多不可據》，卷 1，頁 61) [7]

有師承即意謂有師說，經典的存在端視本義能否掌握，師說則
是經典本義的惟一判準，無師說的經典，不僅在於其說解不可
相信，更在於經典本身無存在的價值。今古文之爭，已從文字

---

[7] 另見《經學通論・易經・論以傳附經始於費直不始於王弼亦
非本於鄭君》，卷 1，頁 26。

不同，完全演變爲說解不同。[8]是以皮錫瑞對劉歆的評論，不同
於其前的劉逢祿、其後的康有爲，劉歆在經學史的地位，並不
是僞造群經，而是另創說解：

> 至劉歆始增置《古文尚書》、《毛詩》、《周官》、《左氏春
> 秋》，既立學官，必創說解，…非惟文字不同，而說解亦
> 異矣。（《經學歷史·經學昌明時代》，頁 83）[9]

古文經既立於學官，必有說解，其說解必有異於今文經。西漢
今文學與劉歆所創古文學，其中經說異同是分辨今古文學差異
的重要根據。

　　師承的有無，既關繫到經典優劣判斷與存在價值，師說內
容則是首要理解的問題。皮錫瑞一如乾嘉學者，治經宗法漢學，
但其所謂漢學卻是西漢經今文學，主要內容就是微言大義，師
說正是傳承此微言大義：

> 治經必宗漢學，而漢學亦有辨。前漢今文說，專明大義
> 微言，後漢雜古文，多詳章句訓詁。章句訓詁不能盡饜
> 學者之心，於是宋儒起而言義理。此漢、宋之經學所以

---

[8] 日後金德健也採取此一說法，指出漢代學術史上的今古問題，
是由文字版本上不同，引發學派經說上不同，所以會如此，是
今古二家所處時代不同，思想變遷所致，見《經今古文字考·
序》（濟南：齊魯書社，1986 年 10 月），頁 1—21，論點見頁 3
—4。

[9] 另見《經學歷史·經學中衰時代》（臺北：藝文印書館，1987
年 10 月），頁 166，《經學通論·書經·論古文無師說二十九篇
之古文說亦參差不合多不可據》，卷 1，頁 61。

> 分也。惟前漢今文學能兼義理訓詁之長，武、宣之間，
> 經學大昌，家數未分，純正不雜，故其學極精而有用。(《經
> 學歷史・經學昌明時代》，頁 85)

微言大義就存在於六經之中，而且是孔子所傳；或者說孔子制
作六經，其中隱藏其理想所在，此一理想即是微言大義；後學
欲明了孔子理想，就必須跟隨老師鑽研究經典，掌握微言大義，
進而逆探孔子眞意。經學研究，最終目的就是理解孔學眞貌，
並以此經世致用。但是古文學破壞這一傳統：

> 孔子所定六經，皆有微言大義，自東漢專講章句訓詁，
> 而微言大義置不論，今文十四博士師傳中絕，聖經宗旨
> 闇忽不章。(《經學通論・詩經・論先魯後殷新周故宋見
> 樂緯三頌有春秋存三統之義》，卷 2，頁 48) [10]

古文學只重訓詁，微言大義不講，聖經宗旨即不彰，微言大義
等同於聖經宗。微言大義的地位居然如此之高。皮錫瑞雖云六
經皆有微言大義，詳究其實，僅能在《春秋》中尋得，更嚴格
而言，僅能在《公羊傳》求得。其內容是：

> 《春秋》有大義有微言，所謂大義者，誅討亂賊以戒後
> 世是也；所謂微言者，改立法制以致太平是也。(《經學
> 通論・春秋・論春秋大義在誅討亂賊微言在改立法制孟
> 子之言與公羊合朱子之注深得孟子之旨》，卷 4，頁 1)
> [11]

---

[10] 另見《經學歷史・經學極盛時代》，頁 134，140，142—143。

[11] 另見《經學通論・春秋》〈論存三統明見董子書並不始於何休
據其說足知古時二帝三王本無一定〉，卷 4，頁 7，〈論春秋爲後

誅討亂賊，在《公羊傳》容或有之，但改立法制，則不見於《公羊傳》，而是見於董仲舒《春秋繁露》：張三世見〈楚莊王〉，通三統見〈三代改制質文〉，異內外見〈王道〉。司馬遷《史記》〈太史公自序〉、〈孔子世家〉有所發揮。何休則本之以注《公羊傳》。在解釋紀子伯爲何人時，並云：「《春秋》有改周受命之制，孔子畏時遠害，又知秦將燔《詩》、《書》，其說口授相傳，至漢公羊氏及弟子胡毋生乃始記於竹帛，故有所失也。」（《公羊傳解詁·隱公二年》，卷2，頁3）由是可知，微言大義，在《公羊》學傳統是經由口授師傳而得。所以微言大義、口授師傳、聖經宗旨，三者密不可分。而誅討亂賊、改制立法等，尤爲微言大義核心，這就是古文學與今文學的區別。皮錫瑞認爲解經應以最初之說爲主，強調師傳口授，今文學能得孔子眞傳，貶抑古文學，皆可由此理解。

二、經史異同

錢大昕不以《春秋》有微言大義爲然，嘗云：「《春秋》，褒貶善惡之書也。其褒貶奈何？直書其事，使人之善惡無隱而已矣。曰崩、曰薨、曰卒、曰死，以其位爲之等。《春秋》之例，

世立法惟公羊能發明斯義惟漢世能實行斯義〉，卷4，頁13—14，〈論春秋有現世主義有未來主義義在尊王攘夷而不盡在尊王攘夷〉，卷4，頁25，〈論杜預專主左氏似乎春秋全無關係無用處不如啖趙陸胡說春秋尙有見解〉，卷4，頁73，《春秋講義》（上海：上海古籍出版社影印清宣統元年鉛印本，續修四庫全書經部第153冊，1995年3月），卷下，頁1。

書崩書薨書卒而不書死。死者，庶人之稱，庶人不得見於史，故未有書死者。此古今史家之通例，非褒貶之所在，聖人不能以意改之也。」（《潛研堂文集·春秋論》，卷 2，頁 17）考論其意，直書其事，即可見褒貶，至於崩薨卒死，不過是依身分禮制書之，並未有特殊意涵。所以又云：「聖人修《春秋》，述王道以戒後世，俾其君爲有道之君，正心修身，齊家治國，各得其所，又何亂臣賊子之有！若夫篡弒已成，據事而書之，良史之職耳，非所謂其義則竊取之也。」（《潛研堂文集·答問四》，卷 7，頁 83）這是明白否定《春秋》大義，此義如經確定，《春秋》等同於史書，並無聖人制作大義，《春秋》價值不再。劉逢祿反駁：「錢氏以《春秋》無書法也，則隱之不葬、桓之不王、宣之先書、子卒不日，胡爲者？公夫人姜氏如齊，去及；夫人孫於齊，去姜氏；夫人氏之喪至自齊，去姜，胡爲者？仲遂在所聞世，有罪不日；意如在所見世，有罪無罪例日；皆以其當誅而書卒，見宣、定之失刑獎賊也。」（《劉禮部集·春秋論上》，卷 3，頁 16）劉逢祿認爲如《春秋》僅是直書其事，則無法解釋書不書的現象，勢須從書不書的現象去探究經義。更云：「無三科九旨則無《公羊》，無《公羊》則無《春秋》，尚奚微言之與有。」（《劉禮部集·春秋論下》，卷 3，頁 20）經史之爭，焦點在《春秋》性質的認定，究竟是據事直書抑或有微言大義。此一爭論，已顯示《春秋》研究，已遭史學挑戰。

俞正燮（乾隆 40 年—道光 20 年，1775—1840）指斥：「尋《公羊傳》實無所謂三科九旨及天牲誅絕、公孫齊誅絕野言。」又云：「《春秋左傳》，萬世之書也；《公羊傳》，漢廷儒臣通經用干祿之書也；何休所說，漢末公府掾致用干祿之書也。」（《癸

巳存稿・公羊傳及注論》，卷 3，頁 15—16，續皇清經解諸經總
義類彙編）兪正燮此論否認三科九旨之說，亦即根本否認《公
羊》學傳承。所以皮錫瑞針鋒相對反擊：「請爲更正之曰：《公
羊傳》，經學也，一字褒貶，孔子作《春秋》之義，本如是也。
《左氏傳》，史學也，據事直書，不立褒貶，雖不傳《春秋》，
而書不可廢也。兪氏所說，乃不通義、不合史事、疑誤後學之
妄言也。」（《經學通論・春秋・論兪正燮說春秋最謬乃不通經
義不合史事疑誤後學之妄言》，卷 4，頁 91）。[12]錢大昕通論《春
秋》，兪正燮專論《公羊》，都直指《公羊》學核心。[13]

---

[12] 另見〈駁兪理初公羊傳及注論〉，《經訓書院自課文》（光緒 19
年師伏堂刊本，師伏堂叢書，臺北：臺灣大學研究圖書館藏），
卷 3，頁 31—34，本文較《經學通論》加詳。

[13] 余英時說乾嘉時代經學獨尊，史學不振，致錢大昕、章學誠
起而爭取史學自主性，見〈章實齋與柯靈烏的歷史思想〉，《歷
史與思想》（臺北：聯經出版公司，1976 年 9 月），頁 167—221，
引述見頁 204—205；艾爾曼（Benjamin A. Elman）指出錢大昕、
王鳴盛、章學誠的史學思想，所代表的意義是經學與史學的對
立，見《經學、政治和宗族—中華帝國晚期常州今文學派研究》
（南京：江蘇人民出版社，趙剛譯，1998 年 3 月），第 7 章，〈劉
逢祿與今文經學〉，頁 149—178，引述見頁 158—159；艾爾曼
另一部著作也指出章學誠六經皆史說，將學術文化史也視爲史
學研究重要課題，見《從理學到樸學—中華帝國晚期思想與社
會變化面面觀》（南京：江蘇人民出版社，趙剛譯，1997 年 3
月），第 2 章，〈考據學派與共認的認識論觀點的形成〉，頁 27

另一路向是視經學全爲史學，根本不討論微言大義，章學誠（乾隆 3 年—嘉慶 6 年，1738—1801）清楚而有力的說：「六經皆史也。」（《文史通義·易教上》，內篇 1，卷 1，葉瑛：《文史通義校注》，頁 1）更確切的說：「愚之所見，以爲盈天地之間，凡涉著作之林，皆是史學。六經特聖人取此六種之史，以垂訓者耳。」（〈報孫淵如書〉，《文史通義》，外篇 3，卷 9，《章學誠遺書》本）經學在此思考下，已不能存在。皮錫瑞譏刺：「史學不可以談經。」並反駁：「豈知山巖晚出，本六國陰謀之書；端門受命，有三科九旨之義。」（〈書文史通義後〉，《師伏堂駢文》，卷 4，頁 9—11）由是觀之，微言大義，繫乎經學存續。

此所以皮錫瑞仍從微言大義討論經典意義，或者說從微言

—59，引述見頁 52。這一講法，源自江潘：「（錢大昕）嘗謂惠、戴之學盛行於世，天下學者但治古經，略涉三史，三史以下，茫然不知，得謂之通儒乎？所著《二十二史考異》，蓋有爲而作也。」見《漢學師承記·錢大昕》（北京：三聯書店，1998 年 6 月），頁 60—61。錢穆以爲江藩言而無徵，錢大昕乃通儒之學，見〈錢竹汀學述〉，《中國學術思想史論叢（八）》（臺北：東大圖書公司，1980 年 3 月），頁 243—263，引述見頁 257。案章學誠爭取史學自主意識強烈，但生前光華爲戴震所掩，學說不爲時所重，經學仍是其時主流，兩者對立，可能略嫌誇大，另參考錢穆：《中國近三百年學術史》（臺北：臺灣商務印書館，1980 年 1 月臺 7 版），第 9 章，〈章實齋〉，頁 380—428，論其影響見頁 415—416。但這一思想潛流至古史辨派而臻於高峰，經學完全變爲史學。

大義保證經學獨立性，並試圖互補經學與史學兩者偏蔽。微言
大義既然僅能在《春秋》中尋得，兩漢以降的傳統又以爲三傳
均解《春秋》，於是形成三傳之爭，何者最能掌握孔子原意。皮
錫瑞仍是以微言大義的有無，作爲判斷的準據：

> 綜而論之，《春秋》有大義有微言，大義在誅亂臣賊子，
> 微言在爲後王立法。惟《公羊》兼傳大義微言；《穀梁》
> 不傳微言，但傳大義；《左氏》並不傳義，特以記事詳贍，
> 有可以證《春秋》之義者。（《經學通論·春秋·論穀梁
> 廢興及三傳分別》，卷4，頁19）[14]

以此判準，《公羊》最近於孔子原意，《穀梁》次之，《左氏》僅
是記事詳贍，無預於微言大義。而在《公羊》、《穀梁》二傳中，
《穀梁》僅傳大義，所以地位不如《公羊》。微言／《公羊》、
大義／《穀梁》、記事／《左傳》，不僅性質有異，也是高下之
別。東漢以後，《左傳》漸取代《公羊》，西晉·杜預作《集解》，
主要淵源是：「劉子駿創通大義，賈景伯父子、許惠卿皆先儒之
美者也，末有穎子嚴者，雖淺近亦復名家，故特舉劉、賈、許、
穎之違，以見同異。」（〈春秋序〉，《左傳正義》，卷1，頁21）
劉歆（子駿）與古文經學關係密切，更是《左傳》學創始人，
賈徽（元伯，？—？）師事劉歆，賈逵（景伯，東漢光武帝建

---

[14] 另見《經學通論·春秋》〈論公羊左氏相攻最甚鄭何二家分左
右祖皆未盡得二傳之旨〉，頁 51，〈論公穀傳義左氏傳事其事亦
有不可據者不得以親見國史而盡信之〉，卷 4，頁 60—61，〈論
斷爛朝報之說不必專罪王安石朱子疑胡傳並疑公穀故於春秋不
能自信於心〉，卷4，頁71。

武 6 年─東漢和帝永元 13 年，30─101）悉傳父業，精通《左氏》學，許淑（惠卿，？─？）學術與劉歆相同，潁容（子嚴，？─？）善《左氏》，杜預所採，均是東漢以降《左傳》名家，且是劉歆一系《左傳》學。[15]孔穎達本之作《正義》，以爲「鄭衆、賈逵、服虔、許惠卿之等，各爲訓詁，然雜取《公羊》、《穀梁》以釋《左氏》」，「今校先儒優劣，杜爲甲矣」，並參考陳·沈文阿（梁武帝天監 2 年─陳文帝天嘉 4 年，503─563）《春秋左氏經傳義略》、隋·劉炫（梁武帝中大同 1 年？─隋煬帝大業 9 年？，546？─613？）《春秋述義》，以劉炫爲主，「據以爲本，其有疏漏，以沈氏補焉，若兩義俱違，則特申短見」。（〈春秋正義序〉，頁 2─3）[16]孔穎達《左傳正義》，遠祖杜預，近承劉炫，旁採沈文阿，集晉、南朝、隋代《左傳》學大成。日後爲科舉定本。《春秋》學，一如皮錫瑞所云是《左傳》學，而且是杜預之學。（《經學通論·春秋·論春秋是經左氏是史必欲強合爲一反致信傳疑

---

[15] 詳見程元敏：《春秋左氏經傳集解序疏證》（臺北：臺灣學生書局，1991 年 8 月），頁 69─70。

[16] 參考李師威熊：《中國經學發展史論》（臺北：文史哲出版社，1988 年 12 月），第 5 章，〈經學中衰與南北對立〉，頁 199─240，引述見頁 231，第 6 章，〈隋唐經籍及義疏之學〉，頁 241─284，引述見頁 244─245，261。又從東漢至唐代《左傳》學詳細敘述，可參考沈玉成、劉寧：《春秋左傳學史稿》，第 5 章，〈在今文經中脫胎─漢魏〉，頁 105─134，第 6 章，〈杜預集解和南北學風─兩晉南北朝〉，頁 135─167，第 7 章，〈從總結到轉變─隋唐〉，頁 168─198。

經》，頁 50）皮錫瑞判定《左傳》於《春秋》三傳中地位最下，
不僅一反傳統，且否定《左傳》傳經。對與《左傳》關係密切
的劉歆，皮錫瑞並未判定其作偽，只是指出：

> 《左氏》不傳《春秋》，本無義例，劉歆治《左氏》，引
> 傳文以解經，始有章句義理，杜預排斥二傳，始專發《左
> 氏》義，劉歆、杜預之義明，而孔子《春秋》之義隱。(《經
> 學通論‧春秋‧論公穀傳義左氏傳事其事亦有不可據者
> 不得以親見國史而盡信之》，卷 4，頁 60—61）[17]

從劉歆引傳文以解經，《左傳》才有章句義理；從杜預注《左傳》，
《春秋》與《左傳》始結合。劉歆以降的《左傳》學傳統，與
董仲舒、何休代表的《公羊》學傳統，二者的對諍，皮錫瑞是
以經學、史學之別處理：

> 解《春秋經》，須先明經與史之分。史是一朝作史，據事
> 直書，不立褒貶，是非自見。經是為萬世作經，立法可
> 以常行，必有褒貶以明義例。經史二體，判然不合。(《春
> 秋講義》，卷上，頁 32）[18]

經學作者有其理想，借著歷史事件，託寓立法改制，並以褒貶
表達作者價值判斷；史學則是作者記載事件，事件的是非，就

---

[17] 另見《經學歷史‧經學昌明時代》，頁 78。
[18] 另見《經學通論‧春秋》〈論春秋是作不是鈔錄是作經不是作
史杜預以為周公作凡例陸淳駁之甚明〉，卷 4，頁 2，〈論孔子作
春秋以闢邪說不當信劉歆杜預反以邪說誣春秋〉，卷 4，頁 44，
〈論公穀傳義左氏傳事其事亦有不可據者不得以親見國史而盡
信之〉，卷 4，頁 60—61，《經學歷史‧經學統一時代》，頁 234。

在敘述中顯現，無所謂褒貶，更不存在作者的理想。經史以此
理論區別，自是簡單明瞭，而這仍是微言大義的延續。以經學
論，借史以爲寄託，並可爲萬世法，作者屬誰，不言可喻；歷
史事件要能寄寓立法改制，事件與微言之間，仍須有相當程度
連繫，不能任意比附；意義如此深刻，讀者解讀勢須依循一定
方法。以史學論，作者雖不必如經學作者，地位崇高；但亦須
客觀記載，無視外在威脅利誘，秉筆直書；刊落內在好惡，據
事記載；讀者自能理解其中是非。不論經史，上述問題均面臨
困境，這是預設與保證：預設作者確如我們所想，懷抱遠大、
膽識兼俱；預設作品正與作者理想接筍、自明其義；預設讀者
可以讀出作者本意、是非善惡。皮錫瑞所以不斷強調孔子制作
六經、《春秋》是經非史、《公羊》能傳其義、讀《春秋》須以
借事明義讀之等，都是在此一困境下必須的解釋。

　　經史分立，各有其論究的對象、內容、方法，彼此領域，
既有不 同，也有重疊，而不相衝突。《公羊》、《左傳》也緣之
分立，價值不相混淆。董仲舒、何休與劉歆、杜預，則位於不
同學術地位，不相比擬。經今古文的爭論，至此由對立、競爭，
轉爲相互補足：

> 《春秋》重義不重事，治《春秋》者，當先求《公》、《穀》
> 之義，而以《左氏》之事證之，乃可互相發明，不至妄
> 生疑難。…引《左氏》之事以證《春秋》之義可也，據
> 《左氏》之義，以爲《春秋》之義不可也。(《經學通論·
> 春秋·論公穀傳義左氏傳事其事亦有不可據者不得以親
> 見國史而盡信之》，卷4，頁60)

可以《左傳》之事分析《春秋》之義，但不得以《左傳》之義

爲《春秋》之義，《春秋》之義仍須在《公羊》、《穀梁》求之。
經史之爭既是微言大義的延續，而在微言與大義之間，所重視
者是微言：

> 學者試取董書〈三代改制質文篇〉，深思而熟讀之，乃知
> 《春秋》損益四代，立一王之法，其制度纖悉具備，誠
> 非空言義理者所能解也。（《經學通論·春秋·論存三統
> 明見董子書並不始於何休據其說足知古時二帝三王本無
> 一定》，卷4，頁8）

大義是在褒貶歷史人物、事件，雖能有懲戒作用，但往者已矣；
借著褒貶所建立的義法，進而以之構成完美世界，臻人間於太
平，才能徹底根絕各種不義之行爲。借歷史以立法制，據往古
以指向未來，惟孔子方有此資格。

三、經典作者

皮錫瑞撰《經學歷史》，開宗明義即云：

> 經學開闢時代，斷自孔子刪定六經爲始。（《經學歷史·
> 經學開闢時代》，頁1）

這自是經今文學者通說，固可將之視爲信念，但僅以信念說明
此一現象，並不能深入理解皮錫瑞何以如此堅定認爲孔子制作
六經，孔子制作六經與經學的關連，經學與文化開展之間的連
繫：

> 故必以經爲孔子作，始可以言經學，必知孔子作經以教
> 萬世之旨，始可以言經學。（《經學歷史·經學開闢時代》，
> 頁9）

孔子—經典—經學—經典教學，是不可分割的結構，經典並不

是客觀存在，自始即置放於彼處，後人可自明其價值，因而禮
敬崇拜；而是經過聖人制作改編，且經教育傳播後，後人才可
認識經典的價值。亦即經典價值不是「自明」，而須我們優游涵
泳於其中，「證明」其價值，經典不在「彼」而在「此」。至於
孔子制作六經的意義，皮錫瑞並引述陸賈、《白虎通》之語：

> 陸賈《新語・道基》篇亦云：「先聖仰觀天文，俯察地理，
> 圖畫乾坤，以定人道，民始開悟，知有父子之親、君臣
> 之義、夫婦之道、長幼之序，於是百官立，王道乃生。」
> 《白虎通》暢其説云：「古之時未有三綱六紀，民人但知
> 其母而不知其父，能覆前不能覆後，臥之去去，起之吁
> 吁，飢即求食，飽則棄餘，茹毛飲血而衣皮葦。於是伏
> 羲仰觀象於天，俯察法於地，因夫婦，正五行，始定人
> 道，畫八卦以治天下。」（《經學通論・易經・論伏羲作
> 易垂教在正君臣父子夫婦之義》，卷 1，頁 3）[19]

文化未開創以前，世界是一混沌狀態，人與人之間，未有倫序
之別，人本身完全是原始存在，渴則飲，饑則食，生存是人存
在的唯一理由。但人不可能只是爲了生存而存在，一如野獸。
改變此一初始狀態，有待先聖畫卦，自是之後，世界才從混沌
原始發展至充滿人倫秩序，人文世界於焉形成。皮錫瑞並引焦

---

[19] 陸賈語見《新語・道基》（北京：中華書局，王利器校注，1986
年 8 月），頁 9；《白虎通》語見陳立：《白虎通疏證・號・三皇
五帝三王五伯》（北京：中華書局，吳則虞點校，1994 年 8 月），
頁 51，又其原文是「畫八卦以治下，下伏而化之」，非「畫八
卦以治天下」。

循之言：「學《易》者必先知伏羲未作八卦之前，是何世界，伏羲作八卦重爲六十四，何以能治天下，神農、堯、舜、文、周公、孔子，何奉此卦畫爲萬古修己治人之道。」因爲經歷這一過程後，世界不僅是客觀存在，只是生存的憑藉，更給予我們世界觀，而有精神的嚮往，從生存提升爲生命，提振我們生命的層次。人文創設是如此困難而崇高，所以古代聖人或多或少均具有神聖性格，而被後人膜拜。然而伏羲畫卦，只是文化發展的最初階段，全面建立禮樂世界，並指出未來文化發展，則是孔子之功。所謂：「伏羲漸近文明，周爲文明之極。」（《經學通論・三禮・論禮雖繁而不可省即昏喪二禮可證》，頁 20）這一文明之極的關鍵人物，在皮錫瑞看來，即是孔子：

> 《易》自孔子作卦、爻辭、彖、象、文言，闡發義、文之旨，而後《易》不僅爲占筮之用；《春秋》自孔子加筆削褒貶，爲後王立法，而後《春秋》不僅爲記事之書。（《經學歷史・經學開闢時代》，頁 2）

原始典籍經過孔子賦予特殊意涵，開創新文化、制度，足爲後世模範；時移世異，再度面臨變革之時，孔子所建立的微言大義，仍可指出未來發展方向。

第二節　廖平經典觀

一、今古異同

廖平區分今古學異同，雖以制度不同說爲其最大創見，但仍指出今古不同，最初是文字不同：

> 至于劉歆校書得古文，古學愈顯。世以孔壁所出經皆古

> 字，別異于今學，號曰古經，與博士本並行。至後漢，
> 而今古之名立矣。(《今古學考·漢藝文志今古學經傳師
> 法表》，卷上，《廖平選集（上）》，頁 37)

「古文」、「古字」、「古經」、「古學」平列，且與「今學」相對，
由此可以推知，今古學之異與文字之異有相當關連，但廖平並
未進一步申說其中關係。原因應在以文字別今古，本就不是廖
平經學重心：

> 但以文字論，今與今不同，古與古不同。即如《公》、《穀》，
> 齊、魯、韓三家，同爲今學，而彼此歧出，又如嚴、顏
> 之《公羊》，同出一師，而經本各自不同。故雖分今古，
> 仍無歸宿。(《六變記·四益館經學四變記·初變記》，《廖
> 平選集（上）》，頁 547)

廖平已發現，同屬今學，《公羊》、《穀梁》所傳《春秋》經文，
文字有異同；同爲一經，《公羊》衍爲嚴、顏二派，《詩》衍爲
齊、魯、韓三派。研究三傳所傳《春秋》異文，清·趙坦（？
—道光 4 年，？—1824）《春秋異文箋》，以方言語殊、音近通
假、文字殘脫、古音通轉等解釋異文；其後李富孫（乾隆 29 年
—道光 23 年，1764—1843）《春秋公羊傳異文箋》也從音近字
移、同聲假借等說明《公羊傳》異文。[20]文字異同，確可影響經

---

[20] 參考趙坦：《春秋異文箋》，收入《皇清經解》（臺北：藝文印
書館影印皇清經解春秋類彙編第 1 冊，1986 年 9 月），卷 1303
—1315，李富孫：《春秋公羊傳異文釋》，收入《續皇清經解》（臺
北：藝文印書館影印續皇清經解春秋類彙編第 4 冊，1986 年 9
月），卷 571。陳新雄全面分析《春秋》異文的原因有語言緩急

典解釋，若以此不同，說明經學流派，則有難以索解之處，漢代《公羊》學發展至西漢中期，有嚴、顏之學：「嚴彭祖，東海下邳人也，與顏安樂俱事眭孟，孟弟子百餘人，唯彭祖、安樂爲明，質問疑義，各持所見，孟曰：『《春秋》之義，在二子矣。』孟死，彭祖、安樂各顓門教授，由是《公羊春秋》有嚴、顏之學。」(《漢書‧儒林傳》)「質問疑義，各持所見」，至少有三種情形，一是文字之異，二是因文字之異而生的解釋之異，三是與文字無關，純粹是對經典理解不同，而「《春秋》之義，在二子矣」，也可說明經典意義是嚴、顏爭論核心，而非文字。其後顏安樂（？—？）一系又有泠豐（？—？）、任公（？—？）、筦路（？—？）、冥都（？—？）四家學，凡此均可證明經典是以開放型態存在，而非封閉型態，不同讀者會讀出不同意義。

之殊、同音通假、形音俱近、義近、音近相轉、字同體異、傳寫而誤、形似而誤、字形殘脫、脫文、衍文、名字相異、本名別稱、形近而誤、避諱而改、地有二名、魯人語音之殊，見《春秋異文考》(臺北：嘉新水泥公司文化基金會研究論文第 26 種，1964 年 11 月)，〈春秋異文表〉，頁 241—263。金德建則以今古文觀念，分析《春秋》異文，歸納所析，《左傳》之《春秋經》是古文本，《公羊》是今文本，《穀梁》是不今不古本，見《經今古文字考‧二‧春秋經三家異文今古文分別考》，頁 26—41，主要論點見頁 26, 39。但根據金德建分析，今古之分也非涇渭分明，而是《左傳》古文多於今文，《公羊》今文多於古文，《穀梁》今古各半。也可證明本文論點，經今古文之爭，除文字、篇卷外，經典意義解釋更是爭論重心。

文字既不能範圍今古爭論，廖平轉以制度分析今古之異：

> 乃據《五經異義》所立之今、古二百餘條，專載禮制，
> 不載文字，今學博士之禮制出於《王制》，古文專用《周
> 禮》，故定爲今學主《王制》、孔子，古學主《周禮》、周
> 公。然後二家所異同之故，燦若列眉，千谿百壑，得所
> 歸宿。(《六變記‧四益館經學四變記‧初變記》，《廖平
> 選集（上）》，頁 547─548)

許愼作《五經異義》，以《公羊》、《禮記》、夏侯、歐陽《尙書》、
《韓詩》爲今說，《周禮》、《左傳》、《毛詩》、《古文尙書》爲古
說，討論經說異同，以制度爲主，兼及名物。鄭玄認爲：「《周
禮》是周公之制，《王制》是孔子之後大賢，所記先王之事。」
(陳壽祺：《五經異義疏證》，卷 1248，頁 4，影印皇清經解諸
經總義彙編第 1 冊)《五經異義》，宋代亡佚，清代有數家輯本，
而以陳壽祺《五經異義疏證》最佳。廖平初分今古，即以陳本
爲據。(《今古學考‧五經異義今與今同古與古同表》，卷上，《廖
平選集（上）》，頁 38) 陳壽祺云：「周衰禮失，舊聞寖湮；或
疑文墜緒，傳皆錯出；或繁節縟理，儒者難言；況其後支裔益
分，門戶益廣，則五經焉得無異義哉。漢承秦燔之餘，學者不
見全經，經義多由口授，古文始出壁中，經生遞傳，各持師法，
寧固而不肯少變，斯亦古人之質厚，賢於季俗之逐波而靡也。
夫其一致百慮，殊塗同歸，豈謂一勺非江河之瀾，卷石非泰華
之壞乎。但去聖久遠，枝葉日蕃，不有折衷，奚由遵軌。」(《五
經異義疏證‧序》，頁 1) 經說之異，源自先秦，至漢不絕，其
因有五：一是周衰禮失，二是傳皆錯出，三是繁節縟理，四是
支派益分，五是今古之異。文字異同，只是其中之一。但經說

雖異，俱爲聖人遺意。許愼、鄭玄、陳壽祺所述觀念，均爲廖
平先導。但更易《王制》作者爲孔子。[21]論點轉移，是因原先理
論已無法解釋今古爭論現象，於是轉而運用新的觀念—制度，
期能有效且全面解釋今古之爭。以制度說經，是選擇的結果，
非如此不足以說明今古異同。

　　其後經學二變，尊今抑古，仍是在制度層面思考：

> 兩漢之學，《今古學考》詳矣，本可以告無罪於天下。惟
> 一經之中，既有孔子、周公兩主人，典禮又彼此矛盾，
> 漢、唐以下儒者，所以有經說及《典》、《考》政治諸書，
> 又於其中作調人，牽連附會。以《周禮》爲姬公之眞書，
> 《王制》爲博士所記，與《周禮》不合，又以爲夏、殷
> 制。(《六變記・四益館經學四變記・二變記》，《廖平選
> 集（上）》，頁 548)

經典作者，既有周公又有孔子；制度彼此矛盾；漢儒以夏、殷
制與周制爲說。這些問題，可歸納爲文獻與歷史二部領域。前
者在研究作者、眞僞、流衍等；後者在探討古代制度演變。廖
平不此之圖，以爲上述問題造成經學研究困擾，必須定於一尊，
方能確立經學價值：

---

21 但制度異同並未如廖平所云，燦若列眉，如分天下土地爲九
　等賦稅，陳壽祺即指出《左傳》九等，據國中山林至衍沃之地
　言之，《周禮》九等，則據授民地肥瘠言之，見《五經異義疏證》
　（臺北：藝文印書館影印皇清經解諸經總義類彙編第 1 冊，1986
　年 9 月），卷 1248，頁 3。同屬古說，同一制度，表面相同，背
　後觀念不同。此例或可說明今古之分，未必涇渭分明。

> 於是考究古文家淵源，則皆出許、鄭以後之僞撰。所有
> 古文家師說，則全出劉歆以後據《周禮》、《左氏》之推
> 衍。又考西漢以前，言經學者，皆主孔子，並無周公，
> 六藝皆為新經，並非舊史。(《六變記‧四益館經學四變
> 記‧二變記》，《廖平選集（上）》，頁 549)

爲確立經學神聖性格，一以孔子創作六經爲說，然而即主此說，
孔子所作，不必然是今文經典，也可以是古文經典，廖平認定
孔作六經是今文經典，必須從今文經說內容說明，素王改制、
三世理想等，是重要關鍵。至於懷疑古文經典爲僞，則不乏前
例。二者結合，形成尊今抑古經學思想。古文經典爲僞作，並
非文獻發現重大證據，可資明經典有造僞現象；正好相反，是
在思路發展下指出一部分文獻爲僞，目的是證明另一部分文獻
爲眞。[22]與其探討何以爲僞，不如究明何以爲眞。以今古文之爭

---

[22] 如唐‧趙匡疑左氏非左丘明，四庫館臣即云：「蓋欲攻傳之不
合經，必先攻作傳之人，非受經於孔子。」所以左丘明是否親
受業孔子，眞正問題是《左傳》是否合乎《春秋》，見《四庫全
書總目》(北京：中華書局，1995 年 4 月)，卷 26，頁 210。如
改爲「蓋欲攻傳之僞，必先攻作傳之意，不合聖人」，正可描述
今文學者疑古文經爲僞的方法。余英時指出清初陳確考證《大
學》眞僞，是要解決義理系統困難，直指《大學》爲僞作，是
以簡單方法處理複雜問題；黃宗羲、黃宗炎、毛奇齡考證《易
圖》，是爲證明宋以後《易》學先天、太極諸圖是從道教傳來，
與儒家無關；閻若璩考證《古文尚書》，是尊程、朱而黜陸、王；
所以要檢查每一個考證學者的思想背景、宗派傳承，以得知其

的人核心人物劉歆爲例：

1 劉歆頌莽功德云：「發得周禮，以明因監。」可知《周禮》出於歆手，以爲新室制作。(《古學考》，條 22，《廖平選集（上）》，頁 124)

2 不知古學至東漢乃成，雖《左傳》出於先秦，然其書兼傳六藝，據《王制》立說，由劉歆立古學，援《左傳》以爲助，與《禮記》無異。(《古學考》，條 23，《廖平選集（上）》，頁 124)

3 歆〈移書〉猶以經歸孔子，以後報怨，援周公以與孔子爲敵，遂以《易》爲文王、周公作，《春秋》爲魯史，

考證有何超乎考證以上的目的，見〈清代思想史的一個新解釋〉，《歷史與思想》(臺北：聯經出版公司，1976 年 9 月)，頁 121—156，引述見頁 146，148，149。林師慶彰對上述考證，均有更詳細深入論辨，指出陳確考辨《大學》目的，在證明《大學》非聖人之書，尋求聖人之道，即不應從《大學》著手；黃宗羲考辨《易圖》，在掃除與聖人之旨不合的種種附會，黃宗炎考辨《易圖》，在發揚聖道，尋出《易圖》依託的根源；毛奇齡考辨《易圖》，在不使依託之書，竄入聖經；閻若璩考辨《古文尚書》爲僞的結果，證明「十六字心傳」是僞作，宋人道統觀頓失依據，見《清初群經辨僞學》(臺北：文津出版社，1990 年 3 月)，第 7 章，〈考辨大學〉，頁 359—386，引述見頁 379，第 3 章，〈考辨易圖〉，頁 65—123，引述見頁 91，98，107，第 4 章，〈考辨古文尚書〉，頁 125—249，引述見頁 248。考證學與思想史關係匪淺，由是可見。

《儀禮》出於周公，《書》為歷代史筆，《詩》國史所存，掃撥仲尼，致使潔身而去。東漢以後，雖曰治經，實則全祖歆説。(《古學考》，條 29,《廖平選集（上）》，頁 126)

4 劉歆報復博士，創為邪説，顛倒五經。(《古學考》，條 33,《廖平選集（上）》，頁 130)

5 王子雍與鄭君爭不勝，造偽書以自助；劉歆與博士爭不勝，改變古書以自助，其智同也。(《古學考》，條 34,《廖平選集（上）》，頁 130)

6 劉歆與今學為難，始改《逸禮》以為《周禮》，劉歆以前實無古學派也。(《古學考》，條 40,《廖平選集（上）》，頁 132)

7 古學始於劉氏，當移書博士時，所尊三事，皆為今學，不過求立《左氏春秋》、《佚書》、《佚禮》耳。惜博士膠固，擯不與同。及後得志，乃挾《佚禮》改《周禮》，今學諸經皆受其禍。(《古學考》，條 41,《廖平選集（上）》，頁 133)

8 後來欲攻博士，故牽涉周公以敵孔子，遂以《禮》、《樂》歸之周公，《詩》、《書》歸之帝王，《春秋》因於史文，《易傳》僅注前聖。…蓋師説浸亡，學者以己律人，亦欲將孔子説成一教授、老儒，不過選本多、門徒眾，語其事業功效，則虛無惝恍，全無實跡。豈知素王事業，與帝王相同，位號與天子相埒。(《知聖篇》，條 19,《廖平選集（上）》，頁 189)

9 劉歆乘隙而入，襲此説以改今學，以六藝為舊文，孔子直未造作，於是素王改制等説全變矣。(《知聖篇》，條

190

　　24，《廖平選集（上）》，頁 191）

　　10 孔子作五經，經皆全在，以為經秦火而有殘缺者，劉
　　歆以後之邪說，西漢所無也。(《經話》，甲編，卷 1，條
　　127，《廖平選集（上）》，頁 457）

據上引 3、4、5、7 諸條，劉歆建立古學，全在報復博士；據上
引 3、4、5、8、9 諸條，報復之法在改變經學師法，亦即視經
典為前代文獻，經典崇高地位不復已往；據 8、9 兩條，經學師
法在以孔子為素王，六經為改制之作。據上引第 10 條，孔子所
作經典全存，並未殘缺。至於爭議最烈的《周禮》，據上引 1、
6 兩條，是改《佚禮》而成；《左傳》據上引第 2 條，仍是先秦
典籍，只是劉歆引以為助。

　　綜合前述，劉歆最大之罪不過在顛倒五經，至目之為邪說，
根源正在視孔子為學者傳經，而非素王改制。即如廖平所言，
建立古學，只是報復博士，但古學如無學術價值，何能以為對
抗博士之學的工具；立古學於學官，今學未廢，也甚難稱之為
報復；劉歆報復博士的動機、過程、方法、目的等，廖平亦未
舉出文獻證據；改《佚禮》為《周禮》，也是推測之詞；在廖平
筆下，劉歆是報復博士、迎合王莽的學者；但是廖平根本未指
出劉歆偽造群經。

　　聖人之學，既存於典章制度，但歷經乾嘉以降的典制研究，
不但未達到原先預設的目的—通經致用，反而陷溺於名物訓詁，
無關乎國計民生，另闢新途，重解孔子，勢所必須，孔子為漢
立法說，尤其是《公羊》學一系素王改制說，正合其時所需。
攻劉歆、駁古學，是為「證明」經今文學的正當與合法，回復
經典「真相」。這一真相，即是廖平一再宣稱孔子的素王事業，

而素王事業就以制度爲核心。

經學二變尊今抑古，今學爲經學，古學爲史學；經學三變古大今小，古學回復經學地位；今學專治中國，古學擴及海外。經學四變論天人，人學論六合以內，天學論六合以外。經學五變、六變，承四變而來，探究人的終極歸宿。經學六變，論點雖有不同，但方法卻一貫，始終以制度討論今古、天人問題。平分今古是周公制與孔子制的分別，尊今抑古是獨尊素王改制，古大今小是《周禮》治海外、《王制》治中國，天學人學是人間制度與諸天制度的不同。

六變之學：「海內學者略窺先祖之學皆逮一二變而止，三變以後冥心獨造，破空而行，知者甚鮮。五變六變語益詭、理益玄，舉世非之，索解人不得，雖心折者不能贊一辭，胡適之至目爲方士。澤以莫測高深，亦未敢苟同。」（廖宗澤：〈六譯先生行述〉，廖幼平編：《廖季平年譜》，頁 88）廖平四變以後之學，舉世非之，胡適目爲方士，其孫廖宗澤也不敢苟同，推原論始，除以文字分今古、制度貫五經外，並以翻譯釋經典：

> 今古本之異同，翻譯也；三《傳》之異文，四家《詩》
> 之異文，翻譯也；今文與今文異，古文與古異，翻譯也；
> 引用經字隨意改寫，翻譯也；同說一事，語句不同，翻
> 譯也；詳略不同，大同小異，翻譯也；重文疏解，稱意
> 述義，翻譯也。苟能盡翻譯之道，則又何書之不可讀哉？
> （《經話》，甲編，卷 1，條 30，《廖平選集（上）》，頁 411）

文字、語句、疏解、版本不同，全視爲翻譯不同，廖平所謂「翻譯」，並非不同文字符號互換，借甲符號理解乙符號，而是經典

192

解釋。[23]廖平屢言「聖作賢譯」(《知聖篇》，條 11，39，41，《廖平選集（上）》，頁 182，199，201)，或「聖作賢述」(《經話》，乙編，條 24，《廖平選集（上）》，頁 531)，是以翻譯有特殊意涵，是對聖人與經典的解說。不敢以聖人自居，於是以譯者或述者自居，亦即以賢者自居，貌似謙虛，實則自負。賢者既位於聖凡之間，傳譯之際，理應客觀，以凡人理解符號，說明聖人與經典深刻意涵，翻譯初即此意，然實際過程卻非如此：

> 作謂聖，述謂賢；求賢易，求聖難；求聖不言之意，則尤難矣。誰得未言之隱耶。(《經話》，甲編，卷 2，條 12，《廖平選集（上）》，頁 474)

述譯聖言，自以作品爲主，作品所未言，不應任加推論，失其本眞。但廖平卻強調聖人不言之意，既是聖人所不言，何能斷爲聖人之意？提升譯者與聖人同級，或可理解聖人原意：

> 說經要略識聖人胸，置身三代上，漢、宋皆有未盡。(《經話》，甲編，卷 2，條 9，《廖平選集（上）》，頁 473)

---

[23] 龔自珍嘗以翻譯比擬今古文之異，但並不意謂今古文之異等同於翻譯，細繹龔自珍之意即可知：「今文古文同出孔子之手，一爲伏生之徒讀之，一爲孔安國讀之。未讀之先，皆古文矣；既讀之後，皆今文矣。惟讀者人不同，故其說不同，源一流二，漸至源一流百。」見〈大誓答問第二十四—總論漢代今文古文名實〉，《定盦文拾遺》，頁 50，《龔定盦全集》（臺北：新文豐出版公司，1975 年 3 月），源一流百，只能存在於解讀不同，翻譯字或有異，意必類同。廖平此一講法，可能源自龔自珍，並附一己創見。

讀者向作者逼近，意謂賢者與聖人難以明確畫分，或多或少形成主客交融、聖賢合一的境界。賢者本自居於譯者，期以舌人之姿傳達聖人之姿，此時不免代聖立言，甚且以聖人自居。宣說聖言，即宣說自身，反之，宣說自身，即以爲宣說聖言。解經者在此一過程中，不知不覺化身爲聖人，所以要推倒漢、宋，以爲猶有未盡。舉世非之，不以爲意，聖人焉能貶同於凡人？廖平的自信自得，胥與此相關。

二、經史異同

以文字別今古、以制度貫五經、以翻譯釋經典，最後指向，不僅僅是今古文之爭，更蘊涵經史之爭：

> 今以「立言」二字說之，「言」爲空言，非舊史，「立」爲自造，非鈔胥。故經書皆爲後來伯王帝皇之範圍，與地球相終始。如有王者起，必來取法，爲萬世師表，開後來太平。通經致用，歲歲皆新，所以爲聖經，與古史芻狗糟粕，天懸地別。(〈尊孔篇〉，《四益館雜著》，頁 10)

經學在清代地位崇高，研治經典，在乾嘉時期，是學者治學主要範圍，學術聲望也視經學研究而定。但從錢大昕、俞正燮、章學誠以降，不斷從史學立場挑戰經學，劉逢祿、皮錫瑞對此也有所回應。廖平所論，即循劉逢祿、皮錫瑞軌跡。以經爲史，均有一共同特徵，視經典爲古代史料，是研究古史基本文獻。所以尊經抑史，目的自是維持經學獨立自主地位，以免淪爲史學附庸。經史區別，即爲首要探討課題。廖平以經典爲孔子制作、可以爲萬世法的經學立場，對應以經典爲史料、治史不在致用的史學立場。以廖平所用術語形容，前者是聖人立言、通

經致用，後者是鈔胥編纂、芻狗糟粕。

　　歷史研究，絕非如廖平所言，如此不堪。有自覺意識史學
研究者，從題目選定、方法開展、史料別擇、敘述事實、解釋
歷史、後續發展、撰述成文，均有其獨特的價值判斷，而不是
盲目無意識研究。敘述事實與解釋歷史的目的，除了明白歷史
事件的發展，更重要的是理解事件內在的意義，從而感受多元
價值觀念。歷史，向來就是我們內向反省自我生命、外向反省
世界秩序的領域。

　　廖平並非完全不知此，而是已察覺經學面臨的特殊困境，
外在環境是史學的挑戰，內在理路是經典記載的眞實性：

　　　　孔子以前之古史，先文後野，先大後小，既乖實理，而
　　　　且言狂獉則極狂獉，言文明則極文明，此古史之説所以
　　　　不能切理厭心，使人篤信。大抵此事當分為二派，一曰
　　　　史派，一曰經學派。凡言上古、中古、近古之史事，亦
　　　　如《黑蠻土風記》，此為當日之實事。所言五帝、三皇、
　　　　堯、舜三代愈古愈文明，則為經學派。（《孔經哲學發微‧
　　　　撥亂觀‧倫禮約編敘例》，《廖平選集（上）》，頁 328）

先文後野，是指儒者所盛道的三代盛世，至孔子時竟成亂世；
先大後小，是指《周禮》本治海外，《王制》才治中國，但孔子
時僅能治中國，無緣治海外。前者是儒者通行的復古觀念，後
者是廖平獨特的經學觀念。前者從亂世指向平世，後者從治小
指向治大。前者結構是「治─亂─治」，後者結構是「大─小─
大」。前者指時間，後者指空間。孔子均居於中間，立基過去，
走向未來。美好黃金古代，似乎總是無法證明；實際歷史發展，
焉能如此整齊？無論何種觀念，顯然不能通過檢證。歷史既不

如此，只能以經學解釋。廖平續云：

> 蓋地球開闢情形，每州莫不相同，經說之皇帝盡美盡善，
> 較堯、舜而猶有加者，此俟後之說也。世界初未有此文
> 明，數千年後改良精進，乃有此等事實。孔子之大真為
> 生民未有，不惟吾國所當崇拜，凡有血氣者，莫不尊親
> 者也。(《孔經哲學發微·撥亂觀·倫禮約編敘例》,《廖
> 平選集（上）》,頁 328)

明言古代歷史絕不如經典記載如此美好，而必須經過數千年改
良才能有此境界。所以經典所載是理想世界，而不是眞實世界。
視經典內容爲史實，並加以駁詰，就是以史視經，不懂經學；
必須倒轉觀念，變史爲經，才能掌握經學意義。廖平經學思想
或者怪誕，但並不是非理性甚或反理性，在奇詭外貌下，仍有
理性思考。廖平一再陳明：

> 知經非芻狗陳跡，則必非真古人、真古事。(《知聖續篇》,
> 條 28,《廖平選集（上）》,頁 246) [24]

經典既非歷史，只是消極說明；經典有特殊意涵，才是積極解
釋：

> 孔子為素王，知命制作，繙定六經，皆微言也。(《知聖
> 篇》,條 22,《廖選集（上）》,頁 191) [25]

制作六經、素王改制之說，再度出現。經典既是記載理想、規
範未來、垂法萬世，其作者必非一般人，著作目的也非保存文

---

[24] 另見《知聖篇》,條 65,《知聖續篇》,條 7,《六變記·五變
記黃鎔箋述》,卷上,《廖平選集（上）》 頁 215,231,566,569。
[25] 另見《知聖篇》,條 40,《廖平選集（上）》,頁 201。

獻、傳述歷史。以孔子爲改制素王，以經典爲改制根據，就在
這一思路下發展，維持經典獨立地位，區分經學與史學不同。
如放棄這一理念，經學即等同於史學，喪失經學獨立性。

三、經典性質

經學非史學，經典記載也非歷史事實，於是須重新認知經
典性質，廖平從孔子地位、經典功能兩方面分析經典性質：

> 竊以作者謂聖，述者謂賢，使皆舊文，則孔子之修六經，
> 不過如今之評文選詩，縱其選擇精審，亦不謂選者遠過
> 作者。夫述舊文、習典禮，兩漢賢士大夫與夫史官類優
> 爲之，可覆案也，何以天下萬世獨宗孔子？則所謂立來、
> 綏和、過化、存神之跡，全無所見，安得謂生民未有耶？
> 說者不得不進一解，以爲孔子繼二帝三王之統，斟酌損
> 益，以爲一王之法，達則獻之王者，窮則傳之後世。續
> 修六經，實是參用四代，有損益於其間，非但鈔襲舊文
> 而已。(《知聖篇》，條5，《廖平選集（上）》，頁177)[26]

廖平一直以爲整齊文獻、傳述文化，類於評文選詩，甚至等同
於墨守舊法，對後者貶抑過甚。而評文選詩，也與墨守舊法絕
不相類。在評選過程中，即顯現評選者文類知識、文體觀念、
審美意識、思想內涵等，所以選文可以成爲文學創作與學習規
範，《昭明文選》即爲最佳例證。整齊文獻、傳述文化亦然，整
理典籍、釋讀內容、探究意義，將此意義內化至每一學者生命，

---

[26] 另見《知聖續篇》，條31，《廖平選集（上）》，頁247。

並與外在環境接續，整個過程就構成文化傳統。上述理論，是
否足以成爲生民未有、古今聖人的條件？顯然，前述觀念，不
足以當之。所以廖平才說即使選文精審，也不能過於作者；整
齊文獻，賢士也能爲之。廖平的問題即在此。「說者不得不進一
解」最足說明今文學者是在這一問題意識下，重新解釋孔子。
孔子是繼古代帝王，安排人間秩序；但與古代帝王不同處，在
於世界秩序，經由孔子安排，即可循之以治萬世。師表萬世，
是指「謂萬世帝王之師表，非老學究、老腐敗之師也」(《六變
記・五變記箋述黃鎔箋述》，卷上，《廖平選集（上）》，頁 575)，
孔子是以其思想創後世之太平，而非傳述古代文化。孔子思想，
就在經典之中：

> 《列》、《莊》言六經非陳跡芻狗，全為特創百世以下新
> 法新理，作而非述明矣。(《知聖續篇》，條 28，《廖平選
> 集（上）》，頁 245) [27]

由此推導，經典絕不能是前代文獻，孔子只有整理之功；必須
是孔子制作，寄託其關注所在；既是寄託，自不能明言，僅能
以微言大義形式存在；學者治經，就在挖掘孔子的微言大義，
經典真僞實與思想脈絡一致：

> 六經有大小、久暫之分，《春秋》地祇三千里，為時二百
> 四十年；《尚書》地祇五千里，為時二千年；《詩》地域
> 至三萬里，為時百世。所謂「無疆無數」。《易》則六合
> 以外。(《知聖篇》，條 33，《廖平選集（上）》，頁 196—197)

---

[27] 另見《知聖續篇》，條 7，《六變記・五變記黃鎔箋述》，卷上，
《廖平選集（上）》，頁 231，575。

又云：

> 然《春秋》詳人事典制，舊文嚴於遵守，運用無方之道
> 不與焉，故又作《易》以補之。《易》明變化消長，為天
> 道，與《春秋》全反。一天道，一人事；一循守舊職，
> 一運用無方；一常一變；一內一外。…六經之道以《春
> 秋》為初功，以《易》為歸宿。治經者當先治《春秋》，
> 盡明微言，以四經實之，然後歸本於《易》，此孔子作六
> 經之宗旨也。(《知聖篇》，條 16，《廖平選集（上）》，頁
> 187)

六經皆為孔子所作，其故有二：大小久暫，係指時空而言，若
專言某經為孔子作，則受限於時空，不如結合經典與時空，兩
相分配，於是時空盡為經典掌握，從小到大，從人到天，從個
人到天下，從道德主體到制度建立。經典的完整與神聖，至此
無遺。此理論非單經所能完成。此其一。在人事部分，專恃《春
秋》，恐未足憑，時移世易，豈能盡反古道，勢須通變，方能言
經世，《易》本有變易之義，借之補《春秋》之不足，誰曰不宜。
此其二。

第三節　康有為經典觀

一、今古異同

全面否定古文經為偽，從康有為始，但康有為是前有所承，
以經今文學派統緒而言，劉逢祿指《左傳》為偽，魏源指《毛
詩》為偽，邵懿辰（嘉慶 15 年—咸豐 11 年，1810—1861）指

《逸禮》爲僞。從清代辨僞學而論,《易圖》、《古文尙書》、《周禮》等,均有學者考定眞僞。二者結合,康有爲否定古文經的眞實性。梁啓超即很清楚的指出:「今文學運動之中心,曰南海康有爲。然有爲蓋斯學之集成者,非其創作者也。」然而康有爲如僅是考辨文獻眞僞,何能造成梁啓超所形容:「若以《新學僞經考》比颶風,則此二書(案:指《孔子改制考》與《大同書》)其火山大噴火也,其大地震也。」(《清代學術概論·二十三》,頁 66—67,《中國近三百年學術史/清代學術概論》合刊本)康有爲的考證別有目的,亦即考定文獻眞僞只是方法,指出眞實文獻的意義,才是最終目的。光緒 14 年(1888),康有爲以諸生上書,爲朝論抨擊,於是:「既不談政事,復事經說,發古文經之僞,明今學之正。」(《自編年譜·光緒十四年》,頁19)《新學僞經考》僅是發古文經之僞,《孔子改制考》、《春秋董氏學》、《春秋筆削大義微言考》才是明今學之正的作品。

　　而其中思想進路,又有委曲。康有爲云:「六經者皆王教之典籍也。」並以經典爲核心,分析社會結構:「能守其業者曰官,能通其意者曰師儒,能肄其業者曰士,能知其法、守其法者曰民。」(《教學通義·立學第十二》,頁 128)這是政教合一:「政典即教典,以吏爲師,民無異心,官無異學。」(《教學通義·公學第三下》,頁 91)整個社會爲封閉型態抑或是開放型態,關鍵在對政典(教典)的解釋,解釋有固定內容,極易導向封閉;解釋只具形式,則易導向開放。以三世說爲例,據亂、升平、太平,每一階段的具體內容,各家可以不同,時勢改易,也可修訂每一階段內容,這就是形式解釋。對經典解釋固定不變,不可更易,這就是內容解釋。康有爲從內容解釋逐漸轉向

形式解釋：

> 平先儒之爭，先在辨今古之學。…古學者，周公之制；
> 今學者，孔子改制之作也。古學者，周公之制，以《周
> 禮》為宗，《左》、《國》守之。孔子改制之作，《春秋》、
> 《王制》為宗，而《公》、《穀》守之。(《教學通義‧六
> 藝上第十八》，頁 147)

周公之學是古學，經典有《周禮》、《左傳》、《國語》，孔子之學
是今學，經典有《春秋》、《公羊》、《穀梁》。此時是平分今古，
周孔並列，各有所屬經典，見不到康有為獨特的見解。文化開
創，屬周公抑屬孔子，懸而未決；歷史發展，從古學抑從今學，
徬徨未定。但筆鋒一轉，前途漸朗：

> 蓋黃帝相傳之制，至周公而極其美備，制度典章集大成
> 而範天下，人士循之，道法俱舉。(《教學通義‧備學第
> 二》，頁 62)

周公制禮作樂，確可集大成而範天下。但典章制度無論如何美
備，終究不能一成不變。文化會變遷，禮樂的具體內容，勢須
隨之而更易：

> 後世不知守先王之道在於通變以宜民，而務講於古禮制
> 度之微，絕不為經國化民之計，言而不行，學而不用。(《教
> 學通義‧六藝上第十八》，頁 150)

原來守先王之道就是通變以宜民，亦即守道就是通變，法古就
是從今。反過來說，通變正是守道的呈現，從今正是法古的內
涵。此時之道，已有新的內容，此時之古，亦非復真實往古。
貌似復古，實則創新。這正是晚清《公羊》家特色，借著通變，
溝通古與今，從而開創新局。因而質疑以古禮規範後世，未考

慮文化變遷，以致無與於經國化民。並引朱子之言：「朱子曰：『古禮必不可行於今，如有大本領人出，必掃除而更新之。』至哉是言也。」(《教學通義・從今第十三》，頁 137) 古禮既不可行，顯然必須從今，今學正指孔子之學，但東漢以降的孔子之學其弊是：非清談孔孟即清談許鄭；經學繁瑣，無當經世；古今遞嬗，不知更易。(依序見《教學通義》〈從今第十三〉，〈六藝上第十八〉，頁 137，136，144) 所以勢須返回原典─康有為所理解的原典，合乎經世濟民、變法改制的原典：

> 《春秋》既改制度，數及當世大人，自不能容於世，故以微文見義。(《教學通義・春秋第十一》，頁 64)

此時很明確的說明改制是《春秋》微言，《春秋》既重改制，必然涉及政治制度更張，制度更張，又涉及政治權力、實際利益、價值觀念的交互衝突。不能容於世，是說明不能明見於經傳的背景；後學在此背景下，必須從口說探求此一微言的解經進路，則是究明經學的重要方法：

> 夫新王改制，修定禮樂，本是常事，而二三千年之中，不因創業之未暇，則泥儒生之陋識，有王者作，掃除而更張之，亦何足異乎？(《教學通義・六藝上第十八》，頁 144)

至此，微言大義、變法改制，很清楚的結合，這即是康有為認定的孔學真相。康有為以教主自任，就是以大本領人自任；日後變法，以光緒帝為中心，政變之後，始終不替，未必是感念聖德，有王者作才是思想核心；設制度局變更各項制度，就是掃除更張的實踐。《教學通義》的這一套理論，已可見出康有為經學思想的大綱。但是《教學通義》定位不明，既平分今古，

周孔並尊；又指出變法改制，修定禮樂。古僞今眞、劉歆作僞
等更強烈的意見，則見於《新學僞經考》。從《教學通義》到《新
學僞經考》，可以見出康有爲思想發展方向，更可見出康有爲思
想日益激烈的過程。[28]至於《新學僞經考》理論架構，是循著文

---

[28] 從《教學通義》到《新學僞經考》，可以討論廖平、康有爲之
間的學術公案。據廖平自述，康有爲於光緖 14 年（1888）、15
年（1889）即得《今古學考》引爲知己，光緖 15 年廖平、康有
爲於廣州廣雅書院會面，廖平出示《知聖編》，康有爲馳書相戒，
後再會面於城南安徽會館，方兩心相協。次年從江翰處得兪樾
書信，告知康有爲《新學僞經考》成，見《經話》，甲編，卷 1，
條 108，《廖平選集（上）》（成都：巴蜀書社，1998 年 7 月），
頁 447。但廖平又說光緖 16 年（1890）與康有爲相會於廣州，
逾年《新學僞經考》成，並語帶譏刺說：「倚馬成書，眞絕倫也。」
見《經話》，甲編，卷 2，條 44，《廖平選集（上）》，頁 497。
考康有爲年譜，光緖 15 年 12 月至廣州，光緖 16 年春居徽州會
館，見《自編年譜》，頁 21—22，蔣貴麟編：《康南海先生遺著
彙刊》（臺北：宏業書局，1987 年 6 月再版），第 22 冊。是以
廖、康兩次會面是在光緖 15 年冬與光緖 16 年春，光緖 17 年
（1891）《新學僞經考》成書。但康有爲對此事始終諱莫如深，
《自編年譜》也不記載與廖平會面情事。康有爲是否涉嫌鈔襲，
遂言人人殊。皮錫瑞比對《新學僞經考》與《古學考》、《王制
訂》、《群經凡例》、《經話甲編》，以爲「康學出於廖」，《師伏堂
未刊日記・光緖二十三年十二月》，轉引自馬洪林：《康有爲大
傳》（瀋陽：遼寧人民出版社，1988 年 7 月），第 5 章，〈重新

塑造孔夫子〉，頁 148—181，引述見頁 153。章太炎則直指康有
爲剽竊，見〈清故龍安府學教授廖君墓誌銘〉，《太炎文錄續編》，
頁 264—265，《章太炎全集》（上海：上海人民出版社，1985 年
2 月），第 5 冊。錢穆引《古學考》大要，而謂康有爲剽竊，見
《中國近三百年學術史》（臺北：臺灣商務印書館，1980 年 1
月臺 7 版），第 14 章，〈康長素〉，頁 633—709，引述見頁 642
—644。持平之論是康有爲受廖平影響，梁啓超說康有爲治《公
羊》、治今文，淵源出自廖平，見〈論中國學術思想變遷之大勢〉，
《飲冰室文集之七》，頁 99，（臺北：臺灣中華書局，1983 年 12
月臺 3 版），第 16 冊，又云見廖平所著書，乃盡棄其舊說，見
《清代學術概論 · 二十三》，頁 66，《中國近三百年學術史／清
代學術概論》合刊本（臺北：里仁書局，1995 年 2 月）。湯志
鈞同，見《康有爲傳》（臺北：臺灣商務書館，1997 年 12 月），
第 2 章，〈帝闇沉沉叫不得〉，頁 28—54，論點見頁 45—48。楊
向奎則云兩家交互影響，各有千秋，見〈廖平井研學案〉，《清
儒學案》（濟南：齊魯書社，1994 年 3 月），第 4 冊，頁 342—407，
論點見頁 353。馬洪林同，見《康有爲大傳》，第 5 章，〈重新
塑造孔夫子〉，頁 148—181，論點見頁 153—154。黃開國對此
一問題研究最深入，詳細比較《知聖篇》與《孔子改制考》、《古
學考》與《新學僞經考》異同，一方面指出康有爲確受廖平影
響，一方面又指出康有爲也有不同於廖平處，見《廖平評傳》（南
昌：百花洲出版社，1993 年 8 月），第 7 章，〈廖平與康有爲〉，
頁 237—279，主要論點見頁 244—252，269—276。龔師鵬程獨
排眾議，從《廣藝舟雙楫》屢論及劉歆僞造古文及經典事，認

字眞假、劉歆作僞、古文經皆僞的結構，逐步漸進，建立今文
經才是孔門眞傳的經學思想。[29]

　　劉歆〈讓太常博士書〉開宗明義即云：「及夫子沒而微言絕，
七十子卒而大義乖。」追求經典中的微言大義，應是漢儒治經
共通的認識。但追求之道，今古文不同：「及魯恭王壞孔子宅，
欲以爲宮，而得古文於壞壁之中。」古文之所以重要，正是因
爲其時代較古，以之記載的經典，或更接近孔學眞相。劉歆是
以時代遠近作爲判斷準據。所以指責經今文博士：「信口說而背
傳記，是末師而非往古。」（俱見《漢書·劉歆傳》）晚清《公
羊》家，經常強調西漢經今文學最古，經說最可信，而西漢經

爲康有爲未襲廖說，見〈書法的思想與美學問題〉，《文學與美
學》（臺北：業強出版社，1986 年 4 月），頁 86—129，主要論
點見頁 126—128。案：《教學通義》作於光緒 12 年（1886），
從本文所析述諸觀點，康有爲此時以今學爲主，但又徘徊於今
古之間，廖平尊今抑古，導引康有爲完全以今學爲主，康有爲
深諱其事，可能就在此。《教學通義》已略具日後思想規模，以
康有爲鈔襲廖平，未免過甚其言。《教學通義》作於 29 歲，也
符合康有爲所說乙酉之年（光緒 11 年，1885）而學大定，不復
有進之言。
[29] 龔師鵬程就很精確的指出，古文既假，六經即不可能是古史，
而是孔子改制變法的著作，《孔子改制考》就在確定此點，至於
其中微言大義，則須《春秋筆削大義微言考》、《春秋董氏學》
闡發，《廣藝舟雙楫》爲其本源，見〈書法的思想與美學問題〉，
《文學與美學》，頁 86—129，引述見頁 122，另見本章注 28。

今文學又以口說形式流傳，所以要探究口說中的微言大義。但是古文時代顯比西漢所傳口說更早，根據相同邏輯，古文經最可信，古文經典更應探究。如此推論，經今文學即使不會消失，至少地位不如經古文學。是以根本之計，先在攻擊古文爲僞：

> 凡文字之先必繁，其變也必簡，故篆繁而隸簡，楷真繁而行草簡。人事趨於巧便，此天智之自然也。(《新學偽經考・漢書藝文志辨偽第三下》，頁 108) [30]

康有爲認定文字變化的過程是由繁到簡，但古文卻較小篆爲繁，如云是古文，雲是小篆，不合乎文字變化規律，所以可證明古文爲僞。探討古文來源，以爲是劉歆參考鐘鼎文變化而成：

> 歆既好博多通，多搜鐘鼎奇文以自異，稍加竄偽增飾，號稱古文，日作偽鐘鼎，以其古文刻之，宣於天下以為徵應。以劉歆之博奧，當時不能辨之，傳之後世，益加古澤。(《新學偽經考・漢書藝文志辨偽第三下》，頁 114) [31]

康有爲固可強指壁中古文爲劉歆僞造，但出土鼎彝銘文又可與古文印證，直指其僞，甚難服人。許愼即云：「郡國亦往往於山川得鼎彝，其銘即前代之古文，皆自相似，雖叵復見遠流，其詳可得略說也。」(《說文解字・序》) 所以更進一步說劉歆不但

---

[30] 另見《廣藝舟雙楫・原書第一》，卷 1，頁 5，蔣貴麟編：《康南海先生遺著彙刊》(臺北：宏業書局，1987 年 6 月再版)，第 9 冊。

[31] 另見《廣藝舟雙楫》，〈原書第一〉，卷 1，頁 2，〈分變第五〉，卷 2，頁 5，頁 7，頁 10，〈說分第六〉，卷 2，頁 16。

僞造古文，且僞造鼎彝：

> 劉歆欲奪孔子之經，因得間而起，以宗室之英，名父之
> 子，校書之任，多見古物，挾其奧博，搜採奇字異製，
> 加以附會，偽為鼎彝，或埋藏郊野而使人掘出，或深瘞
> 山谷而欺紿後世。(《新學偽經考‧漢儒憤攻偽經考第七》，
> 頁 170—171) [32]

由於《說文解字》可證明古文之眞，所以康有爲又極力批判許
愼，認爲：「許愼《五經異義》，蓋專主僞古學者也。」(《新學
偽經考‧隋書經籍志糾謬第十一》，頁 250) [33]

　　但上述理論，幾乎全部難以成立。文字未必均由繁到簡，
甲骨文到鐘鼎文，即是從簡到繁；文字變化也未必是縱向單線
相傳，也可橫向多方變化，楷眞與行草的發展，不能完全以繁
簡觀念解釋，還須從書法美學觀察，否則何必作《廣藝舟雙楫》。
其次，劉歆既是多搜鐘鼎奇字以僞造古文，顯然鐘鼎與古文，
並不完全是劉歆僞造，有一部分是眞實，鐘鼎與古文既有部分
眞實，劉歆僞造古文此一全稱判斷，則不能成立，康有爲云：「若
論筆墨，則鐘鼎雖僞，自不能廢耳。」(《廣藝舟雙楫‧原書第
一》，卷 1，頁 2—3) 其實是不得不承認鐘鼎的眞實性。第三，

---

[32] 另見《新學僞經考》(北京：三聯書店，1998 年 6 月)，〈漢
書藝文志辨僞第三上〉，〈漢儒憤攻僞經考第七〉，〈後漢書儒林
傳糾謬第九〉，頁 61，170—171，205。

[33] 另見《新學僞經考》，〈漢書藝文志辨僞第三下〉，〈僞經傳於
通學成於鄭玄考第八〉，〈後漢書儒林傳糾謬第九〉，頁 113，115，
190，206。

許愼《五經異義》，大致而言，固以古學爲多，但並未全守古學，如：「《公羊》說：『國滅君死，正也。』故禮云：君死社稷，無去國之義。《左氏》說：『昔太王居豳，狄人攻之，乃踰梁山，邑於岐山。』故知有去國之義也。許愼謹案：《易》曰：『係遯，有疾厲，畜臣妾吉。』知諸侯無去國之義也。」（《五經異義疏證》，卷 1250，頁 44，影印皇清經解諸經總義類彙編第 1 冊）許愼採《公羊》說。又如：「《公羊》說：『諸侯比年一小聘，三年一大聘，五年一朝天子。』《左氏》說：『十二年之間，八聘四朝再會一盟。』謹案：《公羊》說，虞夏制；《左氏》說，周禮。」（《五經異義疏證》，卷 1249，頁 55）許愼並存二說。是以許愼經學，以古學爲主，間採今學，時而並存二學。[34]以康有爲之博雅，不至於如此。

探究其對文字的見解，或可得知所以如此之故，康有爲以爲文字由繁趨簡，其中變化，純任自然：

> 文字之流變，皆因自然，非有人造之也。南北地隔則音殊，古今時隔則音亦殊。蓋無時不變，無地不變，此天理也。（《新學僞經考·漢書藝文志辨僞第三下》，頁 109）

---

[34] 黃彰健指出，許愼、鄭玄立說，均從經典中求證據，經典中無明文者，存而不論，並無門戶之見，所以古學爲其時學者尊敬，見〈許愼與古文經學〉，《經今古文學問題新論》，頁 215—233，引述見頁 218，220。又許愼以虞夏制與周禮，區分經今古學，鄭玄則以夏殷制與周禮，區分〈王制〉與《周禮》，這一方法，鄭玄可能受許愼影響。

[35]

康有爲據《漢書‧藝文志》：「《史籀篇》者，周時史官教學童書
也，與孔氏壁中古文異體。」有意區分古代文字形體有二種：
一是《史籀篇》，一是孔氏壁中古文。由於二者異體，所以認定
籀書是眞，古文是假。此一判斷實有循環論證之嫌。但這是論
證始點：

> 子思作《中庸》，猶曰：「今天下書同文。」則是春秋至
> 戰國，絕無異體異製。凡史載筆，士載言，藏天子之府，
> 載諸侯之策，皆籀書也。子思云然，則孔子之書六經，
> 藏之於孔子之堂，分寫於齊、魯皆是。(《新學僞經考‧
> 漢書藝文志辨僞第三下》，頁 109)

其意是籀書是周代官方文字，孔子寫經，當以此爲準。至於籀
書以後的變化是：

> 秦之爲篆，不過體勢加長，筆畫略減，如南北朝書體之
> 少異。蓋時地少移，因籀文之轉變，而李斯因其國俗之
> 舊，頒行天下耳。(《新學僞經考‧漢書藝文志辨僞第三
> 下》，頁 109) [36]

由篆到隸則是：

> 蓋自秦篆變漢隸，減省方折，出於風氣變遷之自然。(《新
> 學僞經考‧漢書藝文志辨僞第三下》，頁 111) [37]

這一理論，視文字形體變化是直線相傳，有時間影響而無空間

---

[35] 另見《廣藝舟雙楫‧分變第五》，卷 2，頁 5。
[36] 另見《廣藝舟雙楫‧分變第五》，卷 2，頁 5。
[37] 另見《廣藝舟雙楫‧分變第五》，卷 2，頁 7。

影響，所以才說：「其實古無籀、篆、隸之名，但謂之文耳。」
（《新學僞經考·漢書藝文志辨僞第三下》，頁 111）[38]而籀、篆、
隸相承，是自然變化，不能指實誰是作者。據此一字體傳承譜
系，古文形體結構，與之不類，所以說：「篆與籀文相承，無從
有古文。」（《新學僞經考·漢書藝文志辨僞第三上》，頁 57）
孔子既以籀文寫經，「夫籀、篆之體，有承變而無大異」，且「師
弟親授，父子相傳」，所以「漢儒之文字，即孔子之文字，並無
別體也」。（《新學僞經考·漢書藝文志辨僞第三下》，頁 112—113）
由是古文經典，不論眞僞，均無存在價值，此其一。古文經典
既以古文寫成，古文結體與籀篆不同，於是經學家勢須研究文
字訓詁學，方能解讀經典，其結果是：「經學遂變爲訓詁一派，
破碎支離，則歆作俑也。」（《新學僞經考·漢書藝文志辨僞第
三下》，頁 101）古文經學既破碎支離，何能掌握經學全貌？此
其二。降及清代，乾嘉漢學，戮力文字聲音，顯然不能究明經
學微言大義：「今之學者，尊聖人之經，而不求之經緯天人、體
察倫物之際，而但講六書，動成習氣，偶涉名物，自負《蒼》、
《雅》，叩以經典大義，茫乎未之聞也。」（《新學僞經考·漢書
儒林傳辨僞第五》，頁 145），追原論始，肇自劉歆，此其三。[39]

---

[38] 另見《廣藝舟雙楫·分變第五》，卷 2，頁 7。

[39] 梁啓超嘗云：「余少年科第，且於時流所推重之訓詁詞章學，
頗有所知，輒沾沾自喜。先生乃以大海潮音，作獅子吼，取其
所挾持之數百年無用舊學，更端駁詰，悉擧而摧陷廓清之。自
辰入見，及戌始退，冷水澆背，當頭棒喝。一旦盡失其故壘，
惘惘然不知所從事，且驚且喜，且怨且艾，且疑且懼。」見〈三

這些觀念，也甚值討論。先秦古文字，顯非單線相傳，康有爲也說：「若鐘鼎所採，自是春秋戰國時各體文字，故詭形奇制，與《蒼頡篇》不同也。」（《廣藝舟雙楫·原書第一》，卷 1，頁 2）這又承認字形會因空間不同而有變異。前已言之，劉歆若參考鐘鼎銘文僞作古文，鐘鼎與古文，顯非全假；此處亦然，詭形奇制與僞作，不可相提並論，詭形奇制仍有其字，只是形體不同。既有諸侯國各體文字，則不能說籀、篆、隸相承，否定鐘鼎文、古文的存在。劉歆〈讓太常博士書〉，攻駁經今文學，正是「分文析字，煩言碎辭」（《漢書·劉歆傳》），班固也指責其時博士「碎義逃難，便辭巧說」（《漢書·藝文志》），劉歆、班固以古文學立場批評今文學煩言碎辭，康有爲又以今文學立場批評古文學破碎支離，兩相比較，「問道」均是今古文學共同目標—所以問道的方法不同，其弊均在破碎—所以破碎的原因有異。康有爲又認爲：「文字何以生也，生於人之智也。」（《廣藝舟隻楫·原書第一》，卷 1，頁 1）文字既是人類所獨有，動物不與，然則研究文字以探明經義，理所必至，不能以末技視之。康有爲下文頗值玩味：

> 許慎〈說文敘〉謂：「諸侯力政，不統於王，言語異聲，文字異形。」今德、法、俄文字皆異，可以推古矣。但以之亂經，非孔子文字，不能不辨。（《廣藝舟雙楫·原書第一》，卷 1，頁 2）

諸侯國文字，係眞實存在，並非劉歆僞造；但因不統於王，所

十自述〉，《飲冰室文集之十一》，頁 16，冊 4。所描述者，就是康有爲批評的學術情境。

以異聲異形；這些異體文字，因非孔子作經所用文字，羼入經典，顯有混亂經典之虞，所以必須剔除。籀文—孔經—秦篆—漢隸，既是周代官方字體，復經孔子撰述，遞及篆隸，不過因任自然，形體稍變，仍孔門之舊。此一系列經典，代代相傳，眞實性不容置疑。這即是康有爲文字觀，古文經典不能見容此一解釋系統。諸多論證，無非徹底否認古文經典，認爲惟有西漢經今文學者所傳經典，才是孔子眞傳。

二、公左之爭

此一孔學眞傳，康有爲有清楚敘述：

> 道敎何從？從聖人。聖人何從？從孔子。孔子之道何在？在六經。六經粲然深美，浩然繁博，將何統乎？統一於《春秋》。…《春秋》三傳何從乎？從《公羊》氏。…惟《公羊》詳於素王改制之義，故《春秋》之傳在《公羊》也。…然則欲學《春秋》，舍董生安歸？…因董子以通《公羊》，因《公羊》以通《春秋》，因《春秋》以通六經，而窺孔子之道。(《春秋董氏學・序》，頁1—2)

道—聖人—孔子—六經—春秋—公羊—董仲舒，是康有爲認定的經學傳承譜系，這一譜系是形式構成，決定此一譜系的形成，則是素王改制。晚清經學今古文之爭，集中在《春秋》，《春秋》三傳又集中在《公羊》、《左傳》，其中關鍵，就在此點。而素王改制、三世理想，又惟存於《公羊》學中，《公羊》、《左傳》何者是《春秋》嫡傳，自成爲爭執焦點。以上述譜系論，「道—聖人—孔子—六經」，這一部分，不論今古文學者，大致可以獲得共識；問題是「六經—春秋—公羊」這一部分，不僅涉及《春

秋》性質、內容與解經方法，還涉及對孔子歷史地位的判定，今古文學者，甚難一致。而這正是康有為論學重心。

　　聖人改制，根本就是代天立意，亦即這是天命。天本身雖是：「統攝之謂，非蒼蒼之謂也。」(《南海康先生口說・孔子改制二》，上卷，頁 51)天可統攝萬物，並非客觀存在的自然物，但不論如何：「天不能言，使孔子代發之。」(《春秋董氏學・春秋改制第五》，卷 5，頁 111)而萬物各有其情，必須調和，方能生生不息，所以又須借聖人完成此一功能，孔子就是這一聖人，調和鼎鼐，在康有為看來，是從制度著手：

> 孔子之道本于仁，仁本于孝，孝在錫類，仁在推恩。凡人類皆天所生，分形而同氣者也，仁者博愛，己立立人，必思所以安樂之，無使一夫之失所，然必當有仁政，乃能達其仁心。(《春秋筆削大義微言考・宣公十三年》，卷 6，頁 28)

以往是由仁心推及仁政，康有為並未反對，甚而贊成：「封建、學校、井田皆孔制，皆仁字推出。」(《南海康先生口說・孔子改制二》，上卷，頁 53)仁政的建構，仍本於仁心，只是在思考仁心何能完成時，提出以制度完成之說。主政者必須建立具體可行制度，才能證明其仁心，而非倡言仁心，一無實際措施。義理貫串於制度之中，方不致流於空談。[40]所以康有為才說：「《春

---

[40] 陸寶千分析《公羊》學，亦為漢學，而無訓詁之瑣碎，亦言義理，而無理學之空疏，見《清代思想史》(臺北：廣文書局，1983 年 9 月 3 版)，第 6 章，〈清代公羊學之演變〉，頁 221—275，引文見頁 222。

秋》爲律法，功罪當得其平，非如《論語》空言義理也。」（《春秋筆削大義微言考‧昭公三十一年》，卷 9，頁 46—47）於是橫截衆流，論斷儒者名義：

> 凡所云儒者，皆與異教對舉而言，蓋孔子改制後，從其學者皆謂之儒。（《新學僞經考‧漢書藝文志辨僞第三下》，頁 118）

根據此一定義，儒學的內容與價值，全在改制。漢廷早於高祖平三秦時，即略定正朔服色（《史記‧歷書》），至高祖 7 年（前 200）叔孫通以爲「五帝異樂，三王不同禮」因而制定漢廷朝儀（《史記‧叔孫通傳》），漢文帝 3 年（前 177）賈誼有「改正朔，易服色，法制度，定官名，興禮樂」之議（《史記‧賈誼傳》），漢宣帝時，王吉（？—漢元帝初元 1 年，？—前 48）亦欲「述舊禮，明王制」（《漢書‧王吉傳》），漢成帝時，劉向（漢昭帝元鳳 4 年—漢哀帝建平 1 年，前 77—前 6）也上奏「宜興辟雍，設庠序，陳禮樂，隆雅頌之聲，盛揖讓之容，以風化天下」（《漢書‧楚元王傳》），重定禮樂，一直是漢代學者祈嚮，重定禮樂必涉及改制，但並未以儒學全在改制。董仲舒也僅說新王改制、孔子立新王之道、《春秋》作新王之事，何休說同董仲舒，也未以孔子之學全在改制。這一講法是康有爲之前所未曾有。如果這一觀念是眞，《春秋》必須單傳至《公羊》，再傳至董仲舒《春秋繁露》，整個體系才能建立，所以康有爲說研治《春秋》須從董仲舒上溯《公羊傳》，再由《公羊傳》上溯《春秋》，由是可

通六經意義，掌握孔學內容。《春秋》學另一支《左傳》，顯然
與這一系統不同，承認《左傳》解《春秋》經，無異承認《春
秋》學乃至孔學不完全是改制之學。一旦這一前提成立，前述
體系有崩潰之虞。

　　儒學既在改制，康有爲反覆說明孔子改制之學，首在《春
秋》，傳在《公羊》、《穀梁》，並借著微言大義的方式表出：

　　　夫孔子改制之學，傳在《公》、《穀》，漢世四百年政事皆
　　　本之。(《新學僞經考·經典釋文糾謬第十》，頁 233)[41]

　　《公》、《穀》之異，康有爲以爲：

　　　《公》、《穀》二傳，《齊》、《魯》、《韓》三家詩，文字互
　　　異，良由口說之故。(《新學僞經考·史記經說足證僞經
　　　考第二》，頁 29)

但《公》、《穀》異同，不僅文字，經說亦然。以《春秋》異文
爲例，總計有 360 條，《左傳》、《公羊》相同者有 54 條，《公羊》、
《穀梁》相同者 89 條，《左傳》、《穀梁》相同者 102 條，如以
口說說明文字互異之故，正可證明《左傳》非劉歆僞撰。[42]再以

---

[41] 見《新學僞經考》，〈史記經說足證僞經考第二〉，〈漢書藝文
志辨僞第三上〉，〈後漢書儒林傳糾謬第九〉，〈劉向經說足證僞
經考第十四〉，頁 39，49，87，194，374，396。

[42] 此據陳新雄：《春秋異文考》所附〈春秋異文表〉統計。張西
堂亦有〈春秋今古文異同表〉，計 306 條，《左傳》、《穀梁》相
同者計 95 條，張西堂即反向思考，不以爲據此可證《左傳》非
贋，卻認爲《穀梁》是古文經，非《春秋》眞傳，見《穀梁眞
僞考》(臺北：明文書局，1994 年 4 月)，附錄一，〈穀梁爲古

隱公元年經說爲例，《公羊傳》：「公何以不言即位？成公意也。
何成乎公之意？公將平國而反之桓。曷爲反之桓？桓幼而貴，
隱長而卑，其爲尊卑也微，國人莫知。隱長又賢，諸大夫扳隱
而立之，隱於是焉而辭立，則未知桓之將必得立也，一旦如桓
立，則恐大夫之不能相幼君也，故凡隱之立爲桓立也。」（《公
羊傳注疏》，卷 1，頁 9─11）對隱公不書即位，《公羊傳》的解
釋是隱公地位較低，待桓公成年，將還國於桓公，不書即位是
成全隱公的志意。《穀梁傳》：「公何以不言即位，成公志也。焉
成之？君之不取爲公也。君之不取爲公何也？將以讓桓也。讓
桓也乎？曰不正。《春秋》成人之美，不成人之惡。隱不正，不
成之，何也？將以惡桓也。其惡桓何也？隱將讓而桓弒之，則
惡桓矣。桓弒而隱讓，則隱善矣，善則其不正焉何也？《春秋》
貴義而不貴惠，信道而不信邪。孝子揚父之美不揚父之惡，先
君之欲與桓，非正也，邪也。雖然，既勝其邪心以與隱矣，已
探先君之志，而遂以與桓，則是成父之惡也。兄弟，天倫也，
爲子受之父，爲諸侯受之君，已廢天倫而忘君父，以行小惠，
曰：小道也。若隱者可謂輕千乘之國，蹈道則未也。」（《穀梁
傳注疏》，卷 1，頁 2─3）《穀梁傳》的解釋，不書即位是將讓
國於桓公，略同於《公羊》，但認爲隱公讓國之行是不正，對整
個行爲判斷則大異於《公羊》。

文學補證〉，頁 129─177，表見頁 130─151。又二家條數有異，
主要在於張西堂並未以字爲單位，而以句爲單位，一句之中時
有數字異同情況，陳新雄嚴格區別每一字，是以本文以陳新雄
所列表爲統計根據。

　　清代《穀梁》學者柳興恩（乾隆 60 年—光緒 6 年，1795—1880）云：「孟子曰：『孔子成《春秋》而亂臣賊子懼。』夫所謂賊者，豈但弒之刃乃爲賊哉，成父之惡即賊子矣；所謂亂者，豈但犯上作逆乃爲亂哉，廢倫忘君即亂臣矣。」對隱公不但有貶無褒，且認爲亂臣賊子在日用倫常中即可得見，隱公即亂臣賊子，據此指出《春秋》託始於隱公的意義：「然則隱之元年尤邪正存續之交，《春秋》之託始於此，即於不書公即位見之。」（《穀梁大義述・敘例》，頁 1—2，影印續皇清經解春秋類彙編第 3 冊）鍾文烝所論較持平：「讓美則成之，惠小則不正之。」（《春秋穀梁傳補注》，卷 1，頁 7）對隱公有褒有貶。柳興恩、鍾文烝之說，與《公羊》託始於隱公之說不類，也與康有爲所說不同：「何以託於隱公也，以隱公有讓國之德，不欲即位，故託始焉。孔子貴讓，故《書》託堯舜，《詩》託文王，《春秋》託隱公，皆是義也。」（《春秋筆削大義微言考》，卷 1，頁 4）《公羊》、《穀梁》解經既已不同，根據傳文衍伸的經說，更自不同。柳興恩、鍾文烝與康有爲，會發展二條解釋路向，且差異逐漸擴大，本就是經典詮釋的正常現象。就文字、經說分析，不能證明《穀梁》完全同於《公羊》，以二者同屬今文經，目的還是批評《左傳》是否爲《春秋》正統。

　　懷疑《穀梁》不傳《春秋》，始於劉逢祿：「穀梁子不傳建五始、通三統、張三世、異內外諸大旨。」（《穀梁廢疾申何・敘》，卷 1292，影印皇清經解春秋類彙編第 2 冊）亦即判斷今古文眞僞的標準，與其說是文獻標準，毋寧說是理論標準。日後崔適以爲：「劉歆造《左氏傳》以纂《春秋》之統，又造《穀梁傳》爲《左氏》驅除。」張西堂（1901—1960）以爲：「蓋本

雜取傳記以造，非得《春秋》之眞傳者也。」（《穀梁眞僞考》，
頁1）都發現以《穀梁》同於《公羊》，有其困境，遠紹劉逢祿，
結合康有爲之說，或明指或暗示，指劉歆僞造《穀梁》，其預設
理念仍是以《公羊》爲《春秋》嫡傳。

　　康有爲初不如是，以爲《公羊》、《穀梁》既同屬今文，微
言大義相同，惟《左傳》號稱解《春秋》，卻無改制、三世等諸
說，解經既不可信，來源亦復可疑，於是據：「初，《左氏傳》
多古字古言，學者傳訓詁而已。及歆治《左氏》，引傳文以解經，
轉相發明，由是章句義理備焉。」（《漢書·劉歆傳》）而云：

> 《左氏春秋》至歆校秘書時乃見，則向來人間不見可知。
> 歆治《左氏》乃引傳文以解經，則今本《左氏》書法及
> 比年依經飾《左》緣《左》，為歆改《左氏》明證。（《新
> 學僞經考·漢書劉歆王莽傳辨僞》，頁150）

這是康有爲論劉歆僞撰《左傳》的唯一證據。據《漢書·劉歆
傳》原文，劉歆引《左傳》以解《春秋》，與僞撰差距何止千里。
細析康有爲文義，《左傳》本來存在，只是藏於中秘，外人無由
得見；劉歆僅是增改《左傳》，而非僞作《左傳》。指責劉歆僞
作《左傳》並僞及群經，說如下：

> 歆以其非博之學，欲奪孔子之經，而自立新說以惑天下。
> 知孔子制作之學在《春秋》，《春秋》之傳在《公》、《穀》，
> 《公》、《穀》之法與六經通，於是思所以奪《公》、《穀》
> 者。以《公》、《穀》多虛言，可以實事奪之，人必聽實
> 事而不聽虛言也。求之古書，得《國語》與《春秋》同
> 時，可以改易竄附。於是毅然削去平王以前事，依《春
> 秋》以編年，比附經文，分《國語》以釋經，而為《左

氏傳》。歆本傳稱「歆始引傳解經」，得其實矣。作《左
氏傳微》以為書法，依《公》、《穀》日月例而作日月例。
託之古文以黜今學，託之河間、張蒼、賈誼、張敞名臣
通學以張名，亂之《史記》以實其事，改為十二篇以新
其目，變改「紀子帛」、「君氏卒」諸文以易其説。續為
經文，尊「孔子卒」以重其事，遍偽群經以證其説。事
理繁博，文辭豐美。凡《公》、《穀》釋經之義，彼則有
之，至其敘事繁博，則《公》、《穀》所無。遭逢莽篡，
更潤色其文以媚莽。因藉莽力，貴顯天下通其學者以尊
其書。證據符合，黨眾繁盛。(《新學偽經考 · 漢書藝文
志辨偽第三上》，頁 87)

分《國語》而撰《左傳》，仿《公》、《穀》而作義例，竄亂《史
記》，變易經文，遍偽群經，依附王莽。從《左傳》到群經，從
學術到政治，推衍無極。考察康有為之説，皆有論而無證：劉
歆新説，並未敘述；《左傳》、《國語》，未加比勘；竄亂《史記》，
亦無確證；經文本異，何由變更；遍偽群經，略無文獻；隱公
攝政，原本《今文尚書》。至於對賈逵批評《公羊》，李育反駁
《左傳》，也未鉤沉推稽。上述在《新學偽經考》中都未能有完
整呈現，但卻引發一連串的相關研究，至民國而未衰。詳究其
實，康有為所引發者，並非文獻考定，而是觀念革命，其後諸
學者才以文獻考定的方法，判斷康有為所説的真偽。亦即帶動
的是新的問題意識，其後才有後設的反省。所給定的是一大的
架構，其中間隙，有待填補、修正甚至糾謬。

　　推究其原，論《左傳》之偽，在明《公羊》之真，以證成
改制立法為孔學真傳，所以緊接其下云：

> 孔子改制之學,既爲非常異義,《公》、《穀》事辭不豐,
> 於是式微。(《新學僞經考·漢書藝文志辨僞第三上》,頁
> 87)

指劉歆欲奪孔子制作之學,以自立新說,徵引繁博,反覆陳述,
所致意者正是孔子改制。顯然,劉歆僞撰《左傳》以代《公》、
《穀》,極爲成功,因而《公》、《穀》式微。然而即使《左傳》
爲僞,也無法證明《公》、《穀》是眞,更無法證明《公羊》微
言大義是孔子所傳,爲孔門根本之學。所以直言:

> 讀《公羊》先信改制,不信改制,則《公羊》一書,無
> 用之書也。(張伯楨:《康南海先生講學記·公羊》,《康
> 有爲全集(二)》,頁 247)

一則道出《公羊》一書的主要內容,一則說明對此一主要內容
的態度。康有爲研治《公羊》,重在改制,《左傳》無此觀念,
所以不傳《春秋》。直指劉歆僞造《左傳》,只是更坐實《左傳》
不傳《春秋》。而對此觀念的態度是信仰,信則有用,不信則無
用。以類似宗教的態度,描述《公羊》的價值。以此而言,《新
學僞經考》,只是掃除俗世之見;《孔子改制考》,建立對孔子的
信仰;三世理想,則引領人民進入美好世界。

第五章　聖人崇拜

　　孔子的地位與《春秋》的性質，一直是今文學者所關懷的重點：「制《春秋》之義，以俟後聖。」(《公羊傳解詁·哀公十四年》，卷 28，頁 6) 正是討論的核心。董仲舒的解釋是：孔子作《春秋》，上據天道，以端正王公萬民，下明得失利弊，以選擇人才，等待後世聖人。(《春秋繁露義證·俞序》，頁 158—159) 依據董說，孔子似是處於天與人之間，亦即神聖與凡俗之間，是以孔子是人，但又有神的性格。何休更嘗云：孔子作《春秋》，受天命改制。(《公羊傳解詁·隱公二年》，卷 2，頁 3) 明確指出孔子承受天命，承受天命的具體表現是《春秋》，至此孔子與《春秋》，在《公羊》學思想中，已有神聖地位。孔穎達引鄭玄《六藝論》云：孔子自西狩獲麟之後，自號素王，是受命之君，制作一代法制。(〈春秋序疏〉，《左傳正義》，卷 1，頁 22) 天命的具體表現在《春秋》，《春秋》的目的是訂定制度。徐彥引《春秋說》更云：孔子爲漢制法。(《公羊注疏·隱公第一》，卷 1，頁 2；安居香山、中村璋八：《春秋演孔圖》，《緯書集成》，冊中，頁 579，903) [1] 孔子承受天命，作《春秋》以改制，是《公羊》學解釋系統對孔子及《春秋》的定論。漢代學者，也大體採此一論點。(《公羊義疏·哀公十四年》，卷 75，頁 1981) 而從董仲舒到讖緯，可清楚見到孔子從人逐漸提升爲神的過程。

---

[1] 孔子在讖緯中的形象，鍾肇鵬有概略描繪，見《讖緯論略》(臺北：洪葉文化公司，1994 年 9 月)，第 4 章，〈讖緯中的孔子及其弟子〉，頁 103—120。冷德熙：《超越神話—緯書政治神話研究》(北京：東方出版社，1996 年 5 月)，第 3 章，〈聖人神話研究〉，頁 164—210，則有詳細描述。

但杜預、孔穎達對此一解釋系統，根本不予接受。(〈春秋序疏〉，《左傳正義》，卷1，頁27）今日觀之，更不免予人不經之感。

比較何休、杜預對《春秋》的觀念，或可得知二者異同，從而有一新的詮釋。何休以爲孔子志在《春秋》，行在《孝經》，兩部經典重在治世，《春秋》更作於亂世，所以有奇特的理論。(《公羊傳解詁‧序》）並引讖緯之說，以說明孔子與《春秋》性質，孔子上承天命，制作《春秋》經世濟民。《春秋》引領我們探索宇宙與自然，認識所處的時間與空間，省察存在的意義與價值，亦即認識世界。但我們任認識世界，從來不是直接碰觸，而是借著神話、宗教、歷史等認識：開創、組成、物與物間的連結、人與物間的關係、神的源流、人的歷史等。[2]因此《公羊傳》多異義可怪之論，不足爲奇。因爲世界正由這些構成，所以我們不同於動物，我們有各種形式的世界觀，動物僅有賴以維生的世界。杜預則以爲孔子是根據魯國歷史，制作《春秋》，以明將來之法，其思想藉著文辭表現。(《春秋經傳集解‧序》）孔子所據，已不再是天命，而是歷史。何休、杜預異同：孔子地位，一是介於天與人之間，一是人間歷史傳述者。《春秋》根據，一是天命，一是歷史。而其共同目的是垂法將來，但垂法不等於改制。杜預、孔穎達指責何休誣罔孔子，其實是二種不同的思考方向。

---

[2] 卡西勒（Ernst Cassirer）以爲人不再生活在物質宇宙之內，而是生活在符號宇宙之內，語言、神話、藝術、宗教是世界的一部分，編識成符號之網，因而人不能直接面臨實在，而是借著這一符號網認識事物，見《論人—人類文化哲學導論》(臺北：文星書店，劉述先譯，1959 年 11 月)，第 2 章，〈人性的一條線索：符號〉，頁 26—29。

　　聖人既承受天命改制，天在《公羊傳》中，僅出現一次，
吳國國君謁爲傳位予幼弟季札，向天祝禱：天如果保有吳國，
就速降災在其身，俾便兄終弟及，最後君位能傳予季札。(《公
羊傳解詁・襄公二十九年》，卷 21，頁 7) 天具有意志，可聽人
祈求；功用集中在政治，可以決定國家興衰續絕。並未有特殊
理論。董仲舒論天則不然，天可以創造萬物與人類 (《春秋繁露
義證・順命》，頁 410)，可以決定政權予奪 (《春秋繁露義證・
王道通三》，頁 329)，可以予福降禍。(《春秋繁露義證・郊語》，
頁 396) 而聖人承受天命，更有一套複雜理論。

　　董仲舒指出，周文疲弊，是以孔子受命改制，其方法是借
魯史以表明新王之事。這即是《公羊》家新王、三統與改制說。
新王是以孔子爲王。設一王之法，非能訴諸空論，所以須借著
具體史事褒貶，以建立一代制度。新王既立，對前代王者則以
三統說安排，商、周、春秋並列爲三，封商、周之後爲大國，
祭祀其先人，夏朝則退居五帝，封其後爲小國，祭祀其先人，
五帝之末爲九皇，封其後爲附庸。每一新王立，則須改正朔、
易服色、制禮樂。(《春秋繁露義證・三代改制質文》，頁 183—
213)[3] 此一理論，在說明天命無常，人之於天，以道受命，不

---

[3] 董仲舒此一理論，顧頡剛分析最清晰，神農、軒轅、顓頊、
嚳、唐、虞、夏、商、周、春秋，以春秋當新王，以逆推之法
數之，則春秋、周、商爲三王，夏、虞、唐、嚳、顓頊爲五帝，
軒轅爲九皇，神農在九皇之外，見《中國上古史研究講義》(臺
北：洪葉文化公司，1994 年 10 月)，頁 118—135，引述見頁 130。
另參考蔣慶：《公羊學引論》(瀋陽：遼寧教育出版社，1995 年
6 月)，第 5 章，〈公羊學的基本思想〉，〈通三統說〉，頁 295—315，
論董仲舒見頁 302—305。

合於道，上天棄絕（《春秋繁露義證‧順命》）；對違反天道的國
君，命雖已革，但不爲已甚，且先人無罪，甚且有功於民，故
封其後以奉祀；改制立法，所以革除舊弊，且以體會天心，彰
顯天道。看似反理性的觀念，其實充滿理性。何休也本此解釋
《公羊傳》。王者必須改制，所以明受命於天（《公羊傳解詁‧
隱公元年》，卷 1，頁 1），封二王之後，所以示恭讓（《公羊傳
解詁‧隱公三年》，卷 2，頁 4），在在顯示出對天命的敬畏、對
前朝的尊禮。[4]

　　崇敬天命，這是超越；以道受命，這是內在。《公羊》家即
是在超越又內在的情境中，探討《公羊》微言大義。

第一節　皮錫瑞孔子觀

一、聖人感生

　　聖人既受命改制，具有神聖性格，追溯聖人形體來源，爲

---

[4] 詳可參考劉逢祿：《公羊何氏釋例‧通三統例第二》（臺北：
藝文印書館影印皇清經解春秋類彙編第 2 冊，1986 年 9 月），
卷 1280，頁 5—9。劉逢祿更指出三統的意義不僅是天命不在一
姓，更在於：「天下無久而不敝之道，窮則必變，變則必反其本，
然後聖王之道與天地相終始。」道的表出是三統，但每一統久
而必敝，此時須回到原始點重新修正道，三統說與變革密切結
合，見《劉禮部集‧釋三科例中‧通三統》（清道光 10 年劉氏
思誤齋刊本，臺北：中央研究院傅斯年圖書館藏），卷 4，頁 4。
陳柱指出《公羊傳》有革命思想甚確，見《公羊家哲學‧革命
說》（臺北：臺灣中華書局，1980 年 11 月），頁 1—8，但據新
周王魯爲說，實則通三統更具革命思想。

經學史討論問題。《詩‧大雅‧生民》:「厥初生民,時維姜嫄。
生民如何?克禋克祀,以弗無子。履帝武敏歆,攸介攸止。載
震載夙,載生載育,時維后稷。」姜嫄踐帝足跡,因而懷孕,
生下后稷,是爲周人祖先。《毛傳》:「帝,高辛氏之帝。」鄭《箋》:
「高辛氏之世妃。」依《毛傳》解釋,姜嫄踐其夫足跡,因而
懷孕。鄭《箋》:「帝,上帝也。」履上帝足跡而懷孕,這即是
著名的聖人感生說,顧名思義,即聖人感上帝而生,或聖人感
神跡而生。許慎《五經異義》云:「《詩》齊、魯、韓,《春秋公
羊》說,聖人皆無父感天而生;《左氏》說聖人皆有父。」今古
文說涇渭分明,而今文說遠離一般知識,故不易取信於人。鄭
玄調和二家:「諸言感生得無父,有父則不感生,此皆偏見之說
也。…況乎天氣,因人之精,就而神之,反不使子賢聖乎,是
則然矣,又何多怪。」上天之氣,因聖人父母和合,而生聖人,
是以聖人有父感生。(孔穎達:《毛詩正義》,卷 17 之 1,頁 2,
8)[5]鄭玄其實是以漢代通行的氣化宇宙論解聖人感生,此一理
論始於董仲舒:「天氣上,地氣下,人氣在其間。」(《春秋繁露

---

[5] 王先謙以「始生之靈蹟已暴於天下,特存其真,不爲過也」,
迴避聖人感生說的困境,見《詩三家義集疏‧大雅‧生民》(臺
北:明文書局,吳格點校,1988 年 10 月),卷 22,頁 876。王
葆玹則認爲《漢書‧律曆志》所引劉歆《三統曆譜》以伏羲爲
歷代聖王之祖,相對今文家所說聖人感生,古文家可說是聖人
同祖,前者受命王天下機會均等,後者可繫連先王,推行改革,
兩者均可爲改革根據,見《西漢經學源流》(臺北:東大圖書公
司,1994 年 6 月),第 7 章,〈貫穿於西漢經學史上的重要命題
與思想〉,〈「聖人感生說」與「聖人同祖說」〉,頁 329—337,
引述見頁 332—333,336。

義證・人副天數》，頁 354）人與天地之間，並非異質，無法溝合，天地人均由氣組成，所以「氣同則會，聲比則應」（《春秋繁露義證・同類相動》，頁 358），以同聲相應，比擬同氣相合，天人所以能相感應，正因氣同。[6]

至若論及聖人感生者，除《大雅・生民》外，尚有《魯頌・閟宮》：「赫赫姜嫄，其德不回。上帝是依，無災無害。」《商頌・玄鳥》：「天命玄鳥，降而生商，宅殷土芒芒。」《商頌・長發》：「有娀方將，帝立子生商。」〈玄鳥〉與〈長發〉述簡狄吞燕卵生契爲殷人先祖；〈生民〉與〈閟宮〉述姜嫄履上帝跡生棄爲周人先祖。皮錫瑞分文析義，以爲確有其事：〈閟宮〉上帝指天帝，人帝未有稱上帝；〈玄鳥〉既言天命，即感天而生；〈長發〉皮錫瑞以爲三家無帝字，既無帝字，自不指帝嚳，而係上帝。其結論是：

> 周魯之人，作詩以祀祖宗，敘述神奇，並無隱諱，何以後人少見多怪，必欲曲為掩飾？…蓋帝王之生，皆有神異，豈可偏執一理，以為必無其事。(《經學通論・詩經・論生民玄鳥長發閟宮四詩當從三家不當從毛》，卷 2，頁

---

[6] 漢儒論人事，喜言天道，每爲人質疑，錢穆云：「人生亦宇宙中一事，豈可從宇宙中孤挖出人生，懸空立說？」見〈易傳與小戴記中之宇宙論〉，《中國學術思想史論叢（二）》（臺北：東大圖書公司，1980 年 1 月），頁 256—282，引文見頁 256。漢儒重陰陽氣化，正因此說可關連人與天地。卡西勒（Ernst Cassirer）以神話學說明初民的生命觀是一綜合觀點，生命不被分類，是一不斷的連續的全體，見《論人—人類文化哲學導論》，第 7 章，〈神話與宗教〉，頁 84—126，引述見頁 93。卡西勒的觀點，或可作爲氣化宇宙論輔助說明。

42）

帝王之生，皆有神異，無足爲怪，推崇帝王至此，這自與其崇
拜聖王有關。並且認爲：

> 後世說經之弊，在以世俗之見，律古聖賢；以民間之事，
> 擬古天子。(《經學通論‧詩經‧論生民玄鳥長發閟宮四
> 詩當從三家不當從毛》，卷 2，頁 43）[7]

皮錫瑞僅從文義分析，解帝當爲上帝，聖人感天而生，非常人
所能理解，未免辭強理弱。鄭玄則有一氣化宇宙論背景，聖人
感生，因此有理論基礎。然時移世易，晚清不可能回到漢朝氣
化宇宙論架構，解釋聖人感生。皮錫瑞引《史記》褚先生之言：
「《詩》言契生於卵，后稷人跡，欲見其有天命精誠之意耳，鬼
神不能自成，須人而生，奈何無父而生乎？」以爲鄭玄所本。(《駁
五經異義疏證》，卷 6，頁 71—72）褚先生所論，聖人固受天命，
但重在天意，無與於聖人形體；鄭玄以氣化說聖人形體之生，
皮錫瑞游移兩者之間，而較偏重鄭玄。而從皮錫瑞所云，也可
發現聖賢、天子／世俗、民間，是一對立結構，前者生有神異，
後者則無，不能以後者之無，推論前者亦必無。聖賢與天子，
具有相同性格—神聖，且應爲世人所膜拜。董仲舒論契、稷感
生，說同三家。(《春秋繁露義證‧三代改制質文》，頁 212）
但經典僅言契、稷，未及孔子，然而：

> 緯說尊崇孔子，必推本伏羲；蓋十言之教，肇自伏羲；
> 六藝之文，折衷孔子。伏羲創其始，孔子集其成。(《漢

---

[7] 另見《經訓書院自課文‧感生帝解》(清光緒 19 年師伏堂刻
本，師伏堂叢書，臺北：臺灣大學研究圖書館藏)，卷 3，頁 31，
《經學通論‧詩經‧論以世俗之見解詩最謬毛詩亦有不可信者》，
卷 2，頁 19。

碑引緯考‧魯相韓敕造孔廟禮器碑》，頁 1，《漢碑引經
考》附）

皮錫瑞甚信緯書，引王昶《金石萃編》：「緯與經原無大異，經
所不盡，政當以緯補之。」（《漢碑引緯考‧魯相韓敕造孔廟禮
器碑》，頁 3）又云：「不知漢人經學外有緯學，緯與經相表裡，
不得謂緯不合經也。」（《漢碑引緯考‧魯相韓敕造孔廟禮器碑》，
頁 7）緯書既可信，孔子繼伏羲後，雖非政權掌握者，卻是文
化開創者，足堪匹敵帝王。感生亦不足為異。以為《春秋演孔
圖》所說孔子之生甚是：「孔子母徵在，游大澤之陂，睡夢黑帝，
使己已往夢交，語曰：『汝必乳於空桑之中。』覺則若感，生丘
於空桑。」（《漢碑引緯考‧魯相韓敕造孔廟禮器碑》，頁 4；《春
秋演孔圖》，《緯書集成》，冊中，頁 576）或是：「孔子母徵在，
夢感黑帝而生，故曰玄聖。」（《漢碑引緯考‧韓敕造孔廟禮器
後碑》，頁 19；《春秋演孔圖》，《緯書集成》，冊中，頁 576）至
是孔子可與歷代聖王並列，皆感天而生，神聖性格，不容置疑。
何休更云：「聖人受命，皆天所生，故謂之天子。」（《公羊傳解
詁‧成公七年》，卷 17，頁 11）孔子感生說，至此已完成。
　　皮錫瑞確實崇拜聖賢帝王，「帝王之興，皆有神異」，推究
其因：

　　蓋古帝感五精之神以生，生則以五行之德治天下，死則
　　以功配五天帝。（《經訓書院自課文‧感生帝解》，卷 3，
　　頁 29）

帝王不僅感天而生，而且有功於民。以《公羊》家而談陰陽五
行，源出董仲舒，「天地之氣，合而為一，分為陰陽，判為四時，
列為五行」（《春秋繁露義證‧五行相生》，頁 362），氣─陰陽
─四時─五行，是基本架構，再以五行配合季節、方位、職官、
道德屬性、代表人物，於是自然、社會、歷史、人文，縮結在

一起，世界是一整體，不能割裂，人也不能自外於此世界。綜
合其說，對應關係，大致如下：[8]

董仲舒五行學說表

名　　稱	季　　節	方　　位	官　　職	道德屬性	代表人物
木	春	東	司農	仁	召公
火	夏	南	司馬	智	周公
土	夏中	中	司營	信	太公
金	秋	西	司徒	義	子胥

---

[8] 《春秋繁露》有關陰陽篇目有〈陽尊陰卑〉、〈陰陽位〉、〈陰
陽終始〉、〈陰陽義〉、〈陰陽出入〉、〈天地陰陽〉；五行篇目有〈五
行對〉、〈五行相生〉、〈五行相勝〉、〈五行順逆〉、〈治水五行〉、
〈治亂五行〉、〈五行變救〉、〈五行五事〉。崔適以爲三統說有改
正朔、易服色之事，五德說則無，自劉歆竄亂之後，二者始混
淆，見《史記探源》（臺北：廣文書局，1977 年 7 月再版），卷
1，頁 4，蔣慶承其說，並指出三統無循環之義，三統並存，受
命而王取決於民，五德說則完全相反，是循環說，五德不並存，
受命決於運次，不取決於民，見《公羊學引論》，第 5 章，〈公
羊學的基本思想〉、〈通三統說〉，頁 310—312。顧頡剛云，漢
代在陰陽五行說之下，有三種政治學說，五行說、三統說、明
堂說，見《漢代學術史略》（臺北：天山出版社，1985 年 6 月），
第 1 章，〈陰陽五行說及其理想中的政治制度〉，頁 1—5，因而
反對崔適看法，見《中國上古史研究講義》，頁 125。以《春秋
繁露》眾多陰陽五行篇章而言，崔適、蔣慶之說不能成立，但
無論是董仲舒抑或何休三統說，確有五行說影響，二者最大不
同是三統說尊禮前朝，五行說取代前朝；三統說重視變法改制，
五行說重視災異儆戒。

| 水 | 冬 | 北 | 司寇 | 禮 | 孔子 |

人君施政合乎五行規律，天下大治，一旦逸出規定範圍，則會有災變出現，以儆戒人君。挽救之道，在於人君自我反省：「五行變至，當救之以德，施之天下，則咎除。」(《春秋繁露義證‧五行變救》，頁 385)天人之間，以氣爲同質，以災異相戒，以修己相勉。聖賢帝王所以令人崇拜，除其神跡外，治天下有德於民，尤爲主因。皮錫瑞所思慮者是聖王引領人民認識世界、走向理想，而非人間權力的轉換。在其研治經典背後，仍有強烈經世思想。

最特殊者是孔子位列古聖賢之中，而孔子之前諸聖賢功在社稷，亦即此諸聖賢經世濟民的意義，大於道德自省的意義，外在秩序的安排，大於內在心性的修養。禮，據許慎《說文解字‧示部》：「禮，履也，所以事神致福也。」王國維釋之：「奉神人之事通謂之禮。」(《觀堂集林‧釋禮》，卷 6，《海寧王靜安先生遺書》，冊 1，頁 279)禮溝通神與人，以禮屬孔子，意謂孔子雖未能在位，但其神聖性格未因之而稍殺。荀子嘗云：「聖也者，盡倫者也；王也者，盡制者也。」(《荀子新注‧解蔽》，頁 432)在這一系統中，孔子等聖賢，顯屬盡制。

皮錫瑞所指之禮，又不止此，遠紹《漢書‧禮樂志》：「人函天地陰陽之氣，有喜怒哀樂之情，天稟其性而不能節也，聖人能爲之節而不能絕也，故象天地而制禮樂。」近承凌廷堪之說：「夫人之所受於天者，性也。性之所固有者，善也。所以復其善者，學也。」(《校禮堂文集‧復禮上》，頁 27)以爲人性本於上天，純粹無邪，而與性具來的情，則有過與不及之偏，因而導致人性偏蔽，惟有借禮以節情，才能挽救人性的純美。所以禮的功用是：

　　囂陵放肆之氣，潛消於不覺，凡所以涵養其德，範圍其

材者，皆在乎此。(《經學通論‧三禮‧論禮所以復性節
情經十七篇於人心世道大有關係》，卷 3，頁 13)

囂陵放肆之氣，是指個人生命雜質；潛消，是去除雜質，萃練
美好的生命；不覺，則是在禮樂的陶冶下，潛移默化。這一過
程，是個人道德境界的不斷提升。這自是偏重盡倫。引《禮記‧
經解》：「朝覲之禮，所以明君臣之義也；聘問之禮，所以使諸
侯相尊敬也；喪祭之禮，所以明臣子之恩也；鄉飲酒之禮，所
以明長幼之序也；昏姻之禮，所以明男女之別也。」明君臣之
義、諸侯相敬，是政治秩序；明長幼之序、男女之別是社會秩
序：

若必蕩棄禮法，潰決隄防，正所謂壞國喪家亡人，必先
去其禮。(《經學通論‧三禮‧論六經之義禮為尤重其所
關繫尤為切要》，卷 3，頁 82)

禮，即在維持此秩序，一旦政治與社會秩序崩潰，則導致國家
滅亡。禮涵蓋人、家、國，逐步擴大，這一思考路向，則偏重
盡制。禮，至少在皮錫瑞看來，是既盡倫又盡制。聖王之所為
者，盡在此矣。

二、孔子為王

根據何休所說，聖人感生即謂天子，孔子感生，自可稱為
天子。更何況盡倫盡制，孔子兼而有之，稱為聖王，誰曰不宜。
但孔子並未居於大位，於是《公羊》學者，有一絕大難題，孔
子雖未有聖王之名，但實有聖王之實，如何解釋此一情況。漢
魏諸儒，如董仲舒、賈逵（東漢光武 6 年—東漢和帝永元 13 年，
30—101）、鄭玄、盧欽（？—？）等，皆以素王當之，素是空
義，無其位而空王之（〈春秋序疏〉，《左傳正義》，卷 1，頁 22
—23），所謂素王，是有其德而無其位。皮錫瑞引《史記‧孔子

231

世家》:「孔子之時,上無明君,下不得任用,故作《春秋》垂空文以斷禮義,當一王之法。」而云:

> 素王謂空設一王之法以待後,本非孔子自王。(《漢碑引緯考‧魯相韓敕造孔廟禮器後碑》,頁 14)

素是空義,以理想中的觀念建立王者理論,孔子並未自稱素王:

> 素,空也,謂空設一王之法也,即孟子云有王者起必來取法之意,本非孔子自王,亦非稱魯爲王。(《經學通論‧春秋‧論春秋大義在誅亂討賊微言在改制立法孟子之言與公羊合朱子之注深得孟子之旨》,卷 4,頁 2)[9]

此一理論冀後世王者取法,故稱素王:

> 《春秋》有大義有微言,大義在誅亂臣賊子,人人盡知者也;微言在爲後王立法,不能人人盡知者也。(《春秋講義》,卷上,頁 13)

素王非孔子自稱,而是後代儒者以此稱之;探究所以,在於孔子曾設一王之法,以待後世王者實施;此義屬《春秋》微言,後人不盡明瞭。此一理論,與其說是直接認定孔子神聖性格,不如說是探討《春秋》原意,發掘一王之法,再逆探孔子性格,遂賦予素王之號。素王論核心,在於對《春秋》的解釋,如果讀不出一王之法,孔子不能被稱爲素王。在這一進路之下,作品的意義,超過作者的義意。「孔子功繼群聖,全在《春秋》一書。」(《經學歷史‧經學昌明時代》,頁 90)完全可以理解:

> 若但云《春秋》素王,便無語弊。(《經學通論‧春秋‧論春秋素王不必說是孔子素王孔子爲後王立法即云爲漢

---

[9] 另見《六藝論疏證》(清光緒 25 年刊本,皮氏經學叢書,臺北:中央研究院傅斯年圖書館藏),頁 32—33。

制法亦無不可》，卷 4，頁 10）[10]

原本是孔子爲素王，演變爲《春秋》爲素王。作者的神聖性格，
轉移爲作品的神聖性格。《春秋》本之魯史，既是素王，就涉及
王魯。王魯說緣於董仲舒：「今《春秋》緣魯以言王義，殺隱桓
以爲遠祖，宗定哀以爲考妣。」（《春秋繁露義證・奉本》，頁 279
—280）何休本之以釋《公羊》：「《春秋》王魯，託隱公以爲始
受命王。」（《公羊傳解詁・隱公元年》，卷 1，頁 4）「《春秋》
託王于魯，因假以見王法。」（《公羊傳解詁・成公二年》，卷 17，
頁 2）就字面意義而言，王魯是以魯爲王，但周天子尚在，以
魯爲王，僭越之事，莫甚於此。素王與王魯，均涉及相同困境。
孔子以禮自治治人，如何能有僭越之事，於是勢須另作解釋：

> 所謂黜周王魯者，非必夫子有是言也，由學者以《春秋》
> 義推之，故云然耳。…夫子不能行道於當時，乃立一王
> 之法以待後世，所謂以《春秋》當新王也，而又必王魯
> 者，《春秋》本是空言，夫子欲見之行事，其勢不得不有
> 所託，《春秋》據魯史，故即託之於魯。…以不藉魯明王
> 義，則不能見之行事，而褒貶之法無所寄也。（《經訓書
> 院自課文・春秋黜周王魯解》，卷 2，頁 26—28）

黜周王魯是後世學者所推論，此其一；孔子立一王之法以待後
世，內容見諸《春秋》，《春秋》又本之魯史，所以託魯，魯是
託魯爲王，而非以魯爲王，此其二；借具體行事褒貶，不致空
泛，此其三。前二點涉及讀者對《春秋》意義的判定，第三點
涉及抽象概念與具體事件的關係。就聖人感生而言，孔子神聖；
就所以能知孔子受命改制而言，《春秋》有一王之法；而能知孔

---

[10] 另見《經學通論・春秋・論春秋改制猶今人言變法損益四代
孔子以告顏淵其作春秋亦即此意》，卷 4，頁 12。

子神聖、《春秋》改制，則據讀者讀出。作者—作品—讀者，緊
密結合，有如環鍊，其中任一環結逸出此一結構外，整個《公
羊》學理論即面臨不能成立的困局。皮錫瑞反覆申說孔子神聖、
《春秋》有微言、讀者須善讀，均是此一結構下必然的發展。
至於抽象的概念，一般而論，是從具體事件中逐步導出，最後
成爲一理論體系。再以此理論解釋具體事件。其優點是清晰分
明，條理清楚。但利之所在，弊亦隨之。在抽象的過程中，無
法或無須配合理論的事件，會自動排除此體系之外。於是理論
只有架構，缺乏血肉。根據具體事件導出的概念，可以反過來
解釋大部分的歷史事件，但不能解釋逸出此理論的事件。此所
以經學家喜以「例」解經。例，根據一條條事件歸納而得，諸
條例併合，則構成一套理論。《公羊》學三科九旨，即是由條例
構成。理解條例，須先理解事件；而每一事件，均可由條例解
釋。兩者不能分離，架構與血肉平衡存在。[11]

---

[11] 日籍學者中村元即指出，中國人喜以具體文字表達抽象概念，
由於重視具體思考，所以也強調個別事例，以過去的事實建立
法則，作爲生活規範，以先例爲指導模式，五經則視作眞理，
是先例中的先例，見《東方民族的思維方法》（臺北：淑馨出版
社，林太、馬小鶴譯，1999 年 2 月），第 15 章—第 18 章，引
述見頁 227，260，262，270，272。蔣慶以柏拉圖概念世界與
孔子的經驗世界，分別抽象思考與具體思考的不同，且認爲柏
拉圖據理遺事，孔子理事相通，見《公羊學引論》，第 3 章，〈公
羊學的基本思想〉，〈春秋王魯說〉，頁 101—114，引述見頁 106。
劉逢祿以爲「因魯史之文，避制作之僭」，尙未能深入理解具體
思考方法的問題，見《公羊何氏釋例‧王魯例第十一》，皇清經
解本，卷 1285，頁 5；另見《劉禮部集‧釋三科例中‧通三統》，

《公羊傳・莊公十年》：「經：秋，九月，荆敗蔡師于莘，以蔡侯獻舞歸。傳：荆者何？州名也。州不若國，國不若氏，氏不若人，人不若名，名不若字，字不若子。」何休云：「《春秋》假行事以見王法。」（《公羊傳解詁》，卷7，頁5）此即《公羊傳》著名的七等例，藉著稱謂，褒貶行事，從而得知《公羊》微言大義：爭戰已然不可，更何況俘獲中原諸侯。《公羊傳・莊公二十三年》：「經：荆人來聘。傳：荆何以稱人？始能聘也。」何休云：「《春秋》王魯，因其始來聘，明夷狄能慕中國王化，修聘禮、受正朔者當進之，故使稱人也。」（《公羊傳解詁》，卷8，頁5）據莊公十年例，荆應稱州，此處稱人，即嘉勉荆人能受王化。根據前後不同稱謂建立條例，每一歷史事件在此條例說明下，都呈顯出既特殊又普遍的意義。讀者不會因僅具有普遍概念，卻無法以具體事實說明。

　　鄭莊公死，祭仲為相，世子忽及公子突爭立，宋執祭仲，要脅出忽立突，祭仲答允，但日後忽終復立。《公羊傳》以為祭仲知權也。何休也以為祭仲：「知國重君輕，君子以存國除逐君之罪。」（《公羊傳解詁・莊公十一年》，卷5，頁5—6）齊頃公伐諸侯，晉、魯、曹、衛伐齊，獲頃公，逢丑父相貌服飾類似頃公，代頃公為諸侯所俘，頃公脫逃，諸侯以為欺三軍者當斬，於是誅逢丑父。何休以為：「頃公當絕，如賢丑父，是賞人之臣，絕其君也；若以丑父故，不絕頃公，是開諸侯戰不能死難也。」（《公羊傳解詁・成公二年》，卷17，頁2—3）保全國君，理當受褒，卻據國君死國之義貶頃公、誅丑父。讀者不會以單一概念，判斷類同事件。

　　祭仲逐君而褒，逢丑父存君而誅，根據具體事實褒貶，嚴

卷4，頁3。

謹有度。具體思考方法，是在特殊事件之中，推論普遍概念，但非建立概念系統；根據具體事實，判斷事件是非，而非依據程序與形式，判斷是非。例，則溝通具體思考與概念系統、形式與程序。從而形成以條例爲核心的觀念。作者託之魯史，讀者建立條例，其要在此。

新王，以孔子爲王，王是素王；素王，空設一王之法，是託之空言；王魯，託魯爲王，是見諸行事。以孔爲王，最後指向本魯史而作的《春秋》。人不是概念存在，而是具體存在，是以人不能脫離歷史情境—特定時間、空間、文化傳統、生活習俗等。一旦抽離歷史背景，人勢將飄浮在空中。是具體情境，引領我們理解人與歷史。託之空言，不如見諸行事，其理在此。但孔子畢竟是託之空言，所以更須以魯史爲寄託。

三、春秋改制

以孔子爲王，演變成以《春秋》爲素王，不僅是作者神聖，作品也隨之神聖。神聖，意謂存在神跡之事，皮錫瑞相信讖緯，其來有自。撰《尚書中侯疏證》即爲疏通兩漢天人之學：「紹天闡繹，非帝王不能受其休；靈契合符，非神聖無以通其秘。」（《尚書中侯疏證・序》）作品既承上天之命而來，所以須有帝王之位才能承受，也惟有聖人才能理解作品涵意。作者、作品、讀者，都充滿神聖性格。徐彥引鄭玄《六藝論》：「六藝者，圖所生也。」（《公羊注疏・隱公卷第一》，卷 1，頁 1—2）皮錫瑞引緯說證明：

《春秋》經出於圖不出於史（《六藝論疏證》，頁 1—2）。孔穎達引鄭玄《六藝論》：「河出圖、洛出書，皆天神言語所以教告王者也。」（《毛詩正義・大雅・文王・序》，卷 16 之 1，頁 1），皮錫瑞亦歷引緯說說明：

是圖書皆聖人受命瑞應也。(《六藝論疏證》,頁 2)

圖書,據鄭玄云,是天神言語,用以教告王者治理天下;《春秋》既出於圖,自是天神言語通過聖人(孔子)教告王者。皮錫瑞又認爲素王是空設一王之法,其內容著在《春秋》。於是孔子圖像如下:天神言語—孔子—《春秋》—王者。根據這一結構,孔子位在王者之上,《春秋》指導王者,明乎此,即可知皮錫瑞所以再三論證孔子制作六經、六經足爲後世法之故。也可知其區分經史、尊經抑史、重《公羊》輕《左氏》之故。「聖人制作,皆奉天命」(《漢碑引緯考・韓敕造孔廟禮器後碑》,頁 26),此一奉命制作的經典又定位在教告王者,經世成爲神聖的使命。通經致用的經典,又以《春秋》爲核心,其因有三:

> 漢人之尊《春秋》,在《易》、《書》、《詩》之上,一則以爲諸經止是孔子贊修,不如《春秋》爲孔子手作。二則孔子贊修諸經之旨,未甚著明,不如孔子所作之《春秋》,微言大義,顯然可見。三則諸經雖爲後世立法,不如《春秋》素王改制之顯,故爲漢定道,多專屬之《春秋》,且多引《春秋》以決時事,是漢人以《春秋》爲有關繫有用處,人人尊信誦習,由專主《公羊》之故也。(《經學通論・春秋・論杜預專主左氏似乎春秋全無關係全用處不如啖趙陸胡說春秋尚有見解》,卷 4,頁 73)

一是《春秋》爲孔子手作,二是《春秋》有微言大義,三是《春秋》有素王改制。三者之中,微言大義可能是關鍵。既稱微言大義,一般人不可能作出,惟有聖人方能出之,這一聖人,皮錫瑞認定是孔子,才能符合新王觀念,如是孔子之前聖人,僅能稱周時舊法或三代舊法,不能以新王當之;其內容就是爲後世立法。而這一後世,可以根據讀者所處時代判定,在漢言漢,在清自可言清:

237

漢人云西狩獲麟，為漢制作，歐陽修以漢儒為狹陋，曰：
孔子作《春秋》，豈區區為漢而已哉？不知《春秋》本為
後王立法，雖非專為漢制，而繼周者漢，去秦閏位不數，
則謂《春秋》為漢制法，實無不可。且在漢人自當言漢，
頌揚當代，不得不然。如歐陽修生於宋，宋尊孔教，即
為《春秋》為宋制法，亦無不可。今人生於大清，清尊
孔教，即謂《春秋》為清制法，亦無不可。孔子作《春
秋》以治萬世，自漢迄今，莫不奉聖人之教，即莫不遵
聖人之法，在漢言漢、在宋言宋、在清言清，歐陽所疑，
何所見之拘乎！（《春秋講義》，卷上，頁 5）[12]

以《春秋》為漢制作，出自緯書，徐彥引《春秋說》：「丘攬史
記，援引古圖，推集天變，為漢帝制法，陳敘圖錄。」（《公羊
注疏·隱公卷第一》，卷 1，頁 2；《春秋演孔圖》，《緯書集成》，
冊中，頁 579）皮錫瑞並引緯書證之。[13]緯書得失勿論，皮錫瑞
論點即頗值注意，《春秋》制法，並不限制在某一朝代，而是適
用於任何一朝代。

　　如《公羊傳·隱公三年》：「經：夏四月辛卯，尹氏卒。傳：

---

[12] 另見《駁五經異義疏證》（上海：上海古籍出版社影印民國 23
年河間李氏重刊本，續修四庫全書第 173 冊，1995 年 3 月），
卷 6，頁 56，《經學通論·春秋·論春秋素王不必說是孔子素王
春秋為後王立法即云為漢制法亦無不可》，卷 4，頁 11。
[13] 見《漢碑引經考》（臺北：文海出版社影印清光緒 30 年刊本），
〈史晨奏祀孔子廟碑〉，卷 5，頁 34；《漢碑引緯考》（《漢碑引
經考》附），〈魯相韓敕造孔廟禮器碑〉，頁 2，10，〈韓敕造孔
廟禮器後碑〉，頁 18，19，20，21，25，〈孔廟置守廟百石卒史
碑〉，頁 27。

尹氏者何？天子之大夫也。其稱尹氏何？貶。曷爲貶？世卿，
非禮也。」何休云：「禮，公卿大夫士，皆選賢而用之。卿大夫
任重職大，不當世。爲其秉政久，恩德廣大，小人居之，必奪
君之威權。」(《公羊傳解詁》，卷2，頁5)《公羊傳》指出世卿
非禮，卻未說明理由。何休則分析大夫位高權重，執政日久，
國君威權下移。這是考慮國家政權結構的穩定與象徵，最高政
權掌握於國君，確可保持政權穩定，但國君不可能獨自治理國
家，勢須與群臣共治，分享權力，又在所必須，世卿非禮，既
可釋出相當權力，又保證權力穩定。此是《公羊》家說。許愼
《五經異義》：「《左氏》說卿大夫得世祿不得世位。父爲大夫，
死，子得食其故采。而有賢才，則復升父故位。」此說是保障
卿大夫子孫的經濟生活，但賢則可復父位，其實是有條件世卿。
許愼據《尚書·盤庚》、《詩·小雅·序》、《孟子·告子》、《禮
記·禮運》以爲周制世祿，所以贊同《左氏》。孔廣森持世祿說，
陳立持譏世卿說，皮錫瑞以爲：

> 如此條云周制世祿固是，然未知《公羊》譏世卿，乃夫
> 子深念當時世卿之弊，欲爲後王立法，去此弊端，蓋有
> 廢世卿行選舉之意。後世用選舉法是從《春秋》法也。(《駁
> 五經異義疏證》，卷6，頁12)

周制確是世祿，但《春秋》改制之制，其實並無一定，視問題
而定。所以皮錫瑞譏諸家：「屑屑致辨，而《春秋》之義，尚未
發明。」意即改制係針對不同時代而設，而非執持一端。如此
意謂意謂《春秋》制法說形式意義大於內容意義，讀者只要掌
握《春秋》制法形式，即可據其所處時代宣稱《春秋》制法的
內容；二者之間，存在任意性，推擴至最大，讀者可運用任何
內容，只要能配合形式，即可稱這是先聖本意。然乎？否乎？
經學對諍，就在此處展開。

又《公羊傳・哀公十四年》:「經:十又四年春,西狩獲麟。
傳:麟者仁獸也,有王者則至,無王者則不至。」何休:「上有
聖帝明王,天下太平,然後乃至。」(《公羊傳解詁》,卷 28,
頁 5)意爲獲麟兆天下太平。《左傳・哀公十四年》:「經:十又
四年春,西狩獲麟。傳:十四年春,西狩於大野,叔孫氏之車
子鉏商獲麟,以爲不祥,以賜虞人。」杜預:「麟者仁獸,聖王
之嘉瑞也,時無明王出而遇獲,仲尼傷周道之不興,感嘉瑞之
無應,故因魯春秋而脩中興之教。」孔穎達:「仲尼見此獲麟,
於是傷周道之不興,感嘉瑞之無應,故因魯春秋,文加褒貶,
而脩中興之教。若能用此道,則周室中興,故謂《春秋》爲中
興之教也。」(《左傳正義》,卷 59,頁 11)《左傳》以爲獲麟不
祥,杜預、孔穎達則以爲象徵周室中興,與《左傳》不合。考
何休所云,並未限時代,且指出太平世的嚮往;杜預以之爲周
室中興之象。何休所解,確能點出人世的希望。所以皮錫瑞以
爲獲麟:

> 當如《公羊》之義,以獲麟爲太平之效。(《漢碑引緯考・
> 韓敕造孔廟禮器後碑》,頁 16)

《公羊》學追求太平,讀者研究《公羊》,也應以致太平爲己任,
指向未來太平之世。

第二節　廖平孔子觀

一、聖人天生

較之皮錫瑞,廖平對孔子崇拜,更有過之而無不及。皮錫
瑞賦予孔子神聖性格,廖平跡近以孔子爲神。這與廖平對宇宙
原始狀態認知有關:

　　古者天地相通，人可上天，所謂飛行，乘雲御風者也。(《知
　　聖續篇》，條 13，《廖平選集（上）》，頁 235）[14]

宇宙初始，天地相通，一團混沌，人可以上天，在天地之間遨
遊迴翔，不受任何拘束，但這畢竟是生命力氣的原始展現，沒
有人文創設可言。布列理序於初始狀態，涉及從原始到文明的
進程。此一進程，可以創世神話當之。[15]創世神話是說明宇宙、
人類、萬物的起源問題。但廖平所關心者，並不在宇宙萬物的
起源，而是以後的問題，亦即所關心者是世界形成以後，如何
開展：

---

[14] 另見《知聖續篇》，條 70，《廖平選集（上）》（成都：巴蜀書
社，1998 年 7 月），頁 279。
[15] 中國有無創世神話，一直是學界爭論焦點，葉舒憲極力證明
中國已有創世神話，並以鯀、禹治水當之，但鯀、禹均非創世
主，治水也非創世，葉舒憲以「陸地潛水型」創世神話比附：
原始世界，充斥洪水，上帝命魔鬼潛入水中，取土造地，世界
就從這一小塊泥土開始，鯀、禹治水神話即是潛水型創世神話
變形，見《中國神話哲學》（北京：中國社會科學出版社，1992
年 1 月），第 8 章，〈息壤九州〉，頁 317—363，引述見頁 337—
338。潛水型神話確是世界從無到有的創世過程，鯀、禹治水神
話則已預設世界先行存在，性質完全不同，未必能以變形說稱
之。冷德熙並增加女媧補天神話，但相同困境依然，於是以不
成熟的創世神話當之，見《超越神話—緯書政治神話研究》，第
1 章，〈緯書政治神話的貢獻：創世神話〉，頁 45—80，引述見
頁 54—56。其共同觀念都是上帝創造世界，但中國卻缺乏類似
神祇，於是補以變形說或不成熟說，問題是上帝創造世界並不
是普世價值，不同民族未必需要相同神話結構。

> 古聖皆有神怪事蹟，聖與天通，人與鬼謀，故能成平定
> 之功，大禹是也。《山海經》神怪確爲事實，故《左傳》
> 云：「多著神姦，鑄鼎作象。」至孔子時，先聖開創之功
> 已畢，但用文教，已可長治久安，故力絕神怪，以端人
> 心，而正治法。…古聖神怪之事，全經孔子所削，故云：
> 「不語。」不得因孔子之言，致疑前人之誤，蓋天人之
> 交，孔子乃隔絕之，以奉法守文，無俟神奇也。(《知聖
> 篇》，條20,《廖平選集（上）》，頁189—190)

世界形成，只是初始情境，人倫關係、社會結構未逮布勒。所
以廖平清楚的指出，人與天通，是一開創型態，其後必須用文
教，才能保證長治久安。「天人之交，孔子乃隔絕之」就在說明
從天到人、從混沌不明到人文秩序的過程，人文是一唯一標準，
不再是神或天帝。至於此一標準的代表人物，爲何是孔子，其
因有二，一是：

> 聖人得人、天之全。(《孔經哲學發微‧貴本觀》,《廖平
> 選集（上）》，頁336)

二是：

> 天心欲變其局，孔子應運而生。(《知聖篇》，條196,《廖
> 平選集（上）》，頁189)

「聖人得人天之全」意謂孔子創造一普遍價值[16]，不但規範當代，
而且垂法後世。這才是孔子被尊爲聖人且具有神聖性格的原因，
然而這一得人天之全的聖人，卻不必然出現特定時空，其行止
根據上天意志而定，在劇烈變化的時空，聖人爲救世人而出現，
偶然之中有必然。整體理論，是在一理性陳述下開展，但又有
超越理性的說明；天意與聖人似是一體兩面，就在此處，孔子

---

[16] 另見《孔經哲學發微‧流演觀》,《廖平選集（上）》，頁338。

具有人格神意味。孔子隔絕人天，並不是完全否定天的存在，而是以孔子代替天。於是孔子又有如同天一般的神聖地位，目標指向人間：

> 緣文明之制，由漸而開，自堯、舜至於文、武，代有聖
> 人為之經營，至周大備。天既屢生聖人，受命制作，為
> 天子以成此局，不能長襲其事，故篤生一匹夫聖人，受
> 命制作，繼往開來，以終其局。而後繼體守文，皆得有
> 所遵守。又開教造士以為之輔，故百世可以推行。或以
> 秦漢不用《春秋》之制，不知選舉、學校、禮樂、兵刑，
> 無一不本經制。雖井田、封建、禮制儀文，代有改變，
> 然或異名同實，或變通救弊，所有長治久安者，實陰受
> 孔子之惠。且循古今治亂之局，凡合之則安，反之則危。
> 孔廟用天子禮樂，歷代王者北面而拜，較古帝陵廟有加，
> 非若天命，豈人力哉！又豈但鈔錄舊文，便致此神聖之
> 績哉。(《知聖篇》，條 17，《廖平選集（上）》，頁 188)

世界先於孔子存在，由是孔子不是創世教主；聖王也先於孔子存在，所以孔子也不是帝王。天生孔子，一是總結歷代聖王所為，最重要的是創作各種制度，以為後世遵循，這些制度，足以開萬世之太平。可是孔子有這些能力，又非完全來自本身，實有若干天命在內[17]，由此觀察，孔子介於天人之間，是一具有神性的聖人。這一神性聖人，不是引領人民借著各種儀式，接近天帝，獲得救贖；而是借由禮樂刑政，穩定人倫關係、安排社會秩序。日後的文化發展，即循著孔子所指出的方向，治國理政，安頓人民。

　　這一套講法，其本承緯說而來，廖平區分讖緯：「緯者，先

---

[17] 另見《知聖篇》，條 8，13，《廖平選集（上）》，頁 183。

師經說入於秘府，與圖讖並藏。哀平以來，內學大盛，侈言符命者，獵取緯說，以求信於世，故凡緯說藝術家言，並爲圖讖所混。」緯是先師經說，讖則與符命混合，目的是獵取功名，不在解經：「解經者當取緯說，圖讖之言，不可用也。」(《何氏公羊解詁三十論‧再續十論‧圖讖論》，《廖平選集（下）》，頁166）廖平深信緯說是先師經說，所以引之以解經。緯書自是神話。神話，情感超越理性，信念超越邏輯；但卻不是反理性、反邏輯。神話是我們認識世界的方法，理解並掌握此一方法，或可理解前人世界觀。孔子，至少在廖平心中，不是今日所謂哲學家，解析各種觀念；也不是學者，孜孜於學術。倒過來說，哲學或學者定義，應依孔子行事而定，即以禮樂教化貞定人間秩序。

二、素王新解

　　孔子終究未握有實際政治權力，欲以禮樂教化貞定人間秩序，豈非空言？《公羊》學者發展「素王」理論以處理此一困難。素是空義，空設一王之法，以見孔子思想所在，俟諸後日王者起而遵循。但空設一王之法，仍是空言，於是須將此空言寄託於實際歷史中，空言與實事結合，庶免淪爲無根之談。「王魯」說就在這一思路下成爲素王說的寄託者。

　　王魯說源起董仲舒：「今《春秋》緣魯以言王義。」(《春秋繁露義證‧奉本》，頁279）緣魯以言王義，應是借著魯史託王者之法，義本明確。何休本之，屢言王魯，轉而隱晦，《公羊傳‧隱公元年》：「經：元年，春王正月。傳：元年者何？君之始年也。注：惟王者然後改元立號，《春秋》託新王受命於魯，故因以錄即位，明王者當繼天奉元，養成萬物。」(《公羊傳解詁》，卷1，頁1）繹其文義，仍是假託，並非實王。但「經：三月，

公及邾婁儀父盟于眛。傳：曷爲稱字？褒之也。曷爲褒之？爲
其與公盟也。與公盟者眾矣，曷爲獨褒乎此？因其可褒而褒之。
注：《春秋》王魯，託隱公以爲始受命王，因儀父先與隱公盟，
可假以見褒賞之法，故云爾。」(《公羊傳解詁》，卷 1，頁 3—4)
雖仍是假託，但在褒貶中，隱隱然已有王者權力。《公羊傳‧隱
公二年》：「經：二年，春，公會戎于潛。注：《春秋》王魯，明
當先自詳正，躬自厚而薄責於人。」(《公羊傳解詁》，卷 2，頁
1)此注以魯爲王，甚爲清楚。託魯爲王與以魯爲王，差異極大，
清代《公羊》學者即對此爭論不已。

孔廣森（乾隆 17 年—乾隆 51 年，1752—1786）云：「天子
諸侯通稱君，古者諸侯分土而守，分民而治，有不純臣之義，
故各得紀元於其境內。而何邵公狠謂，唯王者然後改元立號，
經書元年爲託王於魯，則自蹈所云反傳違戾之失矣。」(《公羊
通義》，卷 679，頁 1，影印皇清經解春秋類彙編第 2 冊)諸侯
各得紀元，這是歷史事實，託魯爲王，這是寄託思想，以前者
攻駁後者，兩不相干，不能擊中《公羊》學要害，除非《公羊》
學者明白指稱傳注是歷史事實。劉逢祿就清楚的說：「經曰王魯
者，即所謂以《春秋》當新王也。夫子受命制作，以爲託諸空
言，不如行事博深切明，故引史記而加乎王心焉。」王魯是以
《春秋》當新王，《春秋》又以魯史爲核心，借魯史以寓思想，
勢須託王於魯。並且指責魯國諸君實不足以當王者：「桓、宣之
弒君宜誅，昭之出奔宜絕，定之盜國宜絕，隱之獲歸宜絕，莊
之通讎、外淫、滅同姓宜絕，閔之見弒宜絕；僖之僭王禮、縱
季姬、禍鄶子，文之逆祀、喪娶、不奉朔，成襄之盜天牲，哀
之獲諸侯、虛中國以事強吳，雖非誅絕，而免于《春秋》之貶
黜者鮮矣。」(《公羊何氏釋例‧王魯例第十一》，卷 1285，頁 5，
影印皇清經解春秋類彙編第 2 冊)寄託之意顯然。包愼言云：「《春

秋》以魯史撥周亂，因曰王魯，曷嘗假王號於魯哉。」（〈王魯說〉，《公羊義疏‧隱公元年》引，卷 1，頁 10）陳立反對孔廣森之說而云：「《公羊》家以《春秋》託王于魯，明假魯爲王者，故謂唯王者然後改元立號也，有何反傳違戾之有？」（《公羊義疏‧隱公元年》，卷 1，頁 8）劉逢祿、包愼言、陳立諸家，均指出王魯是託魯爲王，而非以魯爲王，必須託魯爲王者，是借具體行事以呈顯作者思想，而不是建構純粹理論。

廖平反對王魯說：

> 《春秋》改制作、備四代，襃貶當時諸侯，皆孔子自主，魯猶在襃貶中，其一切改制進退之事，初不主魯，則何爲王魯乎？若以爲王魯，則《春秋》有二王，不惟傷義，而且即傳推尋，都無其義。（《何氏公羊解詁三十論‧主素王不主王魯論》，《廖平選集（下）》，頁 140）[18]

廖平之意是如主王魯，則《春秋》有二王，不符孔子未王之實；經傳未有王魯明文，王魯始於董仲舒，但董仲舒雖云王魯，義實託魯；《春秋》是素王改制，不在王魯。孔子未王，自爲《公羊》家所深知，以素王當之，正爲處理此一困境，既是素王，就不與周王衝突，也不會有傷義的問題；董仲舒王魯說，本就是託魯說，劉逢祿、包愼言、陳立闡述甚明；以寄託解經，不僅在《公羊補證》呈顯，在《何氏公羊解詁三十論》中〈託禮論〉、〈假號論〉（《廖平選集（下）》，頁 138—140）也有理論說明。廖平不致誤以託魯爲王魯，考其目的在強調素王，所以強調素王，則在說明孔子承受天命：

> 《緯》云：孔子受命爲黑統，即玄鳥、玄王。莊子所謂

---

[18] 另見《今古學考》，條 36，《廖平選集（上）》，頁 81，《何氏公羊解詁再續十論‧衍說論》，《廖平選集（下）》，頁 167。

> 玄聖、素王之説，從《商頌》而寓之。《文王》篇「本支
> 百世」，即王魯；「商之孫子」，即素王；故屢言受命、天
> 命，此素王根本也。(《知聖篇》，條7，《廖平選集（上）》，
> 頁180)

皮錫瑞解《詩·商頌·玄鳥》為聖王感天而生，廖平並未
探討聖人形體來源，而是直接說明聖人承受天命。感生說也陳
述聖王或聖人承受天命，但畢竟說明形體來源問題，就此而論，
有若干凡人層次；天生說並此凡人層次也不言，孔子神性較高。
由此可理解，廖平相信遠古天人相通，後代進化至一定境界，
復可上天，均與承認天的存在有關，這一上天，並非自然天，
而是具有意志、具有神力的天，所以聖人才能與之溝通，接受
其命令：

> 蓋天命孔子不能不作，然有德無位，不能實見施行，則
> 以所作者存空言於六經，託之帝王，為復古反本之説。
> 與局外言，則以為反古，與弟子商榷，特留制作之意。(《知
> 聖篇》，條3，《廖平選集（上）》，頁176)

此處廖平指出一重要問題：天既具神力與意志，孔子何以不能
遂行其志？傳統《公羊》家雖也認為孔子受命改制，但有其德
無其位，所以只能俟諸後王，討論重點是聖人無其位。並未直
接討論天命的限制、聖人承受天命所面臨的處境。「天命孔子不
能不作，然有德無位」，就回答這一問題：天命雖至高無上，但
在人間仍受世俗權力限制；「以所作者存於六經，託之帝王」，
聖人面臨此境，只能託理想於六經，這是一聖／凡的衝突。從
理論上說明孔子不能行道的原因。「天命—素王—六經」，是如
此迂曲艱辛，以王魯說《春秋》，託王魯為王法，置於廖平《公
羊》學體系，則嫌狹隘。聖人改制，寄於六經：

> 孔子受命制作，為生知，為素王，此經學微言傳授大義。

> 帝王見諸事實，孔子徒託空言，六藝即其典章制度，與
> 今六部則例相同。素王一義，為六經之根株綱領，此義
> 一義，則群經皆有統宗，互相啓發，箴芥相投。自失此
> 義，則形體分裂，南北背馳，六經無復一家之言。(《知
> 聖篇》，條 1，《廖平選集（上）》，頁 175)

素王為六經根株綱領，就在以素王統合六經，群經皆為所用，
不限於《公羊》，但又是以《公羊》學觀念說群經。群經在這一
觀念下，導向是聖人所作典章制度，典章制度成為經典惟一性
質。這與宋明理學從經典中尋得若干觀念，作為內聖根源，差
異頗大；與乾嘉考證古典，則較接近，然乾嘉考證經典，並不
存在改制立法，廖平論典章制度，完全朝改制立法思考。

三、春秋改制

這一立法改制思考，就在重新認識六經性質：

> 六經旨要，以制度為大綱。(《知聖篇》，條 15，《廖平選
> 集（上）》，頁 185)

廖平視經典為不可分割的整體，以制度貫穿六經，是達成此目
的的方法，六經在這一觀念統領下，不復「形體分裂」。與漢代
經學觀念相較，以經學為一整體則一，以之為整體的方法則異。
例如劉安（西漢文帝 1 年—漢武帝元狩 1 年，前 179—前 122）
云：「五行異氣而皆和，六藝異科而皆道溫惠。柔良者，《詩》
之風也；純厖敦厚者，《書》之教也；清明條達者，《易》之義
也；恭儉尊讓者，《禮》之為也；寬裕簡易者，《樂》之比也；
刺譏辨議者，《春秋》之靡也。」六經內容容或異科，但「溫惠」
則是其外顯共同風格，即使《春秋》刺譏辨議，但也不是直指
人過，而是委婉出之。揚雄（西漢宣帝神爵 4 年—王莽天鳳 5
年，前 58—18）更云：「或問：天地簡易，而聖人法之，何五

經之支離？曰：支離蓋其所以爲簡易也，已簡已易，焉支焉離？」可見五經支離，當時已有質疑，揚雄以簡易說明支離，不免有取巧之嫌，但視六經爲一整體用心未變。(俱見朱彝尊：《經義考・通說一・經說上》引，卷 295，頁 2、3）漢儒以《春秋》爲孔子受命改制之作，但無有擴及六經者，擴及六經，始自廖平。但無論如何，經典不是分裂彼此無關。經典以制度爲綱，但這些制度並非是往古遺留，而是聖人新創：

> 《春秋》之功，全在定一王之制，以為萬世法。(《知聖篇》，條 40，《廖平選集（上）》，頁 201)

綜合廖平所說孔子制作新制，有封建制（《公羊補證》，卷 8，頁 30）、諸侯儀制（《公羊補證》，卷 8，頁 65）、廟制（《公羊補證》，卷 7，頁 9）、崩薨卒葬制（《公羊補證》，卷 8，頁 2）、喪制（《公羊補證》，卷 1，頁 24）、親迎制（《公羊補證》，卷 1，頁 14）、媵制（《公羊補證》，卷 1，頁 47）、殺大夫制（《公羊補證》，卷 6，頁 9）等，又指出：「大約《春秋》所譏者，皆改制事。」(《知聖篇》，條 32，《廖平選集（上）》，頁 196)[19] 這自不是歷史事實。[20]廖平素王改制說，將傳統說法，推擴極致，一

---

[19] 另見《知聖篇》，條 25，，《廖平選集（上）》，頁 193。

[20] 西周春秋時代禮制重要者有籍禮、冠禮、大蒐禮、鄉飲酒禮、鄉射禮、朝禮、聘禮、祭禮、婚禮、喪禮等，詳可參考楊寬：《西周史》（臺北：臺灣商務印書館，1999 年 4 月），第 6 編，第 5 章，〈大蒐禮新探〉，頁 661—708，第 6 章，〈射禮新探〉，頁 683—708，第 7 章，〈鄉飲酒禮與饗禮新探〉，709—735，第 8 章，〈冠禮新探〉，頁 737—756，第 9 章，〈贊見禮新探〉，頁 757—786，第 10 章，〈冊命禮概說〉，頁 787—790，第 11 章，〈出征、田獵和執駒的禮制〉，頁 791—794，第 12 章，〈重要祭禮簡釋〉，

切制度,都是孔子所創,這才是廖平經學思想特色。[21]進一步追問,孔子創制,豈無因革?廖平回答:

> 帝王之制由六經而定,謂爲孔子制,可;謂爲帝王制,亦可。惟兼採四代以酌定一尊,垂法百世,以爲永鑒,因不盡因,革不盡革,既不可分屬四期,又不能歸併一代,則不得不屬之孔子。《春秋》因魯史加筆削,《詩》與《書》、《禮》、《樂》,亦本帝王典禮而加筆削。合者留,不合者去,則《詩》、《書》乃孔子之《詩》、《書》矣。(《知聖篇》,條 16,《廖平選集(上)》,頁 186)

原來所謂孔子創制,並非從無到有,建構一整套制度,仍是因革前代,既是因革前代,無法以專一朝代名之,於是只能以孔子制稱之。這似是與前述孔子創定各種制度矛盾,但廖平藉著此一曲折的論述,創制/取法,歷史/現實,有一定程度的結合。立法改制,不是憑空而來,仍有其歷史根據;經典中的微言大義,也不是聖人突發奇想,而有歷史沿革。如是,經學既

頁 795—802,但經過春秋戰國大變遷,這些禮制均有變化,並可參考楊寬:《戰國史》(臺北:臺灣商務印書館,1998 年 10月),第 6 章,〈中央集權的政治體制及其重要制度〉,8,〈維護統治的禮樂制度〉,頁 265—272。

21 漢儒以爲孔子爲漢制法,至莊存與則以爲孔子爲萬世制法,見《春秋正辭・奉天辭第一》(臺北:藝文印書館影印皇清經解春秋類彙編第 1 冊,1986 年 9 月),卷 375,頁 1,陸寶千:《清代思想史》(臺北:廣文書局,1983 年 9 月),第 6 章,〈清代公羊學的演變〉,頁 221—275,論點見頁 230—231,268。莊存與雖云爲萬世立法,但其《春秋正辭》在以辭例釋經,爲萬世立法,並結合制度說經,仍首推廖平。

有思想層面，也有歷史層面。就歷史層面而言，六經既以制度
爲綱，制度是逐漸累積而成，研究經典，必須考慮經典所處時
代背景，源流、發展、演變等；就思想層面而言，探尋制度，
不是回復古代，更有其復古開新的現實意義。《公羊》學即在此
一思路下，獲得新生命。立足古聖經典，面對當代世界。

　　但無論《春秋》抑或《公羊》，所缺者正是制度，勢須以《公
羊》結合其他經典，作爲孔子創制的依據，廖平以《王制》爲
孔子改制的藍圖：[22]

> 《春秋》之書以正將來，非以誅已往。《王制》一篇即爲
> 邦數語，道不行乃思著書，其意頗與《潛夫》、《罪言》
> 相近，憤不得假手以救弊振衰，則欲將此意筆之于書。
> 又以徒託空言，僅如《王制》則不明切，不得已乃借春
> 秋時事以衍《王制》之制度。司馬遷言之詳矣。《王制》
> 所言皆素王新制，改周從質，見于《春秋》者也。凡所
> 不改，一概從周。范氏注《穀梁》，以《周禮》疑《王制》，
> 據周制駁《春秋》，是囈語耳。又孔子所改皆大綱，如爵
> 祿、選舉、建國、職官、食貨、禮樂之類，餘瑣細，悉
> 不改。其意全在救弊，故《春秋》說皆以爲從質是也。(《今

---

[22] 楊向奎就指出，晚清經今文三大家，皮錫瑞與廖平主《王制》，
康有爲主《禮運》，見《清儒學案新編（四）》（濟南：齊魯書社，
1994 年 3 月），〈皮錫瑞鹿門學案〉，頁 275—341，引述見頁 290。
龔師鵬程亦云《公羊》三世說徒具形式，實際制度面規劃，非
此一架構所能提供，故須求諸《周禮》或《禮記‧王制》，見〈論
熊十力與張江陵〉，《文化、文學與美學》（臺北：時報文化公司，
1988 年 2 月），頁 349—380，引述見頁 370。

古學考》,卷下,條 68,《廖平選集(上)》,頁 91)[23]
《王制》是孔子不得行道,有所感之作,所以是素王新制;此
一新制,必須配合春秋時事才能理解;亦即寄託於《春秋》之
中,詳究其實,就是以《公羊》說《王制》。《王制》必須是素
王之制,如是一般經典,就喪失合法與神聖的改制作爲;不憑
藉《王制》,另一設官分職專論制度的經典是《周禮》,但《周
禮》在經今文學者言,是古文系統經典,無法與今文系統《公
羊》並論,如此也就不能以創制立法說《周禮》,這一困境,《王
制》則否。但是時代更易:「人事日文,不能復古。」(《今古學
考》,卷下,條 26,《廖平選集(上)》,頁 78)因此:「治經貴
師其意,遺跡則在所輕。」(《知聖篇》,條 18,《廖平選集(上)》,
頁 189)比附發皇,在所難免。

第三節　康有爲孔子觀

一、以孔爲教
　　皮錫瑞、廖平賦孔子予神聖性格,康有爲則更進一步,賦
孔子予教主地位。其理論結構是才智之士,遭逢末世,於是起
而創教,創教則是爲了改制。(《孔子改制考・周末諸子並起創
教考》,卷 2,頁 9)才智之士,自不止孔子,所以才會說周末
諸子並起創教,既是並起創教,孔子的地位,初與諸子無異。
儒教之「教」,可以指學說,也可以指宗教,前者可爲士人普遍
接受,後者與中國傳統對孔子認知,距離較遠。創教與改制,
是兩個不同概念,兩者之間,並未有必然關係,亦即前者無法

---

[23] 另見《今古學考》,卷下,條 26,《廖平選集(上)》,頁 78。

導出後者。所以孔教論，必須對上述三個問題，有一令人信服
的答案。

孔子的神聖性格來自天：

> 蓋聖人代天宣意，為眾立律，是非得失，一於公平，毫
> 無偏私於其間者也，《春秋》有臨天下之言，此等義是也。
> （《春秋筆削大義微言考・哀公六年》，卷 11，頁 11）

這與皮錫瑞、廖平，並無不同，且皮、廖對孔子具體生命的來
源，有更神聖的解釋；諸子也是承受天命而來（《孔子改制考・
周末諸子並起創教考》，卷 2，頁 9）。孔子與諸子俱有神聖性格，
就此而言，未有高下，但諸子「受天之質」，而其質性：

> 惟其質毗於陰陽，故其說亦多偏蔽，各明一義，如耳目
> 鼻口不能相通。（《孔子改制考・周末諸子並起創教考》，
> 卷 2，頁 9）

由是可以導出孔子之學義多圓賅：

> 人莫不尊知而火馳，自是而人非。抱有者咸有之，匪振
> 以私。夫天之道圓，圓則無宗無相，人能之哉。足趺若
> 圓，不能自立。有形體則礙，有牆壁則蔽，奈之何哉？
> 於是堅壁樹壘，立溝營家，紛而封哉。自信而攻人，自
> 大而滅人。爭政者以兵，爭教者以舌，樹頰立說，徒黨
> 角立，衍而彌溢。（《孔子改制考・諸子爭教互爭考》，卷
> 5，頁 102）

本文以各種比喻，暗示孔子覺知天道整體內容，非一般人所能
為。諸子神聖，終究是具有神聖性格的人，孔子則否，近乎具
有人性的神。諸子有形體，指涉孔子可以超越這一限制，就此
而言，孔子更是介乎神與人之間。孔學圓備，具體說法是：

> 自人及山川、草木、昆蟲，無所不統，…是政教合一而
> 為教主。（《春秋筆削大義微言考・隱公元年》，卷 1，頁

4）

孔子異於諸子，一在於統合已裂的道術，一在於近於神人。而
能統合道術，又在能獨得天命之全。天命與人事之間，有一神
秘過程，爲他人所不能有。康有爲正是以神人稱呼孔子：「儒者
之極爲聖儒，…蓋儒教之中極品名號，創教者不能名之，只能
謂之神人矣。」（《孔子改制考·儒教遍傳天下戰國秦漢時尤盛
考》，卷 20，頁 447）[24] 以此兩者，爲諸子之尤爲神聖者。是以
諸子蠭起，孔子所創之教，終能取而代之。風行魯國，遍傳天
下，甚至於漢武帝時獨尊，都在聖人—孔子—之大化。

由此再進，必然觸及孔子的定位、儒家的性質。康有爲明
言孔子開創儒教，孔子就是儒教教主：「今發明儒爲孔子教號，
以著孔子爲萬世教主。」（《孔子改制考·儒教爲孔子所創考》，
卷 7，頁 164，166，168）但並未定義教、教主具體內涵。以孔
爲教的理論進程是：孔子是教主，引《大戴禮記·哀公問》章
甫、句屨、紳帶、搢笏爲孔子所改定儒服[25]，以六經傳記爲聖典，
以口說爲教旨傳承，以《禮記·儒行》爲儒教教規（《孔子改制
考·儒教爲孔子所創考》，卷 7，頁 177，181，183，186，167），
以符瑞爲神聖象徵。（《孔子改制考·孔子爲制法之王考》，卷 8，
頁 196）教主、服制、典籍、傳承、規範、神跡，無一不備。

宗教未必有衆神或精靈，但必須有一信仰的對象；借著儀
式，人可以從凡俗世界達到神聖境界；而有共同信仰的成員，

---

[24] 康有爲認爲孔子一統道術，又以神人當之，均來自於《莊子·
天下》，見郭慶潘：《莊子集釋》（臺北：河洛圖書出版社，1974
年 3 月），卷 10 下，頁 1066，1069。

[25] 並見王聘珍：《大戴禮記解詁·哀公問》（北京：中華書局，
王文錦點校，1998 年 12 月 4 刷），卷 1，頁 8—9。

組織團體，思考凡俗世界與神聖世界的關係。所以宗教是與神聖事物有關的信仰與儀式組成的統一體系，這些信仰與儀式將所有對之贊同的人團結在一個稱爲「教會」的道德社群內。[26]亦即宗教是由聖物、信仰、儀式、團體構成。兩相參較，孔子是一神聖人物；經典所載義理，是信仰對象；服制、規範與儒學禮儀，相當於儀式；至於宗教所需的神跡，儒家也不缺乏—存在於讖緯的神跡，康有爲大量引用—可比擬爲宗教中不或缺的神話。儒家所缺乏者惟有教會這一組織。由此看來，孔教說確是建立了一類似宗教型態的儒家，或者說儒家有宗教化的傾向。

康有爲對教主的定義，別有新解：

> 凡大地教主，無不改制立法也。(《孔子改制考·孔子創儒教改制考》，卷9，頁214)

改制立法，傳在《春秋》：

> 其傳《春秋》改制，當新王繼周之義，乃見孔子爲教主之證。(《春秋筆削大義微言考·隱公元年》，卷1，頁4)

根據此一定義，教主未必改制，但改制者必定是教主。教主與改制，根本就是二而一的結構，改制尤爲此一結構核心。這一定義是功能定義，所以名爲「孔子改制考」，而不是「孔子創教考」。分析康有爲孔教理論，這是重要關鍵。梁啓超云康有爲復原孔教有三階段，一是改制，二是三世，三是以元統天(《南海康先生傳》，第6章，〈宗教家之康南海〉，《飲冰室文集之六》，頁67—69，冊3)，改制列爲第一，其次才是劉歆作僞，很精準的理解孔教說實質。孔教在改制，改制顯然針對俗世，而不是

---

[26] 參考涂爾幹(Emile Durkheim)：《宗教生活的基本形式》(臺北：桂冠圖書公司，芮傳明、趙學元譯，1994年8月再版1刷)，第1章，〈宗教現象和宗教的定義〉，頁23—53。

追求一超越的神聖世界。與佛教對比，佛教教義認爲世界是一
既存的現實，生命在此世中，因存在的無常、欲求的多變，致
令生命充滿苦痛，苦痛源於無知，所以修行即是脫離無知，進
而獲得智慧，終極目標是脫離此世，臻至彼世—理想境界。改
制說則不然，彼世非所措意，現世方是關懷焦點：

> 迺上古昔，尚勇競力，亂萌慘黷。天閔振救，不救一世
> 而救百世，乃生神明聖王，不為人主，而為制法主。(《孔
> 子改制考·孔子為制法之王考》，卷8，頁194)

不論是救一世抑或救百世，救世不同於救贖，也無與於來世。
由此而論，孔教說著重在世俗層面。世俗意指關懷社會現實，
重視宗教社會力量，以宗教改革社會，而非中從獲得解脫。宗
教介入公共事務領域，成爲指導準則。至其具體內容是：

> 孔子立教，因乎人道。于長短、小大、廣狹擇乎至中；
> 食味、別聲、被色行乎至庸。當其宜者以為至德。(《論
> 語注·雍也第六》，卷6，頁85)

顯然孔教說並不反對世俗生活，甚而以日常生活爲孔教核心，
要求有一合宜的行爲。更確切的說，食味、別聲、被色等欲望，
有一合理的滿足。合理，是以禮規範，順其情而非絕其欲：

> 夫天生人必有情欲，聖人只有順之，而不絕之。然縱欲
> 太過，則爭奪無厭，故立禮以持之，許其近盡，而禁其
> 踰越。盡聖人之制作，不過為眾人持情而已。(《禮運注》，
> 《孟子微／中庸注／禮運注》合刊本，頁265)

再由情欲擴充至人倫關係、社會結構，此時冠昏、喪祭、射鄉、
朝聘，呈顯重要地位，關係成人、男女、慎終、追遠、習武、
興賢、事上、親交(《禮運注》，《孟子微／中庸注／禮運注》合
刊本，頁260)，回復儒家禮樂倫理，而儒家禮樂倫理，是針對
現實世界，並不引領民眾走向超越的世界。這與宗教生活大異，

宗教追求神聖世界，或逕言來世，惟有脫離此世，才能到達來世。但人畢竟生存於此世，所以脫離的方式就是修行，寺廟、修道院，即是一與俗世相對的神聖空間，提供到達彼世的進路。所以孔教說是一世俗化的宗教，既不追求來世，也缺少神聖空間。類似宗教，畢竟不同於宗教，只能說有宗教性格。[27]但世俗

---

[27] 涂爾幹指出所有宗教信仰，分世界為神聖與凡俗，這兩大世界彼此敵對，只有徹底離開一個世界，才有可能屬於另一個世界，所以為脫離凡俗世界，應過著封閉的宗教生活，由此可引導出禁欲主義與宗教性自殺，見《宗教生活的基本形式》，第1章，〈宗教現象和宗教的定義〉，頁23—53，引述見頁38、41。儒家並未對世界作此一區分。韋伯（Max Weber）更直言儒教與佛教相同，是一種倫理，但儒教是入世的道德倫理，見《中國的宗教：儒教與道教》（臺北：遠流出版公司，簡惠美譯，1989年1月），第6章，〈儒教的生活取向〉，頁207—235，引述見頁217。又韋伯指出，神正論的問題是神既萬能，何以世界仍充滿不公不義？為處理此一困境，路向有四。一是末世神學，指出世界的未來革命，保證公平，末世神學導出政治社會變革；二是命定論，上帝的權力無限，不適用於人間公正標準；三是二元論，神非全能，也存在黑暗力量，聖潔光明，時而黯淡，所以將世俗權力交予邪惡勢力，光明與黑暗交戰，前者終將戰勝後者，世界是從黑暗污染淨化到光明的過程；四是靈魂輪迴，世界是倫理報應的宇宙，今世罪行功德在靈魂繼續存在過程中，不斷得到懲罰補償，見《宗教社會學》（臺北：桂冠圖書公司，劉援、王予文譯，1997年11月），第9章，〈神正論、救贖和來世〉，頁203—215。康有為是見到社會不公不義，因而從事改革，但與神正論無關，更與來世救贖無關。

不等於媚俗：

> 聖人以濟人為事，故立教也。欲人人皆明其明德，人人
> 皆得為聖人，故無論種類之高下智愚而皆教之，無所別
> 擇，收之為徒，視之為子，此聖教之所以為大也。(《論
> 語注·衛靈公第十五》，卷 15，頁 244)

孔教說不是滿足個人欲望，而是滿足天下人民欲望；不是教導
個人成德，而是教導天下人民成德。這自可見出康聖人的魄力，
而在現世明德，在人間成聖，也可說明孔教的特色。

但孔教說並非沒有危險：

> 孔子則不言善惡，但言遠近。蓋善惡者，教主之所以立，
> 而非天生之事也。(《論語注·陽貨第十七》，卷 17，頁 259)

性，人人相近；人性之殊，全在於習，因家庭、師友、風俗、
國土而異，所以孔子只說「性相近，習相遠」。至於善惡的標準，
全在聖人制定。經典原意是善性存於人心，為習染所蒙蔽，因
而為惡，所以須存養擴充，滌去蔽障，恢復本心。不意可以導
出一切價值判斷，均可由聖人制定：

> 大人者，受天命而為君師；聖言者，代天命以宣意。(《論
> 語注·季氏第十六》，卷 16，頁 253)

聖人是君師，聖言是天意，這是神聖權威，神聖權威之外，又
有世俗權威：

> 蓋教主皆為人王也，天下同之。(《孟子微·總論第一》，
> 卷 1，頁 10)

兩者結合，百世莫違：

> 蓋孔子為制作之聖，大教之主，人道文明，進化之始，
> 太平大同之理，皆孔子制之以垂法後世，後世皆當從之，
> 故謂百王莫逆也。(《孟子微·總論第一》，卷 1，頁 27)

人類文化進程，都已由聖人制定，後世僅能遵循。雖然康有爲

以孔子當教主，後人不能爭奪名器，但可藉著解釋孔子以掌握
眞理，由神聖轉回俗世，再掌握政治社會權力。權力與眞理結
合，具神聖性格，不容挑戰，也不容出現異端：

> 與國者必平僭僞，任道者必攘異端。(《孔子改制考·儒
> 攻諸子考》，卷 17，頁 389)

世俗權威可藉神聖權威之名，行獨裁之實。結果是最仁慈的宗
教，可能變成最殘忍的專制機器。[28]

儒家或有宗教性格，但有宗教性格並不等同於宗教；康有
爲孔教說亦然。與其說是宗教，不如稱之爲信仰。宗教需要信
仰，但信仰不一定是宗教。信仰的特色之一是終極關懷，即所
關懷的問題是生命中最重要的問題，其餘問題都退居次要甚而
棄之不顧。[29]準此以觀，孔子及其學說，在經過康有爲重新解釋
之後，即成爲康有爲信仰的對象：

---

[28] 蕭公權即淸楚指出康有爲是世俗的宗教觀，見《康有爲思想
研究》，《蕭公權全集》之七（臺北：聯經出版公司，汪榮祖譯，
1988 年 5 月），第 4 章，〈以儒變法與以儒爲教〉，頁 91—127，
引述見頁 106。但蕭公權並未分析此一世俗宗教觀所隱藏的危
險性。又孔教觀固是世俗，但康有爲個人所建立的思想，卻又
非限於俗世，《大同書》所言之仙學、佛學，《諸天講》所言之
諸天，在在都使人有一超越的嚮往，然仙、佛、天，是生命層
級不斷上升，與此世、彼世不同。

[29] 參考保羅·田立克（Paul Tillich）：《信仰的動力》（臺北：桂
冠圖書公司，魯燕萍譯，1994 年 8 月），第 1 章，〈信仰是什麼〉，
頁 3—26，終極關懷的分析見頁 3，又爲避免信仰的錯置，田立
克以爲不具備無限性質的信仰對象，如國家發展、個人成就等，
都是虛假的終極目的，見頁 12。

> 儒者傳道，不爲其國，但以教爲主。如佛氏及今耶、回
> 諸教皆然，務欲人國之行其教也。(《孔子改制考・儒教
> 爲孔子所創考》，卷 7，頁 171)

所以如此，康有爲也有說明：

> 孔子之教何在？在六經。內之窮理盡性以至於命，外之
> 修身以至家國天下，及於鬼神山川草木咸得其所。故學
> 者莫不宜爲經學。(〈重刻僞經考後序〉，《新學僞經考》
> 附，頁 399)

根據孔子及經典，世界圖像因之開展，個人生命因之安頓。整
個宇宙由此而獲得意義，不是無目的的存在。

　　梁啓超云：「先生所以效力於國民者，以宗教事業爲最偉，
其所以得謗於天下者，亦以宗教事業爲最多。」又云：「泰西歷
史家，論近世政治學術之進步，孰不以宗教改革之大業爲一切
之原動力乎？有識者必能論定此公案也。」(《南海康先生傳》，
第 6 章，〈宗教家之康南海〉，《飲冰室文集之六》，頁 70，冊 3)
以宗教改革比擬孔教說，其來有自。在西洋思想史上，改革者
意圖發現、重建、擴大先前存在，但後來被忽視的根本價值，
至於改革的觀念是高舉歷史所描繪的目標，呼喚人類歸向美好
的境界。歐洲宗教改革運動，最初著重人格改革，中世紀則與
教會團體改革有關，及至現代，目標在社會改革。[30]康有爲孔教
說，正是回復孔學原義，以爲歷史發展終將導向太平世，所措
意者也是社會改革。東西交映，偶合有不可解者。

二、託古改制

---

[30] 參考《觀念史大辭典》(臺北：幼獅文化公司，1988 年 3 月)，
　　《哲學與宗教卷》，〈宗教改革〉條，頁 369—384

　　康有爲以爲孔子制作六經，目的在引領民衆進入一美好的
世界，但是這一思想過程，卻有一異常詭譎的發展：

　　　夫三代文教之盛，實由孔子推託之故。故得一孔子而日
　　　月光華，山川焜耀。然夷考舊文，實猶茫昧，雖有美盛，
　　　不盡可考焉。(《孔子改制考・上古茫昧無稽考》，卷 1，
　　　頁 1)

三代文物，一直爲孔子及其後學所盛稱，更是儒者追慕的時代。
其中不免有想望的成分。不同學派，固有不同意見；同爲儒者，
也有不同說法。這在康有爲所引諸典籍，可以清楚得見。然而
無論孟子、荀子(周赧王 2 年？—秦王政 9 年？，前 313？—
前 238？)、司馬遷、王充，都只說明古代歷史難以詳考，並未
指出古史全不可信，更未以爲古史全由孔子虛構。認爲三代之
治完全是孔子虛構而成，在康有爲之前，絕無僅有。這即是著
名的託古論。由是可知，客觀存在的歷史，可以有不同的歷史
觀，亦即歷史事件與歷史解釋有異，相同歷史事件，會有不同
歷史解釋。所以韓非才會說：「孔子、墨子俱道堯、舜，而取捨
不同，皆自謂眞堯、舜，堯、舜不復生，將誰使定儒、墨之誠
乎？」(陳奇猷：《韓非子集釋・顯學》，卷 19，頁 1080)康有
爲運用此一方法論，並徵引大量史料，最後結論：「三代文明，
皆藉孔子發揚之，實則茫昧也。」(《孔子改制考・上古茫昧無
稽考》，卷 1，頁 6)這與歷史眞相只有一種，歷史事件與歷史
解釋必須符同的觀念，大相逕庭。書甫刊行，引發爭論，以今
日言之，實屬意料中事。

　　如果將文化的定義，定爲人對存在處境的覺察；三代之事，
既屬無稽，泰半是孔子描繪發揚，孔子之前的歷史，屬於自然
存在，並無人文自覺，中國文化的開創者，顯非孔子莫屬。康
有爲之前的經今文學者，堅持六經皆爲孔子所作，唯一的信念

是如此方可躋孔子於聖人，而非僅經師；三代文教，皆由孔子
所託，則已隱約分別時間與文化，時間固先已孔子存在，但自
覺反省，始於孔子，也自孔子而深廣，所以以之為文化開創者。
這一自我察知的內容，就呈顯於經典，於是又以六經作者，歸
向孔子。孔子及其典籍，因此一覺知而為聖人、而為聖經。理
論深度，自較其前為精。這應是康有為初意。但三代歷史既為
孔子假託，於是歷史真相，頗值懷疑，甚而懷疑三代只是一時
間名詞，事件人物，俱屬假託。循是而下，汗漫無極，由託古
而疑古，由疑古而至否定傳統文化。這初非康有為所能逆料。[31]

　　然而託古目的絕非編造古史，自娛娛人。有其原因與目的，
而原因又自目的而來：

> 於是才智之尤秀傑者，蟊出挺立，不可遏靡，各因其受
> 天之質，生人之遇，樹論語，聚徒眾，改制立度，思易
> 天下。(《孔子改制考‧周末諸子並起創教考》，卷 2，頁
> 9)

改立制度，思易天下，其實就是漢儒改正朔、易服色、制禮樂
的變形，都是以詮釋者存在感受，重詮經典，尋求新的價值觀
念，以為當世之資。而漢儒理論，自東漢後不行，制度之學，
不再是儒者研讀經典重心，至於乾嘉漢學考證名物制度，考古
之功多，創制之意少。從此點而論，晚清經今文學者以西漢儒
學承繼者自任，而鄙視東漢以下儒學，殆非無故。託古的原因，
康有為分析，一是榮古虐今：

---

[31] 胡適作《中國哲學史》，斷自老子，爭論亦是不休，實與康有
為斷定文化開啟於孔子相類；顧頡剛、錢玄同懷疑古史，也源
自康有為託古說。對民國初年文化思潮，《孔子改制考》影響力，
可能超過《新學偽經考》。

> 榮古而虐今，賤近而貴遠，人之情哉。耳目所聞睹，則
> 遺乎之，耳目所不聞睹，則敬異之，人之情哉。(《孔子
> 改制考・諸子改制託古考》，卷4，頁48)。

一是事大駭人：

> 布衣改制，事大駭人，故不如與之先王，既不驚人，自
> 可避禍。(《孔子改制考・孔子改制託古考》，卷11，頁267)

如此分析，自是合乎人情，但細繹其論，頗有待討論之處。即
如所言，孔子倡導改制，但亦非布衣，屬於士一層階級；論究
階層，尚屬次要，貴遠賤近，何必託之先王，這才是重點。考
察諸子所託之人，率皆神農、黃帝、堯、舜、禹、湯、文、武
等，均有一共同性質，或為古代傳說中的聖王，或為歷史中的
英主，更具體的共同特徵是均有若干令人敬畏的神聖事跡，介
於神與人之間。所以託古有其原則，一不是不可究詰的鬼神，
二不是籍籍無名的人物，所託之人，性格或異，事跡或殊，但
開務成物，創始文化，則不可或缺。要在這一前提下，託古才
有意義。因此託古的核心性質是神聖，惟具有神聖性格的人物，
借之假託，方能取信於人。這就可以說明，既有創制理論，何
不自我作古，必須假借古人。自我作古，所缺乏者，正是神聖
性質。

　　但託古者既非孔子一人，據康有為分析，周末諸子均託古、
創教、改制，獨尊孔子，亦自有故：

> 積諸子之盛，其尤神聖者，眾人歸之，集大一統，遂範
> 萬世。《論衡》稱孔子為諸子之卓，豈不然哉。天下咸歸
> 孔子，故自漢以後無諸子。(《孔子改制考・周末諸子並
> 起創教考》，卷1，頁9)

與諸子相較，孔子更有相當神聖性格，且孔子學說能集大一統。
前者是託古的原則，後者則道出孔學的性質。結合兩者，最終

目的,昭然可明,具神聖性格的孔子,統合各個學派,以爲天下法。居今之世,自當以孔子爲典範。但這也說明與孔子同時的文化發展,孔子或儒家,並不居於獨尊的地位,後代的文化選擇,未必以孔子爲依歸,清代中期至末葉的諸子學復興,即可爲證。[32]康有爲選擇孔子以爲文化依歸,除了神聖象徵、一統理念外,必須有更強烈的理由。改制,就是這一選擇根據。以劉歆僞造古文經典,僅能證明古文經典不眞,然而古文經典爲僞,並不能導出孔子託古改制:「但僞古學出,力攻改制,並劇筆削之義,以爲赴告策書,孔子據而書之而善惡自見。」(《孔子改制考‧六經皆孔子改制所作考》,卷 10,頁 260)而劉歆〈移

---

[32] 晚清諸子學,梁啓超僅以校注古籍當之,見《中國近三百年學術史‧清代學者整理舊學之總成績(二)》,頁 315—379,引述見頁 315,《中國近三百年學術史/清代學術概論》合刊本(臺北:里仁書局,,1995 年 2 月)。王爾敏則指出近代墨學復興,爲研治近代思想史課題,見〈近代思想史研究及其問題之發掘〉,《中國近代思想史論》(臺北:華世出版社,1982 年 1 月 3 刷),頁 519—543 ,引述見頁 528。王汎森研究章太炎,指出諸子對章太炎影響,並分析晚清諸子學興起背景,與清儒重建六經眞相密邇相關,相對於東漢、西漢,先秦諸子更接近六經年代,研究諸子,勢所必至,見《章太炎的思想及其對傳統儒學的衝擊》(臺北:時報文化出版公司,1985 年 5 月),第 2 章,〈思想背景〉,頁 23—45,引述見頁 26。案清末諸子學著作形式,一是以注解方式出之,一是以論文形式出之,後者多收入各家文集中。而稱引諸子,又多借以與儒學抗衡,經學雖至晚清而有新發展,但也有與之相頡頏的學術。所以清末民初,可資批判經學或儒學的憑藉,不止是西學。

太常博士書〉，並未攻駁改制事[33]，所以《孔子改制考》力證託古改制是孔學核心。與《新學僞經考》相較，《孔子改制考》更居於康有爲思想關鍵。

　　考察康有爲託古論，無論如何假託，古史並非完全嚮壁虛造，有史實、有傳說、也有神話，康有爲並未區隔其間分別，只因爲古史有傳說甚而神話部分，於是下一斷語，以爲此均後人假託。又歷史自有其連續性，在諸子之前，文化幾近蠻荒狀態，至諸子時，突然文采璀璨，制度大備，雖云假託，實難令人置信。康有爲《新學僞經考》、《孔子改制考》，都有理論建構

---

[33] 漢代經學稱盛，但解說亦多方，平定五經之事，首見於漢宣帝甘露 3 年（前 51）召諸儒講五經同異於石渠閣，結果是立梁丘《易》、大小夏侯《尙書》、《穀梁春秋》；漢章帝建初 4 年（79）再度召集諸儒議五經同異於白虎觀，作《白虎議奏》。兩次平論五經，均屬經今文學內部討論，不涉及經古文學。而自劉歆於哀帝建平 1 年（前 6）議立《左氏春秋》、《毛詩》、《逸禮》、《古文尙書》，經學則有今古文之爭，其後光武帝建武 4 年（28）韓歆爭立費氏《易》、《左氏春秋》，范升反對；章帝建初 4 年（79）賈逵、李育爭論《左傳》、《公羊》優劣；桓帝建和 1 年至靈帝光和 5 年（147—182），鄭玄、何休爭論《左傳》、《公羊》長短。漢廷召集諸儒講論五經，主要是建立博士、減省章句、一統經說；今古文之爭，雖也觸及議立官學，但經說互異，更是其中爭執焦點。漢廷召集諸儒，是由皇帝下令，稱制臨決；今古文之爭，或是諸儒在皇帝前爭論，或是學者個別討論，學術性質更爲強烈。漢廷召集諸儒，目的是一統經說；今古文之爭，用心在比較經說異同。許愼、鄭玄，更無門戶之分，或探古學，或探今學。但改制均非爭論重心。

與文獻解釋的漏洞，與其認爲這是歷史考證之學，不如認定這是康有爲一家之言。

這就觸及另一問題，孔子託古改制，是因避畏時忌，不得不然，此一論點可以接受；康有爲託孔子以改制，亦因避畏時忌，時空背景類似，此一論點，亦可接受。但時至民國，康有爲依然深信新學乃僞經，民國 6 年（1917）〈重刻新學僞經後序〉，仍認爲古學行而今文廢：「於是孔子之微言絕、大義乖。大同太平之道，闇塞而不明。孔經雖未全亡，然變亂喪失亦已甚矣。」（《新學僞經考》附，頁 400）孔學在改制，民國 5 年（1916）〈與日人某君筆談〉：「孔子之創儒教，全見《改制考》。」（蔣貴麟編：《萬木草堂遺稿外編（下）》，頁 736）又有何忌諱之處？清廷已然瓦解，思想也未禁錮，各種主義紛至沓來，孔學難以獨尊，康有爲信之不疑，寧非有故。[34]

康有爲何不逕言其新論，必言託古？託古之古，其實不可究明，古是傳統象徵，託古即意謂借傳統以創新。然則何不拋棄傳統，創立新說以當之？這就觸及傳統的限制與價值。人在來到此世之前，歷史即已存在，亦即由歷史構成的傳統，所內含的世界觀、價值觀、人生觀，以及由此而創造的知識體系，不可避免的影響每個生存於此傳統的人。所以詮釋學者才會說

---

[34] 湯志鈞即云康有爲重塑孔子，是使改制的孔子合法化，見《近代經學與政治》（北京：中華書局，1989 年 8 月），第 5 章，〈經學的改造〉，頁 152─215，引述見頁 213，又云康有爲利用孔子迷信，進行改造，見《康有爲大傳》（臺北：臺灣商印書館，1997 年 12 月），第 7 章，〈百日維新〉，頁 198─295，引述見頁 286。凡此均無法證成康有爲何以進入民國之後，仍深信孔子改制而不疑。

人生存於歷史之中，就必然的是在傳統中理解。[35]就此點而論，傳統的確是一框架，是限制了我們思考的方向、內容，但也是資源，提供我們據以理解的場域。拋棄傳統，等同拋棄一切已有的價值與知識，在一片完全空白虛空中，重新思索文化，建構思想。這在理論與事實都不可能發生。近代中國，反傳統思潮確實存在，而其思路，一是重新解釋原有傳統以批判其時傳統，一是引用非中國傳統—尤其是西方傳統—以批判中國傳統。皮錫瑞、廖平、康有爲基本上屬前者，五四諸君屬於後者。但更多的情況是介於這兩種思考方向。皮錫瑞、廖平較近於重解傳統，康有爲除重解傳統外，也引進西方思想。《翼教叢編》中，康有爲獲咎獨多，主要原因，即是這一思想型態。

三、春秋改制

託古以改制，就會涉及歷史思考，《孔子改制考》開宗明義即言上古茫昧無稽，殆非無故。清代經學，既節節上溯，以究明六經本義，至康有爲已溯至上古，這是回到中國文化的原始點，重新反省這一歷史進程的意義：古史眞相、孔子眞貌、儒家名義、諸子學術。歷史對康有爲而言，不是事件的歷史，而是思想的歷史，事件是諸家假託。事件既是諸家假託，就須穿透事件，探討背後隱藏的意義，這就與康有爲解經方法—假託立義接筍。由此可以立即聯想到《春秋》，經典之中也只有《春秋》是以歷史爲對象的典籍，攻擊劉歆遍僞群經，嚴格而言，重點是在《春秋》，延伸至《公羊》、《左傳》之爭，而所爭者就

---

[35] 參考張汝倫：《意義的探究—當代西方釋義學》（臺北：谷風出版社，1988 年 5 月），第 5 章，〈哲學釋義學的興起〉，頁 111—161，論述傳統及其功能見頁 122—129。

是《春秋》性質：

> 自劉歆以《左氏》破《公羊》，以古文僞傳記攻今文之口
> 說，以周公易孔子，以述易作，於是孔子遂僅爲後世博
> 學高行之人，而非復爲改制立法之教主聖王，祇爲師統
> 而不爲君統，詆素王爲怪謬，或且以爲僭竊，盡以其權
> 歸之人主。於是天下議事者，引律而不引經，尊勢而不
> 尊道，其道不尊，其威不重，而教主微。教主既微，生
> 民不嚴不化，益頑益愚，皆去孔子素王之故。(《孔子改
> 制考・孔子爲制法之王考》，卷 8，頁 195)

素王、改制，正是《公羊》學大義，而康有爲是認爲《公羊》
是傳《春秋》正經。《左傳》取代《公羊》爲《春秋》正經，其
影響絕非經典地位之爭，而是對孔子、對儒學整體認知的偏差，
明乎此，對康有爲所說：「既已僞《左傳》矣，必思徵驗乃能見
信，於是遍僞群經矣。」(《新學僞經考・漢書劉歆王莽傳辨僞》，
卷 6，頁 151) 就不致訝異。康有爲經學，本就以《公羊》爲核
心，三世義更是《公羊》學大義。：

> 若無僞古學之變，《公羊》不微，則魏晉十六國之時，即
> 可進至升平，則今或至太平久矣。…觀於大地列國之變
> 而日新，進而愈上，而中國忽諸，不能不嘆息痛恨於賊
> 歆之作僞，而禍我二千年之中國也。(《春秋筆削大義微
> 言考・隱公元年》，卷 1，頁 13)

以《左傳》代《公羊》，這一偏差又影響中國歷史進程。回到原
始點，目的在重新定義孔子與儒學內容，並與時局結合，以文
化引領政治用意至爲明顯。

康有爲孔子託古改制論，略有兩部分，一是純粹理論建構，
一是實際制度建立。前者即新王、王魯、三統、文質。以孔子
爲王，更新天下之制；但孔子究非實際王者，所以後世以素王

當之，所制王法，託之於《春秋》；所制之法，是鑒於前代文化
偏弊，參考不同文化質性而來。(《春秋董氏學・春秋改制第五》，
頁 113—122) 實際制度，大要有二，一是禮制，尤其是婚禮與
喪禮(《孔子改制考・孔子改制弟子時人據舊制問難考》，卷 13，
頁 304，302)；一是社會制度，諸如井田、民居、男女、養老、
求詩、鄉官、學校、選舉、積儲。(《春秋筆削大義微言考・宣
公十五年》，卷 6，頁 28)[36]重視婚喪禮法，是因涉及生命開始
與結束，借著禮制，重新理解生命的意義；重視社會經濟，是
因生命歷程有賴物質維持，建立制度，以維持生命莊嚴。以禮
制導引民眾，又以物質撫愛民眾，兩者相須相成。

　　考察諸制，尤其是作為社會經濟基礎的井田制，前代即難
以實施，逮及晚清，更不可能實行。如此立論，在說明改制的
合理性。制度本就隨時代而變易，所以重點是因時變遷：

> 孔子之道無定，但以仁民為主，而各因其時世以施之，
> 至其窮則又變。(《春秋筆削大義微言考・隱公元年》卷
> 1，頁 11)[37]

---

[36] 文質代變，導引出重視歷史的存在與演變；諸制託古，則可
導引出相反的歷史意識。託古改制論，其中所隱含的歷史意識，
甚為複雜。影響及於古史辨運動，而古史辨諸家，大都以史學
著稱，可是又懷疑甚而否定古史，溯其原因，與託古改制內在
的意識糾葛有關。

[37] 另見《春秋筆削大義微言考》，蔣貴麟編：《康南海先生遺著
彙刊》(臺北：宏業書局，1987 年 6 月再版)，第 7、8 冊，〈莊
公二十四年〉，〈莊公二十七年〉，卷 3，頁 45，頁 51，〈僖公三
年〉，卷 4，頁 8，〈文公二年〉，卷 5，頁 6，〈成公三年〉，卷 7，
頁 8。

既是因時變遷，所以：

> 孔子發其大義，則高弟人人可依例推致。(《新學僞經考‧
> 漢書藝文志辨僞第三上》，頁 77)

但這絕不僅限於孔子及其弟子：

> 不知孔子改制，舉其大綱，其餘條目皆任弟子之推補。
> 故孔門後學皆有推補之權。(《春秋董氏學‧春秋例第二‧
> 弟子推補義》，頁 39)

康有爲力倡改制，就其時環境，不足爲異。以孔子爲教主，作爲改制理論根據，至於所改制的內容，與前代不同，亦復與孔子大異，甚而根本非古代所能慮及；歷經戊戌政變、辛亥革命、軍閥交戰，康有爲始終其事，其志不渝，就在以孔門後學自居，推補孔子改制之學。是以今古異制，卻以三世貫通，堅稱是孔門微言，爲時人及後人不能理解者，率皆此故。如《孟子‧滕文公上》：「夏后氏五十而貢，殷人七十而助，周人百畝而徹，其實皆什一也。」(焦循：《孟子正義》，卷 10，頁 334)康有爲附會而云：「然貢者據亂法也。古三皇之治天下，不敢有君民之心，使民如借，君民少平矣，故助者，升平之法，孟子所最注意者。若夫君民上下各修其職，量力以受祿，分祿以資公，通力合作，是謂大同，故徹者，太平之法乎？」(《孟子微‧仁政第九》，卷 4，頁 85)案：貢、助、徹是古代租稅制度，鄭玄所釋甚精簡：「貢者，自治其所受田，貢其稅穀。莇者，借民之力以治公田，又使收斂焉。徹者，通其率以什一爲正也。」(《周禮注疏‧考工記‧匠人》，卷 42，頁 2)什一是指稅率，貢、助、徹是指徵稅方式，說法頗多，但均就三者實施時代、地區考證，但徹不會是量力受祿，分祿資公，這是建立在井田制上的理想

主義。[38]康有為引而申之，以成其三世理想，既有傳統的制度，
又有個人的理念。此即託古改制的具體進路。

---

[38] 中國古代究竟有無井田制，爭議極多，最新研究，楊寬以爲
有此制，但實施於河流灌溉的平原地區，詳見《西周史》，第 2
編，第 1 章，〈井田制的生產方式和村社組織〉，頁 177—202；
錢玄以爲古代不具備受田與井田的條件，井田制也不存在，見
《三禮通論・制度編・祿田、賦稅、田租・井田制考辨》（南京：
南京師範大學，1996 年 10 月），頁 352—377，討論井田見頁 363
—377。兩家均徵引此一論題基本文獻，但解釋不同。

第六章　三世理想

　　受命改制的目的的均導向建立太平世界，太平世與三世說密切相關。三世說最初僅是所見異辭、所聞異辭、所傳聞異辭，在《公羊傳》出現三次：第一次解釋何以未記載公子益師卒之日，根據傳文，是時代遠近不同，所以記載有缺。（《公羊傳解詁・隱公元年》，卷 1，頁 7）第二次解釋何以不諱桓公之惡，根據傳文，是時代久遠，所以可以直言桓公之惡。（《公羊傳解詁・桓公二年》，卷 4，頁 3）第三次解釋《春秋》始於隱公終於哀公之故，根據傳文，是以作者所處時代為斷，上推及於父祖，下及於己身。（《公羊傳解詁・哀公十四年》，卷 28，頁 5—6）三世—所見、所聞、所傳聞—不同，記載—異辭—有異。這是因作者受限於時空，時代有遠近，見聞有廣狹，記載的文辭不同。至讀者則不然，董仲舒本此而將之分為三期：所見世辭義隱微，所聞世哀痛其禍，所傳聞世恩義漸輕，可以直書其事。（《春秋繁露義證・楚莊王》，頁 9—10）這是根據作者情感的等差、所處時代的遠近，記載歷史事件；時代愈近，愈是不忍直言其事，而以委曲的方式出之；時代愈遠，較能以客觀立場記事。何休進而將董仲舒據情感等差記事的三世說，賦予另一樣貌：所傳聞世是衰亂之世，所聞世是升平之世，所見世是太平之世。（《公羊傳解詁・隱公元年》，卷 1，頁 7—8）這就不再是與情感配合的寫作方式。歷史，從情感判斷、意義分期到理想寄託，導出對歷史發展的嚮往。從《公羊傳》到何休，理論的推導愈見精采深遠，但與《公羊傳》原文也愈見遠離。

　　三世說又與三科九旨結合。徐彥引何休《文諡例》云：「新周、故宋、以春秋當新王，此一科三旨也；所見異辭、所聞異辭、所傳聞異辭，二科六旨也；內其國而外諸夏、內諸夏而外

夷狄，是三科九旨也。」徐彥另引宋氏注則與何休異：「張三世、
存三統、異內外，是三科也。九旨者一曰時、二曰月、三曰日、
四曰王、五曰天王、六曰天子、七曰譏、八曰貶、九曰絕。」
針對這兩種不同說法，徐彥以爲《春秋》本有此二理，在學者
擇之。(《公羊注疏・隱公卷第一》，卷1，頁4)後世《公羊》
學理論，基本上結合何休二科六旨與宋氏張三世、存三統、異
內外。而三世理想，是借著褒貶出之，如《公羊傳・隱公二年》：
「經：二年春，公會戎于潛。」隱公在所傳聞世，內離會應書，
所以書者，在指責其不盡心治理國家，卻結交外援。(《公羊傳
解詁》，卷2，頁1)《公羊傳・襄公二十三年》：「經：夏，邾婁
鼻我來奔。傳：邾婁鼻者何？邾婁大夫也。邾婁無大夫，此何
以書？以近書也。」邾婁本無大夫，但襄公在所聞世，視小國
如大國，所以有大夫。借著此事，表明時世已近升平。(《公羊
傳解詁》，卷20，頁10)《公羊傳・哀公三年》：「經：冬十月癸
卯，秦伯卒。」秦伯爲小國[1]，本不書卒葬，但哀公在所見世，
所以小國卒葬亦書。(《公羊傳解詁》，卷27，頁4)從上舉三例，
清楚可見，褒貶的根據是其時禮法，所以劉逢祿云：「《春秋》
緣禮義以致太平。」(《公羊何氏釋例・張三世第一》，卷1280，
頁4，影印皇清經解春秋類彙編第2冊)[2]

　　分析三世說，則會發現以三世說致太平，其一是具體內容
不得而知，試表列《公羊傳》、董仲舒、何休三世說如下：

---

[1] 秦自非小國，徐彥指出秦僻陋與夷狄同，故以小國視之，見
《公羊注疏・哀公三年》(臺北：藝文印書館，1985年12月)，
卷27，頁6—7。
[2] 另見《劉禮部集・釋三科例上・張三世》(清道光10年劉氏
思誤齋刊本，臺北：中央研究院傅斯年圖書館藏)，卷4，頁1。

《公羊傳》三世表

名稱
所見異辭
所聞異辭
所傳聞異辭

董仲舒：《春秋繁露・楚莊王》三世表

名稱	國君	年數	書法
有見（所見）	哀、定、昭	61	微其辭
有聞（所聞）	文、宣、成、襄	85	痛其禍
有傳聞（所傳聞）	僖、閔、莊、桓、隱	96	殺其恩

何休：《公羊傳解詁・隱公元年》三世表

名稱	國君	與作者關係	治亂	理想
所傳聞	隱、桓、莊、閔、僖	高祖、曾祖時事	衰亂	內其國而外諸夏
所聞	文、宣、成、襄	王父時事	升平	內諸夏而外夷狄
所見	昭、定、哀	己與父時事	太平	遠近大小若一

《公羊傳》僅列三種名稱，根本未標出三世專名；董仲舒分春秋十二公列入三世，三世不同，筆法隨之而異；直至何休三世說方才完備[3]，有亂世與平世之別，更有以文化為政治主體，並進而融合諸民族的理想。但是何休說雖高遠，僅指出未來發展方向，缺乏完整政治、社會、經濟制度，亦即只有形式意義，

---

[3] 徐彥云三世說出自《春秋緯》，但緯說只分三世，未有太平理想，三世說完成者仍應歸何休，見《公羊注疏・隱公元年》，卷1，頁 24；《春秋緯》，收入安居香山、中村璋八：《緯書集成》（石家莊：河北人民出版社，1994 年 12 月），冊中，頁 904。

而少內容意義。這一缺憾，有賴讀者補足。晚清學者喜言《公羊》，豈非此一結構使然。其二是三世說與史實不合。何休早已覺知，以「取足張法」說明理想與事實的差距。（《公羊傳解詁‧襄公二十三年》，卷 20，頁 10）陳立更清楚說明昭、定、哀並非太平，但「著治太平」，文、宣、成、襄亦非升平，但「治之升平」（《公羊義疏‧隱公元年》，卷 3，頁 83），所謂著治太平、治之升平，即是雖非升平、太平，但借此事以寄託升平、太平。皮錫瑞、廖平、康有爲以假託解經，正爲此故。

　　三世說雖具形式意義而略乏內容意義，但將希望指向未來；未來，不僅不再是渺不可知，更是美好生活的保證，甚至未來就是美的代稱。人在此世，不會對不可知的未來感到恐懼，反而希望未來儘速來臨。而前提是有一具體可行的制度，改變現在的弊端，進而建構美好世界，以引領現在，進入未來。如同前述，三世說缺乏完整制度，因而須選擇制度，以配合三世結構。制度既是被選擇而來，從所選擇制度，即可見出關懷重心。皮錫瑞、廖平以《禮記‧王制》作爲理想世界根本，康有爲重新塡補三世說內容，而以近代西方資本主義社會爲參考架構。

第一節　皮錫瑞理想世界

一、以聖爲王

　　皮錫瑞對三世的理解是：

> 《春秋》借事明義，且非獨祭仲數事而已也，存三統、張三世，亦當以借事明義解之，然後可通。隱公非受命王，而《春秋》於隱公託始，即借之以為受命王；哀公非太平世，而《春秋》於哀公告終，即借之以為太平世。故論春秋時世之漸衰，春秋初年，王跡猶存；及其中葉，

已不逮春秋之初；至於定哀，駸駸乎流入戰國矣。而論
《春秋》三世之大義，《春秋》始於撥亂，即借隱桓莊閔
僖為撥亂世；中於升平，即借文宣成襄為升平世；終於
太平，即借昭定哀為太平世。世愈亂而《春秋》之文愈
治，其義與時事正相反。蓋《春秋》本為據亂而作，孔
子欲明馴致太平之義，故借十二公之行事，為進化之程
度，以示後人治撥亂之世應如何，治升平之世應如何，
治太平之世應如何，義本假借，與事不相比附。(《經學
通論・春秋・論三統三世是借事明義黜周王魯亦是借事
明義》，卷 4，頁 22）[4]

春秋實際歷史的變化是時代愈後愈見衰亂，但三世說卻顛倒言
之，以為愈後愈治，最後終到達太平世。處理此一矛盾，《公羊》
家通義，均以假託當之，皮錫瑞知之甚稔，故以借事明義解經。
但治國理政，必須有一套制度，此一制度，未必完整無缺——事
實上也不存在完美的制度，但究須以資憑藉，皮錫瑞所云撥亂
之世應如何、升平之世應如何、太平之世應如何，所指正是此
事。而治國理政，不能僅憑褒貶，褒貶可以導出對歷史人物、

---

[4] 顧棟高云春秋時勢凡三大變，隱、桓、莊、閔之世，伯事未
興，諸侯無統，會盟不信，征伐屢出，賴齊桓公而後定；僖、
文、成、宣之世，荊楚復熾，賴晉文公而復定；襄、昭、定、
哀，晉悼再伯，然已開大夫執政之漸，見《春秋大事表・讀春
秋偶筆》（北京：中華書局，吳樹平、李解民點校，1993 年 6
月），頁 32。皮錫瑞則精準的歸約為始為王跡猶存時代，中為
霸功極盛時代，終為流入戰國時代，見《春秋講義》（上海：上
海古籍出版社影印清宣統元年鉛印本，續修四庫全書經部春秋
類第 153 冊，1995 年 3 月），卷下，頁 1。

事件的價值判斷，但不能導出治國理政的制度。三世說的不足，就在此處。皮錫瑞選擇《王制》作爲制度的憑藉，認爲是素王所制（《經學通論·春秋·論王制爲今文大宗即春秋素王之制》，卷4，頁67），正可補足此一缺失。

皮錫瑞嘗引俞樾（道光1年—光緒32年，1821—1906）之說：「《王制》者，孔氏之遺書，七十子後學者所記也。王者孰謂？謂素王也，孔子將作《春秋》，先修王法，斟酌損益，具有規條，門弟子與聞緒論，私相纂輯而成此篇。」而認爲《王制》通於《春秋》，是素王所制。（《王制箋》，頁1）[5]《王制》既通於《春秋》，三世說所缺乏的制度建構，在皮錫瑞觀念下，是可以《王制》彌補。

在皮錫瑞看來，《王制》全是素王制作，但其中有若干條文是其所特別強調的素王之制，以這些條文爲例，約略可見出皮錫瑞的理想世界。《王制》制祿爵公、侯、伯、子、男五等；諸侯上大夫卿、下大夫、上士、中士、下士五等，孟子則獨立天子爲一，子、男合併爲一，仍是五等；諸侯則多國君爲六等（焦循：《孟子正義·萬章下》，頁675—680）《王制》與孟子不合。

皮錫瑞解釋二者異同：

> 此經王朝不連天子，以子男分爲二，故凡五等；侯國不連君，故亦五等。孟子之連天子與君言者所以明天位與

---

[5] 另見《經學通論·三禮·論王制爲今文大宗即春秋素王之制》，卷3，頁69。皮錫瑞屢言《王制》爲素王之制，見《王制箋》（光緒34年思賢書局刊本，皮氏經學叢書，臺北：中央研究院傅斯年圖書館藏），頁1，2，4，5，7，9，11，12，13，14，15，35，後序。俞樾說見《達齋叢說·王制說》（臺北：藝文印書館影印續皇清經解本諸經總義類彙編，1986年9月），頁1。

> 共之義，當與臣下同分勞；此經之不連天子與君言者，
> 所以見人君獨立之尊，初非臣下所敢並。(《王制箋》，頁
> 1)

孟子強調君臣共治之義，《王制》側重人君獨立之尊。這一講法，
並非特例：「《春秋》一經，總攝萬事，而大本始於尊王。」(《春
秋講義》，卷下，頁 27) 對杜預「弒君稱君，君無道也；稱臣，
臣之罪也」竟以邪說當之 (《經學通論‧春秋‧論孔子作春秋以
闢邪說不當信劉歆杜預反以邪說誣春秋》，卷 4，頁 44；《春秋
講義》，卷上，頁 16)，但司馬遷明言「貶天子、退諸侯、討大
夫」(《史記‧太史公自序》)，且張三世、存三統，正是溫和革
命論，不能僅以尊王論爲《公羊》大義，尚須考慮革命論。但
如推考皮錫瑞所處情境，光緒帝變法失敗，慈禧太后重新掌權，
倡導尊君，自不令人意外。更普遍的意義是皮錫瑞既強調帝王
感生，希以聖王爲政治核心，亦屬應有之義。

　　其次是制定俸祿，以每百畝收入供養九、八、七、六、五
人計五等作爲俸祿標準，諸侯下士俸祿比照上等農業人收入 (可
供養六至九人) 中士比下士多一倍，上士比中士多一倍，下大
夫比上士多一倍，卿是大夫四倍，君是卿十倍。次國卿是大夫
三倍，國君是卿十倍。小國卿是大夫一倍，君是卿十倍。從國
君至胥吏，各有差等。天子都城百里之內賦稅供應百官，千里
之內賦供應天子。皮錫瑞對此制云：

> 明乎此義，則君祿亦有限制，不得以一國爲己私；吏胥
> 之祿，亦無贏餘，但可與農人同糊口。君不以一國爲己
> 私，則不濫用國帑；吏胥與農人同糊口，則不欺壓平民。
> 此古義之最善者。(《王制箋》，頁 4)

國君、官吏俸祿有均應有限制，可以理解；但吏胥之祿與農夫
等，僅供糊口，並無贏餘，圖以經濟地位相同，冀望不欺壓平

民，顯然忽略吏胥可以所擁有權力壓榨百姓，表面上收入相同，實際上相差懸殊，徒然造成平等假像。

又將中國分成九州，天子自領一州，分封大小不等九十三國，其餘八州，各分封大小不等二百一十國，總計一千七百七十三國。每五國爲屬，設長；十國爲連，設帥；三十國爲卒，設正；二百一十國爲州，設伯。八州計八伯、五十六正、一百六十八帥、三百三十六長。八伯又分屬於天子左右二伯。其權力結構如下：天子—左右二伯—伯—正—帥—長。中央政府是天子—三公—九卿—二十七大夫—八十一元士。皮錫瑞引《白虎通》云：

> 《白虎通》曰：「州伯者何謂也？伯，長也。選擇賢良，使長一州，故謂之伯也。」(《王制箋》，頁8)

> 《白虎通·封公侯篇》曰：「王者所以立三公九卿何？」曰：「天雖至神，必因日月之光；地雖至靈，必有山川之化；聖人雖有萬人之德，必須俊賢。」(《王制箋》，頁10)
[6]

選擇賢良，使長一州；選擇賢士，使輔天子。如此設計，勢須分權予州伯及公卿，名爲輔佐，實則削天子之權，所以就制度設計而言，天子（國君）已近於虛位。此一設計雖源自《王制》，解釋則賴《白虎通義》。皮錫瑞引《白虎通義》以釋《王制》，不僅是「集今學之大成」(《經學歷史·經學極盛時代》，頁117)，更有其深意在內。

諸侯對天子，每年派遣大夫小聘，每三年派遣卿大聘，每

---

[6] 原文依序見陳立：《白虎通義疏證·封公侯》（北京：中華書局，吳則虞點校，1994年8月）〈三公九卿〉、〈設牧伯〉，頁133，129。

五年親自朝見。天子五年巡狩天下。朝聘之禮，《公羊》、《左傳》
不同，《左傳·昭公三年》：「諸侯三歲而聘，五歲而朝。」孔穎
達以爲此是諸侯朝聘霸主之法。(《左傳正義》，卷 42，頁 7)《公
羊傳·桓公元年》何休云：「即位比年，使大夫小聘，三年使上
卿大聘，四年又使大夫小聘，五年一朝。」(《公羊傳解詁》，卷
4，頁 1) 是諸侯朝見天子，與《王制》所說較合。不論是諸侯
朝見天子、諸侯朝見霸主、諸侯相朝，說或不同，但朝聘之時，
禮節繁複，其背後的意義是：

> 相屬以禮。(《王制箋》，頁 15) [7]

禮，原本於祭祀，本身就有神聖象徵，在行禮之時，借著特殊
的空間、有形的儀節，感染這神聖氣氛，仿佛已接受神聖託付，
個人生命既已莊嚴，進而莊嚴所有生命。[8]所以禮其實是導引情
感，以砥礪意志，確立對國家人民的責任。天子巡狩，目的正
是考察禮樂制度，以導引民心風俗，「考禮義、正法度、同律曆、
協時月，皆爲民也。」(陳立：《白虎通義疏證·巡狩·總論巡
狩之禮》，卷 6，頁 289) 就在說明此義。

所以皮錫瑞《王制箋》最主要特色，是以王者爲權力核心，
以禮儀爲施政內容，層層向外遞擴，試圖建立一禮樂世界。

考《王制》所載內容，除上述外，孔穎達引鄭玄《三禮目
錄》云：「名曰《王制》者，以其記先王班爵、授祿、祭祀、養
老之法度，此於《別錄》屬制度。」(《禮記正義·王制》，卷 11，

---

[7] 此爲《禮記·聘義》原文，見孔穎達：《禮記正義》(臺北：
藝文印書館，1985 年 12 月)，卷 63，頁 5。

[8] 參考龔師鵬程：《飲食男女生活美學》(臺北：立緒文化公司，
1998 年 9 月)，1，〈重開禮樂新文明〉，頁 1—34，討論神聖空
間與儀式見頁 26—27。

頁 1）孫希旦所析較詳：「其中言封建、授田、巡狩、朝覲、喪
祭、田獵、學校、刑政，皆王者之大經大法。」（《禮記集解‧
王制第五之一》，卷 12，頁 309）但細析皮錫瑞於《王制箋》所
提及的制度，還有井田、稅收、會計、考核、服役、社會福利
等。綜合孔穎達、孫希旦、皮錫瑞所說，《王制》確實觸及國家
施政各個層面。

但晚清所面臨的內部問題是人口大量增加、貨幣制度混亂、
漕運系統不當、黃河水患不斷、文官升遷阻塞，外部問題是西
方商業與軍事力量的出現等，均與前代不同。[9]徒言封建、授田、
巡狩、朝覲等，根本無法面對晚清社會變遷。既已不能實施於
晚清，更何況以之爲素王制度，希望垂法將來，開創太平。且
皮錫瑞《王制箋》考辨制度淵源、解釋制度用意、分別與《周
禮》異同，不完全在建立制度。古禮不可能完全實施後代，皮
錫瑞亦知之甚詳。與其分析制度細節得失，不若探討何以如此
之故。

二、禮制功能

皮錫瑞所以如此，與歷史認知有關：

魯雖秉周公、伯禽之法，守四代之服器，其實衰微削弱，
不得與齊、晉大國齒，而僅肩隨於陳、鄭、曹、魏之間。
然所以猶賢於諸侯者有二：其君猶知以禮而自守也，其
卿大夫多識典章之舊也。而所以國多變故而不靖者亦有
二：其家法不設而無正始之道也，其兵柄不收而無馭下

---

[9] 參考 Susan Mann Jones&Philp A. Kuhn 撰：〈朝代衰頹與動亂
之根源〉，John K. Fairbank 編：《劍橋中國史‧晚清篇（上）》（臺
北：南天書局，1987 年 9 月），第 3 章，頁 131—190。

之綱也。當時齊、晉圖伯，常以得魯為重，魯之向背，
乃列國之所觀瞻。齊桓始合會盟，魯之不肯輕從者，蓋
遲遲二十餘年。鄄之首會，始以單伯來。幽之初盟，僅
以微者會。陽谷之合，天下莫敢不至矣，亦以公子友蒞
臨。至召陵以後，始堅於事齊，而齊未得魯，莫能自安。
宋襄以非禮召諸侯，望望然去之若將浼焉。楚虔為申之
會，汰心虐燄，震搖諸華，大侯小伯，雖心知其不可，
勉強麇至，而獨魯從容進退，辭以時祭，所謂其君猶知
以禮自守也。臧僖伯觀魚之諫，哀伯取鼎之諫，曹劌觀
社之諫，展喜之退秦師，季文子之逐莒僕，大師之樂，
大史氏之書，所謂其卿大夫猶多識典章之舊也。(《春秋
講義》，卷下，頁 18)
魯國在春秋初期，國勢稱強，計魯隱公、桓公、莊公之世，魯、
齊交兵七次，會盟四次，僅一次為齊所敗，僖公以後，魯國國
勢方不如齊，屢為齊侵，「齊之於魯，如切膚之錮疾」。三伐邾
國，滕侯、薛侯、杞侯、穀伯、鄧侯、郳犁來等小國來朝。[10]然
自齊桓公稱霸之後，魯國即積弱以至於亡。齊桓公稱霸在魯莊
公 15 年 (前 679)，至魯頃公 24 年 (前 249) 魯為楚所亡，魯
國雖弱，仍維持四百三十年之久。高士奇 (順治 2 年—康熙 43
年，1645—1704) 有精湛評論：「魯在春秋，蓋積弱之國也，主
盟不若齊、晉之強，地埶不若秦、楚之大，徒以周禮在魯，號

---

[10] 據顧棟高：《春秋大事表》〈春秋齊魯交兵表〉、〈春秋魯邾莒
兵表〉，冊 2，頁 2089— 2104，2105—2127，引文見頁 2089；
高士奇：《左傳紀事本末》(臺北：里仁書局，楊伯峻點校，1980
年 3 月)〈魯與邾莒構怨〉、〈小國交魯〉，卷 11，12，頁 127—144，
145—152 統計。

稱望國，其聲名文物所留餘，猶足以繫小國之心，動遠人之慕。」
（《左傳紀事本末‧小國交魯》，卷 12，頁 151）這與皮錫瑞所
論國君以禮自守、卿大夫能識典章若合符節，目光所在，都不
是富國強兵，而是文化盛衰，又同以禮爲文化核心。[11]

　　禮是人在具體行爲之中，求其合度，人既不可能單獨存在，
禮勢須從個人擴展至群體，所以凡百施設，是在禮的觀念下構
成的整體，目的是讓個人、社會、國家，不僅僅是物質的存在，
還是精神的存在，個體生命與群體生命既立基於現實，又能超
越於世俗。生命不斷向上攀升，每一個人才活得有意義。理想
的國家，就是有禮有節的國家。王者施政，就朝此目標努力。

　　觀皮錫瑞所舉之例，可見其關注所在。《左傳‧隱公五年》：
「傳：五年春，公將如棠觀魚者。臧僖伯諫曰：『凡物不足以講
大事，其材不足以備器用，則君不舉焉。君將納民於軌物者也，
故講事以度軌量謂之軌，取材以章物采謂之物，不軌不物，謂
之亂政，亂政亟行，所以敗也。』」（《左傳正義》，卷 3，頁 20）
簡言之軌是禮治，物是彰明此禮治之器物。禮，非憑空而談，
所以須藉著有形的器物，表示那無形的禮意。倫理亦然，須借
著儀節規範，才能保證倫理的合度。這些器物、儀節構成一套
制度，王者即導人民於此制度之中。

---

[11] 與高士奇這一思路相同者，除皮錫瑞外，楊向奎即釋「周禮
盡在魯矣」爲「周之文化中心在魯」，見《宗周社會與禮樂文明》
（北京：人民出版社，1997 年 11 月），卷下，〈宗周的禮樂文
明〉，第 2 章，〈周公對於禮的加工與改造〉，頁 283—336，引
文見頁 285；郭克煜：《魯國史》（北京：人民出版社，1994 年
12 月），第 13 章，〈魯國的禮樂傳統〉，頁 219—250，論點見頁
231。

　　《左傳・桓公二年》：「傳：夏四月，取郜大鼎於宋，戊申，
納于大廟，非禮也。臧哀伯諫曰：『君人者，將昭德塞違，以臨
照百官，猶懼或失之，故昭令德以示子孫。是以清廟茅屋，大
路越席，大羹不致，粢食不鑿，昭其儉也。袞冕黻珽，帶裳幅
舄，衡紞紘綖，昭其度也。藻率鞞鞛，鞶厲游纓，昭其數也。火
龍黼黻，昭其文也。五色比象，昭其物也。錫鸞和鈴，昭其聲
也。三辰旂旗，昭其明也。夫德，儉而有度，登降有數，文物
以紀之，聲明以發之，以臨照百官。百官於是乎戒懼，而不敢
易紀律。今滅德立違，而寘其賂器於大廟，以明示百官，百官
象之，其又何誅焉？國家之敗，由官邪也。官之失德，寵賂章
也。郜鼎在廟，章孰甚焉？』」（《左傳正義》，卷5，頁7—15）
節儉借著食物表出，禮法借著衣服表出，層級借著配飾表出，
行為借著聲音節制，德性借著旗幟彰顯。借著具體可見之物，
表出抽象的道德精神。不只如此，器物也象徵行為規範。所以
這些物也逕稱為禮物。禮意借著禮物表出，或者說，禮物可使
禮意合宜。禮物時時提醒我們，維持行為的合理。推而擴之，
儀節禮物，就在使人民合於禮的規範。

　　《左傳・莊公二十三年》：「傳：二十三年夏，公如齊觀社，
非禮也。曹劌諫曰：『不可。夫禮所以整民也。故會以訓上下之
則，制財用之節；朝以正班爵之義，帥長幼之序；征伐以討其
不然；諸侯有王，王有巡守，以大習之。非是，君不舉矣。』」
（《左傳正義》，卷10，頁2）具體言之，王者施政，在朝、會、
征伐、巡守，朝會在制定長幼之序，征伐在討伐非禮不義，巡
守在觀察民風。這些才是王者之政，也是王制所在：

> 聖人者民之父母也，母能生之，能食之；父能教之，能
> 誨之。聖王曲備之者也。能生之，能食之，能教之，能
> 誨之也。為之城郭以居之，為之宮室以處之，為之庠序

> 學校以教誨之，為之列地制畝以飲食之。故《書》曰：「作
> 民父母，以為天下王。」此之謂也。（《尚書大傳疏證·
> 洪範》，卷4，頁2—3）

生之與食之，是形軀所由來，教之與誨之，是精神的提升；宮
室田畝，是養此形軀，學校庠序，是育此精神。從有形的軀體
之養始，終於無形的文化之養。王者之所以值得崇敬，就在能
完成這些功能。這些構想，與晚清以降的自強運動，專注富國
強兵，取徑殊不相同。

與淩廷堪禮學相較，淩廷堪重在至道復性，皮錫瑞禮學則
在作爲整體改革藍圖，國家施政本源，甚且作爲理想世界的根
據。

猶有進者，皮錫瑞《公羊》學與禮學思想可相通。必借著
具體人物與事件解釋《春秋》，是因人不是抽象存在，而是具體
存在，大同之外，尚有小異，所以不能完全憑藉概念或理論規
範人，要在實際情境與行爲中見出，人才能浸潤感染，以之爲
模範。推而擴之，國家民族發展亦然，沒有兩個發展完全相同
的國家或民族。歷史，在此一過程不可或缺，不論是個人的行
爲或未來的理想，都須借著歷史人事表出。禮意亦如此，以祭
祀爲例，祭神如神在，固是基本要求，但如何表示如神在這一
意念，勢須有一套儀節以彰明，否則無法導引敬慎的行爲。儀
節結合意念與行爲，一方面使意念彰明，一方面使行爲受到規
範。儀節，在禮學之中不可或缺。歷史與儀節，就其表面似是
兩不相關，但就其俱是具體性質則可互通，在歷史解釋中發現
自己，在儀節施行中完成自己。

歷史並不是固定不變，嚴格而言，是歷史解釋並不是固定
不變，歷史須要解釋才能發現其中意義，更何況《公羊》學釋
史，解釋與實際有時毫不相干，本就有託寓傳統，所以皮錫瑞

一再以借事明義發之。禮也面臨類似問題，時移世易，古禮何能實施於今日，所以一則考其大者以期施行於今日，再則因時制宜，期不失禮意。

而其遠源，則來自荀子，《荀子》一書也有〈王制〉篇。[12]荀子講禮，前提有二：一是地位相同，欲惡也相同，此時須制禮以止爭亂；一是地位不同，但欲惡相同，此時須制禮以滿足所欲。是以王者之政，在於修禮，荀子曾對前人治國，作過高下判斷：「成侯、嗣公聚斂計數之君也，未及取民也；子產取民者，未及爲政也；管仲爲政者也，未及修禮也。故修禮者王，爲政者彊，取民者安，聚斂者亡。」（《荀子新注・王制》，頁144）分爲修禮、爲政、取民、聚斂四等，富強雖列爲第二等，但終究不是最高。皮錫瑞將《王制》與《荀子・王制》作一簡單比較，以爲教士以禮、化民成俗、養民以賦、時入山林，四者相同，至其細節，傳聞雖異，大義略同。（《王制箋・後序》）殆非無故。皮錫瑞規畫三世理想，以《王制》爲模本，最終走向禮制，以禮立國，確是重建傳統，在傳統中尋得未來方向。

第二節　廖平理想世界

一、三世異說

三世說是《公羊》學核心思想[13]，但在廖平經學論著，卻

---

[12] 《禮記・王制》與《荀子・王制》的關係，略見陳瑞庚：《王制著成之時代及其制度與周禮之異同》（臺北：嘉新水泥公司文化基金會叢書第203種，1972年5月），頁13—15。

[13] 《公羊》三世說的演變，孫春在言之甚詳，見《清末的公羊思想》（臺北：臺灣商務印書館，1985年10月），該書雖云《公

對三世說有前後不同見解。光緒 12 年（1886）成書，23 年（1897）
刊刻之《何氏公羊解詁三十論》，廖平對三世的看法是：

> 《春秋》世變迭更，書法由之而異。《論語》云：「自諸
> 侯出，蓋十世希不失矣，自大夫出，蓋五世希不失矣，
> 陪臣執國命，三世希不失矣。」此其世變之大綱也。初
> 治天下，再治諸侯，繼治大夫，終治陪臣，蓋無三十年
> 不變之文。傳以三例總之，所謂傳聞、聞、見是也。約
> 略分之，所見不過六十年，所聞不過八十年，傳聞不下
> 百年。自襄至哀，文辭數變，所謂異辭者，所見與見自
> 異，非與傳聞、所聞異也。以推聞與傳聞，義亦如此。(《何
> 氏公羊解詁三十論・初十論・三世論》，《廖平選集（下）》，
> 頁 147）

三世並不是描述理想世界，而只是書法之異，亦即廖平是以辭
例解釋三世說。此義或較接近《公羊傳》、董仲舒《春秋繁露》
原意，但與何休所云差距甚遠。至於書法異同的標準，廖平云：
「三世之精意，不外遠近二字。」(《何氏公羊解詁三十論・初
十論・三世論》，《廖平選集（下）》，頁 147）以時代遠近，定
訂文字書寫規範。其次則是因時間久遠因而記載有詳略：「哀十
四年傳：『祖之所逮聞。』祖謂隱、桓在逮聞之世，再遠則難徵，
不謂孔子之祖逮聞隱、桓也。」(《何氏公羊解詁三十論・初十
論・三世論》，《廖平選集（下）》，頁 147）廖平三世說的內容
即是書法異同、記載詳略。書法異同是：

> 《春秋》據史而作，筆削之例，專明詳略；加損之例，
> 變易事實；正名之例，依物肖形；從史之例，仍而不改。
> 凡《春秋》事實，其有史書不然而可起例者則變之，如

羊》思想，但重心則在分析三世說。

　　許世子弒、歸父如京師之類。苟無所起，則仍因舊文，
　　不敢改作，《論語》所謂「闕疑」，又云「述而不作」是
　　也。(《何氏公羊解詁三十論‧續十論‧從史論》，《廖平
　　選集（下）》，頁 160）[14]

書法是根據史實而來，不能任意為之，一有加損，則會變易事
實，是以須謹慎從事：「豈可據一己之傳聞，改百國之寶書？」
(《何氏公羊解詁三十論‧續十論‧從史論》，《廖平選集（下）》，
頁 160）只能在可以起例處起之，以發揮褒貶大義。《公羊傳‧
昭公十九年》：「經：夏，五月，戊辰，許世子止弒其君買。冬，
葬許悼公。傳：賊未討何以書葬？不成于弒也。曷為不成于弒？
止進藥而藥殺也。止進藥而藥殺，則曷為加弒焉爾？譏子道之
不盡也。」(《公羊傳解詁》，卷 23，頁 6）許子未盡子道，致使
君父而亡，故加弒名；但許止實未弒君，故書葬以宥之。這是
在可以起例處起例，但「加損之例，變易事實」，所以仍書葬以
還原歷史事實。[15]至於記載詳略則是：

---

[14] 廖平所舉歸父如京師例，據《公羊傳‧宣公十八年》：「經：
歸父還自晉，至檉，遂奔齊。傳：還者何？善辭也。何善爾，
歸父使於晉，還自晉，至檉，聞君薨，家遣，墠帷，哭君成踊，
反命乎介，自是走之齊。」見《公羊傳解詁》(臺北：臺灣中華
書局，四部備要本，1980 年 1 月臺 3 版)，卷 16，頁 14，並無
歸父如京師事。又歸父走齊，肇因歸父父襄仲立宣公，並欲弱
三桓，宣公薨，季孫行父欲報襄仲弱三桓之事，入罪於歸父，
歸父因而奔齊，詳見孔穎達：《左傳正義》(臺北：藝文印書館，
1985 年 12 月)，卷 24，頁 19—21。
[15] 萬斯大有不同於三傳見解：「夫瘧非必死之疾，治瘧無立斃之
劑。今藥出自止，飲之即卒，是有心毒殺之也。殺父以藥，與

> 讀《春秋》而不知詳略之義,不能讀《春秋》也。《春秋》
> 諸國存者,以地圖計之,猶千數百國。今見經者,惟數
> 十國而已。…夫其詳略之間,必有所準,錄內詳,常事
> 不書,則削者十不啻八九矣。…知所詳,復知所略,然
> 後明乎筆削之義。(《何氏公羊解詁三十論·續十論·詳
> 略論》,《廖平選集(下)》,頁155)

筆是書,削是不書,在書與不書之間,得見《公羊》大義。此
已涉及歷史記載與敘述的問題。歷史,就其最廣義而言,凡一
切過往事件,均屬歷史關懷的對象,然而史家載史,從無盡載
往事之例,不僅現實不可能,理論也無此需要。每日重複發生
之事,豈須記載?常年例行之事,又何煩屢述?是以史家撰史,
必有一意義的選擇,或通天人,或究古今;詳略,就在此處選
擇,意義,也在此處呈顯。史家關懷、題材選擇、主題發露,
三者滾合難分。廖平已見到大義就在詳略之中,如繼續探究,
是可獲得類似如同何休論三世見解。而廖平仍局限於歷史記載,
如云:「先師言:『弒君三十六,亡國五十二』云云,此亦就所
錄者言之,實則弒者、亡者,不啻五倍於此,此例所不見,故
略之也。」(《何氏公羊解詁三十論·續十論·詳略論》,《廖平
選集(下)》,頁155)只在計算數目多寡,未能言及大義。在
《何氏公羊解詁三十論》所呈現的三世說,限圍於歷史記載的
方式,實未能從歷史中見出理想所在。

　　光緒29年(1903)成書,32年(1906)刊刻之《公羊補
證》,卻有與前不同的異說,表列如下:

刃有以異乎?曰:無以異也。然則止之弒君無疑矣。」見《學
春秋隨筆》(臺北:藝文印書館影印皇清經解春秋類彙編第1
冊,1985年10月),卷59,頁6—7。

廖平三世表

國君	三世	歷史分期
隱公、桓公	皇太平之世	三皇
莊公	帝世	五帝
僖公	王世	三王
文公	伯世	齊、晉
宣公		
成公	伯世	秦、漢，霸王雜用
襄公	王世	唐、宋，盡闢中國
昭公	帝世	明、清，中外交通
定公、哀公	皇太平之世	數千百年後

（《公羊補證·宣公十八年》，卷6，頁34）

閔公在位短促，故不列入；宣公位居中間，為承先啓後，故未
列入世數及比附。這是變形三世說，隱公至文公是一世，宣公
自成一世，成公至哀公是一世。隱公至文公是往古，文公、宣
公近當時，成公至哀公指未來。皇帝王伯、伯王帝皇是一摺疊
形式，摺疊中央即宣公，皇帝王伯表示時代愈趨混亂，伯王帝
皇表示時代愈趨太平。此時皇帝王伯的畫分，不僅有時代遠近
的意義，還有價值判斷的意義，指向太平理想。與中國歷史配
合，從三皇五帝至明清，代表著各個不同階段，朝代終於不是
時間的記錄，而有意義象徵。文化理想也遙指未來。廖平三世
說，是結合傳統三世說，並加上其解經方法倒影說、經學三、
四變小大說，與已往不類。

　　綜觀其《公羊補證》所述三世說，一在以魯容天下：

　　　推魯國以容天下。(《公羊補證·僖公二十七年》，卷4，
　　　頁52)

其義有二：一是以魯為中心，由近及遠，漸及太平，「太平之世，
天下遠近大小若一」(《公羊補證·定公四年》，卷10，頁11)，

這是用三世傳統舊說，然而魯非王者，此說似以魯爲王，行王化故能及於天下。於是必轉向第二義，以魯爲象徵，十二公爲歷史進程：

> 隱、桓政在天子，莊、僖政在諸侯，文、宣政在大夫，定、哀政在陪臣；由此反推，成爲政在大夫，襄、昭爲政在諸侯，定、哀政在天子，所謂愈亂而文愈治。以陪臣比伯，大夫比王，諸侯比帝，天子比皇。宣以前如述古，成以後如知來。（《公羊補證‧定公八年》，卷 10，頁 22）

文繁字複，其實就是廖平皇帝王伯之學，魯國十二公，代表不同歷史階段，而不僅僅是魯國歷史。此一歷史階段最高層次是皇學，顯然，宣公以前是從皇學不斷沈淪至伯學，宣公以後則反是，從伯學又逆向至皇學，前者是述古，後者是知來，述古與知來彷彿是對摺的立面，人，即立基於中間。根據廖平此一理論，述古即知來。此時古與今、歷史與現實，並非斷裂彼此無關，歷史，從古今斷裂轉爲古今接合，歷史就是我們生存的根據：爲了知來，必須述古，述古就是爲了知來。皇帝與王伯之不同是：「孔子六經出，以王伯之學，撥中國之亂，而反諸正；以皇帝之學，撥全球之亂，而反之正。」（《公羊補證‧定公元年》，卷 10，頁 5）但如此論述，未免空泛，必須有具體內容，方得見皇帝與王伯確實之異。

其次就在借《周禮》、《王制》以制度之異說明皇帝王伯之異：

> 《周禮》專爲皇帝之書，《春秋》、《王制》則爲王伯之學。
> 然大道不已，小可推大，故《春秋》雖止三千里，兼通大統之義。（《公羊補證‧僖公三十一年》，卷 4，頁 67）

其實就是天人大小之學，《周禮》推擴世界，《王制》限於中國，

這僅是地域大小之異，嚴格而言，並未細析兩個世界具體制度之異。光緒 25 年（1899）成書，民國 4 年（1915）刊刻《周禮鄭注商榷》，民國 6 年（1917）成《周禮訂本略注》；光緒 11 年（1885）成書，23 年（1897）刊刻《王制訂》，光緒 12 年（1886）成書，民國 4 年（1915）刊刻《王制集說》；這些有關《周禮》、《王制》作品，基本是整理刪減原文，借原文表達自己思想，而非箋釋原文，於訓詁或義理有所發明，所以勢須詳究原文，方可見廖平寄託所在。例如論《周禮》反覆指陳是大統皇帝之法：

> 丁酉以後，乃定為大統之書，專為皇帝治法。…〈大行人〉言大九州，則可知〈小行人〉言小九州。…小為王伯，大為皇帝，一書兼陳二統。小同《王制》，大者由《王制》加三加八以至三十五倍，所謂驗小推大是也。（《知聖續篇》，條 5，《廖平選集（上）》，頁 229—230）[16]

論《王制》再三致意治國綱領：

> 近賢論述，皆以小學為治經入手，鄙說乃易以《王制》，通經致用，於政事為近，綜大綱，略小節，不旬月而可通。（《知聖篇》，條 53，《廖平選集（上）》，頁 208）[17]

---

[16] 另見《周禮新義凡例》（民國 6 年四川存古書局刊本，六譯館叢書，臺北：中央研究院傅斯年圖書館藏），〈周禮為百世以後俟聖人之書〉、〈皇帝輿輻圖制〉、〈詩易義說〉、〈中國皇極〉、〈禮失求野〉、〈五州異儀異服表〉諸條，頁 2，3，4，5，13，一再重複《王制》治中國，《周禮》治全球。

[17] 另見《今古學考》，卷下，條 68，103，《古學考》，條 31，《知聖篇》，條 30，《廖平選集（上）》（成都：巴蜀書社，1998 年 7月），頁 91，106，128，195。

此即可見到廖平《公羊》學不足之處,致力以制度說經,而此一制度,是《周禮》、《王制》異同,指向未來理想的經學,又回復歷史考證學範圍。雖然廖平很清楚表明:「鄭君注首誤在以經爲史事,爲周公所已行之檔冊。」(《周禮鄭注商榷》,頁 2)但經學、史學於此處仍輾轉不清。

　　第三是描述太平世內容,不斷重複太平世是大一統世界,所謂大一統世界即是大九州─合全球言之:

> 經傳所云天下天子,皆謂大統而言,非以中國為天下。(《公羊補證‧成公八年》,卷 7,頁 15) [18]

這一世界不能僅以統合全球爲說,必須另有具體內容,亦即這一世界如何構成:

> 《春秋》以天統王,以王統二伯,以二伯統諸侯;尊二伯即尊天王,尊天王即尊天。如今西人宗教信仰,自修以天為主,政治專詳治人,無法天之義,二者專門名家,不相通假。經義則渾化政教,合而為一,不可區分。《春秋》以天為主,即西教宗旨,由一天以推三本,典章禮經,由此而興。(《公羊補證‧隱公七年》,卷 1,頁 49) [19]

天是構成世界的根源,由此層層下遞,形成政治社會秩序,天─王─伯─諸侯,即是政治結構;而且也是信仰的根源,天─人即是宗教結構。政治的根源在天,宗教的根源也在天。確實

---

[18] 類似意見另見《公羊補證》(光緒 32 年則柯軒刊本,六譯館叢書),〈僖公二十三年〉,卷 4,頁 46,〈成公七年〉,卷 7,頁 13,〈襄公二年〉,卷 8,頁 6,〈襄公四年〉,卷 8,頁 8,〈昭公十三年〉,卷 9,頁 22,〈昭公三十年〉,卷 9,頁 60。

[19] 另見《公羊補證‧隱公四年》,卷 1,頁 31。

言之,「安上治民,移風易俗屬宗教」,「司馬、司空爲泰西政治學」(《公羊補證·隱公七年》,卷 1,頁 49)。天綰合政教。然而天畢竟不能直接行使天命,必須假他人完成,這一人物,自非孔子莫屬:

> 惟孔子政教合一,教即為政,政亦無非教也。西土倡言宗天,若能發《春秋》之義,政治亦主天,專務民義,不徒以祈禱為事,則必有進境。(《公羊補證·隱公七年》,卷 1,頁 50)

以宗教之心行政治之事,亦即將宗教修行,轉爲治理人民;宗教信仰變爲政治事業,個人宗教行爲,變爲衆人之事。此可見出廖平向來的問題意識,治國理政,不應高呼道德情操、宗教意識,而是要將主政者理念,轉化爲客觀制度,以制度保障每一個體,在良善制度下,提升一己道德情操與宗教意識。亦即從結構層面考慮政治社會問題,而非從個人道德層面考慮政治社會問題,是以廖平云:「凡性命道德、陰陽五行諸說,皆不能就一身求之。」(《公羊補證·昭公二十五年》,卷 9,頁 49)但廖平問題意識,又不止此,在其特殊前提下,宗教,其實已喪失其獨立地位,只是給予從政者信念。宗教本身又以教義爲一絕對眞理,所以從政者有此一宗教念支撐,可能走向絕對化:

> 若經則不以民治君,而以天治君,帝為天子,王為天王,法天道以出令,較民權為最精確。故《春秋》雖貴民,猶以主天為第一要義。主天則皇帝道德之說,純粹自然,非民權所可及。蓋主天非不及于民權,乃過乎民權之說也。(《公羊補證·襄公元年》,卷 8,頁 3)

本來是天聽自我民聽,天視自我民視,天,固然在民上,但又須以民爲歸依,天是既超越又內在的眞理之源。但在廖平理論中,天無論在形式抑或實質上,都成爲主宰者,然而天並不能

實際執行政事，必須借皇帝爲之：「皇帝之政事，法天而行。」
（《公羊補證‧僖公五年》，卷 4，頁 17）主政者極易假天之名，
自居眞理，專權獨斷，不容異見。

　　至於皇帝所法之天：

　　　奉天為皇帝學，《月令》其大宗。（《公羊補證‧昭公二十
　　　一年》，卷 9，頁 41）

在《王制》之外，又加入《月令》，以作爲治國理政綱領，凡此
都說明《公羊》學缺乏客觀制度的建立，需以《周禮》、《王制》、
《月令》等，補足這一缺失。詳細析之，是以禮制補《公羊》
學之不足，高誘（？—？）云：「禮所以經國家，定社稷，利人
民。」（朱彬〔乾隆 18 年—道光 23 年，1753—1843〕：《禮記訓
纂‧月令》引，卷 6，頁 241）最足以說明此一情境。《月令》
即上法天神，並以天子爲中心的政治制度。

　　孫希旦嘗評《月令》云：「是篇雖祖述先王之遺，其中多雜
秦制，又博採戰國雜家之說，不可盡以三代之制通之。然其上
察天時，下授民事，有唐、虞欽若之遺意。」（《禮記集解‧月
令第六之一》，卷 15，頁 400—401）廖平「政治主天，專務民
義」即是孫希旦「上察天時，下授民事」之說。民事，自不止
此，但從一年四季十二月重複或類似事項，可以見出施政方向
重點所在。大致而言，所重在祭祀、農事、個人道德。有一超
越的形上思想，作爲施政根據，並由此結合人文與自然，發而
爲各種行政事項。[20]天子敬畏上天以臨臣民，宇宙則是一整體。

―――――――――――――――

[20] 廖平極重視祭祀，其因在：「鬼神時令，皆爲天道；王伯爲人
學之初基，因其與天學懸絕，故必記時令、祭祀、災異以存天
學之宗旨。」相信天神存在，可以致禍福，所以云：「天學所以
助人事，使上天下地，雖扞格而可致太平。」只要虔敬祭天，

《月令》所表現者即是以天神爲根源，以天子爲核心的宇宙觀。
政治是此宇宙觀之一部分，處於此宇宙觀之下。廖平的理想世
界，是經由禮制臻於自然與人文和諧的狀態。

二、良善制度

　　這可從廖平有關《王制》作品見出。所以重視《王制》，
廖平云：

> 孔子撰述以《孝經》、《春秋》為主。《孝經》以治己，故
> 曰行在《孝經》；《春秋》以治人，故曰志在《春秋》。《孝
> 經》修己之事，故于制度則不詳，此內聖之學也；《春秋》
> 專以治人，故以制度為要，此外王之學也。《王制》本專
> 為《春秋》而作，故全與《春秋》名物制度相合也。（《王
> 制集說凡例》，頁1）

廖平的思考是從內聖轉向外王，思以制度建構面對其時所處社
會。然果如廖平所云，《春秋》以制度爲要，又何須外求《王制》、
《月令》乃至《周禮》，以爲制度的根本？所以勢須說：「今學
禮以《王制》爲主，六經皆素王所傳，此正宗也。」（《王制集
說凡例》，頁1）更擴大言：「《王制》統六經。」（《王制集說凡
例》，頁5）且《王制》與《春秋》名物制度相合，也未有比較
說明。[21]

溝通天人，太平可致，所以又云：「祭祀之說，何足異哉？」見
《王制集說》（民國3年四川成都存古書局刊本，六譯館叢書），
頁35，實與《月令》之說不類。
[21] 廖平又云：「《公羊》禮多與《王制》不同。」見《王制集說
凡例》，頁3，也乏詳細論證。據陳瑞庚研究，《王制》歲三田、
二伯、天子祭天地、諸侯祭社稷、不近刑人、方伯有湯沐邑諸

《王制訂》並未有新發明，而是整理《王制》原文，每一
段末附上標題，俾使眉目清晰，全文綱架如下：王臣、諸侯、
服制、方伯、巡守、田獵、冢宰、司空、司馬、司寇、司徒。
內容依序是祿爵高下、國土大小、封地廣狹、巡行四方、田獵
講武、制定國政、發展經濟、保衛國家、執掌法律、實行禮制。
從王臣到田獵是行政制度，從冢宰到司徒才是治國理政的具體
措施。其中又以司徒所掌禮制最重要，施設也最多。其後《王
制集說》亦略如《王制訂》，所不同者只是廣引經傳諸子，證明
《王制》制度其來有自。

群經之中，另一制度專著是《周禮》，其性質是：

> 王伯之事，《王制》詳之；皇帝之事，著在《周禮》。《王
> 制》與《周禮》同爲七十子之傳，六經之傳説，百世可
> 知。必至今日海禁大開，而後《周禮》之説乃顯著也。(《周
> 禮新義凡例‧周禮爲百世以後俟聖人之書》，頁 1)

《王制》與《周禮》最大差異是一小一大，一中國一世界，此
因《王制》與《周 禮》疆域小大不同。《王制》云：「凡四海之
內九州，州方千里。州建百里之國三十，七十里之國六十，五
十里之國百有二十，凡二百一十國；名山大澤不以封，其餘以
爲附庸閒田；八州，州二百一十國。天子之縣內，方百里國九，
七十里之國二十又一，五十里之國六十又三，凡九十三國；名
山大澤不以分，其餘以祿士，以爲閒田。凡九州，千七百七十
三國，天子之元士，諸侯之附庸不與。」據此，《王制》疆域爲
井字形，面積爲九千平方里。《周禮‧夏官‧大司馬》云：「乃
以九畿之籍，施邦國之政職，方千里曰國畿，其外方五百里曰

制度，或本《公羊》，或采《公羊》而略變，見《王制著成之時
代及其制度與周禮之異同》，頁 15—20。

侯畿，又其外方五百里曰甸畿，又其外方五百里曰男畿，又其
外方五百里曰采畿，又其外方五百里曰衛畿，又其外方五百里
曰蠻畿，又其外方五百里曰夷畿，又其外方五百里曰鎮畿，又
其外方五百里曰蕃畿。」（賈公彥：《周禮注疏》，卷 29，頁 5）
[22] 據此，《周禮》疆域爲回字形，面積一萬萬平方里。[23] 廖平即以
疆域大小推斷皇帝王伯、中國世界之異，但這僅是大小之別，
不足以見出制度之異。

　　廖平又有《周禮訂本略注》，略如《王制集說》，只是重理
《周禮》條文，僅成〈天官〉與〈地官〉，附加己注，也未脫其
經學三、四變之說。大宰主要職責是以八法治官府（官屬、官
職、官聯、官常、官成、官法、官刑、官計），以八則治都鄙（祭
祀、法則、廢置、祿位、賦貢、禮俗、刑賞、田役），以八柄詔
王馭群臣（爵、祿、予、置、生、奪、廢、誅），以八統詔王馭

---

[22] 另見《周禮注疏·夏官·職方》（臺北：藝文印書館，1985
年 12 月），卷 33，頁 15。

[23]《周禮》疆域面積，說法不同，顧頡剛認爲「方五百里」是單
面五百里，兩面即一千里，見〈畿服〉，王煦華編：《古史辨僞
與現代史學—顧頡剛集》（上海：上海文藝出版社，1998 年 10
月），頁 289—307，引述見頁 306；侯家駒亦然，見《周禮研究》
（臺北：聯經出版公司，1987 年 6 月），第 9 章，〈周禮批判〉，
頁 331—362，論點見頁 344；金春峰則認爲「方五百里」是東
西兩面合爲五百里，單面各爲二百五十里，面積是 3025 萬平方
里，見《周官之成書及其反映的文化與時代新考》（臺北：東大
圖書公司，1993 年 11 月），第 2 章，〈周官之社會行政組織〉，
頁 21—43，論點見頁 34—37。不論計算方式如何，《周禮》面
積均遠較《王制》爲大。

萬民（親親、敬敬、進賢、使能、保庸、尊貴、達吏、禮賓），
以九職任萬民（三農、園圃、虞衡、藪牧、百工、商賈、嬪婦、
臣妾、閒民），以九賦斂財賄（邦中之賦、四郊之賦、邦甸之賦、
家削之賦、邦縣之賦、邦都之賦、關市之賦、山澤之賦、弊餘
之賦），以九式均財節用（祭祀之式、賓客之式、喪荒之式、羞
服之式、工事之式、幣帛之式、芻秣之式、匪頒之式、好用之
式），以九貢致邦國之用（祀貢、嬪貢、器貢、幣貢、材貢、貨
貢、服貢、斿貢、物貢），以九兩繫邦國之民（牧、長、師、儒、
宗、主、吏、友、藪）。(《周禮注疏·天官·大宰》，卷 2，頁 1
—15）含蓋管理政府、治理采邑、統御群臣、治理人民、征收
財稅、節制用度、征收貢品、教導人民，條目雖繁，大要有三，
一是管理臣民，二是征收財物、三是教育人民。大司徒主要職
責是以土會之法，辨五地之物生（山林、川澤、丘陵、墳衍、
原隰），以土宜之法，辨十又二土之名物，以土均之法，辨五物
九等，以荒政十又二聚萬民（散利、薄征、緩刑、弛力、舍禁、
去幾、眚禮、殺哀、蕃樂、多昏、索鬼神、除盜賊），以保息六
養萬民（慈幼、養老、振窮、恤貧、寬疾、安富），以本俗六安
萬民（媺宮室、族墳墓、聯兄弟、聯師儒、聯朋友、同衣服），
頒職事十又二于邦國都鄙，使以登萬民（稼穡、樹藝、作材、
阜蕃、飭材、通財、化材、斂材、生材、學藝、世事、服事），
以鄉三物教萬民而賓興之（六德—知、仁、聖、義、忠、和，
六行—孝、友、睦、淵、任、恤，六藝—禮、樂、射、御、書、
數），以鄉八刑糾萬民（不孝、不睦、不淵、不弟、不任、造言、
亂民），以五禮防萬民之僞而教之中，以六樂防萬民之情而教之
和。
(《周禮注疏·地官·大司徒》，卷 10，頁 1—27）含蓋辨地征
稅、急難救濟、社會福利、發展經濟、教育人民、懲處失禮，

大要則是社會經濟、民眾教育。

　　廖平《周禮訂本略注》如此，至於《王制》與《周禮》異同，《王制》地位比《周禮》低的原因，從《王制》如何步向《周禮》等問題，均未說明分析。從廖平借《王制》與《周禮》以補《公羊》之不足，可知制度思考取代道德思考，以美好制度完成道德，非以個人道德推向客觀世界。但制度思考未從禮意著手，而是亦步亦趨，規復古代禮制，可行與否，啓人疑竇。

　　清末社會變遷，劉錦藻（同治 1 年—民國 23 年，1862—1934）《清朝續文獻通考》記載極詳，該書起乾隆 51 年（1786），訖宣統 3 年（1911），凡 126 年，正值近代劇變。論時世更易而云：「夫世運有升降，人事有盛衰，撫懷今昔，睹紛更者之儓事，益知成憲之宜遵。」（《清朝續文獻通考·自敍》）不僅以清代遺臣自居，更以文化遺臣自居。而其體例雖仿馬端臨（南宋理宗寶祐 2 年—？，1254—？）《文獻通考》、清官修《清朝文獻通考》，但仍增加〈外交考〉、〈郵傳考〉、〈實業考〉、〈憲政考〉4門，〈征榷考〉增釐金、洋藥，〈國用考〉增銀行、海運，〈選舉考〉增貲選，〈學校考〉增書院、圖書、學堂，〈王禮考〉增歸政、訓政、親政、典學，〈兵考〉增長江水師、海軍、陸軍、船政。（《清朝續文獻通考·凡例》）除〈王禮考〉新增部分與太后垂簾、攝政王掌理國事，可謂清末特例外，餘皆清末變遷新生事物。故由理藩而爲外交；由驛站而爲輪船、鐵路、電線、郵政；由農業而漸次於工、商；由成憲而爲國體設定；由票號、錢莊而爲銀行；由河運而爲海運；由書院而圖書館、各級學校；由旗營、團練而爲新式陸軍；由水師而爲海軍；由師船而爲兵輪。劉錦藻生卒年代略與廖平相當，觀其屢引《周禮》，復古之想，亦略同於廖平。然不得不增加門類，記述變遷者，正因規仿古制，終不可爲。

第三節　康有爲理想世界

一、三世模式

　　康有爲於光緒 27 年（1901）完成《中庸注》、《孟子微》，補成《春秋筆削大義微言考》，次年完成《論語注》、《大同書》，出現各種三世模式，有二階段論—小康、大同與平世、亂世，三階段論—據亂、升平、太平。而《中庸注》、《孟子微》、《論語注》，不論是二階段論抑或三階段論，都呈現不完整論式，或只言小康，缺乏與之對應的大同；或只言亂世，缺乏與之對應的平世；或僅言三階段論其中之一、二世，缺乏另二、三世的說明。惟有《春秋筆削大義微言考》有完整的論式。茲列出各種三式模式，以明康有爲思想。

不完整論式：

二階段論—小康、大同[24]：

---

[24] 見《論語注》（北京：中華書局，樓宇烈整理，1984 年 1 月），〈學而第一〉，頁 3，7，13，〈爲政第二〉，頁 18，〈八佾第三〉，頁 44，〈里仁第四〉，頁 45，〈公冶長第五〉，頁 69，〈雍也第六〉，頁 74，79，82，84，〈鄉黨第十〉，頁 157，〈顏淵第十一〉，頁 182，〈憲問第十四〉，頁 225—226，〈衛靈公第十五〉，頁 233，〈季氏第十六〉，頁 250，〈陽貨第十七〉，頁 260，《孟子微》、《孟子微／禮運注／中庸注》合刊本（北京：中華書局，樓宇烈整理，1987 年 9 月），〈總論第一〉，頁 15，16，22，27，〈性命第二〉，頁 30，〈心身第三〉，頁 50，〈仁政第九〉，頁 85，〈同民第十〉，頁 98—99，100，〈政制第十一〉，頁 115，〈貴恥第十四〉，頁 141，〈論古第十七〉，頁 159，〈闢異第十八〉，頁 162，《中

康有爲三世表之一

名稱 ＼ 內容	政治制度	社會結構	文化狀況
小康	立憲；政刑；君主；正君臣，篤父子。	農兵立國	禮；儉；未仁；重形體；有我。
大同	共和；德禮；民主；天下爲公，選賢與能；混合地球，無復國土；君民修職，量力受祿，分祿資公。	農工商；公財；養老，育嬰，慈幼，卹孤，卹寡，卹廢疾。	樂；奢；人心皆仁，風俗純美；老安友信少懷；神亦不神；重魂魄；無我；人人自立平等；公學校，公博物院，公圖書館，公音樂院。

此一論式，大同世在政治制度難以實施者有混合地球，無復國土，量力受祿，分祿資公；在文化狀況難以理解者爲重魂魄，無我；至於社會福利與公立文化機構（博物院、圖書館、音樂院）則已成爲現代國家基本建設。

二階段論─亂世、平世[25]：

庸注》，頁 208，225，《禮運注》，頁 238—239，240—241。

[25] 見《論語注》，〈學而第一〉，頁 7，〈八佾第三〉，頁 33，34，《孟子微》，〈總論第一〉，頁 9，21，22，〈仁義第四〉，頁 57，〈仁不仁第七〉，頁 69，〈仁政第九〉，頁 84，92，93，〈政制第十一〉，頁 115，〈戰第十三〉，頁 120，〈貴恥第十四〉，頁 133，141，〈辨說第十六〉，頁 151，〈闢異第十八〉，頁 179，185。

康有爲三世表之二

内容＼名稱	政治制度	社會結構	文化狀況
亂世	君主，家長；君權；議貴；君不可放弒。	以農爲主，工商次之；封建（國家、兵力、土地	重別；重私；親親，私國，閉關。
平世	獨立自由，平等自立，立憲民主；民權；犯罪皆同；君不賢則放逐。	農工商並重；封建（公司、財力、聚人）	重同；重公；四海兄弟，萬物同體。

此一論式，在平世部分，並無不可理解之處，除文化狀況之四海兄弟，萬物同體難以實踐外，餘均可付諸實施。

三階段論—據亂、升平、太平[26]：

康有爲三世表之三

---

[26] 見《論語注》，〈學而第一〉，頁 3，〈爲政第二〉，頁 17，18，28—29，〈八佾第三〉，頁 33，〈里仁第四〉，頁 51，〈公冶長第五〉，頁 58，61，66，〈雍也第六〉，頁 81，85，〈述而第七〉，頁 98，100，105—106，122，〈先進第十一〉，頁 159，〈衛靈公第十五〉，頁 239，〈季氏第十六〉，頁 249—250，《孟子微》，〈總論第一〉，頁 8，11，15，19，20，〈性命第二〉，頁 38，〈仁義第四〉，頁 57，〈仁不仁第七〉，頁 72，77，〈王霸第八〉，頁 81—82，〈仁政第九〉，頁 90，〈同民第十〉，頁 99，104，105，106，〈政制第十一〉，頁 115，〈辨說第十六〉，頁 148，〈闢異第十八〉，頁 166，168，170，《中庸注》，頁 208，221，223，225—226，227—228，231。

內容 名稱	政治制度	社會結構	文化狀況
據亂世	族制部落；酋長；絕大夫。	農田；世家強族。	尚讓；親親；鬼。
升平世	國家；君憲；斥諸侯。	工商。	競爭；仁民；神。
太平世	大一統；共和；貶天子。		愛物；鬼神極少。

此一論式，除文化狀況鬼、神部分極具爭議，愛物難以實施外，如同前一論式，均可付諸實施。

　　綜合上述不完整論式，政治制度是從君權走向民主；社會結構是從農業轉向工商；文化狀況是設立公共文化機構。除部分理想性質較高，大致並無可怪之處。

完整論式：

三階段論—據亂、升平、太平[27]：

---

[27] 見《春秋筆削大義微言考》，蔣貴麟編：《康南海先生遺著彙刊》（臺北：宏業書局，1987 年 6 月再版），第 7、8 冊，〈隱公元年〉，〈隱公二年〉，〈隱公三年〉，〈隱公四年〉，〈隱公六年〉，卷 1，頁 8，9，11—13，15，18，22，26，〈桓公三年〉，〈桓公四年〉，〈桓公五年〉，〈桓公十一年〉，卷 2，頁 6，7，9，10，22，23，〈莊公元年〉，〈莊公二年〉，〈莊公三年〉，〈莊公六年〉，〈莊公八年〉，〈莊公十年〉，〈莊公十三年〉，〈莊公十七年〉，〈莊公十九年〉，〈莊公二十三年〉，〈莊公二十四年〉，〈莊公二十七年〉，〈莊公二十八年〉，〈莊公二十九年〉，〈莊公三十一年〉，卷 3，頁 2，4，6，8，9，10，13，17，20，21，25，29，33，36，40，41，44，45，51，53，54，57，〈僖公三年〉，〈僖公五年〉，〈僖公九年〉，〈僖公十四年〉〈僖公二十年〉，〈僖公三十一年〉，卷

康有爲三世表之四

內容 名稱	政治制度	社會結構	文化狀況
據亂世	人王總攬事權；譏大夫；大夫不世；去大夫。	大農之世；愛種族；一夫數妻；男女有別。	道之以政，齊之以刑；少神教；野蠻亂文明。
升平世	人主垂拱無爲；刺諸侯；諸侯不世；去諸侯。	大工之世；爭種族合種族；一夫一妻；男女權漸平。	一神教；文明兼野蠻。
太平世	無王可言；貶天子；天子不世；去天子。	大商之世；種族不分；無夫婦可言；男女平等。	道之以德，齊之以禮；無神教；無復文明野蠻之別。

完整三式論式，政治制度設計，一則符合歷史發展，再則可議處較少。去天子自與其時制度不合，甚易引發爭議，但以後世

4，頁 9，13，21，26，35，57，〈文公元年〉，〈文公二年〉，〈文公九年〉，〈文公十一年〉，〈文公十二年〉，〈文公十四年〉，〈文公十六年〉，〈文公十八年〉，卷 5，頁 1，6，24，26，27，31，33，38，40，〈宣公五年〉，〈宣公十年〉，〈宣公十一年〉，〈宣公十二年〉，〈宣公十五年〉，卷 6，頁 8，20，22，29，30，〈成公元年〉，〈成公十四年〉，卷 7，頁 2，23，〈襄公六年〉，〈襄公十四年〉，〈襄公二十三年〉，〈襄公二十四年〉，〈襄公二十五年〉，卷 8，頁 9—10，20，31，34，35，〈昭公五年〉，〈昭公十五年〉，〈昭公十六年〉，〈昭公二十二年〉，卷 9，頁 9，23，24，31，〈定公六年〉，〈定公十二年〉，卷 10，頁 12，20，〈哀公四年〉，卷 11，頁 900。

視之,說甚平常。至於社會結構則益滋爭論,男女平權,固難見容於當世,但最大問題是無夫婦,無論是一夫數妻抑或一夫一妻,都是以男性爲主的家庭結構,但無夫婦並非由男性爲主轉向以女性爲主的家庭結構,而是破壞或超越傳統家庭結構,時至今日,亦令人訝於康有爲宏謀。文化狀況涉及宗教信仰,一神教可以導致排斥他教,而有宗教迫害之弊,無神教更非宗教自由,而是取消宗教信仰,此時由宗教迫害,變爲迫害宗教。

在不完整與完整三世論式之外,又發展繁複三世論式:「一世之中可分三世,三世可推爲九世,九世可推爲八十一世,八十一世可推爲千萬世,爲無量世。」(《論語注·爲政第二》,卷2,頁 28)[28]以二世或三世論式解釋歷史,畢竟較簡單,亦較機械,推衍爲九世、八十一世,相形之下,解釋效力、收納文獻、歷史進程,均較二世或三世複雜,也易面對難以探知眞相的歷史。歷史發展是不如二階段或三階段論簡單,但也不會像九世、八十一世呈幾何級數顯現。但康有爲深信不疑,《大同書》即描述繁複三世論式,稱爲大同合國三世表,其說甚繁,擇要表列於下:

康有爲三世表之五

内容 名稱	政治	經濟	軍事	法律	文化
大同始基 之據亂世	聯合舊國	保護本國之貿易與運輸	聽各國治陸兵	有罪罰金可重大罪酷刑	尊天而更尊各神
大同漸行	造新公國	公政府保	限禁加陸	不罰重	各神皆

之升平世		護各國之貿易	兵	金不刑	大施	罪酷	不尊	而稱尊天
大同成就之太平世	無國而爲世界	無國界不須保護	盡罷各國陸兵改爲警察	無但有辱無刑	刑罰恥人民無罪	罰恥無	天尊先哲各	亦但及之神

（《大同書》，乙部，〈去國界合大地〉，第 4 章，〈立公政府以統各國爲大同之中〉，頁 136—165）

此一論式，最大特色是去除國界，如是才能合爲一世界，消除貿易障礙，進而消除彼此爭戰，這也是康有爲撰《大同書》重要目標[29]；其次是去除法律，如是而能徹底尊重人性；宗教信仰經過一轉折，這一轉折雖仍有宗教迫害可能，但畢竟回復宗教信仰，如是生命能優遊人世，而不爲有限世界所制，從有限企望無限。除宗教信仰尚可達到外，泯沒國界，消除法律，幾乎無此可能。與前述諸模式比較，更爲理想，也更爲激進，兩者結合，可以以極端主義稱之。但康有爲有理想，也有理性，思想或稱極端，而行爲並不極端，更不以極端行爲達至極端理想。所以大同思想雖肇基甚早，雅不欲刊行公布。

---

[29] 二十世紀國際聯盟、聯合國的設立，就是在國界的限制下，達成超越國界的目標；世界貿易組織，也在消除貿易障礙，簡言之即各國貿易保護主義。成效不彰，爭議不斷，即是國界無法去除的明證。但不能否認，這些國際組織，是在現實條件下，調和各方利益衝突。後人多以空想嘲諷康有爲，但在百年前康有爲即已見出國界障礙、貿易保護的問題，所提答案雖不可行，而目光犀利，後人實難企及。

康有爲三世模式，有二階段論、三階段論。前者又有平世與亂世、小康與大同之異說；後者則有不完整、完整與繁複諸論式。由於是模式多樣，諸模式間難以相互配合，甚而出現理論缺陷與矛盾現象。如以小康爲據亂，大同爲太平，則升平難以配置。以亂世爲小康，平世爲大同，平世是升平世抑或太平世，定位難明，不論從屬，均破壞三世系統，或者說二階段論本身即破壞三世系統。小康如是亂世，立憲不應屬小康，正君臣、篤父子也不應屬亂世；君權直接轉移到民權，也與康有爲君主立憲立場衝突，升平世即存在君憲制度。君權爲亂世，但族制部落與酋長也是亂世，二者不能相容。大同與太平爲民主共和，平世卻有君主，平世似是升平世，但平世又有立憲民主，平世似是太平世。大同人心皆仁，平世則有犯罪，平世顯非太平世。農工商也無法清楚區別。從形式結構到內容區分，都出現困難。

與其前《公羊》學者三世說比較：莊存與云：「據哀錄隱，隆薄以恩，屈信之志，詳略之文，智不危身，義不訕上，有罪未知，其辭可訪，撥亂啓治，漸於升平，十二有象，大平以成。」（《春秋正辭・奉天辭第一》，卷 375，頁 1，影印皇清經解春秋類彙編第 1 冊）僅有存目，並無詳細解說，不類其餘子目，有進一步申說。其義是根據時代先後，在避除災禍前提下，以隱微的辭例，判斷歷史人物功過，冀能撥亂啓治，達到太平世界。三世說在莊存與《公羊》學，實不據關鍵地位。孔廣森云：「所以三世異辭者，見恩有深淺，義有隆殺。…親疏之節，蓋取諸此。」（《公羊通義・隱公元年》，卷 679，頁 7，影印皇清經解春秋類彙編第 2 冊）仍是以時代先後，作爲歷史寫作依據，紹承莊存與，以書法解三世。

至劉逢祿而稍異：「傳：親親之殺，尊賢之等，禮所生也，

《春秋》緣禮義以致太平。…於所見微其辭，於所聞痛其禍，於所傳聞殺其恩，由是辨內外之之治，明王化之漸，施詳略之文。魯愈微而《春秋》之化愈廣，內諸夏不言鄙疆是也；世愈亂而《春秋》之文益治，譏二名西狩獲麟是也。」(《公羊何氏釋例・張三世例第一》，卷 1280，頁 4，影印皇清經解春秋類彙編第 2 冊) 書法之異，式據禮義，由禮義馴致太平，勢須究明禮制，方能明王化之漸；魯愈微而《春秋》之化愈廣，世愈亂而《春秋》之文益治，《春秋》載辭與歷史實情不符，《公羊》學者素所深知，所以如此，就在以寄託論史，探究過往，指涉將來。《公羊何氏釋例》討論諸例，其實是借例以論禮制，討論禮制，又寄寓理想。以文質論治道：「王者起，所以必改質文者，爲承衰亂救人之失也。天道本下，親親而質省；地道敬上，尊尊而文煩。故王者始起，先本天道以治天下，質而親親，及其衰蔽，其失也親親而不尊；故後王起，法地道以治天下，文而尊尊，及其衰蔽，其失也尊尊而不親，故復反之于質也。」天道本身雖然不變，但天道所涵蘊的文質，卻因治道之蔽而交互呈顯，文質的具體內容即是尊尊與親親，相應於尊尊與親親，自有一套制度，如此：「王者必通三統，而治道乃無偏而不舉之處。」完全可以理解。(均見《公羊何氏釋例・通三統例第二》，卷 1285，頁 7，8) 此一制度即是禮制，論爵位、采地、職務(《公羊何氏釋例・名例第五》，卷 1282，頁 5—6)，王政就在這一前提下建立：「論王政則曰謹權量、審法度、修廢官，又曰：興滅國、繼絕世、舉逸民，六者行而王政立矣。」(《公羊何氏釋例・褒例第六》，卷 1282，頁 20) 違反禮制，則加之以刑罰：「故刑者禮之科條也。」(《公羊何氏釋例・律意輕重例第十》，卷 1284，頁 14) 所以才說：「王魯者即所謂以《春秋》當新王也。」(《公羊何氏釋例・王魯例第十一》，卷 1285，頁 5) 劉逢祿從形上學

逐步下降，建立整套治國理政思想。宋翔鳳有更清楚說明：「孔子爲言，損益三代之禮，成《春秋》之制，將百世而不易，何止十世也？…孔子作《春秋》，以當新王而通三統。」（《論語說義》，卷 389，頁 13，影印續皇清經解論語類彙編）並以爲《王制》才是七十子遞相授受，《周官》則是戰國陰謀之書（《論語說義》，卷 389，頁 3）具體討論制度優劣問題。三世之義，由書法而及制度，劉逢祿、宋翔鳳實在是一重要轉關。迥異於莊存與、孔廣森，下啓龔自珍、魏源以《公羊》議政。

　　龔自珍三世說型態有二，一是生命感受類型：「吾聞深於《春秋》者，其論史也，曰：書契以降，世有三等，三等之世，皆觀其才。才之差，治世爲一等，亂世爲一等，衰世別爲一等。」並說明治世特色是「太素」、「希聲」、「蕩蕩」、「不議」，衰世貌似治世而實不類。（〈乙丙之際箸議第九〉，《定盦文集》，卷上，頁 13，《龔定盦全集》）治世、亂世、衰世之別，差可比擬《公羊》三世，但以人才別三世，則是龔自珍意見。王文濡評語：「定公才高動時忌，故有此激厲之論。」實則龔自珍未必全因一己不遇而有此語：「九州生氣恃風雷，萬馬齊瘖究可哀。我勸天公重抖擻，不拘一格降人才。」（〈己亥雜詩〉，《定盦雜詩》，頁 19）不論其情如何，均是應用《公羊》三世，以抒發一己之感受。一是三世內容類型：「問：三世之法誰法也？答：三世非徒《春秋》法也，〈洪範〉八政配三世，八政又各有三世。願問八政配三世。曰：食、貨者，據亂而作；祀也、司徒、司寇、司空也，治升平之事；賓、師乃治太平之事。孔子之法，箕子之法也。」（〈五經大義終始答問一〉，《定盦續集》，卷 2，頁 24）[30]三世始

---

[30] 案《尚書·洪範》八政次序是食、貨、祀、司空、司徒、司寇、賓、師，龔自珍引用順序略誤。江聲釋此一次序甚精：食

於生命基本需求，繼之以教化，終以遠人忻慕，化及四海。至於太平世界，則結合禮制：「問：孰爲純太平之書？答：《禮》古經之節文也詳，尤詳於賓。夫賓、師，八政之最後者也。《士禮》十七篇，純太平之言也。」（〈五經大義終始答問九〉，《定盦續集》，卷 2，頁 27）以《儀禮》做爲治國之極。魏源議政，更趨實際，嘗言：「古今宇宙，其一大弈局乎！…故禪讓一局也，征誅一局也，傳子、傳賢一局也。」（《默觚下‧治篇十六》，《魏源集》，頁 78）純就政權來源、繼承、轉移說明古今變局。龔自珍、魏源援經議政，三世之說，係針對實際政事而發，較缺乏終極嚮往。

　　皮錫瑞以《王制》爲理想世界的規模，廖平除《王制》外，更益之以《周禮》，以爲良善制度的極致。

　　綜合上述，清代《公羊》家論三世，概有三種思路：一以書法論三世，莊存與、孔廣森屬之；一以禮制論三世，劉逢祿、宋翔鳳、皮錫瑞、廖平屬之；一以政事論三世，龔自珍、魏源屬之。學術與政治日漸緊密。

　　由是可見出《公羊》三世的限制，僅具形式意義，略無內容意義。是以劉逢祿、宋翔鳳、龔自珍、魏源、皮錫瑞、廖平，論及具體制度時，不約而同均注目於禮學。禮學傳統成爲晚清

是人事所本，貨所以通有無，聖王成民而後致力於神，次之以祀，民安其居，先教後誅，司空先於司徒，司徒先於司寇，德立刑行，遠方賓服，次之以賓，不率王化，出師征之，次之以師。見孫星衍：《尚書今古文注疏‧周書三‧洪範第十二上》（北京：中華書局，陳抗、盛冬鈴點校，1986 年 12 月），引《尚書集注音疏》，卷 12，頁 300—301。龔自珍以三世釋八政，與江聲暗合。

《公羊》家面對世變時思考的資源。[31]

　　康有爲雖也有《禮運注》,但其三世說並不依附古代禮制[32],

---

[31] 饒宗頤論究《春秋》與禮的關連:「《春秋》所以爲禮義的大宗,正因《春秋》爲禮義提供人事的實例,而禮經則爲《春秋》取得行爲法則的根據。」見〈春秋左傳中禮經及其重要禮論〉,原載《香港聯合書院三十周年紀念論文集》,1986 年,收入陳其泰、郭偉川、周少川編:《二十世紀中國禮學研究論集》(北京:學苑出版社,1998 年 6 月),頁 462—473,引文見頁 473。準此以觀,晚清禮學研究除歷史考證外,還有經世致用這一思路。

[32] 但這並不是說康有爲沒有禮學思想,康有爲以爲禮在貞定人間秩序:「必有實行之制度文爲,然後可運天下爲一家,中國爲一人,則禮者治情修義,興人利去人患之方藥也。」見《禮運注》,《孟子微／中庸注／禮運注》合刊本,頁 251,禮,就是治國理政的制度。這一制度,既品節人性,也安頓家國。所以其禮學思想特色有二:就品節人性而言,在順其情而非絕其欲:「夫天生人必有情欲,聖人只有順之,而不絕之。」見《禮運注》,頁 265,但是順情仍須有節制:「令衆人各得其分,各得其樂,而不相侵,此禮之大用也。」見《禮運注》,頁 266,此時勢須結合國家秩序的訂定,規範每一個體生命的行爲。就安頓家國而言,禮重隨時:「義爲事宜,衹是空理,禮者乃行其節文也。無節文,則義不能見。然節文者,因時因地而制,非能永定。」見《禮運注》,頁 263,義有合宜之義,但合宜與不合宜,須有限定,此一限定即是禮,而限定不能一成不變,須與時間、空間配合,才能完成禮。又云:「蓋人道全在仁、樂、順,而禮義乃其橋梁舟車也。但啓行前往,舍橋梁舟車無至到之日,

也未結合其他經典，而是觀察歷史發展，構思未來走向，自鑄偉詞，形成系統。其次，三世說不僅針對現實政事而發，更有完美世社會的構圖。第三，每一進程均有具體（未必可行）的描述，而非之前諸家是原則描述。而指出共和政體、倡導社會福利、建立公共文化機構、重視工商發展、強調貿易自由，皆非其前諸家所能預見。一世偉人，當之無愧。

二、理據次序

　　康有爲描述一循序漸進的美好世界，並且爲這一進程，建立形上根源。這一根源是「元」：

> 孔子之道，運本於元，以統天地，故謂爲萬物本，終始天地。(《春秋董氏學·春秋微言大義第六上·元》，頁 124)

根據何休解釋，元即是氣（《公羊傳解詁·隱公元年》，卷 1，頁 1），康有爲接受此一解釋。氣再散化爲天地萬物：

> 孔子繫萬物而統之元，以立其一，又散元以爲天地、陰陽、五行與人，以之共十，而後萬物生焉，此孔子大道之統也。(《春秋董氏學·春秋微言大義第六上·十端》，頁 125)

氣是形上根源，形上學探究超越經驗事物而不可經驗的第一根源或元始。元是最高根本，以氣的狀態存在，氣又以陰陽交互

而橋梁舟車雖當隨時制宜，亦非安居之所也。」見《禮運注》，頁 264，仁心是本，禮義是達到仁心的方法，但仁心又須落實到禮，才能達成仁的目標。禮重隨時，且以橋梁舟車喻禮，借此可理解康有爲三世說雖恢奇，卻自信頗堅之故。禮重隨時，一如三世不同；橋梁舟車非安居之所，須臻至大同太平，遊於天人，方是極致。

方式生成萬物，過程是聚而復散，散而復聚，聚者為元，散者
為氣，從中導出變化理論。萬物是在氣的聚散中形成、消失，
所以萬物本身即是變動不居：

> 物理萬殊，非極博無以窮其變；本原無二，非合一無以
> 致其通。(《論語注・衛靈公第十五》，卷 15，頁 229)

物理萬殊，即是氣經由聚散的變化而為萬物；本原無二，即是
萬物都是由氣的聚散而形成而消失。這就是整個宇宙的真相。
所以「乾道以變化為義」(《孟子微・性命第二》，《孟子微／中
庸注／禮運注》合刊本，卷 2，頁 44)[33]既然變是宇宙真相、乾
道本義，勢須詳究變化的具體方式：

> 孔子之道，造端乎飲食男女，故夫婦得知之能之。若窮
> 其極也，以元統天，以陰陽化萬物，生化之理，三世之
> 變，前知之微，則為制作之神人知之能之，聖人亦有不
> 知不能焉。(《中庸注》，《孟子微／中庸注／禮運注》合
> 刊本，頁 196)

飲食男女，只是生命的基本欲念，人人皆能知之；三世進程，

---

[33] 這一形上學也影響康有為生命哲學，所以接著說:「觀於大化，
浩浩隨流，不以物喜，不以己悲，視死生為旦暮，上與造化為
徒，此孟子窮理盡性，以至於命之學也。」見《孟子微・性命
第二》，卷 2，頁 44。不以死生為意，是因生命就是變動不居，
死亡也是此變動的一部分，人生如寄正是生命本質。又云:「蓋
神明別有天遊，視人間之窮通，皆如幻人之變化，浮雲之來往，
自無所動其心，宜其行所無事也。」見《論語注・衛靈公第十
五》，卷 15，頁 229，生命的具體進程，也充滿變化，所以富貴
如雲。人生如寄、富貴如雲，未必全從佛教思想而來，變動的
形上學，也是此一思想根源。

方是世界的終極趨向。這一趨向，惟有制作之神人知之，聖人
亦有所不知。

　　但在康有爲思想，實際決定世界開展者是天，則屬應用形
上學，說明世界如何形成[34]：

　　　蓋制度皆本於天，非孔子所自創，不過孔子代天言耳。(《春
　　　秋董氏學‧春秋微言大義第六下‧忠孝》，頁 175)

天不是客觀存在的自然，人僅僅生存於其中，康有爲哲學思想，
以爲人類文化發展，是由天推動，世界自然而然運行發展。此
處可引發二個問題：天完美無缺，是以人間也完美無缺；天雖
完美無缺，但不能保證人間也完美無缺。但「人道即法天道」(《春
秋董氏學‧春秋微言大義第六上‧人爲天類》，頁 142)，顯然
康有爲思想屬後者。天開展世界，但不能決定世界。釋董仲舒
語最能見出此一觀點：「是故天長之而人傷之者，其長損；天短
之而人養之者，其短益。夫損益者皆人，人其天之繼歟？出其
質而人弗繼，豈獨立哉!」(《春秋繁露義證‧循天之道》，頁 457)
原意是壽命修短，取決於天；但人事之異，也可改變壽夭，傷
之壽雖長則短，養之命雖短則長。康有爲據此云：

　　　繼天，天所繼而續之，天所缺而補之，裁成輔相之極則
　　　也。(《春秋董氏學‧春秋微言大義第六上‧人繼天》，頁
　　　144)

天所繼而續之，足可證明天道質性完善；但天所缺而補之，豈
非逆證天本身有缺陷？天所缺而補之，究其本義，天的原理或
可完美，但具體制度則未必，即前述所說天的完善不能保證人

----

[34] 參考布魯格（Brugger）編：《西洋哲學辭典》（臺北：國立編
譯館、先知出版社，項退結譯，1976 年 10 月），〈形上學〉條，
頁 256—257。

間完善。既然如此，人間完善，乃依賴人自身努力：「所貴于學者，與常人殊，在轉外境而不爲外境轉也。」（《論語注·里仁第四》，卷 4，頁 46）天雖開展世界，但人在天之前，並非一被決定者，正好相反，人自身是一決定者。如是擺脫決定論的困境。

　　三世之變的根據是元氣，氣自是面對全體宇宙人生，而不局限特定時空，所以康有爲的《公羊》思想，擷取若干西方資本主義理論，終極理想也以消除人世一切限制爲目標，卻不以爲與中國傳統衝突，其思想根源在此。又三世發展根據雖在天，但也絕非一切操之於天，人靜待世局變化，即可進至於太平盛世，而是有賴人自身努力，重新安排世界秩序，使之臻於完美。《公羊》學，就有這一性質、功能與目的。

　　康有爲根據變的形上學，以求社會與文化更新。但康有爲不僅「時變新理」，尚要「保全舊粹」（《論語注·爲政第二》，卷 2，頁 22），權變之外，還有常經，行權所以返經，通變所以返常。權變並不是破壞常道，而是注入新生命、新內容予常道。合常與變才是道的眞義：

> 蓋天以變爲運，人以變爲體。人全體兩月而盡變。安有可永遠守常者？故日日守常，即日日思反，相反相成乃可行也。（《論語注·子罕第九》，卷 9，頁 142）

原來康有爲形上學還有經常一義。傳統就在常與變交替中，生成、發展、形塑、轉變，是以傳統並非封閉固定，反而是開放流動。三世理論，不免有恢怪部分，但康有爲不以爲悖離中國傳統；尊孔讀經，難免有泥古聯想，但康有爲始終不變其志。背後的理論基礎就在道的變與常。以變而言，尊孔讀經，自令人覺其落伍守舊；以常而言，三世進化，也令人疑其是否經典本義。推崇者許其開明創新，貶抑者惡其變亂古道，或者認其

前期進步、後期保守，均忽略康有爲合常與變的形上學。

可以確定者是逐步漸進，以至於理想世界，是康有爲一貫立場。不能躐等，與進化思想有關。康有爲進化思路有二：一是淘汰劣者：

> 人類之要，莫如存種，存種之法，莫要于汰惡而留良，然後人種日善。(《春秋筆削大義微言考·莊公二十五年》，卷3，頁51)[35]

這一思路，只限於種族改良，並不涉及文化及社會的全面更新。

康有爲論述夫人姜氏會齊侯于防，分析男女之別云：「此據亂世之制，崇男女之別，以謹種族之傳；升平世人類漸至平等，且教化既明，則人類皆可相通，皆可相會矣；至太平世則不論男女，人人獨立自主，更可相會。」由此導出：

> 此皆據亂之義，無論何國，必經此制，乃得進化，雖未至于升平，然亦人道必由之路也。(《春秋筆削大義微言考·莊公七年》，卷3，頁17—18)[36]

據亂、升平、太平，是階段發展，亦即由據亂而升平，由升平而太平，次序既不可倒退，也不能跳躍；這一過程是制度過程，亦即是文化社會全面更新；這又是自然而然必經過程。這是進化思路第二種方向。三世進化，著重在後者。[37]康有爲極強調漸

---

[35] 另見《春秋筆削大義微言考》，〈僖公元年〉，卷4，頁3，〈成公九年〉，卷7，頁19。

[36] 另見《春秋筆削大義微言考》，〈莊公二十四年〉，卷3，頁45，〈成公六年〉，卷7，頁13。

[37] 嚴復約於光緒20、21年（1894、1895）決定翻譯《天演論》，光緒22年（1896）完稿，光緒24年（1898）出版。《天演論》作者是赫胥黎（Thomas H. Huxley），本書原名是《進化論與倫

進：

> 蓋人文之化，不能一蹴而幾于盡善。(《秋筆削大義微言
> 考·莊公四年》，卷 3，頁 14) [38]

從文化主體分析，原因是：

> 故獨立自由之風，平等自主之義，立憲民主之法，孔子
> 懷之，待之平世，而未能遽為亂世發也。以亂世民智未
> 開，必當代君主治之，家長育之，否則團體不固，民生
> 難成。(《孟子微·總論第一》，《孟子微／中庸注／禮運
> 注》合刊本，頁 21)

民智未開，不僅僅是現實考慮，指其時中國人民智識程度；更
可以推衍為人類知識、道德，或者是與生俱來複雜而多變的人
性，能否當升平、太平而不亂；據亂世、升平世之「世」，繫連
全體政治、社會、文化結構，每一世的轉變或進化，所關係者
又不止人性，而是全盤因素的理解控制，事豈易為。康有為對

理學》，目的是反對斯賓塞 (H. Spencer) 社會達爾文主義，但
嚴復卻藉著翻譯赫胥黎作品，加上大量案語，批駁赫胥黎，支
持斯賓塞思想。斯賓塞與赫胥黎基本哲學爭端，是宇宙進程與
人類進程關係的問題。斯賓塞將宇宙進化原理應用於人類社會
與政治問題，赫胥黎則認為人類道德與宇宙進程相違背。見史
華茲 (Benjamin Schwartg)：《尋求富強：嚴復與西方》(南京：
江蘇人民出版社，葉鳳美譯，1996 年 4 月)，第 4 章，〈西方智
慧的源泉—進化論與倫理學〉，頁 82—101。嚴復的問題意識固
與赫胥黎迥不相侔，康有為形上學也與赫胥黎、斯賓塞大異。
嚴格而言，康有為只取進化論中的進步意義，而不是採取全部
進化論理論。

[38] 另見《春秋筆削大義微言考》，〈成公十五年〉，卷 7，頁 27。

採取激進的方法臻至太平，頗致懷疑。[39]

從主體生存於其中的制度探究：

> 一國有一國之政法禮典，各國宜互相考求得失，以去短
> 取長，而為進化，故孔子重之。(《春秋筆削大義微言考·
> 隱公七年》，卷 1，頁 27)

各國制度不同，一指國史朝代因革，後王鑒於前朝，這是縱貫
相承；一指學習西方，這是橫向模仿。但都不是棄故循新。制
度有沿革，風俗有因襲，不可能驟爾盡去，考慮各國特殊狀況，
勢須有所損益以為新制。

康有為三世說，雖懸一高遠理想，但由於謹慎小心，並不
認為可以即時達成，也不採取盡破一切的方式，以完成其理想。
正好相反，一再告誡理想不可速進，必須步步為之。避免將國
家社會作為巨大的實驗室，免除實驗失敗所帶來的災難。自然
科學的實驗，前提是整個實驗是處於可控制條件操作，不幸失
敗，影響是研究計畫的程序、研究設備的損毀、甚而是研究人
員的生命；政治社會實驗則不然，人類無法完全控制社會與人

---

[39] 梁啓超敘述讀《大同書》經驗：「(康有為)謂今方為據亂之
世，只能言小康，不能言大同，言則陷天下於洪水猛獸。…而
有為始終謂當以小康義救今世，對於政治問題，對於社會道德
問題，皆以維持舊狀為職志。自發明一種新理想，自認為盡善
盡美，然不願其實現，且竭全力以抗之過之，人類秉性之奇詭，
度無以過之者。」見《清代學術概論·二十四》，頁 70—71，《中
國近三百年學術史／清代學術概論》合刊本(臺北：里仁書局，
1995 年 2 月)，梁啓超以奇詭形容康有為心態，其實康有為並
不奇詭，而是戒慎恐懼。對照毛澤東發動文化大革命，就能完
全理解康有為何以以「陷天下於洪水猛獸」形容躐等之禍。

性的每一變數，一旦失敗，可導致千萬生靈塗炭。所以愈是偉
大的理想，愈能引發偉大的災難。康有為體認風俗、制度不能
完全橫移，而須觀察歷史發展，在歷史演變中，逐步改革。亦
即在傳統中求新變，視傳統為開放型態，改革有傳統的根源，
自不致造成文化喪失的危機。

　　達成三世理想的方法，首從從政者開始：

> 從政者當先正身，正一身以正百官，正百官以正萬民。
> 一正而無不正，一不正而無能正也。（《論語注・子路第
> 十三》，卷 13，頁 195）

從修身到平天下，這是典型的傳統政治理論，但須注意者，這
是「從政者」如此，從政者之樂，與常人異，梁啟超引康有為
之論：「凡常人樂凡俗之樂，而大人不可不樂高尚之樂。使人人
皆偏於俗樂，則世界之大樂真樂者，終不可得。夫所謂高尚之
樂者何也？即常自苦以樂人是也。」從政者自苦以樂人，這一
苦的性質是：「凡聖賢豪傑之救世任事，亦不過自縱其救世任事
之欲而已，故必視救世任事如縱欲，然後可謂之至誠，可謂之
真人物。」（《南海康先生傳》，第 7 章，〈康南海之哲學〉，《飲
冰室文集之六》，頁 72，冊 4）自苦樂人，緣於救世任事，救世
任事出於生命不可遏抑的衝動，所以雖苦亦樂。百姓之樂，正
是俗樂：

> 民利于土產：山者，利其鳥獸材木；渚者，利其魚鹽，
> 皆聽而不易之。民利于佚樂，則食味、別聲、被色而歌
> 舞之。民利于自由，則言論思想聽其自由。民利于公同，
> 則合民之所有，而為之立公路、公學、公園、公養疾、
> 公養老，皆不貴于國而民大得。所因者，國家全不干預，
> 為政者，但代民經理而已。（《論語注・堯曰第二十》，卷
> 20，頁 303）

其實就是富民、養民。以今日社會制度言之，康有爲所說，泰半有之，不全然是玄想渺思。三世理想，不僅在政治結構，更重社會福利、人民生計、公共文化；士民異途，區分個人道德領域與公共事務領域。

次則建立制度：

> 法度者，法律制度也。法律者，國人皆受治焉；制度者，國所以立。而時有因革，少有偏誤，其害多矣，當以時時審察之，若有不適，即當立改。(《論語注‧堯曰第二十》，卷 20，頁 300)

康有爲雖描述一美好社會，且深信終有達成之一日，但並未以爲存在一適用萬世的制度，一旦建立此一制度，即可長治久安，宛如天國樂土，不耕而食，不織而衣，優游其中。制度必須不斷省察修正，這意謂制度一如傳統，是開放性質，等待我們隨時補正。準此以觀，三世理想，豈是靜待天變，歷史自身運轉而形成？而是依賴人類參與而完成。人的器識、衝動，才是三世理想的核心。

第七章　變法維新

　　早在道光年間，林則徐（乾隆 50 年—道光 30 年，1785—1850）即已翻譯《四洲志》，道光 23 年至 28 年（1843—1848），繼起而作有魏源《海國圖志》、徐繼畬（乾隆 60 年—同治 10 年，1795—1873）《瀛環志略》。諸作目的均是期望中國朝野能知曉西方，並據此以爲應付之策。但直至咸豐末年、同治初年（約 1860），中國鑒於內憂外患，展開長達三十年的自強運動—或稱洋務運動，方始認眞面對西方。自強運動初期，著重設立軍事工業，後期兼重民生工業，前者旨在求強，後者旨在求富。富國強兵，是自強運動初期主導觀念。與之同時引進的西學，則著重語言、天文、算學的學習，都有功能技術導向，目的不在學習西方文學、文化與科學。[1]

　　在此運動期間，中國未因自立自強而獲致尊重，且屈辱一次次加深。反對者漸眾，支持者不但力主持續，且應擴大規模。道器論成爲自強運動後期主導思想。力主此議者有：馮桂芬（嘉慶 14 年—同治 13 年，1809—1874）：「以中國之倫常名教爲原本，輔以諸國富強之術。」（《校邠廬抗議・采西學議》，卷下，

---

[1] 自強運動的思想內涵，見小野川秀美：《晚清政治思想研究》（臺北：時報文化出版公司，林明德、黃福慶譯，1982 年 5 月），第 1 章，〈晚清的洋務運動〉，頁 1—48。有關各項軍事、民生工業研究，夏東元：《洋務運動史》（上海：華東師範大學出版社，1992 年 5 月），敘述最爲翔實。軍事工業有江南製造局、馬尾船政局、金陵及天津等各地機器局；民生工業有輪船招商局、各地電線、電報、煤礦的開辦。

頁 69）王韜（道光 8 年—光緒 23 年，1828—1897）：「器則取諸西國，道則備自當躬。蓋萬世不變者，孔子之道也，儒道也，亦人道也。」（《弢園文新編‧杞憂生易言跋》，頁 167）薛福成（道光 18 年—光緒 20 年，1838—1894）：「取西人器數之學，以衛吾堯舜禹湯文武周孔之道。」（《籌洋芻議‧變法》，頁 48）鄭觀應（道光 22 年—民國 11 年，1842—1922）：「我變者乃富強之術，非孔孟三綱五常之道也。」（《盛世危言‧遊歷》，卷 3，頁 31）等。

甲午戰敗，三十年自強，毀於一夕。批評自強運動者，此時已不限於保守派。士大夫覺知僅學習西方技藝，不足以應變。於是變法之議，甚囂塵上。變法維新與自強運動不同，著重制度更革，而非技藝追求。[2]皮錫瑞、廖平雖與康有爲同時，但維新思想，彼此有異。皮錫瑞、廖平維新思想，仍是自強運動餘緒，康有爲則以制度爲主，全面革新。

第一節　皮錫瑞維新思想

一、變革理論

光緒 21 年（1895），中日甲午戰爭，中國大敗。陳寶箴（道光 11 年—光緒 26 年，1831—1900）巡撫湖南，湖南新政運動次第展開，創辦礦務總局，鼓勵私營企業，設立時務學堂，以期開闢財源，收回利權，啓迪民智。至光緒 23 年（1897），德

---

[2] 小野川秀美區別自強運動與變法運動的不同，前者在於道器分立，後者在於道器合一，甚而以器爲道，見《晚清政治思想研究》，第 2 章，〈晚清變法論的成立〉，頁 49—86，論點見頁 54，70。

國強佔膠州灣，湖南新政更臻於頂峰，皮錫瑞、黃遵憲（道光27年—光緒31年，1848—1905）、譚嗣同（同治4年—光緒24年，1865—1898）主講南學會，為新政運動領導中心，梁啓超主持時務學堂，為培養新政人物溫床，熊希齡（同治9年—民國26年，1870—1937）、唐才常（同治6年—光緒26年，1867—1900）主筆《湘報》，為新政言論發表刊物。[3]

　雖經歷中日甲午戰爭失敗，皮錫瑞讀鄭觀應《盛世危言》，反應是：「現在之事，宜先清內亂，嚴懲賄賂，刻繩贓吏償帥以法，實事求是，乃可變法，且必先改宋、明陋習，不必皆從西俗。」（皮名振：《皮鹿門年譜・光緒二十一年》，頁33）這一講法，重視政治清明、習俗矯正，與咸豐10年（1860）以降學習西洋技藝，追求富強的自強運動，方向不甚相同。整個自強運動，大致可分為西藝與西學兩大部分。前者如同治4年（1865）李鴻章（道光3年—光緒27年，1823—1901）於上海設江南製造總局，同治5年（1866）左宗棠（嘉慶17年—光緒11年，1812—1885）於福州設立造船廠，同治6年（1867）崇厚與李鴻章於天津設機器局，目的均是製造槍械船艦。後者如同治1年（1862）於北京設立同文館，同治3年（1864）由李鴻章建議在上海、廣州設同文館，學習英文兼學製造技術，同治9年（1870）曾國藩（嘉慶16年—同治11年，1811—1872）、李鴻章策畫派遣幼童留美，學習軍事或技術。[4]皮錫瑞所討論者，根

[3] 參考林能士：《清季湖南的新政運動》（臺北：臺灣大學文史叢刊第37種），第2章，〈湖南新政運動的開展〉，頁39—95。
[4] 參考郭廷以、劉廣京：〈自強運動：西洋技藝的追求〉，John K. Fairbank 編：《劍橋中國史・晚清篇 1800—1911（上）》（臺北：南天書局，張玉法主譯，1987年9月），第10章，頁581—637。

本不在這些。

以變革理論爲例,皮錫瑞也說:「方今議論,皆言變法自強,現在之局勢,如病已入膏肓,欲學醫以治之,亦恐緩不濟急,況尚有沮之者。」(《皮鹿門年譜·光緒二十二年》,引 1 月 11 日日記)但變法的理論根據,卻來自經典:

> 是《易》雖有窮變通久之義,亦有不易者在。斯義也,
> 非獨《易》言之,群經亦多言之,而莫著於《禮記》,〈大
> 傳〉曰:「改制度、易服色、殊徽號、異器械、別衣服,
> 此其所得與民變革者也;其不可得變革者則有矣,尊尊
> 也、親親也、長長也、男女有別,此其不可得與民變革
> 者也。」變革即變易也,不可變革即不易也。董仲舒漢
> 初大儒,深得斯旨,其對策曰:「道之大原出於天,天不
> 變道亦不變。」又曰:「為政而不行,甚者必變而更化之,
> 乃可理也。」後人讀之,議其前後矛盾。不知董子對策
> 之意,全在變法,以為舜繼堯後,大治有道,故可無為
> 而治;漢繼秦後,大亂無道,而漢多襲秦舊,故謂當變
> 更化。不變者道也,當變者法也,亦即《易》以變易為
> 義,而有不變者在也。今之學者,不知窮變通久之義,

又在追求西洋技藝的思潮中,也發覺學習西洋技藝,並非如此簡單,李鴻章即認爲同文館尚應教授算學(數學)、格致(物理),時任江蘇巡撫的丁日昌亦云西人「耗其心思氣力財貨,於渺茫無憑之地,在數千百年,而其效始豁然呈露於今日」,以今日的語言說,技術的背後是科學(數學、物理),而科學在丁日昌看來,是渺茫無憑,但惟有致於此,才能眞正獲致西洋技藝,見同書,頁 619,632。今日技術學院大興,卻忽視技術背後的科學,見識尚不如百餘年前丁日昌。

一聞變法，群起而爭；反其說者，又不知變易之中，有
不易者在，舉天地君臣父子不可變者亦欲變之，又豈可
為訓乎？（《經學通論·易經·論變易不易皆易之大義》，
卷1，頁2）

晚清言變法者，多引《周易》爲據，皮錫瑞除此之外，更引《禮
記》爲據。引文要點有二：一是制度、服色、徽號、器械、衣
服，均可更改，所以能更改之故，推測在於這些都是具體實用
之物，時代不同，技術不同，應用標準、環境亦隨之而異，即
使是國家制度，也會因政治、經濟、社會變遷而修改，隨時代
變，實有其不得不然之勢。二是尊尊、親親、長長、男女有別，
不能更改，所以不能更改之故，推測是這些基本倫理精神，不
論外在環境如何變遷，人倫關係應維持一定體制。皮錫瑞稱前
者是法，後者是道，道原本於天，不可改變；法立基於社會，
可隨環境變易。更精確的說，皮錫瑞是將人倫與制度二分，且
堅定的認爲前者不必也不應改變，後者則應該針對時代調整：

孔子謂殷因夏禮，周因殷禮，皆有損益。〈樂記〉云：「三
王異世，不相襲禮。」是一代之制度，必不盡襲前代，
改制度、易服色、殊徽號，禮有明徵，而非特後代之興，
必變易前代也，即一代之制度，亦歷久而必變。（《經學
通論·三禮·論三禮皆周時之禮不必聚訟當觀其通》，卷
3，頁46）

法屬制度，而制度又與禮密切相關，道／法的結構，一如禮意
／禮儀、禮物的結構，禮意不可見，必須借禮儀與禮物見出，
禮意不可變，但禮儀、禮物可更易。皮錫瑞固引《周易》作爲
變革的理論根據，但影響更深刻的卻是禮學思想。從此點而言，
皮錫瑞所關心者仍是文化，至於技藝與制度，不但可變革，甚
且可向西方學習。這一講法，與王韜、鄭觀應分道與器爲二，

張之洞分體與用爲二，並無基本差異，都是在面臨西方衝擊時，
急欲尋求文化根本，庶免文化失落。溯其根源，仍是孔子，董
仲舒是繼承孔子見解。孔子既已損益三代禮制，後代自可變法：

> 孔子所以必改制者，凡法制行至數百年，必有流弊，古
> 者一王受命，必改制以救弊。(《南學會第九次講義‧論
> 不變者道必變者法》,《分類纂輯湘報》,乙集下，頁20)

推而廣之，後世一王受命，均須變革不盡用舊制。但此處皮錫
瑞所強調者，是改制以救弊，而非改制以建立理想國。改制以
救弊，是變法說的消極意義，改制以立國，才是變法說的積極
意義。皮錫瑞所重，似是前者。並引董仲舒：「必徙居處、更稱
號、改正朔、易服色者，無他爲，不敢不順天志而明自顯也。
若其大綱，人倫、道理、政治、教化、習俗、文義盡如故，亦
何改哉。」(《春秋繁露義證‧楚莊王》,頁18) 而云：

> 蓋千古不易者道也，歷久必變者法也，道與法判然為二。
> (《南學會第九次講義‧論不變者道必變者法》,《分類纂
> 輯湘報》,乙集下，頁21)

又以歷史發展爲證，說明飲食、衣服、宮室、官制等古今不同，
而且時代愈後愈進步。(《南學會第十一次講義‧論變法爲天地
之氣運使然》,《分類纂輯湘報》,乙集下，頁 27) 隱含變法是
必然發展，也是未來希望。晚清所面臨者自非居處、稱號、服
色、正朔等問題，但這些本就可以改變，重要的是人倫、教化、
風俗不能變易，或者說文化精神不可變革。

　　整體變革理論，來自經典，《周易》確立形上原則，《公羊
傳》證明孔子改制，《禮記》是具體制度更易，核心人物，自是
孔子。不同經典，在巧妙解釋下，併合在一起，成爲變法的理
論基礎。如是所形成的歷史觀，歷史是變動不居，不是封閉固
拒，更非凝滯不前；歷史是動態演變，而非靜態陳示。歷史性

質既是如此，變革顯然也是繼續不斷；變法既源自經典，即已獲得正當性格；孔子既有改制，變法更獲得神聖性格。變法的連續性、正當性與神聖性，使得皮錫瑞深信變法迫不急待。

至於變法的推動者，是士大夫：

> 庶民百姓，只為一身一家之計，自私自利，人情之常，若學士大夫，當志在遠大，大之當匡濟天下，使天下蒙其利，次則扶助一國，使一國蒙其利，又次則保護一鄉，使一鄉蒙其利，如專為一身一家計，與庶民百姓同一見識，可鄙實甚。(《南學會第三次講義·論朱陸異同歸於分別義利》，《分類纂輯湘報》，乙集下，頁 5)

這仍是傳統以知識分子為民表率、領導民眾的思路，就已存在的知識分子作為觀念的啓蒙者與實踐者。並未思及化庶民為學士大夫，讓每一人實現自我價值。南學會既是為湖南仕紳學者開設，以此相勉，自是正常，兼以皮錫瑞亦頗有鄉土意識，以身為湘人自傲：「惟望將來人才輩出，風氣大開，使我湖南再出曾文正、左文襄、羅忠節之偉人，纔不辜負創立南學會之盛舉。」(《南學會第一次講義·論立學會講學宗旨》，《分類纂輯湘報》，乙集下，頁 2)，又云：「我朝人才益盛，曾、左、胡諸公，戡亂中興，武功美而文教亦昌，又足徵進化之速，有志者當更求進步，以恢張前人之事業也。」(《春秋講義》，卷下，頁 4) 以曾國藩、左宗棠、羅澤南(嘉慶 12 年—咸豐 6 年，1807—1856)、胡林翼(嘉慶 17 年—咸豐 11 年，1812—1861)等湘軍名將為表率，激勵湘士。又其時社會結構 95%是寒微的農民[5]，要求其

---

[5] 晚清社會結構，參考 Marianne Bastid-Brugiere：〈社會變遷的趨勢〉，John k. Fairbank 、劉廣京編：《劍橋中國史·晚清篇 1800—1911 (下)》，第 10 章，頁 599—675。

以天下為己任，絕不是權力，而是殘忍。

變革的理論、來源、性質、實踐，均已齊備，但問題並未解決，反而擴大。人倫與制度的對比結構是禮意與禮物、禮儀，但禮儀、禮物不同，禮意也有差等。例如祭禮：「夫祭有十倫焉：見事鬼神之道焉，見君臣之義焉，見父子之倫焉，見貴賤之等焉，見親疏之殺焉，見爵賞之施焉，見夫婦之別焉，見政事之均焉，見長幼之序焉，見上下之序焉，此之謂十倫。」根據不同的身分等級，而有與之相對應的禮儀、禮物。以政事之均為例，表現在分配俎中帶骨的牲肉，殷人以髀骨為貴，周人以肩骨為貴，地位高者取貴骨，地位低者取賤骨，地位高者不能取雙分，地位低者不能分不到，借此以示公平。為政就須根據貴賤等級，公平施政，如是政治才能清明。(《禮記正義‧祭統》，卷 49，頁 10—16）禮重秩序，秩序呈現在儀物之中，儀物不合，不僅僅是失禮，更是失政，詳究其實，失禮即失政。

在這一思考下，重新理解天子巡狩，考察諸侯：「問百年者就見之；命大師陳詩，以觀民風；命市納賈，以觀民之所好惡，志淫好辟；命典禮考時、月、定日、同律、禮、樂、制度、衣服正之。山川神祇有不舉者為不敬，不敬者君削以地；宗廟有不順者為不孝，不孝者君絀以爵；變禮易樂者為不從，不從者君流；革制度衣服者為畔，畔者君討。」(《禮記正義‧王制》卷 11，頁 29—30）孔穎達解：「禮樂雖為大事，非是切急所須，故以為不從，君惟流放；制度衣服便是政治之急，故以為畔，君須誅討。」孫希旦、朱彬均從孔穎達。但治人之道，莫急於禮，此是基本認定，何以孔、孫、朱解釋，與此大異？

此處之禮樂，可能指儀節音樂，較未牽涉政治制度層面，所以是流放，一旦涉及政治制度更易，則是叛亂。所以變法維新面臨的第一個困境是制度更易，觸及忠誠問題。其次，制度

更易，確會帶來觀念改變，再以前述引文爲例，天子巡行天下，
要在觀察民風，此一制度設計意謂政治良窳端視風俗良窳，施
政在提升人民生活方式。[6]南學會有準地方議會制度，一旦實施，
君／臣與官／民結構，自會調整，國君與官吏優勢雖不致喪失，
但會下降。事實上思想／制度是一體兩面，準此以觀，無論是
道／法抑或人倫／制度兩分，都不能保證後者改變，前者必然
不變。皮錫瑞所遭遇的挑戰在此。

二、保種保教

　　皮錫瑞以爲其時最重要之事在保種與保教（《南學會第六次
講義・論保種保教均先必開民智》，《分類纂輯湘報》，乙集下，
頁 13），保種面臨內外夾攻：滿漢畛域、中外競爭。皮錫瑞並
未對保種之種下一定義，但從其力圖證明明、清遞嬗有公理存
焉，可知保種之種，不應局限於漢人。至於明之所以亡，在咎
於議和，負氣而不講理，又無具體方略。（《南學會第十次講義・
論勝朝昭代之興亡原因》，《分類纂輯湘報》，乙集下，頁 23—26）
更嚴重的挑戰來自西方商業。由於西方經濟入侵，致使中國利
權盡屬外人，航運、鐵路、採礦、造幣、關稅等，皆爲外人掌

---

[6] 龔師鵬程云風俗批評指向全社會，是政治經濟文化倫理綜合
表現出的風氣習俗，居上位者固然應爲民表率，導引教化民衆，
一般民衆日常生活也應討論，風俗批評除批評帝王敗壞風氣外，
亦應批評世俗生活不善不美，如此論政，政治成爲文化事務，
而非權力行使與分配，其實質內涵則是教育，見《飲食男女生
活美學》（臺北：立緒文化公司，1998 年 9 月），第 3 章，〈風
俗美的探討〉，頁 68—92，引述見頁 73，91。

握，即使擁有領土人民，也僅屬軀殼，針對此點，皮錫瑞對策
是：

> 惟有開商學會，攷究湖南出產若干？可製造何物？將來
> 銷售何處？可以獲利幾倍？除火柴製造公司已辦外，蠶
> 桑、焙茶公司，亦漸舉行，此外如取煤蒸油、種樟熬腦、
> 栽麻造竹布、機器紡紗、織布作紙之類，皆當次第興辦。
> 尤當立商學堂，習經商之法，起工作廠，求工藝之巧。
> 既已講明辦法，人人通曉信服，乃集資本、設公司、辦
> 機器，以擴充商務，此保全湖南生理之第一義。(《南學
> 會第十二次講義·論洋人來華通商傳教當暗求抵拒之
> 法》，《分類纂輯湘報》，乙集下，頁 29—30)

所提方案，大致有二，開設民生工商業，創辦商學堂，一是實
務，一是理論。清代中西接觸，始於通商，而最嚴重的衝突亦
爲通商，最初清政府與士大夫的態度是排斥商業貿易，在迫於
外力設立通商口岸後，部分知識分子發覺商業攸關國家生存，
至遲自光緒初年重商思想已逐漸盛行。薛福成即云欲興商務，
其要有三：一是販運，一是藝植，一是製造，即運輸、農業、
工業三者並重，商業才能大興。(《籌洋芻議·商政》，頁 24—27)
黃遵憲見中國出超日少，入超日多，建議整頓中國出口主要產
品絲與茶，穩定貨源，減輕成本，降低稅率，以與印度、日本
產品競爭。(《日本國志·食貨志六·商務》，卷 20，頁 28—29)
而論述商業思想最完備者厥爲商人鄭觀應，建議中央政府設立
商部，省設商務局，府州縣設立商務公所；提高進口稅率，降
低出口稅率；鼓勵民眾參與鐵路、礦業、航運、農業、紡織等
各項實業；設立機器、技藝、格致書院，以培養工商人才；提
出習兵戰不如習商戰觀念。(《盛世危言》，〈商務三〉，卷 5，頁
10—13，〈商戰上〉，卷 5，頁 39) 其後陳熾 (咸豐 5 年—光緒

26 年，1855—1900）、何啓（咸豐 9 年—民國 3 年，1859—1914）、
胡禮垣（道光 27 年—民國 5 年，1847—1916）、汪康年（咸豐
10 年—宣統 3 年，1860—1911）等，均提出各種振商思想，大
抵不脫鄭觀應範圍。[7]自強運動的兵強觀念，已漸漸轉爲民富。
而皮錫瑞所論，實難與諸家抗衡，但從思想史意義而言，浸潤
傳統最深的經學家，也已注意工商業對國家生存的重要。又重
新討論義利之別：「凡義之中有利，利之中有義，能與公利，即
近於義，能使人人講明大義，天下之利，孰大於是。」（《南學
會第三次講義‧論朱陸異同歸於分別義利》，《分類纂輯湘報》，
乙集下，頁 7）義與利不再對立，公利即是義，商業思想獲得
理論根據，經商是爲衆人牟利，此即是義，商人地位也可提升。

　　但深入分析，皮錫瑞心力所在，仍爲保教。保教之教，顯
然是指孔教，但孔教可有兩種含義：一是以孔爲教，一是孔子
之教。以孔爲教，是將孔子視爲教主，宗教意味甚濃；孔子之
教，是指儒家之學，學術氣氛較重。皮錫瑞依違在兩者之間，
略微偏向後者：

　　　　我輩孔子之徒，只要能昌明孔教，即講學者與傳教形像

---

[7] 晚清重商思想，可參考趙豐田：《晚清五十年經濟思想史》（臺
北：華世出版社，1975 年 12 月），第 4 章，〈重商說〉，頁 88—
147；王爾敏：〈商戰觀念與重商思想〉，《中國近代思想史論》（臺
北：華世出版社，1982 年 1 月），頁 233—380；郝延平、劉廣
京：〈中國的中西關係觀念之演變〉，John K. Fairbank、劉廣京
編：《劍橋中國史‧晚清篇 1800—1911（下）》，第 3 章，頁 153
—216，相關分析見頁 203—207。趙豐田文獻最爲完備，分析
略少；王爾敏不僅文獻超出趙豐田，分析亦較其深入；〈中國的
中西關係觀念之演變〉結合政治、外交與商業論述，視野甚廣。

一樣，亦無妨礙。(《南學會第二次講義・續論講學》，《分
類纂輯湘報》，乙集下，頁 3)

但無論何種定義，均會面臨內在困境。以孔爲教，孔子雖有神
聖性格，但終究不是神；儒學即使具有宗教性質，但宗教性質
不等於宗教；儒學旨在現世，不論是外向貞定社會秩序，抑或
內向安頓自己生命，並不希求來世；職是之故，儒生事業，也
在現世完成存在價值，而非事奉上帝。孔子之教，內部即有許
多發展，漢宋之爭即是代表，漢學又有今古文之異，宋學也有
朱陸之別；中國傳統固以儒學爲主流，但並不限於儒學，保教
成爲保孔，寧非太隘。凡此皆爲皮錫瑞論說所關，但其仍從以
孔爲教發端。

這與天主教傳來中國，招致民教衝突有關，咸豐 8 年（1858）
中英天津和約明定保護教士，同年中法天津和約更規定教士可
在內地傳教，次年中法續增條約明令中國軍民可任其習天主教。
自咸豐 10 年（1860）至光緒 26 年（1900），中國各地發生無數
「教案」—官、民與教士衝突—使天主教在中國傳教事業獲得
正反兩極評價。

反教言論也隨著民教衝突擴大日漸廣被，且據不同階層而
有不同發展。大致而言，可分下述四層級分析：士大夫反教，
著眼於中西文化之爭，自信儒家思想足以應付世變，深恐天主
教改變倫理秩序，喪失禮義傳統，只知有教主，不知有國家。
地方官員反教，在於教士憑藉法國駐華使節，透過總理各國事
務衙門，經常干預民教衝突訟訴，致使教民即使理屈，亦能勝
訴；其次條約規定償還雍正以降禁教沒入教產，但年湮代遠，
產權不明，教士借特權糾纏不清，致令百姓流離失所。地方仕
紳反教，在於教民憑借外力，逐漸形成新階級，影響仕紳地方
特權；而仕紳與仕紳相爭，也經常發生其中一方加入教會，以

期獲得優勢。一般民衆反教，在於教民自認社會地位高於一般民衆，於是恃強欺壓；民間習俗，求雨祈福，所需經費，例由各家攤派，教民輒以教義不允，堅不分擔；誤解教會拐賣嬰兒，挖目剖心，男女混雜。[8]

　　官紳反教或民教衝突，根本原因有三：一是文化異同，二是社會結構，三是風俗傳統。士大夫較偏向在第一項，地方官與仕紳側重在第二項，民衆集中在第三項。其中又有理念之爭（文化、風俗）、權力之爭（社會地位）。下焉者論力，義和團事件即論力的結果；上焉者講理，以孔爲教即是講理的結果：

> 保教在先講明孔教義理，使中國人皆知孔教之大，並切實有用，自然尊信我教，不至遁入彼教；使外國人亦知孔教之大，並切實有用，自然不至藐視我教，不敢以彼教奪我教。（《南學會第七次講義・論聖門四科之學》，《分類纂輯湘報》，乙集下，頁 15）

孔教既與天主教並列，以孔爲教確有宗教意涵；彼此處於競爭態勢；在民族文化立場，自希望民衆信仰孔教。以孔教維護民族尊嚴，至爲明顯。而其前提是闡述孔教義理：

> 凡創教傳世者，必有書籍，其人已往，而後世讀其書如見其人，則其教可永遠不廢。…故自孔子刪定之後，人人讀孔氏書，孔子遂為中國二千餘年之教祖。…《春秋》有褒貶予奪，即王者之賞罰，孔子不得位，不能行法，於是空設一王之法，以行賞罰之權。…學者要知孔子何以為教祖，當先考孔子刪訂六經之旨，《春秋》一經，為聖人經世之書，更須先通大義微言，方知孔子創教，實

---

[8] 詳可參考呂實強：《中國官紳反教的原因 1860—1874》（臺北：中央研究院近代史研究所，1985 年 2 月 3 版）。

有素王改制之事。(《南學會第八次講義・論孔子創教有
改制之事》,《分類纂輯湘報》,乙集下,頁 18—20)

教主是孔子,聖經是六經,尤其是《春秋》;但卻一轉爲孔子是
素王,《春秋》是改制之書。這本是截然不同觀點,教主與素王、
聖經與改制,何能並論?論點轉移的結果是教主即是素王、聖
經旨在改制,這一論式,使素王改制獲得神聖性質與地位。《公
羊》學與宗教意識結合,其意義有二:從經學發展史而論,孔
子成爲教主,儒學成爲儒教;從晚清變法史而論,變法成爲神
聖事業,不容置疑。孔子與儒學,固有新解,但此新解演變爲
惟一解釋,變法不容置疑,極易形成專斷。這些均是造成經學
爭論的主因,不能僅僅以保守或開明區分。更嚴重的問題是儒
學爲變法而存在,舍此儒學似無其他價值,儒學本身不是目的,
而是工具。原本欲擴大儒學解釋,結果反而是縮小儒學範圍。
不論是儒學或儒教,內部也有不同派別,納不同學派於儒學之
下,是孔教說的重要工作,否則孔教即面臨崩解局面:

學宜通達,不宜狹隘,孔子之道,大而能博,九流之學,
無所不包。今之學者,有漢學有宋學,講漢學者有西漢
今文之學,有東漢古文之學;講宋學者有程朱之學,有
陸王之學;近日又以專講中學者為舊學,兼講西學者為
新學。黨同伐異,總以學自己是,人家不是。平心而論,
漢學未嘗不講義理,宋學未嘗不講訓詁,同是師法孔子,
何必入室操戈?(《南學會第二次講義・續論講學》,《分
類纂輯湘報》,乙集下,頁 3)

又云:

予謂漢學出自漢儒,人皆知之,漢學出自宋儒,人多不
知。國朝治漢學者,攷據一家,校刊一家,目錄一家,
金石一家,搜輯古書一家,皆由宋儒啓之。(《南學會第

七次講義·論聖門四科之學》,《分類纂輯湘報》,乙集下,
頁 17）

並舉洪邁（宋徽宗宣和 5 年—宋寧宗嘉泰 2 年,1123—1202）《容
齋五筆》、王應麟（宋寧宗嘉定 16 年—元成宗元貞 2 年,1223
—1296）《困學紀聞》、宋公序（？—？）校《國語》、晁公武（？
—？）《郡齋讀書志》、陳振孫（？—？）《直齋書錄解題》、歐
陽脩（宋眞宗景德 4 年—宋神宗熙寧 5 年,1007—1072）《集古
錄》、趙明誠（宋神元豐 4 年—宋高宗建炎 3 年,1081—1129）
《金石錄》、王應麟輯《三家詩》、《鄭易注》為例,說明漢學出
自宋儒。但宋儒啓發漢學是一事,宋學不等於漢學是另一事,
不能因前者啓發後者,遂謂前者與後者略無區別。宋學如指理
學,更與乾嘉漢學大異。此一論證,其實並無太大效力。

晚清尙有中西之爭,但皮錫瑞意在調和漢宋,遠過於調和
中西。調和漢宋,目的是在孔子名下,統合不同學派；不同學
派,是對孔學不同解釋；既有不同解釋,更可見出孔學廣大；「同
是師法孔子,何必入室操戈」,所指在此。至於中西之爭,只要
固守孔教,自不必畏懼西方文化,「不敢以彼教奪我教」,就是
此意。也可見出傳統內部問題,即使未能超過,至少不亞於傳
統外部問題。所面臨的問題或是中西之爭,亦即傳統與外部的
競爭,但所根據的資源卻是傳統本身,而首先須處理傳統內部
不同理論。結論是：

> 我能講求商務,開通利源,彼即通商,不能奪我中國之
> 利；我能講明義理,尊信孔教,彼即傳教,不能惑我中
> 國之人。（《南學會第五次講義·論交涉公理》,《分類纂
> 輯湘報》,乙集下,頁 13）

重商與孔教,是基於民族主義,更嚴格說,是基於民族文化主
義。

第二節　廖平維新思想

一、改文從質

廖平《公羊補證》即有進化思想：

> 海外掘地，多獲異種，天演物競，劣敗優勝，惟善者存。
> （《公羊補證·文公十二年》，卷 5，頁 34）[9]

《公羊補證》成書於光緒 29 年（1903），書成之前，中國歷經甲午戰爭、戊戌變法、義和團事件。與此同時，光緒 21 年（1895）康有爲公車上書，議請變法，並於北京組強學會，復與梁啓超於上海刊強學報，光緒 22 年（1896）梁啓超於上海發刊時務報，嚴復（咸豐 4 年—民國 10 年，1854—1921）始譯《天演論》，光緒 23 年（1897），嚴復創國聞報於天津。變法維新、物競天擇等說，也影響及於廖平。廖平所關注者，則爲種族之絕續。

而種族絕續與其時危機有關，廖平以春秋時事比喻：「桓伯以中國馭南北，晉如俄，楚如南州新國，南北爭長，則瓜分中州。」（《公羊補證·宣公九年》，卷 6，頁 15）春秋時南北爭霸，中原諸國有瓜分危機，今日東西洋諸國競爭，中國也有瓜分的危機，馴至於亡國滅種。所以頗致力於中西文化的比較，求新方以治痼疾。廖平從喪葬禮儀觀比較，認爲西方文化粗陋：

> 泰西不詳喪葬，與中國古世相同，凡屬草昧，類皆如此。
> 生養已足，自當徐理倫常，《孝經》之說，可徐徐引而進
> 之，以自變其鄙野。（《公羊補證·宣公三年》，卷 6，頁

---

[9] 另見《公羊補證》（民國 10 年四川存古書局刊，六譯館叢書，臺北：中央研究院傅斯年圖書館藏），〈襄公十八年〉，卷 8，頁 36，〈昭公六年〉，卷 9，頁 10。

6）

西方文化，只與中國上古同，俱屬蒙昧時期，所以廖平才說應以《孝經》改變西人教化。然而文化草創諸國，卻連連進逼，中國幾無招架之力，甚而有瓜剖豆分的自覺意識，文化判斷與現實狀態，顯然不能配合，且有雲泥之別。廖平的解釋是：

> 今之西人，如春秋以前之中國，兵食之政方極修明，無緣二千年前已有教化。（《知聖篇》，條 45，《廖平選集（上）》，頁 203）

西方文化，僅如春秋以前，粗鄙不文，長於兵食，略於文教。這一對比，也可顛倒互換，春秋前之中國，一如今日之西方：

> 周時禮儀，上下名分不嚴。大約如今西人之制。（《知聖篇》，條 37，《廖平選集（上）》，頁 199）

現代的西方與原始的中國等同，多弒殺之事（《公羊補證・僖公十年》，卷 4，頁 24），禮制未備（《公羊補證・僖公十四年》，卷 4，頁 29），滅人國家（《公羊補證・僖公二十年》，卷 4，頁 40），美州如春秋時秦國（《公羊補證・僖公二十九年》，卷 4，頁 60），又說齊如英、晉如美、俄如秦、德如楚、法如吳（《公羊補證・宣公九年》，卷 6，頁 14），中國正是魯國。（《公羊補證・桓公十八年》，卷 2，頁 41）這些比附容有前後不符之處，但其意甚為明顯，以春秋列國爭戰，擬同晚清諸國交侵。上下千載，卻於斯時奇妙結合，沉浸此一歷史情境，既非憑弔往古，亦非考求史事，尋求未來方向，才是這一比附目的。視當時中國為魯，實有深微寓意：

> 春秋魯在正東，今中國亦在正東；《春秋》據魯而作，以魯容天下，如《大統春秋》，亦當中國為主，進退天下。（《公羊補證・宣公十年》，卷 6，頁 15）

廖平以為魯也在《春秋》褒貶中，且王魯則《春秋》有二王，

傷義害教,所以反對王魯說,而主據魯說。據魯說是孔子假魯以爲王法,引申出以孔子爲素王。[10](《何氏公羊解詁三十論·初十論·主素王不王魯論》,《廖平選集(下)》,頁 140—141)據《春秋》大義,尊孔子爲王。昔在春秋,據《春秋》以魯容天下;現在今日,則據《大統春秋》,以中國爲主而進退天下。亦即以廖平所釋《春秋》作爲進退依據。

魯雖弱邦,而周禮在魯,即已暗示中國文教光盛,兵食不振,考其因由:

> 凡新開之國,簡質樸實,多好兵尚武,以求名實,為質勝文則野;老國則多懈惰,為文勝質則史。(《公羊補證·襄公三年》,卷8,頁6)

由此而導出文質理論、文化興衰。文質,出於《論語·雍也》:「子曰:『質勝文則野,文勝質則史。文質彬彬,然後君子。』」文是略有華采,質是樸實本然;野是鄙略,史是文飾。本義是指人的精神意度,是樸實鄙略,抑或文采斐然。惟兼顧兩者,生命的外顯之美—華采,與生命的內含之美—樸實,才能調和均一。而禮就在質與文之間,修飾本來自然,而有文采之美,進而文質彬彬。此一範疇,本屬君子修養,以爲民表率。(劉寶楠〔乾隆 56 年—咸豐 5 年,1791—1855〕:《論語正義》,卷7,頁 233)降及漢代,文質從個人生命風格,轉爲文化風格,並

---

[10] 王魯說與素王說並不矛盾,廖平指實而論,自會以爲《春秋》有二王,陳立一語中的:「王魯者,託王於魯,非以魯爲王也。」託王於魯是因爲:「以匹夫行天子之權,不能無所寄,…」以魯史爲本,行賞罰黜陟之權,此與素王何異?見〈春秋王魯說〉,《句溪雜著》(上海:上海古籍出版社影印同治甲子刻本,續修四庫全書經部第 171 冊,1995 年 3 月),卷 2,頁 7—8。

用以指導政治。董仲舒應用最爲深廣，以文質爲道的兩種表現，偏於文救之以質，偏於質救之以文。(《漢書・董仲舒傳》)在《春秋繁露・三代改制質文》更將文質與天地、帝王配合，並以不同文化現象說明不同朝代風格。政治是文化事業，施政也與行禮無異。《白虎通義》有所修正與補充：三代與文質難以配合，〈改正不隨文質〉易爲三代改正與文質交替，各自循環；〈文質〉則在天地之外，又加上陰陽，天—質，地—文，構成王者之道。(陳立：《白虎通疏證》，卷 8，頁 365，368) 何休本董舒、《白虎通義》云:「王者起所以必改質文者，爲承衰亂，救人之失也。天道本下，親親而質省；地道敬上，尊尊而文煩。故王者始起，先本天道以治天下，質而親親，及其衰敝，其失也親親而不尊；故後王起，法地道以治天下，文而尊尊，及其衰敝，其失也尊尊而不親，故復反之於質也。」(《公羊傳解詁・桓公十一年》，卷 5，頁 7) 道有質文兩種現象，象徵兩種文化內涵，王者即衡量其時文化偏勝，隨時補其不足。文質論至何休而具體完整。而新國老國說，則導引出日後討論中國文化是壯盛抑或衰老，從而引發對傳統文化批判懷疑。[11]

文質是舊論，新老是新說，兩者結合，在說明中國與西方異同：中國屬文，西方屬質；中國是老國，西方是新國：

> 中國今日鶩于文，文勝質則史；泰西主于質，質勝文則野。史與野互相師法，數十百年後，乃有彬彬之盛。(《公羊補證・襄公二年》，卷 8，頁 3)

中西似各有所長，無所謂優劣，須相互師法，且更說：「文明野蠻之分，即文質君子野人之所以別。」(《公羊補證・成公十五

---

[11] 顧頡剛即是如此，質問中國民族是衰老抑少壯，見《古史辨・一・序》(臺北：明倫出版社，1970 年 1 月)，頁 89。

年》,卷 7,頁 27)野,是指郊野,民人所居之地,因百姓有質無文,所以以野形容庶民文化,初無野蠻之義。廖平以質屬西方,再以野蠻當之,文化自信,顯而易見。但是西方各國步步進逼,也是顯而易見,所以廖平又說:

> 文爲中國,質爲海外;文詳道德,質詳富強。二者偏勝爲弊,必交易互易,然後君子見在時局,《公羊》大一統之先兆也。(《公羊補證・成公九年》,卷 7,頁 16)

雖然仍說偏勝爲弊,交易互易,但以文質比擬中西,已視文質爲二個平行文化內涵,並無優劣褒貶。續云:

> 富強之學,中不如外,群雄角立,兵戰時過古人,禮失求野,所當求益者。(《公羊補證・成公九年》,卷 7,頁 18)

終於承認在富強之術,中不如外,必須學習西方。由此導出改文從質說。

廖平作〈改文從質說〉,力陳學習西法之要。寫作目的,其實就是變法維新,但後者易啓爭執,遂以改文從質爲名,以傳統思考形式,探索時代新題。整體討論,均以經典爲核心展開。廖平指出《論語》有文質之說,而各有其弊,《公羊》則有改文從質之例。又分析經傳文質有二說:一是中國與中國分,即文質互有偏勝,主政者補偏救弊;一是中國與外國分,即文質是道德與富強,中國應學習西方富強之術。改文從質,自是指後一義。學習西方,不免有用夷變夏之譏,於是引「禮失求野」之說,以證明學習西方合於傳統。並以道器說明中西之異,廖平以爲中國詳道德,爲形上之道;西方詳富強,爲形下之器。又中國是老國,所以勢弱;西方是新國,所以力強,互易學習,中國取西方形下之器,西方取中國形上之道。西方取中國形上之道,日趨虛文;中國取西方形下之器,日趨實用,情境正相

反，終必導致中國強盛而西方虛弱。結論是改變經典教學，以往是《孝經》治內，《春秋》治外，現今則應易爲以《孝經》治外，改變西人鄙野習俗，以《春秋》治內，考察西方富強之治。（俱見《四益館雜著・改文從質說》，頁 65—68）[12]整篇文章，始於《論語》、《春秋》，終於《孝經》、《春秋》。

細析廖平所說，均有可議：《公羊》之說，其實是董仲舒、何休之說，且董、何並未說改文從質，而是文質代變，廖平是採取部分經義。又如前述，以文質喻中西，經典並無此意，廖平是擴張此一解釋。禮失求野，本義也不是取法外國。道器出於《周易・繫辭傳上》：「形而上者謂之道，形而下者謂之器。」孔穎達釋之云：「道者無體之名，形是有質之稱。凡有從無而生，形由道而立。是先道而後形，道在形之上，形在道之下。故自形外而上者謂之道也，自形內而下者謂之器也。」（《周易正義》，卷 7，頁 31—32）根據孔穎達解釋，道是宇宙創生的規律或原則，器是本此規律或原則而生的具體事物。分屬中西，也是廖平新解。

改文從質說的理論核心：文質論與道器論，意義均與以往不同。文質論雖儘力維繫中西各有偏勝，甚而貶抑西方，但終究承認中國力量不如西方，而其原因是文化雖盛但呈疲態，觸

---

[12] 光緒 23 年（1897），廖平學侶宋育仁奉旨返四川治理商礦，並兼任尊經書院山長，設蜀學會於書院，刊行《蜀學報》，廖平受邀任講席，〈改文從質說〉即發表於《蜀學報》光緒 24 年（1898）政變以前，戊戌政變後，蜀學會、《蜀學報》均被禁。見廖宗澤：《六譯先生年譜》，〈光緒二十三年〉，〈光緒二十四年〉，卷 3，4，頁 56，58，收入廖幼平編：《廖季平年譜》（成都：巴蜀書社，1985 年 6 月）

及對中國族與文化全盤反省。道器論預設中國有道無器，西方有器無道，對文化的理解過於簡單；單方面以爲中國學西方之器，西方也會法中國之道。

二、尊孔保教

廖平最引以爲傲的中國形上之道，自是孔子之道。歷經戊戌、辛丑、辛亥，遵之弗違。民國 2 年（1913），由成都赴北京，講演於倫理學會，完成《孔經哲學發微》，編《倫禮約編》以爲教科書，弟子李光珠（？—？）序云：「議者知窮術盡，推尊至聖，以挽已散之人心，禦鉅艱之外侮。」（《孔經哲學發微・倫禮約編序》，《廖平選集（上）》，頁 324）並引用該書子目，仍有「孔子未生以前，中國程度比今西人」、「西國無倫禮」等語。文質與道器，已非此時主流，以孔教對抗西方，或者說是以儒教對抗西化，才是廖平所關注之事。然而同年底的言論，又有不同：

> 今欲尊孔保教，必先舍去制義講章之腐語，與夫心性道妙之懸言，而專就日用倫常，研究其利害堅脆。苟外人有所長，不能負固不服，背乎禮失求野之訓。若夫言慮一得，寸有所長，則又何必用夷變夏，盡棄其學而學之。（《四益館文集・中外比較改良編序》，頁 25）

從倫常觀點觀察，本來認爲：「泰西不重倫常，絕於名教。」（《四益館雜著・改文從質說》，頁 65）此時以爲須從日用倫常比較中西優劣。這已承認西方不如其前所說，不重倫常，絕於名教；至於文質說或道器說所預設的中西之異，在這一前提下，也已無法存在。從日用觀點觀察，本來形上之道是中國文化優勝處，此時視爲必須捨棄的妙道懸言，一以實用爲的。廖平的變化，不僅是理論的修正，也有思想的轉移。但是文化的保守主義，

仍是思想核心，尊孔保教，軌轍弗異。與西方的對諍，限於儒
學層面。中西的對立，以寄望儒學爲人民精神生活核心爲結局。

第三節　康有爲維新思想

一、變法總綱

　　康有爲謂中國若不變法，終將導致亡國；變是天道，順天
者興，逆天者亡，天不是愛憎某一姓致使其興亡，完全以是否
順天道而行爲準（《俄彼得變政記‧序》），形上原理規定了社會
的法則，社會的變遷也改變了對形上原理的認知。天在康氏經
學中是最高本源，在其變法理論中仍是最高權威。「《易》言通
變，專在宜民，無泥守之理。」（《日本變政考》，頁 19）「《春
秋》則言三世，以待世變之窮。」（《日本書目志‧序》）經學傳
統即有變的意義，康有爲據此展開其變法措施。[13]他批評自強運

---

[13] 許冠三指出康有爲變法思想來源主要是《易經》窮變會通說、
《春秋公羊傳》三世說與《禮運》大同小康說，西方進化學說
並不居主導地位，見〈康南海的三世進化史觀〉，《近代中國思
想人物論—晚清思想》（臺北：時報文化出版公司，1980 年 6
月），頁 535—575，引述見頁 538。黃俊傑仍認爲西方進化論是
康有爲思想根源之一，見〈從孟子微看康有爲對中西思想的調
融〉，《近世中國經世思想研討會論文集》（臺北：中央研究院，
1984 年），頁 577—609，引述見頁 581，羅久蓉亦然，見〈康
有爲的歷史觀及其對時局與傳統的看法〉，《近代史研究所集刊》
第 14 期（臺北：中央研究院近代史研究所，1985 年 6 月），頁
163—190，引述見頁 167。比論康有爲整體思想進程，許冠三

動只是變器（購船置械）、變事（設郵局、開礦務）、變政（改官制、變選舉），都不是變法。眞正的變法，是如日本的「改定國憲」，這才是「變法之全體」(《日本變政考》，頁 187)。康有爲所稱的憲法，其實是泛指典章制度，想藉由典章制度的設計，將大小庶政安排成一有秩序的整體，所以他才譏諷自強運動東拼西湊，不是眞正的變法。變法要從全局著眼：

> 變法之道，必有總綱、有次弟，不能掇拾補綴而成，不能凌獵等級而至。(《日本變政考》，頁 234)

總綱即是典章制度的設計：

> 其本為何？開制度局、重修會典、大改律例而已。(《日本變政考》，頁 66) 變政全在典章憲法，參採中外而斟酌其宜，草定章程，然後推行天下。(《日本變政考》，頁 235)

典章制度就是文化的呈現，規定了人與人、人與社會、人與國家、人與自然的關係，關係不同，典章制度即隨之而改，反之亦然。康有爲云：

> 吾土之學，始于盡倫，而終于盡制。所謂制者，亦以飾其倫而已。(《日本書目志》，頁 80)

以往是從盡倫推向盡制，即從個人推向社會，現在正好逆轉，是社會制度推向人倫關係。清代經學的發展，已有此一傾向，康有爲不過具體表現。

至於典章制度的內容，除了向西方學習，還要向傳統學習：

> 今之時局，前朝所有也，則宜仍之；若知為前朝所無也，則宜立新法以治之。(《七次上書彙編·上清帝第一書》，頁 7)

所說較確。

所以康有爲欲變更中國官制作《官制議》，探討中國古代官制（漢代與宋代），再參考各國官制以定訂中國新官制；欲改革中國財政作《金主幣救國論》，必詳究歷代貨幣、紙鈔，以採行金本位制。這些絕非個別現象，一如其建立新經學，必會上溯歷代經學。下述尤可與清代經學史相表裡：

> 今但變六朝唐宋元明之弊政，而採周漢之法意，即深得列聖之治術者也。（《七次上書彙編・上清帝第一書》，頁7）

經學欲恢復周漢之舊，治術也以周漢爲法，周漢之學、治，豈眞足以應晚清之變？貌似復古，實則開新，重新理解傳統以應新變。由於對傳統有新的理解，所以在學習西方時，是一選擇型態，而非照鈔方式，能顧及本身歷史演變與社會結構，康有爲堅持三世進化，不可躐等，實有其歷史背景之故。

變法失敗，流亡海外，對晚清的變革，又有一番新的見解，指出同光之初，朝野以爲西方之強在軍兵砲艦，所以大購船械以應敵；甲午大敗，又以爲西方之強在民智，所以大開學校以啓民智；戊戌之後，則以爲西方之強在哲學、革命與自由，於是大倡革命，康有爲以爲上述皆非：

> 中國之病弱非有他也，在不知講物質之學而已。中國數千年之文明實冠絕大地，然偏重於道德、哲學，而於物質最缺。（《物質救國論・序》）

其實早在戊戌之前，康有爲作《日本書目志》，大力介紹西方農工商學時，就已強調經濟民生的重要，此時不過加強其態度。康有爲所稱的物質，包含各種實業（農、工、商、礦）、財政（金融、銀行、貨幣），《物質救國論》、《理財救國論》、《金主幣救國論》都是討論上述問題。更進一步指出變法者之誤，一在誤於空名之學校，只學西方語言文字，不學西方的實用學，一在

誤於西方革命自由之說，實則中國學術、言論、宗教、商業、居住都很自由，西方封建時代才缺乏這些自由，所以極力爭取，中國本不缺乏，所缺乏者是物質之學（《物質救國論》，頁 21—22）。[14]物質學的理論基礎，是建立在人生的需求及人性的欲望上，康有爲云：

> 蓋人道之始，惟需衣食，聖人因道而為治也，乃以勸衣食為第一要務。（《物質救國論》，頁 65）

康有爲對性的解釋，甚重滿足人的需求及欲望，和宋儒不同，如與戴震所說：「體民之情，遂民之欲。」（《戴震集·孟子字義疏證·理》，頁 275）相較，也可見出清代經學的轉向及其與政治社會關係。民國成立以後，鑑於政局之紛亂與財政之困窘，康有爲一方面承繼物質說，另一方面又增加道德說：

> 共和之國，非關其政治之善，而在道德與物質之良。（《共和評議》，頁 93）

物質學已如上述，道德說是泛指整體文化，其中又以孔教說爲核心：

> 中國奉孔子之教，固以德禮為治者也。…吾國無識之徒，不深知治化之本，而徒媚歐美一時之富強也。（《共和評議》，頁 85）

富強之術與治化之本，此時已有分離的態勢，亦即兩者並不相

---

[14] 王樹槐所論極是：「康有爲的貨幣思想，是他經世思想的一部，與其整個政治改革思想一致，總而言之，與其宇宙觀、人生哲學等亦相符合。」見〈康有爲改革貨幣的思想〉，收入《近世中國經世思想研討會論文集》，頁 611—643，引文見頁 641，不止是貨幣思想，整個物質救國理論都是如此，而其宇宙觀與人生哲學，又從經學中來。

等，而且富強是一時之計，治化才是未來的希望。治化之本是
孔教，康有爲欲以孔教維繫中國傳統文化，對辛亥革命，他深
痛惡絕：

> 今非徒種族革命，非徒政治革命，乃至禮俗革命。(《中
> 華救國論》，頁 27)

禮俗革命，其實就是文化革命，政治革命只是革除政權頂峰的
擁有者，種族革命也不過是回復漢人政權，惟有禮俗革命，破
壞一切價值規範，秩序因而瓦解，社會也因而崩潰。價值失落
的結果，民眾既無規範，社會也無希望，只能用一片黑暗形容。
康有爲亟欲建立孔教，倡導讀經，雖與革命潮流相反，似也別
無他法。

　　康有爲的變法理論，不論是制度論、物質論、文化論，都
與其經學思想密切相關，相對應其社會關懷、人欲肯定、以孔
爲教，而其總樞機是《公羊》三世說：三世說的政治制度在建
立共和(由君憲到民憲)，社會結構在開展工商社會，文化精神
在施行孔教，所以三世說不僅是政治理論，確切的說，是整體
文化理想。康有爲可貴之處，不在於他提出何種救國主張，而
是在隨時反省他所提出的意見是否適宜：

> 深識之士，當反復其利害，比較其得失，斟酌而維持之，
> 變則當變，新則當新，保全國粹，扶翼大教，養育公德。
> 豈如淺夫，一得自矜，一切不顧，惟新是求，惟異是尚
> 哉！(《共和評議》，頁 194)

康有爲雖然亟欲求變，但絕不爲求變而求變，避免變法成爲形
式。變的確是康有爲重要觀念，但能隨時反省，不執一以爲眞
理，以變應變，因時制宜。相較於習慣以某一標準衡量一切，
合乎其尺度即爲進步，反之即爲退步的人，康有爲確是高明。

二、制度救國

康有爲之制度論，要點有三：一立制度局，二建立中央制度，三建立地方制度。康有爲指出鐵路、礦務、學堂、商務，在所必需，然而這些只是「變事」，針對特殊狀況改變，無法建立國家整體體制，變法要有全體規畫，通盤考量，不是在枝節上更易，所以需要設立制度局，直屬中央（皇帝），以便日日講求討論（《戊戌奏稿‧敬謝天恩並統籌全局摺》，頁 84）；其次是明知不能不變，但仍不能變更，原因在於爲「體制所拘」（《七次上書彙編‧上清帝第七書》，頁 109），爲了變更體制，更須對此體制有所反省。康有爲所論，確有其必要，以興建鐵路爲例，涉及土地取得、民間風水、鐵軌製造、路基舖設、機車購置，分別關連財源、技術、民俗，與國家財政、教育、文化又不可分離，如果只爲鐵路作一改變，不僅難以成功，且各行政單位疊床架屋，徒然浪費各種資源。

康有爲建議設立十二制度局：法律局、度支局、學校局、農局、工局、商局、鐵路局、郵政局、礦務局、游會局、陸軍局、海軍局。（《七次上書彙編‧上清帝第六書》，頁 105—10）十二局之設，大致從五方面著手變法：法律、財政、教育、經濟、國防，略同於今日各國政府的行政部門。就見識、魄力論，是比清廷設總理各國事務衙門、各地機器製造局（上海、天津、南京），天津設武備學堂、水師學堂，福州又有船政局有整體性。但十二局之設，幾已成立一新的行政部門，人員如何而來？財源如何而籌？與原有衙門權力如何畫分？如具有行政權，則政出多門，如不具行政權，則依然如故。權力之外，還有利害關係。康有爲失敗，黨爭不論，全盤變更，談何容易，以今日各國政府行政組織能力，未必能做到。

除了設立新的行政部門外，中央政治權力，也做一變更，

採取西方三權分立的方式，設議政官、行政官、司法官（《七次上書彙編・上清帝第六書》，頁 104），次則開國會、立憲法，開國會容易理解，也易施行，但以《春秋》改制爲憲法，極易引起爭議（《戊戌奏稿・請定立憲開國會摺》，頁 33），無異以康有爲經說爲全國政治、經濟、文化準則。將全中國納入三世模式，無法顧及各地差異，也與康有爲自己的理論不符。如是一國之中，豈非有不同的制度？

　　三權分立的原則是：行政官承宣布政，率作興事；立法官造作制度，撰定章程；司法官執掌憲律，繩愆糾謬（《日本變政考》，頁 20），中央政權的畫分，也牽連地方行政體系的變革，康有爲多次指出中國地方官制層級太繁、事務太重、任用太雜、待遇太薄，致使上下隔閡，民情不達。（《日本變政考》，頁 97，186）戊戌前後，他只提出一些零星意見，例如縣設民政局，簡化地方行政層級，增加官員俸祿等（《日本變政考》，頁 85，97，185，281），直至作《官制議》時（光緒 29 年，1903）才有整體理論。這可反映康有爲在變法期間，雖已意識要作全盤變更，但仍未做到。

　　康有爲認爲官制之設，目標有三：一爲民，二爲國，三連結國與民。康所稱的國指中央，民指地方，國與民的連結，指中央政府與地方政府之間的連繫、指揮。主張地方自治，中央集權，增加行政區域及官吏，以做爲中央與地方的橋梁。（《官制議・中國今官制大弊宜改》，卷 6，頁 2—3）由於已往地方行政層級過多（督、撫、司、道、府、縣），官民隔絕，所以民衆與國事互不相關，要人人有憂國之心，需賦予人民議政之權，民衆才會視國事如家事。康有爲稱之爲「公民自治」，公民自治之後，其實是「公民意識」，康有爲以此作爲國家後盾。公民經由選舉產生，其資格是家世清白，無犯罪前科，且能納十元公

民稅者。公民可參與地方政治，具體方式是萬人以上，地方十
里爲一局或一邑，設立「鄉官」：局長：總任局事，兼理學校；
判官：審訟獄；警察官：掌巡捕；稅官：收稅賦；郵官：交通
信；議會：議事會（由以上五官組成），議例會（由議員組成）。
議員由公民選出，五官也由公民選出，每三至四百人選一議員。
綜合各鄉官職責有民眾安全、教育文化、社會福利及獎勵實業。
由康有爲設計言，一鄉幾等於一國，全國有數千萬鄉，其間連
繫及與中央關係，勢須重組（《官制議・公民自治》，卷 8，頁 1
—28）。

　　康有爲以爲以往一省爲治，區域太大，權力盡在督撫，餘
官等於冗員，省之下復有道、府、縣，層級太繁，政令無法下
及於民。縣令攸關地方自治尤重，但取之太輕、待之太賤、責
之太重、養之太薄，所以仿漢代三級制（郡、縣、鄉）重定行
政區域：道：設督辦民政大臣，權同督撫，上達於國；縣：設
民政長官，位同知府，下逮於民；鄉：地方自治區。道設十四
局、縣設四局總理民政，其設置略同於鄉，只是規模較大。另
外還可參酌各地特殊狀況，增設行政部門。道、縣也須設立醫
院、圖書館、法院，保障人民健康、增進人民知識、維護社會
秩序。（《官制議・析疆增吏》，卷 9，頁 1—41）

　　中央則設諸部統之：民部（民政）、度支部（財政）、農、
工、商、礦、虞部（經濟）、郵部（郵政、鐵路）、文部（學校
教育）、教部（布宣孔教）、理部（法律形名）、美術部（音樂美
術）、兵官部（國防）、審計院（審查會計）。各部依職掌設各下
屬部門。（《官制議・增司集權》，卷 11，頁 1—66）如此層層上
遞，康有爲完成其制度救國構思。而不變則已，要變必然是全
局更易，比設十二制度局更進一步。減少行政層級，注重鄉治
是其特色；但公民須另行納稅，會有弊端，蒙古、新疆、西藏

能否施行鄉治組織，也有問題。

　　康有為設計的制度，是直接面對群眾，尤重人民生計，以經濟為內容，行政組織為形式，將全國民眾納入此一體系；文化則注重公共文化，不再是個人道德與宗族倫理。制度已含蓋物質、文化的內容。康有為對民國的批判，更顯現此一方向。康有為明言共和的基礎在物質與道德，物質是經濟與財政，道德是公共文化（公園、戲院、博物院、圖書館），不僅政治權利不為少數人享有，經濟權利、文教權利亦然。對權利意識的肯定，其實就是對人性欲望的肯定，人性欲望，自不只是穿衣吃飯，尚有文化知識，這種肯定又具普遍性。康有為以博愛釋仁，其具體表現在此，經學思想與社會改革的具體表現也在此。

三、物質救國

　　物質指經濟、財政，康有為在經濟上倡導發展農工商業，財政上主張設立銀行，採金本位制，發行鈔票。又說人生而有身，有身則有飲食衣服器用居室之欲，可是一人之力不足完成所有人身之欲，因此需要分業，分業之後，各種產品勢須交換，才能相互補足。（《金主幣救國論》，卷上，頁 9）財經的基礎是肯定人欲的人性論，而且此種欲望是每一個人的基本權利，國家的目的，就在保障並完成此種權利。並曾上疏說變法之道，富國為先（《七次上書彙編·上清帝第二書》，頁 21），批評後世儒者：

> 高談理氣，溢為考據，而宮室飲食衣服疾病之故，所以保身體、致中和、養神明，以為鄙事，置而不講。（《日本書目志》，頁 11）

所以養生之道廢。康有為所提養生之道有二：一是富國之法（鈔

法、鐵路、機器、輪舟、開礦、鑄銀、郵政），一是養民之法（務農、勸工、惠商、恤窮）。（《七次上書彙編・上清帝第二書》，頁 21，24）戊戌之後，流亡海外，比較中西，康有爲以爲若以物質論文明，歐美誠勝於中國，若以道德論文明，則中國勝於西方。康有爲並不是以道德／中國、物質／西方比較中西文化，而是康在遊歐之前，想像歐洲建築都是玉堂瓊樓，人物都是神仙豪傑，政治都是公明正直；遊歐之後，大失所望，各種貪詐淫盜與中國無異[15]，驚訝之餘，認爲中國敗於歐洲，只是在近百年間，而最大的失敗，就在西方的工藝、兵砲，歐人能拓展勢力，完全在於其物質之力。（《物質救國論》，頁 15—19，29）

康有爲又考察歐洲歷史，指出威尼斯、佛羅倫斯設立銀行、鑄造貨幣，商業大盛，促使歐洲日後富強。（《金主幣救國論》，頁 21，《共和評議》，頁 136）威尼斯是西方資本主義的遠源，以製鹽獲利，其後取得販鹽專利，繼則擴展到糧食交易，趁糧價波動牟利，其政府始終是商人的發言人和武力後盾，所以有人稱威市是「商人共和國」。[16]

---

[15] 錢穆亦曾注意此一問題，指出康有爲遊歐洲之後，知歐洲各地高下不同，未必盡勝中國，歐洲治平康樂是近百年之事，而康有爲所撰《歐洲十一國遊記》，用心所在是對歐洲文化史的闡述與批評，見〈讀康南海歐洲十一國遊記〉，《中國學術思想史論叢（八）》（臺北：東大圖書公司，1980 年 3 月），頁 329—341，引述見頁 331，333。梁啓超於民國 8 年（1919）遊歷歐洲，也有類似狀況，見丁文江：《梁任公先生年譜長編初稿》（臺北：世界書局，1959 年），民國 8 年部分。對歐洲興起的歷史背景，我們可能必須再深入理解。

[16] 見黃仁宇：《資本主義與二十一世紀》（臺北：聯經出版公司，

從中西文化比較及歐洲歷史探索，康有爲更肯定了物質的
重要。物質發展可使知識、道德、風俗、國政變動，對於孔教
也開始懷疑，認爲有教主而無物質，仍無法救國。(《物質救國
論》，頁51，57) 物質可決定中國未來：

> 道德之文明可教化而至也，文物之文明不可以空論教化
> 至也。物質之學爲新世界政俗之本源，爲新世界人事之
> 宗祀，不從物質著手，則徒用中國舊學固不能與之競，
> 即用歐美民權、自由、立憲、公議之新説及一切之法律、
> 章程，亦不能成彼之政俗也。(《物質救國論》，頁62)

將物質理論推至極致。物質學既不可空論，必須設學校、立科
目以教之，其要如下：數學、博物學（通貫之學），機器工程學、
土木學（實物之學），電學、化學（精新之學），鐵道、郵政學、
電信學（運輸之學），畫學、著色學、樂學（文美之學）。(《物
質救國論》，頁50) 當時新學，大略包含無遺，且指出基礎學
科的重要。

經濟、學術而外，另一重點是理財。康有爲說財政猶如人
身血脈，不重財政，國家將會滅亡。(《金主幣救國論》，頁2)
理財必先改革貨幣，針對當時貨幣混亂，康有爲主張用金本位
制，與各國同步，避免金貴銀賤，致黃金外流，歐美可用較賤
之銀，購買大量中國貨物，使中國物價上騰，人民生計日艱。(《金
主幣救國論》，頁57，63) 中國欲與歐美平等，非在財用物價
上平等不可：

1991年11月)，第2章，〈威尼斯〉，頁37—86。所以有學者稱
康有爲是資本主義和地主階級的代言人，見蕭公權：《康有爲思
想研究》（臺北：聯經出版公司，汪榮祖譯，1988年5月）引，
第8章，〈經濟改革〉，頁281—351，引文見頁297。

> 物價財用，苟一日不與歐美平等，即國政與人民地位，
> 不能與歐美平等。(《金主幣救國論》，頁 68)

否則不僅不能平等，歐美可借「商業奴斃中國」。(《金主幣救國論》，頁 62) 除了改革貨幣，還要設立銀行：設國民銀行，發行公債，籌集中央銀行資本；設中央銀行，發行紙幣，流通資金；設組合銀行，各地方銀行組成銀行團，監督金融行情，貸款予各銀行及人民；設特權銀行，立於蒙、藏、東北、西南，以富裕邊地；設勸業銀行，讓民衆抵押土地，籌集資金；設股票交易所，銷售股票，增加資金。(《理財救國論》)康有爲認爲「數者並舉，中國猶患貧，未之有也。」(《理財救國論》，頁 75)經由此路，財用物價可與歐美平等，進而國家人民也可與歐美平等。

就康有爲物質理論而言，確是資本主義倡導者，以此批判康有爲，並不公平，康有爲曾說，聖人之道甚多，須衡量時地輕重[17]，資本主義果能救國，自然可學習，問題不在什麼主義，而在能否實踐、如何實踐。康有爲肯定前者，所以重如何實踐。今日要反省的是在當時條件下是否可能。同時並舉，確有困難；資本主義有其歷史背景及各種外緣條件，也不是立即可以成功。[18]晚清雖有改變，但一時之間，也甚難達成。康有爲高明之處是

---

[17] 從物質救國論而論，康有爲接近資本主義，從三世說而論，又接近社會主義，所以楊向奎批評康有爲分不清何謂資本主義，何謂社會主義，見〈康有爲與今文經學〉，《繙經室學術文集》(濟南：齊魯書社，1989 年 7 月)，頁 1—15，引述見頁 13。此一論斷，頗可商榷，三世說進程是由資本主義到社會主義，思路清晰異常，未若楊向奎所評混亂。

[18] 黃仁宇指出資本主義體制，必須做到資金廣泛流通，人才不

指出這一發展方向。

四、文化救國

　　戊戌之前，康有爲即明言，西方之強盛，由於其人民具有
才智，欲使人民具有才智，一在普設學校，二在廣立學會，三
在獎勵出版（《日本變政考》，頁 98，128，69），四在設立報館
（《日本書目志》，頁 418），並說日本能驟強，全由興學之故，
同時也建議改禮部爲教部，設孔教會，定期集會信徒，以發明
孔子之道，講說君臣父子之義。（《日本變政考》，頁 128，96）
不論是開民智、立孔教，其性質均有實用傾向，且與政治有關。
關於前者，康有爲指責時人治學，無益於時，應變更學術，俾
能開濟民生，例如論禮，就說《儀禮》可以實行，不像後世禮
學只爲考據之資，所以倡導實用之禮。（《日本書目志》，頁 399）
關於後者，康有爲則說立國以議院爲本，議院又以學校爲本，
民權建立於民智的基礎上，沒有民智，遽興民權，只會亂國（《日
本變政考》，頁 160，306）。文化與國家，形成工具與目的關係，
文化在此理論下，只是富強國家的工具，並不是對文化眞有何
嚮往。介紹西方學術，也只是將中國傳統學問做一比附，如天
地之大德曰生，本是天的形上意義，卻將之比附生物學；知人
之身，本是道德意義，卻比附爲解剖學；陰陽家比附爲氣象學；

分畛域聘用，技術（交通、通訊、保險、律師聘用等）全盤活
用；中國重農抑商，重生產而不重分配，自給自足，中央集權，
科舉取士，根本無意產生資本主義，見《資本主義與二十一世
紀》，第 5 章，〈資本主義思想體系之形成〉，頁 187—263，引
述見頁 187，第 1 章，〈問題的重心〉，頁 1—35，引述見頁 27。

心學比附為心理學。(《日本書目志》,頁 63,64,54,78)

在上述前提下,康有為強調普及教育的重要,將學術分為「經史學」與「逮下學」,經史學指傳統中國學問,逮下學指女學、幼學、農學、工學、商學及一切能啓迪民智,俾益民生之學。(《日本書目志》,頁 585)由於啓迪民智、富國強兵的要求,康有為對傳統文化也有強烈批判,指以往歷史著作,只知有國君,不知有人民:

> 吾中國談史裁最尊,而號稱正史編年史者,皆為一君之史,一國之史,而千萬民風化俗,尚不詳焉。而談風俗者,則鄙之與小說等,豈知譜寫民俗,惟纖瑣乃能詳盡,而後知其教化之盛衰,且令天下述而觀鑑焉。史乎!史乎!豈為一人及一人所私之一國計哉?(《日本書目志》,頁 205—206)

可以見出其文化觀,是一社會大眾型態,而非社會菁英型態,亦即康有為所欲建立的文化,是一公共文化領域,倡導普設學校、設立報館、獎勵出版、建圖書館、博物館等,都不是為了某一特定階層或個人,在政治權利外,康有為提出的是民眾文化權利。既然教化可觀一國盛衰,風俗居於其中關鍵,康有為說戲曲、小說可移風易俗,並指責宋儒棄樂黜歌,士人無雅樂可寄託,以抒發感情,於是淫聲凶聲大行,不但未能匡正人心,反而蕩佚風俗。(《日本書目志》,頁 500)又說:

> 以經教愚民,不如小說之易入也,以小說入人心,不如演劇之易動也。(《日本書目志》,頁 627)

戲曲之能移風易俗,完全建立在情感抒發上,是情感需要,而非理智選擇,從這裡也可看出康有為人性論立場。至於小說價值,康有為云:

> 僅識字之人,有不讀經,無有不讀小說者,故六經不能

教，當以小說入之，語錄不能諭，當以小說論之，律例
不能治，當以小說治之。(《日本書目志》，頁 734)
歷史、文學、藝術，都成爲治國理政的工具，看似提高文學價
值，實際卻將之工具化。目標達成，工具即可拋棄，目標無法
完成，即斥之爲無用，如此果眞能提高其價值？[19]

　　從上述可知，康有爲論戲曲小說，最後仍在發揮經學：「政
治之學，最美者莫如吾六經也。」(《日本書目志》，頁 181) 六
經具有教民、養民、保民、通民氣、同民樂的內容，制度論、
物質論、文化論均可在六經中尋獲根源，所以康有爲云：

　　《春秋》經世，先王之志，凡六經皆經濟書也。(《日本
　　書目志》，頁 214)

救國—戲曲小說—經學，成一層級結構，救國是最後目標，戲
曲小說是工具，核心是經學。戊戌變法，本此理論提出改革主
張，指出西方之強在窮理勸學(《七次上書彙編・上清帝第二書》，
頁 30))，惟有發明經學微言大義，才能通經致用，對學子荒棄
群經，僅讀四書，深表不滿，未來學習方向應是：

　　內講中國文學，以研經義國聞掌故名物，則為有用之才；
　　外求各國科學，以研工藝物理政教法律，則為通方之學。
　　(《戊戌奏稿・請廢八股試帖楷法試士改用策論摺》，頁
　　10)

又說不講先聖經義，不能通才任政，科舉考試，不能偏廢五經
(《代草奏議・祈酌定各項考試策論文體摺》，頁 35，〔代徐致
靖〕)，尊崇五經，則須尊崇孔子，推尊孔子，康有爲以爲在立
孔教會、立孔廟，令人人學習祭祀：

---

[19] 梁啓超曾作〈新史學〉、〈論小說與群治之關係〉，都從康有爲
論點出發，流風餘韻影響至今。

> 六經皆為有用之書，孔子為經世之學，鮮有負荷宣揚，
> 於是外夷邪教，得起煽惑吾民（《七次上書彙編·上清帝
> 第二書》，頁 32）
> 臣竊考孔子實為中國之教主，而非謂學行高深之聖者也。
> （《戊戌奏稿·請尊孔聖為國教立教部教會以孔子紀年而
> 廢淫祀摺》，頁 30）
> 蓋孔子立天下義，立宗族義，而今則純為國民義。（《戊
> 戌奏稿·請尊孔聖為國教立教部教會以孔子紀年而廢淫
> 祀摺》，頁 31）

以孔子爲教主，以孔教對抗基督教，孔教的「國民義」，在理論
上已突顯人民的文化權利。文化權自不限於孔教，康有爲所以
強調孔教，第一來自其對孔子的體認，孔子之道即爲人之道：

> 蓋人有食味別聲安處之身，而孔子設為五味五聲宮室之
> 道以處之。人有生我我生同我並生並遊並事諧老之身，
> 孔子設為父子夫婦兄弟朋友君臣之道以處之。內有身有
> 家，外有國有天下，孔子設為家國天下之道以處之。明
> 有天地山川禽獸草木，幽有鬼神，孔子設為天地山川草
> 木鬼神之道以處之。人有靈氣魂知死生運命，孔子於明
> 德養氣窮理盡性以至於命，無不有道焉。（《康南海文集·
> 以孔教為國教配天議》，頁 65）

人身需求，人倫關係，人與國家社會，人與自然世界，人的存
在根源，孔子莫不有道處之。從人出發，觀看我們所處的世界，
看的方式，又從傳統獲得，如此才能與西方相激相盪，消融不
同文化，康有爲就是以此發展其經學思想。民國成立後：「非革
滿洲之命也，實革中國數千年周公孔子之命云爾。」（《康南海
文集·覆教育部書》，頁 73）自非康有爲所能容忍。第二即是
保存中國傳統：

> 朕惟一國自立之道，各有其歷史所傳之風俗性情，以為
> 其國民之根本，為第二之天性焉。(《丁巳要件手稿‧尊
> 孔教》，頁 7)

沒有文化傳統，即使國家強盛，人民富足，但「不知爲何國之
民」(《丁巳要件手稿‧讀經》，頁 10)，又有何意義？[20]。第三
則是時代的反省，民國之亂，即在不重道德，中國道德超過西
方，只是物質不如西方，但物質強盛，不代表道德優良：

> 然則所謂富強者則誠富強矣，若所謂道德教化乎，則吾
> 未之知也。是其所謂文明者，人觀其外之物質而文明之
> 耳。若以道德風俗言之，則忠信已澆，德性已漓，何文
> 明之云？(《物質救國論》，頁 18)

文明指國家物質建設，文化指國民道德風俗，文明富強，不表
示文化精深，文化澆薄，文明也沒有價值。共和成立，物質建
設未成，風俗已先大壞，結果是國家陷於危亂。康有爲並舉人
人歆羨的美國爲例，美國強大，與其清教徒有密切關連，除此
而外，還有其歷史、地理、科技、商業諸因素：清教徒具有公
德，不只是爭權奪利；瀕臨太平洋與大西洋，沒有強鄰進逼之
患；鐵路輪船連結美國土地，成立大農業公司，滿足人民需求。
不能只注意其政體。(《共和評議》，頁 183，172)

　　所以康有爲最後歸結中國未來之路，一在物質，一在道德。
物質確爲中國所缺，應向西方學習，道德則中土勝於西方，應
尊孔讀經，從經典中獲得立足於世界的根據，並本之指導物質
發展。康有爲關心的問題，不只是國家富強，還有富強之後，

---

[20] 陸寶千稱康有爲孔教運動爲「文化的民族主義」，實爲確論，
見〈民國初年康有爲之孔教運動〉，《近代史研究所集刊》第 12
期，頁 81—94，引述見頁 93。

我們應有何種生活方式。

第八章　經學爭論

　　與皮錫瑞、廖平、康有爲同時學者，對三家學術卻有不同意見。或以爲小學乃治經之本，或以爲訓詁是通經之要，對《公羊》學派所強調的微言大義，極不以爲然，這是解經方法的差別。或以爲《左傳》以事傳經，或以爲三傳源一流三，不能接受《左傳》不傳經，甚或劉歆僞造之說，這是對經典認知的殊異。或以爲孔子是學者，或以爲宗教是迷信，反對以孔子爲教主，這是對孔子定位的不同。或以爲治國不能及於民權，或以爲以革命爭取民權，批駁君主立憲之說，這是政治立場的對立。而其根源，皆與經學思想有關。而從些對諍，也可見出最傳統的經學，其實有相當繁多的樣貌。

第一節　技藝與制度

　　光緒 24 年（1898），湖南新政運動即遭致以王先謙（道光 22 年—民國 6 牛 ，1842—1917）、葉德輝爲首湖南仕紳攻擊，要求皮錫瑞退出南學會。然而考察各項新政，王先謙等人參與頗多：光緒 21 年（1895）王先謙、張祖同（？—？）楊鞏（？—？）創辦和豐火柴公司，光緒 22 年（1896）王先謙、熊希齡設立寶善成製造公司，光緒 23 年（1897）王先謙等申請成立時務學堂，聘梁啓超任時務學堂總教習。[1]湖南新政，前後不過三

---

[1] 參與各項新政幾乎均爲相同人物，和豐火柴公司尚有劉國泰；寶善成製造公司尚有黃自元、張祖同；時務學堂尚有熊希齡、唐才常、蔣德鈞、陳三立、譚嗣同；詳見丁平一：《湖湘文化與湖南維新運動》（長沙：湖南人民出版社，1998 年 8 月），第 4

年，差距卻若是之大。

考察皮錫瑞與湘紳交往：光緒 16 年（1890）郭嵩燾（嘉慶
23 年—光緒 17 年，1818—1891）、王先謙於長沙設思賢講舍、
思賢書局，王先謙所刊行書籍，常與皮錫瑞商榷，皮錫瑞所著
書也交思賢書局刊行。（《皮鹿門年譜·光緒十六年》，頁 23）
光緒 19 年（1893）葉德輝與皮錫瑞於長沙會面，兩人相互借錄
收藏善本書籍。（《皮鹿門年譜·光緒十九年》，頁 26）光緒 22
年（1896）王先謙、葉德輝見皮錫瑞前一年所作〈駁兪理初公
羊傳及注論〉，推美爲「經學獨步，湘中奪席」（《皮鹿門年譜·
光緒二十二年》，頁 37—38）。光緒 23 年（1897）《今文尙書考
證》成書，王先謙爲之序。（《皮鹿門年譜·光緒二十三年》，頁
46）光緒 24 年（1898）《六藝論疏證》成書，葉德輝作序。（《皮
鹿門年譜·光緒二十四年》，頁 65）三氏交往，殊非淺鮮。
王先謙、葉德輝以在籍仕紳參與新政，與皮錫瑞論學又頗能相
契。不旋踵而交誼不終，攻駁甚力，頗值探究。

王先謙並不反對《公羊》學，爲王先謙、葉德輝共同贊美
的〈駁兪理初公羊傳及注論〉，即力主「黜周王魯」、「爲漢制作」
爲《公羊》微言。（《經訓書院自課文》，卷 3，頁 33）而一旦經
典意義，是由推論、擴充，並輔以作者存在感受，結合時局變
化得知，即難以爲王先謙接受。此一態度由治學而治事：「竊謂
中國學人，大病在一空字。理學興則舍程朱而趨陸王，以程朱

章，〈湖南新政（中）〉，頁 291—330，引述見頁 325—326，323
—324，第 3 章，〈湖南新政（上）〉，頁 167—290，引述見頁 183
—184。又該書末附〈湖南維新運動大事記（1895—1898）〉，以
編年體詳載戊戌維新前後湖南各項新政，頗爲精簡，可供研究
此一主題參考。

務實也。漢學興則詆漢而尊宋，以漢學苦人也。新學興又斥西而守中，以西學尤繁重也。」致令：「私言滿天下，而無實以繼之。」（〈王益吾祭酒復畢永年書〉，《翼教叢編》，卷 6，頁 7）治學重「實學」，治事重「實業」，前者於〈湘省學約〉得見（《翼教叢編》，卷 5，頁 16），後者則是王先謙等所參與的各項湖南新政：「僕擲萬金於製造，實見中土工藝不興，終無自立之日。」〈王益吾祭酒復畢永年書〉，《翼教叢編》，卷 6，頁 6）戊戌政變以前，設立機器製造公司；政變以後猶復大聲疾呼發展工藝，而撰寫〈工商論〉。（《虛受堂文集》，卷 1，頁 9—10）這些均與皮錫瑞講求取煤蒸油、種樟熬腦、栽麻造布、機器紡紗、立商學堂等相同。此所以新政之初，湖南仕紳可以通力合作。王先謙治經態度、政治立場，頗爲一致。

　　然而皮錫瑞變法思想又不止於技藝變革，還有制度變革。雖然皮錫瑞強調法可變而道不可變，但外在制度的更革，必會觸動內在思想的變化，此時形成法在變道亦隨之而變。這正是王先謙、葉德輝最不能接受者。如葉德輝評皮錫瑞講學：「講學託名于開民智，伸民權，則試問今日之民誰肯居于不智？又試問不智之民何必更伸其權？」（〈葉吏部與南學會皮鹿門孝廉書〉，《翼教叢編》，卷 6，頁 23）民智當開，並無疑義，否則何必廣設各種學堂？關鍵是伸民權，權力在民，傳統政治、社會、人倫制度即面臨重大變化，由制度及於思想，顯而易見。思想層面的爭論，葉德輝視之爲空談，並以求實一語作爲應對時局的原則：「鄙人嘗持一議以告天下，曰：維中西莫如理政教。政何以理？曰：求實。教何以理？亦曰求實。實則無空談之病，而人心一矣。」（〈葉吏部與南學會皮鹿門孝廉書〉，《翼教叢編》，卷 6，頁 22）與王先謙異曲同工。皮錫瑞答書其實正觸及雙方爭論核心：「漢宋之儒，講學規模不同。漢儒所講皆經學，問答

皆弟子；宋儒所講，兼及時事，不皆經學，問答不皆弟子。…
學會講學，是宋人規模，只可講大義，不可講訓詁。」(《翼教
叢編》，卷 6，頁 26）經典、大義與時事，有某一程度的結合，
於是經典意義會隨之擴大、扭曲。葉德輝答書云：「宋人講學，
感慨時事則有之，未有牽合儒墨，不顧倫理者。」(〈葉吏部答
皮鹿門書〉，《翼教叢編》，卷 6，頁 24）則有意識的區分經典與
時事，不願將兩者牽合；且視民權爲無君無父，所以才有不顧
倫理之說。又皮錫瑞指責葉德輝詆《孟子》、詆《公羊》(《翼教
叢編》，卷 6，頁 27），葉德輝則答覆：「《公羊》下尙有家字，
又有之學之徒等字，何曾爲詆？」(〈葉吏部答皮鹿門書〉，《翼
教叢編》，卷 6，頁 25）更可見出「《公羊》」、「《公羊》學」之
間的差距，前者是對經典本身的研究，後者是根據經典衍伸各
種意義。「《公羊》學」與王先謙經典考據學、葉德輝的求實思
想，治學路向有異。

　　皮錫瑞變法論雖與康有爲孔子改制說結合，但以技藝變革
爲主，輔之以制度變革，所以葉德輝等人只要求其離開南學會
(〈葉吏部答皮鹿門書〉，《翼教叢編》，卷 6，頁 24），並未口出
惡言，羅織罪名。梁啓超則不然，入講時務學堂後，齟齬漸生，
終至絕裂。遲至光緒 29 年（1903），王先謙仍指責梁啓超：「主
講時務學堂，悖亂亡本，學子大被毒害。」(《虛受堂文集・師
範館講義序》，卷 6，頁 33）。由是可知，葉德輝、王先謙的變
革，是技藝型態的轉變，觀念並未轉變。貫穿二人學術與政治
的線索，是實事求是的傳統觀念。[2]

---

[2] 研究類似問題，通常採取新／舊或開明／保守的觀點分析雙
方衝突，諸如小野川秀美：《晚清政治思想研究》（臺北：時報
文化出版公司，林明德，黃福慶譯，1982 年 5 月），第 5 章，〈戊

第二節　義理與訓詁

　　光緒 1 年（1875）王先謙典試江西，曾力主維持制藝：「以制藝取士，四書命題，然後世尊奉一致，口復心研，不能自已。其智者隨所之而入道，魯者緣習生悟，亦能馴致義理之途。達則窮事變充器識，爲國家純臣；窮抱遺經，亦不失爲鄉里好修之士。」經典考試目的是有一致的價值標準，無論窮達，均可推擴此一共同價值觀於朝野。又云：「法屢更則國是紛，教不一則民志惑。」以經典定教化，顯然可見。（《虛受堂文集·江西鄉試錄前序》，卷 2，頁 6，7）至光緒 23（1897）、24（1898）年，一反前議，廢制藝而代以策論：「知束縛其民之爲利，而不暇計其民不足用之爲害。」已悟制藝束縛人民，不足以應世變，但並非揚棄經學：「充之子史，以博其趣；推之時務，以觀其通。」策論可由經典擴於史子，推及時務，可觀應試者見識。（《虛受堂文集·科舉論上》，卷 1，頁 1，3）考試方式改變，考試範圍

戌變變法與湖南省〉，頁 192—236，張灝：〈思想的轉和改革運動〉，John K. Fairbank、劉廣京編：《劍橋中國史·晚清篇（下）》（臺北：南天書局，1987 年 9 月），頁 301—375，林能士：《清季湖南的新政運動》（臺北：臺灣大學文史叢刊，第 37 冊），丁平一：《湖湘文化傳統與湖南維新運動》都有此區分法。但此一模式實隱含價值判斷，前者被認定爲進步，後者被定爲落後。所以王先謙、葉德輝等人，經常被冠以保守派、守舊派等名稱，似若雙方壁壘分明，無由溝通。但從湖南新政運動始同終異的過程中，或可理解雙方對峙，並不如想像若是之大。其同固不須溢美，其異也不能簡單的歸分爲進步、落後。

擴大，但基本經典觀，其實並無不同。經典仍是價值最後根源，經典可以維持世教，光緒 14 年（1888）《皇清經解續編》刊刻告成，引《易‧賁‧彖辭》：「觀乎人文以化成天下。」又引《易‧離‧彖辭》：「重明以麗乎正，乃化成天下。」並很自負的說：「夫人文者化成之象也，然非重明麗正，無以致之。」（《虛受堂文集‧皇清經解續編序》，卷 2，頁 19）研讀經典，目的是化成天下，而《皇清經解續編》正是「重明麗正」足廣經學觀聽的彙刻。

此一彙刻的選擇標準是：「經學之分義理考據，猶文之有駢散體也。文以明道，何異駢散，然自兩體既分，各有其獨勝之處，若選文而必合而爲一，未可謂知文派也。爲義理考據學者，亦各有其獨至之處，若刊經學書而必合爲一，未可謂知學派也。僕儻續《通志堂》、《經苑》二書，則必取言義理諸書，而考據家皆在所引錄矣。」（《虛受堂文集‧復閻季蓉書》，卷 14，頁 14）納蘭性德（順治 12 年—康熙 24 年，1654—1685）編《通志堂經解》，收唐、宋、元、明學者解經之作，其後錢儀吉（乾隆 45 年—道光 30 年，1780—1850）編《經苑》，主要是宋、元學者解經之作，可補納蘭性德之不足。王先謙以納蘭性德、錢儀吉所選爲義理派經學，本身所選是考據派經學，學術立場清晰異常。[3]《續經解》所收《公羊》學著作有包愼言（？—？）《春

---

[3] 支偉成評王先謙：「治經循乾嘉遺軌，趨重考證，而小學弗深，且釋名物，不克貫通三代禮制，以此視文達，終有上下床之別。」見《清代樸學大師列傳‧提倡樸學諸顯達列傳》（臺北：藝文印書館，1970 年 10 月），卷 26，頁 641。張舜徽更云：「其實先謙功力，仍在文辭。經史之學，皆非所長。余觀其所纂群書，經則《尚書孔傳參正》，甄錄尚精；史則《漢書補注》，別擇亦

秋公羊傳歷譜》，李富孫（乾隆 29 年—道光 23 年，1764—1843）
《春秋公羊異文釋》，淩曙（乾隆 40 年—道光 9 年，1775—1829）
《春秋繁露注》、《公羊禮疏》、《公羊問答》，陳奐（乾隆 51 年
—同治 2 年，1786—1863）《公羊逸禮考徵》，陳立（嘉慶 14 年
—同治 8 年，1809—1869）《公羊義疏》，俞樾（道光 1 年—光
緒 33 年，1821—1907）《春秋公羊傳平議》，雖屬經今文學，而
其共同特色是以考據方式探求義理，微言大義必須經由考據得
知，「經典—意義—考據」三者合一。義理／考據的區分，超越
今文／古文的區分。《續經解》所收著作，並未抑古尊今，而是
兼容並蓄，但以考據的態度辨析今古文。

　　至於王先謙的經學研究，亦略同上述，如研治三家《詩》：
「余研覈全經，參匯眾說，於三家舊義采而集之，竊附己意，
為之貫通，近世治《傳》、《箋》之學者，亦加擇取，期於破除
墨守，暢通經旨。」雖然自承：「自愧用力者少而取人者多也。」
（《詩三家義集疏·序例》，頁 1）但全書確如所說，集合眾家
研究成果，逐章逐句討論考核，探求義旨，用備學者採擷。研
治《尚書》：「自《史》、《漢》、《論衡》、《白虎通》諸書，迄於
《熹平石經》，可以發揮三家經義者，采獲略備，及馬、鄭傳注，
旁證諸家義訓，其有未達，間下己意，今古文說炳焉著明。」（《尚

謹；子則《荀子集解》，尚不蕪累；集則《續古文辭》，猶未逾
矩。其餘不作無害也。」見《清人文集別錄》（臺北：明文書局，
1982 年 2 月），卷 21，頁 578。田漢雲則有較全面評述，析論
《尚書孔傳參正》、《皇清經解續編》、《詩三家義集疏》在經學
史的貢獻，見《中國近代經學史》（西安：三秦出版社，1996
年 12 月），第 6 章，〈今文經學的正宗與別流〉，頁 338—410，
王先謙部分見頁 339—348。

書孔傳參正・序例》）方式一如研究三家《詩》。王先謙雖贊美
皮錫瑞《今文尚書考證》「條理今文，詳密精審」，但又說：「余
讀君撰箸，每有鍼芥之合，惟於論古文義說，反求於心而未能
釋然。」(《虛受堂文集・今文尚書考證序》，卷 6，頁 16）皮錫
瑞治《尚書》，尊今抑古，難免偏重，是以王先謙也難冤有微辭。
批駁廖平經學最力者是張之洞，但張之洞對廖平卻有提攜之恩。
同治 13 年（1874），張之洞督學四川，廖平院試試卷不合格式，
爲考官棄置，張之洞檢閱落卷，欣賞有加，拔置第一。同年四
川仕紳投牒督署、學政，請建書院，以通經學古課士，張之洞
大力支持，光緒 1 年（1875），書院落成，名曰尊經書院。擇府
縣高材生入院就讀，廖平也是諸生之一。（廖宗澤：《六譯先生
年譜・同治十三年》，頁 12—13）直至宣統 1 年（1909）張之
洞去世，四川尊經書院同學公祭，廖平獨痛哭。（《六譯先生年
譜・宣統 1 年》，頁 69）師生之誼，令人動容。

　　而張之洞與與廖平經學思想，其實並不全同。尊經書院初
成，張之洞撰〈創建尊經書院記〉，說明治學方法、經學思想、
學術風格。張之洞以爲經學是學術之源：「凡學之根柢必在經史，
讀群書之根柢在通經，讀史之根柢亦在通經。或曰：史與經何
與？不知史學要領在三史，不通經學、小學，未有能通三史者
也。通經之根柢在小學，此萬古不廢之理也。不通小學，其解
經皆燕說也；不通經學，其讀史不能讀表、志也；不通經史，
其詞章之訓詁多不安，事實多不審，雖富於詞，必儉於理。故
凡爲士，必知經學、小學。」(〈創建尊經書院記〉，《張之洞全
集》，冊 12，卷 281，頁 10075）由小學而經學而群籍，逐步擴
大。其實是以經學爲核心，小學爲方法，擴展至其餘學科。不
論治何學術，依張之洞規畫：「稍求之深者，治《說文》三年，
治經學七年，通計十年，不爲多也；求之淺者，治《說文》一

年，治經三年，通計四年，益不難也。」(〈創建尊經書院記〉，頁 10075─10076)小學是段注《說文》，經學是《學海堂經解》。以此計畫，十年能否通經，大有疑義，何況這只是稍求之深者。即或通經，也是經生，學術領域能否應付所處變局，頗可疑慮。

前三史確與經學密邇相關，這是因爲兩漢學術主流是經學，記載這一時代歷史，自不能忽視經學。但是此與史學根柢在經學，是不同問題。亦即不能以一時代所盛行的文化現象，證明史學根柢在此一文化現象。例如唐代文風興盛，以例推之，結論是史學根柢在文學。相同推理方法，觀念適相枘鑿。張之洞雖也承認性各有近，學各有長，不必囿限於經學，可課諸生史論、詩文，然而史學根柢在經學，詞章根柢在經史，價值判斷顯然，其餘學科既遭貶抑，此說只成形式。

經學既是中堅，又觸及漢學、宋學爭議。張之洞云：「大要讀書宗漢學，制行宗宋學。漢學豈無所失，然宗之則空疏蔑古之弊除矣；宋學豈無所病，然宗之則可以寡過矣。」(〈創建尊經書院記〉，頁 10077)雖是漢宋兼採，而區分甚嚴，漢學的價值在知識，宋學的價值在道德。這一學術區分，知識與道德一分爲二，平分漢宋，卻難以融合漢宋。經由知識研析，對道德領域自有更深入理解，從而可知如何實踐道德，在道德情境面臨衝突時，也會有分析、判斷、選擇能力。道德不是給定的框架，我們循此行動。必須反省這一道德規範所呈顯的價值觀，與其他文化現象的關連，所含蓋的對象，在歷史上變遷的軌跡，意義與本來面貌的轉化，不同時代的實踐方法等。經由道德體悟，可以理解知識領域的性質，知識不完全是中立，我們所探討的知識，其實與我們的存在感受、生命目標不能分離，知識與生命的斷裂，同時斲傷兩者，既不能在文化脈絡中觀察知識

的意義，也不能從知識研究過程中豐潤生命。[4]張之洞只是簡單的說：「漢學師法止於實事求是，宋學准繩止於嚴辨義利。」(〈創建尊經書院記〉，頁 10078)對知識與道德之間的藤蔓糾結，未作深入分析。

　　張之洞經典觀是以經學爲學術之源，從訓詁考據尋求經典原義。前者貶抑不同學術，後者不能承認經典意義的轉化。廖平則否，以經學綜攝諸學術，雖然怪誕，但高下之別不顯，解經方法，不限於訓詁考據，擴大經典意義。廖平雖是經生，又亟欲從經典研讀中，獲致生命終極意義，所以講天人之學。均與張之洞秉持傳統經世致用觀念不同。

第三節　公羊與左傳

　　文廷式（咸豐 6 年—光緒 30 年，1856—1904）於光緒 19 年（1893）由京寄書論學，勸皮錫瑞勿講常州學與川學，次年皮錫瑞赴京會試，五度落第，文廷式嘗云皮錫瑞與孫詒讓落第，爲人才消長之機，致皮錫瑞《東塾集》，以陳澧相許。(《皮鹿門年譜‧光緒十九年，二十年》，頁 26，28)考文廷式於同治 11 年（1872）在廣州菊坡精舍從陳澧游。光緒 8 年（1882）與皮錫瑞、陳三立（咸豐 3 年—民國 26 年，1853—1937）等同中順

---

[4] 這尤以近代自然科學、技術學科爲然，兩者均極強調價值中立，忽視研究者本身感受，研究對象或可中立，但研究者是人，何能抽離自身情感？研究對象不能給予生命指標，勢須另尋方向，宗教、哲學、藝術可作爲生命寄託。而自然科學的優勢，上述學科處境日益艱困，通俗文化興起、民主政治發展：給予人新的寄託場所，從偶像崇拜即可見出兩者共同特徵。

天鄉試，二人始定交。(《皮鹿門年譜・光緒八年》，頁 18，錢
仲聯：《文芸閣先生年譜・光緒八年》，頁 11)又以陳澧相許，
實有深意：陳澧六度會試不第，絕意仕進，任學海堂學長數十
年，晚並任菊坡精舍山長，一生讀書所得，盡收於《東塾讀書
記》：「乃尋求微言大義及經學源流正變得失所在」，「隱比顧亭
林之《日知錄》，溝通漢宋，一時學風，爲之丕變焉」。(支偉成：
《清代樸學大師列傳》，卷 9，頁 286)對皮錫瑞不僅是安慰，
更是推重與期許。[5]

---

[5] 但陳澧《春秋》學，固與皮錫瑞大異，也與文廷式不同。認
爲研讀《春秋》之法是：「夫《春秋》所重者，固在其義，然聖
人所竊取之者，後儒豈易窺測之。與其以意窺測，而未必得，
孰若即其文其事，考據詳博之有功於經乎？」《春秋》大義，本
就爭論不已，但因此而不予討論，這是迴避對《春秋》意義的
追求，於是轉以考據詳博一路研究《春秋》。此時由大義偏向記
事，並以宋伯姬逮火而死爲例，說明正因《公羊》詳載此事，
才得以知伯姬之賢，結論是：「欲知其義，必知其事，斷斷然也。」
根據這一前提，即事論義，認爲《春秋》始於隱公，是隱公之
前，周天子能討伐亂賊：「至隱公爲桓公所弒，天子不能治之，
此則孔子所以懼而作《春秋》也。」與《公羊》說解雖異，但
仍屬大義範疇，而對《公羊》所說微言，根本不予討論：「《春
秋》自當始於隱公，眞不必謂之託也。」由此而發展依經述事
就是傳以解經的觀念，反對漢儒所說《左傳》不傳《春秋》：「《左
傳》記事者多，解經者少，漢博士以爲解經乃可謂之傳，故云
《左氏》不傳《春秋》。然伏生《尚書大傳》不盡解經也，《左
傳》依經而述其事，何不可謂之傳？」其實《公羊》、《左傳》
之間的爭議，不在於記事與否，如果以《左傳》記事之詳又兼

而文廷式經學，不主門戶派別，與陳澧同；批駁《左傳》則與陳澧異。與致書皮錫瑞同年，撰《讀書札記》一卷，中有對《春秋》見解。

文廷式以爲《左氏》不傳《春秋》。如：「《春秋》隱八年經：宿男卒。杜預注曰：諸例或發於始事，或發於後者，因宜有所異同，亦或丘明所得記注，本末不能皆備故。按：本末不備，何得爲例？《左氏》不傳《春秋》，諸例皆後人竄入，征南雖有《左》癖，不能圓其說也。」(《讀書札記》，頁 1，趙鐵寒編：《文芸閣先生全集（三）》)杜注因宿男卒，討論諸侯卒以名赴或不以名赴的條例，赴以名，則名之，赴不以名，則不名之。又借此說明發凡起例，因義有異同，所以時而在前時而在後，但又以爲左氏所得傳記，或有本末不備的情形。致使見譏於文廷式，並疑《左傳》並不傳經。但孔穎達已有解釋：「如杜此言，則周公舊凡於記注之文，散在諸事，丘明作傳，因記注之文發

之有《公羊》微言，兩者對諍可能消弭無形。觀陳澧以爲無黜周王魯之說：「成元年，王師敗于貿戎。《公羊》云：王者無敵，莫敢當也。既以周爲王者無敵，必無黜周王魯之說矣。」王者既無敵，何有黜周王魯之事？以經典原文，破解《公羊》家微言。也無爲漢制作之事：「西狩獲麟，爲漢制作，…漢以獲麟頌揚漢代，何邵公囿於風氣，遂以注經也。」爲漢制作，《公羊傳》確無明文，均出於漢儒新說。然陳澧所否定兩事，正是《公羊》學核心理論，此一理論見棄，實不能成就《公羊》學。而這些理論的建立，正是藉託寓傳承、發揚。陳澧說見《東塾讀書記‧春秋三傳》(臺北：臺灣商務印書館，1997 年 6 月臺 2 版)，卷 10，頁 152—178。所以文廷式以陳澧相期，不在於陳澧《春秋》學，而在於陳澧科場不第，講學有成。

例，故或先或後也。」(《左傳正義》，卷 4，頁 7—8) 亦即周公
隨事而發凡起例，是以先後不一，且本末不備，也僅是杜預意
見，至多是杜預有誤，但不能因杜預之誤，而推論《左傳》不
傳《春秋》。又如：「(莊公) 二十又六年經五條皆無傳，傳三條
皆不附經，注曰：此年經傳各自言其事者，或經是直文，或策
書雖存而簡牘散落，不究其本末。故不復申解，但言傳事而已。
《正義》曰：上二十年亦傳不解經。案：此皆《左氏》不傳《春
秋》之證，杜說亦自不了。」(《讀書札記》，頁 6—7) 杜預、
孔穎達所說傳不解經，是因簡牘散落，所以經傳各自獨立。即
使簡牘俱全，也只能說有部分傳不解經的現象。文廷式截取孔
義，以爲《左傳》全不解經，與原意大相逕庭。再如：「(哀公)
九年，經：秋，宋公伐鄭。傳：宋公伐鄭。按：傳於宋公伐鄭
之外，不贅一辭，此經爲有傳乎？爲無傳乎？明經傳本各自爲
書，傳非釋經也。」(《讀書札記》，頁 41) 孔穎達疏：「虛舉經
文者，爲下趙鞅救鄭起，並以終上取鄭師之事也。」(《左傳正
義》，卷 58，頁 16—17) 從寫作技巧說明重複之故。僅憑此條，
難以證明經傳各自單行。文廷式所析，或過度推論，或以部分
代全體，或單文孤證，皆不足以證明《左傳》不傳《春秋》。

　　其次指《左傳》有後人增入：「(文公) 十三年，傳：其處
者爲劉氏。《正義》曰：討尋上下，其文不類，深疑此句，或非
本旨。益以爲漢室初興，損棄古學，《左氏》不顯於世，先儒無
以自申，劉氏從秦徙魏，其源本出劉累，插注此辭，將以媚於
世。按：《左氏》凡有增益，皆欲附於傳經以行，其書與他書妄
竄者不同，讀者雖能分晳其非，要當取其護持《左傳》之盛心
也。」(《讀書札記》，頁 17—18) 賈逵曾上漢章帝奏：「五經家
皆無以證圖讖，明劉氏爲堯後者，而《左傳》獨有明文。」是
以范曄評論：「賈逵能附會文致，最差貴顯。」(《後漢書‧賈逵

375

傳》）孔穎達亦引此文以爲疏。在賈逵之前,《左傳》原文即如此,范曄指責賈逵附會文致,並未以爲《左傳》有僞竄情事,插注說始於孔穎達,文廷式本孔說。[6]除此之外,文廷式又從文辭複疊、文意突起、文理不通、文意中斷,析證《左傳》曾經竄亂。凡此皆本於一預設:經典宏深,傳以解經,兩者以文辭繫屬,傳文文辭必須完美無缺,如此經傳才能配合無間。一旦出現上述情況,不敢疑經,則必定疑傳。然而文意不明,甚而傳記闕漏,是撰寫及流傳過程的問題,皆不能證明傳不解經。隱藏於其中的意識,是經典崇拜,連及於傳記崇拜。致難以承認傳記即使疏漏,不妨礙其解經及價值。

批判杜預,尤其不遺餘力。或指杜預信傳疑經:「(莊公)二十又二年,經:夏五月。《正義》曰:《釋例》曰:經四時有不具者,丘明無文,皆闕謬也。杜之信疑經如此。」(《讀書札記》,頁5)經典有缺,實不影響經典地位。或指以傳改經:「(文公)十七年,經:齊侯伐我西鄙。注:西當爲北,蓋經誤。按:《左氏》紀事,不必盡與經合,杜則以傳改經矣。」(《讀書札記》,頁19)西鄙或北鄙,孔穎達已有說明:「魯求與平,即盟於穀,穀是濟北穀城縣也,穀在魯北, 知北鄙是也。」(《左

---

[6] 劉師培略云《左傳·襄公二十四年》、《左傳·昭公二十九年》、《漢書·高帝紀》、《漢書·序傳》,即有劉氏係出陶唐,其年代均在賈逵前,必非賈逵增入,見《讀左札記》,頁1—2,《劉申叔先生遺書》(臺北:華世出版社,1975年4月),第1冊,頁349。楊伯峻亦不以孔注爲然,所舉諸證與劉師培略同,但文獻更詳,以爲本句在西漢初《左傳》傳本即已有之,不是後人插入,詳見《春秋左傳注·文公十三年》(臺北:源流出版社,1982年4月),頁597—598。

傳正義》，卷 20，頁 7）杜預改經，並非妄爲。或指嚮壁虛造：
「（閔公）二年，經：狄入衛。傳：遂滅衛。注云：齊桓爲之告
諸侯，言狄已去，言衛之存，故但以入爲文。按此等皆鄉壁虛
造之說。」（《讀書札記》，頁 7）杜注全文是：「君死國散，經
不書滅者，狄不能赴，衛之君臣皆盡，無復文告，齊桓爲之告
諸侯，言狄已去，言衛之存，故但以入爲文。」（《左傳正義》，
卷 11，頁 9）衛滅後，齊桓公於僖公元年封衛於楚丘，衛國滅
而後存。杜注以理說之，未必全妄。[7]或屢言經典大義、褒貶所
在，杜預輒以闕文說之，於是以「迷誤後學」、「經學之蠹」、「妄
謬之甚」諸惡言形容。然杜注既不能明《春秋》大義，《春秋》
大義爲何，文廷式亦未詳述。

　　對《公羊》則有所稱美，如：「（桓公）五年傳：正月甲戌
己丑陳侯鮑卒，再赴也。公疾病而亂作，國人分散，故再赴。
案：國人分散，則當不赴，何得再赴？甚非事實。《公羊》以爲
君子疑焉，於義爲長。」（《讀書札記》，頁 2—3）陳侯卒之日，
載記有二，《左傳》以爲再赴，《公羊》則以爲陳侯有狂疾：「甲
戌之日亡，己丑之日死而得，君子疑焉，故以二日卒之也。」（《公
羊傳解詁》，卷 4，頁 8—9）《穀梁傳》略同《公羊》：「陳侯以
甲戌之日出，己丑之日得，不知死之日，故舉二日以包之。」（《穀
梁傳注疏》，卷 3，頁 10）甲戌出走，己丑得其遺體，去世日期
難以確知，所以兩日皆書之以存異說。國人分散，因而重複赴
告，並無疑詫處，《左傳》所說，未必爲非。《公》、《穀》，因其
事實無法判斷，所以兩存之。[8]衡量兩說，各有所長。文廷式又

---

[7] 楊伯峻解釋甚精：「經不書滅而書入者，以亡而復存也。」見
《春秋左傳注・閔公二年》，頁 265。

[8] 惠士奇卻有更深刻見解：「古諸侯喑聾跛躄及惡疾皆不免，所

從時月日例、褒貶以爲《公羊》優於《左傳》。

但又以左氏親見魯史:「（襄公）三十年,傳:師曠曰:魯叔仲惠伯會卻成于承匡之歲也。《正義》曰:劉炫云:傳之敘事,自可以魯爲主,若載人語,則當如其本言。此師曠晉人,自道晉事,當云卻成子會魯叔仲惠伯。案:傳文誠如光伯所譏,然轉可爲左氏親見魯史之證也。」(《讀書札記》,頁 31)嘗試從敘述者敘事主賓,證明左氏親見魯史。敘事主體,一是間接敘述,以第三者角度敘述事件;一是直接敘述,引用當事人言語敘述。敘事者有顯隱之別。劉炫即認爲間接敘述,可以以魯爲主;直接敘述,則須以晉爲主。直接敘述卻以魯爲主,這是左丘明意在以魯爲主。文廷式則認這是魯國史官寫作傳統,可爲《左傳》作者親見魯史,本魯史而作的證據。但孔穎達卻運用相同方法,以爲劉炫所說不確:「凡魯史所記云公卿會某侯者,皆據公卿往會他,若他來會我,則以他爲文。若衛侯會公于沓,

---

以尊君,惟世子有惡疾則廢。陳侯非惡疾乃病狂,亦謂之貞疾,積有歲年,已非一日矣。病狂之人,不可以君國,子民陳之,臣當告于王,免之而立其子,則安得有陳佗之亂乎?故《春秋》如其再赴之日而書之,蓋言君死不知其日,所以罪其臣也。」見《春秋說》,影印皇清經解春秋類彙編第 1 冊(臺北:藝文印書館,1986 年 9 月),卷 229,頁 39。以爲並非再赴,亦非致疑,而是有意爲之。臣子有罪,是因不能申告周天子,免陳侯之位,另立新君,致有陳佗之亂。惠士奇說本《白虎通‧考黜‧論諸侯有不免黜義》:「諸侯喑聾跛躄惡疾不免黜者何?尊人君也。」見陳立:《白虎通疏證》(北京:中華書局,吳則虞點校,1994 年 8 月),卷 7,頁 315。但惠士奇以爲陳侯非惡疾乃狂病,所以可黜。

鄭伯會公于棐是也。今卻成子在承匡，魯往會之，以晉爲主，
晉人之言，正是其宜。」(《左傳正義》，卷 40，頁 3) 公卿會諸
侯，以公卿爲主，諸侯爲賓；諸侯會魯公，則以諸侯爲主，魯
公爲賓。此條正是公卿會諸侯之例，敘述主賓不誤。文廷式引
劉炫論證，卻不引用孔穎達論證，實有偏袒之嫌。次則稱美杜
注：「(文公) 五年傳：華而不實，怨之所聚也。注：言過其行。
按：此以言行釋華實，至精而確。」(《讀書札記》，頁 14—15)
這是甯嬴評論陽處父性格過剛，華而不實事 (《左傳正義》，卷
19，頁 2—3)，各家注解，未有爭論。

　　文廷式論衡《左傳》、杜注與《公羊》，首重文辭，從文字
討論《左傳》意義得失；文獻考證僅有簡單推論，不足以證明
《左傳》不傳《春秋》；譏杜預以惡言，卻未能導出《春秋》大
義；推美《公羊》，也是從文意判斷。皮錫瑞《公羊》思想，取
徑與此殊不相同，以今文經典爲孔學眞傳，以孔子爲素王，以
《春秋》爲改制之書等，皆非從文辭考論，亦不爲文廷式道及。
二人雖爲鄉試同年，函札往來不多，可能就是論學殊異之故。[9]

---

[9] 光緒 20 年 (1894) 皮錫瑞會試五度不第，文廷式有〈念奴嬌〉
以相安慰：「十三年事，似波流電激，不堪重攬。幾度京華聯客
袂，幾度江鄉清讌。虎觀談經，麟臺奏賦，之子瀟湘彥。枯桑
海水，近來添入詩卷。　呼酒重話離情，簪花糝席，細雨孤鴻
遠。君自有琴彈不得，清廟明堂三嘆。巾卷充街，金絲在壁，
未信功名晚。幽蘭花發，風鳥特地徐轉。」見《雲起軒詞》，頁
19，趙鐵寒編：《文芸閣先生全集 (一)》，收入沈雲龍編：近代
中國史料叢刊續編 (臺北：文海出版社)，第 14 輯，第 131 冊。
推重皮錫瑞經學，詞意顯然。但《師伏堂詞》卻未有贈文廷式
詞作。

勸皮錫瑞勿講常州學與川學，寧爲此因。

　　廖平初入尊經書院，確是循張之洞教誨，研治學問。光緒 6 年（1880）以後，專事尋求經典大義，並及於先秦諸子。光緒 11 年（1885）經學初變，平分今古，光緒 13 年（1887）經學二變，尊今抑古。與此約略同期，張之洞分別於光緒 6 年、9 年（1883）、15 年（1889）三次當面告戒廖平：「風疾馬良，去道愈遠。」[10]然廖平經學何止二變，至六變而方止。張之洞勸戒，

---

[10] 光緒 6 年廖平赴京會試，張之洞任翰林院侍讀學士，廖平曾當面請業；光緒 9 年廖平再赴京會試，落第後轉往太原謁張之洞，時任山西巡撫；光緒 15 年，廖平中式，兩廣總督張之洞召赴廣州。三次均指摘廖平治學途徑。見廖宗澤：《六譯先生年譜》，〈光緒六年〉，〈光緒九年〉，〈光緒十五年〉條，廖幼平編：《廖季平年譜》（成都：巴蜀書社，1985 年 6 月），頁 23，28，45。梁啓超據此而云：「晚年受張之洞賄逼，復著書自駁，其人固不足道，然有爲之思想，受其影響，不可誣也。」見《清代學術概論·二十三》，頁 66，《中國近三百年學術史／清代學術概論》合刊本（臺北：里仁書局，1995 年 2 月），其後周予同承之：「後來受張之洞的賄逼，竟說今文是小統，古文是大統，以自相矛盾。」見《經今古文學·五·經今文學的復興》，朱維錚編：《周予同經學史論著選集》（上海：上海人民出版社，1996 年 7 月第 2 版），頁 17—22，引文見頁 21。目前並無文獻可資證明這一事件，且廖平學術多變，並不止於尊今抑古。廖平、康有爲對經古文學，態度其實大異，經學二變，廖平認爲劉歆竄亂古文經，但並未認爲劉歆僞造古文經，更未全部否定古文經典。廖平問題意識是融合周公、孔子所代表的文化精神，解釋經典制度、載事之異，進而以經典爲核心說明中國文化結構。即使

根本無效。推究原因，張之洞的經學思想，相當狹隘。漢學主
導知識領域，宋學僅在道德領域，與知識無關。漢學又以經學
爲核心，小學爲方法，整體學術風貌是乾嘉餘韻。然而從嘉慶、
道光以降，學風移步，不再限於經史考據。張之洞上規乾嘉，
其實頗有復古之意。其《讀經札記》二卷，盡皆考證名物之作。
以此背景，所以會說：「平生學術最惡《公羊》之學，每與學人
言，必力詆之。四十年前，已然謂爲亂臣賊子之資。至光緒中
年，果有奸人演《公羊》之說以煽亂，至今爲梗。」(《抱冰堂
弟子記》，《張之洞全集》，冊 12，卷 298，頁 10631) 並作〈駁
公羊大義悖謬者十四事〉、〈駁公羊文義最乖舛者十三事〉，具體
駁斥《公羊》學，要者如下：「隱元年，春王正月。《左》於傳
文加周，文義自明，而尊王之大義著。《公羊》以王爲文王，乃
用緯書文王改元受命之說，遂爲後世僭逆悖亂之禍首。」(《讀
經札記》，《張之洞全集》，冊 12，卷 279，頁 10039) 杜預注：
「隱公之始年，周王之正月也。」(《左傳正義》，卷 2，頁 5)
元年正月，僅是歷法的記載。何休注：「文王周始受命之王，…
故假以爲王法。」(《公羊傳解詁》，卷 1，頁 1) 這自是孔子假
以爲王法，已有寄託的意涵。由此引申，受命、改制、變法，
理所必至，勢所必然。所以張之洞才以「僭逆悖亂」稱之。又
云：「成周宣榭火。《左》曰：人火之也。《公羊》所見經文作災，

賄逼說成立，也僅能說是廖平人格的瑕疵，與其經學思想發展
無決定關係。黃開國也反對此說，以爲經學三變在張之洞威逼
之先，二變是在中國範圍內神化孔子，三變則擴展到全球，思
想一貫，見《廖平評傳》(南昌：百花洲文藝出版社，1993 年 8
月)，第 1 章，〈廖平的青少年時代〉，頁 1—41，引述見頁 10—
11。

而說之曰：新周也。邪逆之徒遂傅會爲《春秋》當新王之說。」
（《讀經札記》，頁 10040）《左傳·宣公十六年》云：「夏，成
周宣榭火，人火之也。凡火，人火曰火，天火曰災。」（《左傳
正義》，卷 24，頁 14）說明火災的性質，是人爲抑或天災。《公
羊傳·宣公十六年》：「成周宣榭災。何以書？記災也。外災不
書，此何以書？新周也。」何休注：「因天災中興之樂器，示周
不復興。」（《公羊傳解詁》，卷 16，頁 12）周既不復興，自有
新朝以接周後。由此引申，變法固是一新政局，但也可能是更
易朝代，所以張之洞以「邪逆之徒」當之。結論是：「哀平之際，
造讖益緯，以媚巨奸，於是非常可怪之論益多，如文王受命、
孔子稱王之類，此非七十子之說，乃秦、漢經生之說也。而說
《公羊》、《春秋》者爲尤甚。新周、王魯、以《春秋》當新王」
（《勸學篇·一·宗經第五》，《張之洞全集》，冊 12，卷 270，
頁 9721）去除受命改制、新周王魯，《公羊》學豈有可觀？

　　光緒 17 年（1891）《新學僞經考》刻成，朱一新閱後曾與
康有爲反覆辯論。對今古文之爭，朱一新採取維護六經的態度：
「自僞古文之說行，其毒中於人心，人心有一六經不可盡信之
意。好奇而寡識者，遂欲黜孔學而專立今文。夫人心何厭之有，
六經更二千年，忽以古文爲不足信，更歷千百年，又能必今文
之可信耶？」（〈答長孺第三書〉，《佩弦齋文存》，卷上，頁 16）
考辨經典眞僞，所引發的影響之一，就是懷疑經典，一旦啓懷
疑之風，經典在傳統所形成的權威地位，即開始動搖。經典傳
遞的價值規範、歷史事件，亦即所記載的文化意識，均須重新
檢證。朱一新最憂心者在此。所以才說今日疑古文，明日即疑
今文，古今文並疑，經典全完崩潰：「竊恐詆訐古人之不已，進
而疑經，疑經之不已，進而疑聖，至於疑聖，則其效可睹矣。」

（〈答長孺第三書〉，頁 16—17）[11]由疑經而疑聖，以聖人爲象徵的文化精神完全瓦解。遑論聖人整理經典抑或創造經典。並提出治經態度：「儒者治經，但當問義理之孰優，何暇問今古文之殊別。近人別今古文，特欲明漢人專家之學，非以古文爲不可從，必澌滅之而後也。」（〈答長孺第三書〉，頁 16—17）今古文之爭，是學派之異，不是眞僞之別。這與康有爲問題意識，迥不相侔。至於以義理爲判準基礎，又不同於乾嘉漢學。

既然觸及義理，朱一新採取極寬廣的態度，承認六經各有價值：「六經各有大義，亦各有微言，故十四博士各有家法。通三統者，《春秋》之旨，非所論於《詩》、《書》、《易》、《禮》、《論語》、《孝經》也。」（〈答康長孺書〉，頁 13）這意謂六經各有微言大義，《公羊》學只是諸經典微言大義之一；不能執持《公羊傳》以衡定其餘經典，更不能以《公羊》學規範經今文十四博士：「欲以《公羊》之偏論，變易《詩》、《書》、《禮》、《樂》，將使後人何所取信，學者何所持循？」（〈復長孺第四書〉，頁 20）《公羊》、《左傳》異同，朱一新承認《左傳》不傳經：「然漢儒斷斷爭辨者，但謂《左氏》不傳經，非謂其書之僞也。」（〈答康長孺書〉，頁 11）傳經與否與經典眞僞，不可相提並論。從不傳經推論經典爲僞，這是過度推理。《左傳》雖不傳經，但不能偏廢：「欲廢《左傳》，然《左傳》廢矣，《公》、《穀》之事實

---

[11] 顧頡剛就說他推翻古史的動機，是受了康有爲《孔子改制考》的影響，見《古史辨‧一‧序》（臺北：明倫出版社，1970 年 1月），頁 1—103，引述見頁 43，錢玄同則說將古文經打倒後，應再審查今文經的眞僞，見〈重論經今古文學問題—重印新學僞經考序〉，《新學僞經考》（北京：中華書局，1956 年 3 月），頁 383—462，引述見頁 390。

不詳，可使學者懸揣乎？」（〈答長孺第三書〉，頁 17—18）朱一新所在意者，其實不是《左傳》有否傳經，而是《左傳》偏廢，《左傳》所載的歷史隨之偏廢，古史有中斷之虞。[12]對《公羊》微言大義，朱一新持謹愼的態度：「孔子作《春秋》，變周文從殷質，爲百王大法，素王改制，言各有當，七十子口耳相傳，不敢著於竹帛，聖賢之愼蓋如此。」（〈答康長孺書〉，頁 13）維持一貫立場，力圖不作左右袒。變文從質，是建立一新朝代，這一新朝反省前朝之失，重開新的文化意識，以爲政權的精神基礎。而文與質就是文化的精神。革故鼎新隱約於其中。朱一新並不能贊同或理解[13]，所以又說：「《公羊》多有切於人事者，宜講明之。通三統之義，非後世所能行，辨之極精，亦仍無益。」（〈答康長孺書〉，頁 14）通三統是表示對前朝的禮敬，究其實際，若無革命，何來禮敬前朝？

　　由於對文質、三統執實而論，與《公羊》家以之爲託寓，大異其趣，是以對接文質、三統而下的變法改制，也與康有爲有異：「政之弊壞，乃行法者之失，非立法者之失也。今託於素王改制之文，以便推行其新法之實，無論改制出於緯書，未可盡信，即聖人果有是言，亦欲文質遞嬗，復三代聖王之舊制耳，

---

[12] 朱一新曾自述：「僕嘗旰衡近代學術，而竊有治經不如治史之歎。」見〈答康長孺書〉，《佩弦齋文存》，卷上，頁 14，《拙盦叢稿》，沈雲龍編：《近代中國史料叢刊初編》（臺北：文海出版社，1966 年），第 28 輯，第 272 冊。至其名著《無邪堂答問》，所論也以史學爲多。

[13] 朱一新並非不知《公羊》義理，以三科九旨而言，即以何休所說爲正解，不以孔廣森之說爲然，見《無邪堂答問》，卷 3，頁 16，《拙盦叢稿》。

豈用夷變夏之謂哉。」（〈復長孺第四書〉，頁 19）立法與執法、素王改制與推行新法，是其時現實政治的考慮或爭議。但文質遞嬗絕非復三代之古。《公羊》學整套理論，是根據往古，建立新朝。這就是《公羊》學最大特色，也是與其餘學者最大差異。改制說不但觸及政權更迭，也觸及文化更新：「有義理而後有制度，戎翟之制度，戎翟之義理所由寓也。義理殊斯風俗殊，風俗殊斯制度殊。今不揣其本，而漫云改制，制則改矣，將毋義理亦與之俱改乎？」（〈復長孺第四書〉，頁 21）朱一新確有所見，一套制度，背後自有創作、實踐此一制度的思想，從制度的變遷，最能見出思想的變遷。制度更易，思想自隨之更易。朱一新僅能接受制度更易，卻難以接受思想更易。這是一大困境，也是康有為倡導變法改制難以突破之處。

　　康有為答書，並未逾《新學偽經考》矩矱：「孔子作六經，為後世之統宗。今學博士，自戰國立，至後漢，正法凡五百年而息。朱子發明義理解經，行于元明及本朝，亦五百年而微。…直至道咸劉申受、陳卓人乃能以《繁露》、《白虎通》解《公羊》，始為知學。…條理既漸出，亦必有人恢張今學而大明之，以復孔子後學之緒，而因以明孔子之道者，亦所謂惟此時為然也。」（〈致朱蓉生書〉，蔣貴麟編：《南海先生與朱一新論學書牘》，《萬木草堂遺稿外編》，頁 810）這是說明經今文學統緒，對朱一新的質疑、《公羊》微言大義，均並未論及。至於變法改制所引發的義理制度之爭，康有為指出：「孔子之學，所以師表萬世者，更以道器兼包，本末並舉，不如諸子之各鳴一術也。」（〈致朱蓉生書〉，《萬木草堂遺稿外編》，頁 807）推尊孔子之學無所不包，視孔學為公理：「義理之公，因乎人心之自然，推之四海而皆準，則又何能變之哉？」（〈答朱蓉生書〉，《萬木草堂遺稿外編》，頁 819）孔學既兼包道器，又是依乎人心的公理，何來用

夷變夏之說？變法由器及道，康有爲不以爲這是中西之異，其
故在此。[14]

　　光緒 24 年（1898）張之洞撰《勸學篇》即爲批判康有爲而
作，該書分內外兩篇：「內篇務本，以正人心；外篇務通，以開
風氣。」（《勸學篇·序》）觀其外篇所說，重點在文化及各種實
業，文化在開啓民智、鼓勵遊學、廣立學堂、倡導翻譯、設立
報館；實業則是農工商礦及鐵路，次則重視軍事。期望以文化
和實業建設，自立自強。就此一部分而論，與康有爲略同。

　　不同之處，還是在內篇。大要有二：張之洞對《公羊傳》
不以爲然，指責新周、王魯、以《春秋》當新王之說爲非常可
怪之論，甚而說：「假如近儒《公羊》之說，是孔子作《春秋》
而亂臣賊子喜也。」（《勸學篇·一·宗經第五》，頁 9721）[15]又
云治《公羊》者只需讀孔廣森《公羊通義》。（《勸學篇·一·守
約第八》，頁 9728）《公羊》要義是在周的基礎上，建立新朝代，
這一理想以魯史爲具體展現，意義則呈現在《春秋》之中。所
以《公羊傳》不是歷史記載，而是理想寄託。經典性質、解經
方法，均不同於《左傳》。各據一理，確實難以調和。其次，則

---

[14] 從此一角度觀察，康有爲是以《公羊》三世爲一普遍規範，
消融西方文化於其中，與近代以西方文化爲普遍規律，研究中
國文化路向大異。

[15] 而據《左傳·宣公四年》：「弒君稱君，君無道也；稱臣，臣
之罪也。」皮錫瑞、文廷式則以爲：「《春秋》成而亂臣賊子喜
矣。」分見〈駁俞理初公羊傳及注論〉，《經訓書院自課文》（光
緒 19 年師伏堂刻本，師伏堂叢書，臺北：臺灣大學研究圖書館
藏），卷 3，頁 33；《讀書札記》，頁 20，趙鐵寒編：《文芸閣先
生全集（三）》。都以相同語言批判《公羊》或《左傳》。

是「舊學爲體，新學爲用」的思想，張之洞云：「四書、五經、中國史事、政書、地圖爲舊學，西政、西藝、西史爲新學。舊學爲體，新學爲用，不使偏廢。」西政是指學校、地理、度支、賦稅、武備、律例、勸工、通商；西藝是指算、繪、礦、醫、聲、光、化、電。而要政藝兼學，但是：「救時之計，謀國之方，政尤急於藝。」（《勸學篇‧一‧設學第三》，頁 9740）張之洞的變法主張，已從技藝改革到制度改革，超越王先謙、葉德輝等人，所以才自豪的說：「今之排斥變法者大率三等：一爲泥古之迂儒，…一爲苟安之俗吏，…一爲苛求之談士。」（《勸學篇‧二‧變法第七》，頁 9748）但分析張之洞制度層面改革，其實甚爲有限，勸工、通商，是其時共識；廣設學堂、認識世界，是時勢所趨；其餘則是專門知識的改革。康有爲三世說的政治制度、社會結構、公共文化等，根本不見於張之洞變法理論。此其一。張之洞以爲道器不同，康有爲則道器合一，中西衝突不顯，視野也較張之洞爲廣。此其二。三世說提出具體發展方向，對國史解釋效力，也較張之洞爲大，中體西用說實不如三世說。此其三。[16]

---

[16] 然而張之洞、康有爲相同之處亦多，最顯著的是張之洞強調智識的重要，與康有爲知識人性論略同；力主學習俄國、日本，也與康有爲日後著《俄彼得變政記》、《日本變政考》之說相同；張之洞又主張以佛道寺觀的費用移作興學之用，也與康有爲在變法期間上〈請飭各省改書院淫祠爲學堂摺〉略同；張倡導翻譯，有「譯西書不如譯東書」之說，與康有爲《日本書目志》相同，異同之處，也可說明新政與反新政之間有複雜的關係，不能以保守、進步畫分兩者。張之洞說參見《勸學篇‧二》，〈益智第一〉，〈遊學第二〉，〈設學第三〉，〈廣譯第五〉諸章，《張之

　　章太炎自述:「余始治經,獨求通訓故知典禮而已;及從兪先生遊,轉益精審,然終未窺大體。」兪樾治經,頗右今文,而章太炎則是:「古今文經說,余始終不能與彼(案:指康有爲)合也。」未窺大體,就是今古文經說之異。光緒 22 年(1896)所撰《春秋左傳讀》,即不以《公羊》說爲然之作。(章太炎:《太炎先生自定年譜・光緒二十二年》,頁 4—5,《章氏叢書》)[17]

洞全集》,第 12 冊(石家莊:河北人民出版社,1998 年 8 月)。
[17] 章太炎與康有爲等關係複雜,大致而言,經學若冰炭而政事有同異。光緒 23 年(1897),章太炎辭別兪樾主持的杭州詁經精舍,轉往上海任梁啓超主辦《時務報》撰述,但是:「與梁、麥諸子相遇,論及學派,輒如冰炭。」見〈致譚獻書〉,湯志鈞編:《章太炎政論選集》(北京:中華書局,1977 年 11 月),頁 14。未幾即回杭州另編《經世報》。光緒 24 年(1898)9 月,章太炎應日本友人之邀遊臺灣,光緒 25 年(1899)1 月 13 日於《臺灣日日新報》答覆他人質疑章、康異同時,章太炎說:「所與工部(案:指康有爲)論辨者特《左氏》、《公羊》門戶師法之間耳,至於黜周王魯、改制革命,則亦未嘗少異也。」自注:「余紬繹周秦、西漢諸書,知《左氏》大義與此數語吻合。」見湯志鈞:《近代經學與政治》(北京:中華書局,1989 年 8 月),第 7 章,〈革政與革命〉,頁 246—325,引文見頁 270。在變法思想同情康有爲、梁啓超;但在經學思想,則有所分歧。同年 10 月作〈翼教叢編書後〉,一開始即指出:「是書駁氏經說,未嘗不中窾要,而必牽涉政變以爲言,則自成其瘕宥而已。」有意區別經說與政事,又說:「且說經之是非,與其行事,固不必同。」《章太炎政論選集》,頁 96。非議康有爲經說,但支持康有爲變法之意顯然。同年 12 月作〈今古文辨義〉,明言是反駁

　　《春秋左傳讀敘錄》雖針對劉逢祿《左氏春秋考證》而發，
而具體情境卻是對晚清《公羊》學派。章太炎力圖證明《左傳》
傳《春秋》，傳《春秋》的方式是詳載史事。這正是《公羊》與
《左傳》爭議核心，義與事之間孰重孰輕。《公羊》、《左傳》年
代先後、作者年里、典籍眞僞，都圍繞此一核心問題展開。劉
逢祿從正面說明：「《春秋》非史文，言《左氏》者以史文視《春
秋》，宜其失義也。」《春秋》與《左傳》性質不同，即史文與
非史文的區別；又從反面說明《公羊》性質：「…以經自有始元
終麟，非記事之史也。」《公羊》既非記事，顯然是載義。惟有
董仲舒知此義：「…以夫子所云其義則丘竊取之者，在漢獨有董
生知其說也。」並從旁證說明：「班氏以史論《左氏》，知《左
氏》者也。」確定《左傳》是史書。（《左氏春秋考證》，卷1295，
頁9，1，11，影印皇清經解春秋類彙編第2冊）《春秋》—《公
羊》—董仲舒，是劉逢祿《春秋》學系譜。《左傳》既已在《春
秋》學之外，就此而言，《左傳》眞僞，並不重要。
　　章太炎反駁：「然則《春秋》義經而體史，若云非史，則《詩》
亦非樂章，《易》亦非筮辭也。」雙方爭論焦點是《左傳》傳經
問題。並以《詩》有樂章性質、《易》有卜筮性質爲證。但以《詩》、

廖平之說，但該文內容與康有爲相關，且文末特別聲明：「若夫
經術文奸之士，藉攻擊廖士以攻擊政黨者，則坎井之鼃，吾弗
敢知也。」《章太炎政論選集》，頁115。與〈翼教叢編書後〉
合觀，章太炎不滿康有爲經說，但又不欲於此時落井下石，攻
擊康黨，所以藉批評廖平，表明對變法期間經今文學的看法。
光緒23年讀王夫之《黃書》，革命思想萌芽，至光緒25年識孫
中山於日本橫濱，革命思想才確定，從此與康有爲等君憲思想
分途。

《易》爲喻，並不恰當。《詩》自有樂章性質，但漢儒解《詩》，
即如鄭玄，亦以託寓解釋，說明人倫、政治的關係；《周易》亦
然，卜筮功能不顯，反而是藉以說明宇宙形成、結構、發展，
人與宇宙的關係等。事件本身與原始功能在解經過程中，逐漸
弱化。《公羊》解《春秋》，董仲舒、何休解《公羊》，基本也是
此一方向。《左傳》則不然，詳究史事，向來就是《左傳》學傳
統。以此爲喻，勢須重定《左傳》作爲經典的性質，「義經而體
史」是章太炎所提最重要觀念。體裁是史，意義是經；形式是
史，內容是經；性質是史，價值是經。這是經史合一。章太炎
上溯《漢書・藝文志》，指出：「古者經史本非異業。」經史同
源，較偏取其一者爲高。所以暗諷胡毋生、董仲舒：「此謂臆斷
之儒但說其義，未詳其事也。」陳說經義未必爲非，但以臆斷
陳說經義，則必爲非。於是《公羊》學者所推重的董仲舒，於
《春秋》譜系中，地位已不如已往。經史同源，也見諸班固作
《漢書》：「班作《漢書》，而追本於《左氏》，亦猶楊雄作《太
玄》，追本於《易》，班固作《兩都賦》，追本於成、康頌聲。原
流相因，自難強生分別。彼謂經自爲經，史自爲史者，尚有非
之心邪？」經史原本是一，後代區分爲二，執持其一，均未能
見到全貌。(《春秋左傳讀敘錄》，頁 845，815，816，852，《章
太炎全集（二）》從史窺經，從事件見出意義，這才是章太炎眞
意之所在。[18]

---

[18] 至於章太炎所作〈今古文辨義〉內容如下：章太炎綜合廖平
意見，大抵有五：六經皆無缺；六經爲孔子所撰；堯舜禹湯並
無其事；《左氏》是今學，大旨與《公》、《穀》同；諸子皆宗孔
子，見《章太炎政論選集》，頁 108。除《左傳》是今學與康有
爲不合外，餘皆可在《新學僞經考》及《孔子改制考》中得見。

劉師培於光緒 31 年（1905）起至民國 5 年（1916）止，發表相關《左傳》研究約十五篇。劉師培指出，《韓非子》、《呂氏春秋》即已傳述《左傳》；西漢諸帝即引用《左傳》傳文，諸儒亦兼通《左傳》，是以《左傳》於西漢業已盛行。（〈周季諸子述左傳考〉，〈左氏學行於西漢考〉，《左盦集》，卷 2，頁 6—7，8

章太炎說廖平以爲秦焚書不及博士，所以六經皆全，但秦博士除伏生通《書》外，餘皆備顧問，不如漢代博士皆爲經師；且經項羽焚咸陽，博士所藏之書，也很難留傳；孔子自是聖人，但不必以制作六經明其聖，其過於堯舜，是在性分，不專在制作；堯舜之事是孔子所託，根據此一理論，也可說孔子之事是漢儒所造，漢儒所說又可說是劉歆所造；墨子即專與孔子立異，如何能說諸子同宗孔子？經今文學家往往強調今學有師法，古學無傳承，章太炎反駁說同爲今學，而立十四博士，師法即已不同，否則只需立五師博士即可。就章太炎所說，除博士究竟爲顧問抑或經師尚待討論外，其餘確是經今文家立論之失。尤其是章太炎提出孔子之聖在性分不在制作，提供了重新討論孔子性格的領域。其中問題是制作六經、變法改制，固然可稱爲聖人，但聖人是否必須是制作六經、變法改制？康有爲將兩者等同，不多也不少，引發對孔子性格的爭議，從此處也可知康有爲所以如此認定孔子，確有時代因素。至於僞託說之弊，朱一新與章太炎所見相同。章太炎的反駁，最爲雋妙，可稱爲入室操戈。然而朱、章所說，均在日後成爲事實。群經大義只以《公羊》爲斷，朱一新說如此只須立一經；五經各有師法，章太炎說如此只須立五師，說甚相似，提供了群經相互關係的課題，也說明經學內部的複雜性，執一爲說，實無法含蓋整體經學。

—12，《劉申叔先生遺書》，第 3 冊，頁 1447—1448，1448—1450）引用大量文獻以資為證，破除劉歆偽造《左傳》之說。《左傳》既非偽造，與三傳的關係是：「《春秋》又即本國近世史也。雖然，以史教民，課本所舉，僅及大綱。而講演之時，或旁徵事實，以廣見聞；或判斷是非，以資尚論。時門人七十，弟子三千，各記所聞，以供參考。而所記之語，復各不同，或詳故事，或舉微言，故有《左氏》、《公羊》、《穀梁》之學。然溯厥源流，咸為仲尼所口述，惟所記各有所偏，亦所記各有詳略耳。」（〈讀左札記〉，頁 7，《劉申叔先生遺書》，第 1 冊，頁 352）《春秋》是近世史，講演者旁徵事實，判斷是非；記聞者或詳故事，或舉微言，所以演成三傳。看似平論三傳，無所軒輊，其實與《公羊》學者，距離頗大。雖然劉師培也強調《左傳》民權觀念與《公羊》無異（〈讀左札記〉，頁 3，《劉申叔先生遺書》，第 1冊，頁 350），這一論式是《公羊》所有、《左傳》亦有的論證模式，證明《左傳》的價值，預設以《公羊》學為最高判準。但是對《春秋》性質的異見，注定與《公羊》學分途。《公羊》學者以為《春秋》是孔子所作，《公》、《左》二家所同；《春秋》為孔子寄寓之作，垂法將來，惟《公羊》得其義，《公》、《左》二家所異。

　　劉師培承認素王亦為二家所共同：「杜序約《左氏》舊說，亦謂仲尼自衛反魯，修《春秋》立素王，是素王之說，《公羊》同。惟古經弗云改制，亦無新周、王魯、為漢制法之文。」（《春秋左氏傳古例詮微·明作篇第五》，頁 5，《劉申叔先生遺書》，第 1 冊，頁 391）但否認孔子改制說。新周、王魯、為漢制法，是《公羊》學者所稱微言，也是孔子制作《春秋》的基本理論，否定此點，無異否定整個《公羊》學。問題關鍵，還是在對《春秋》性質的認定。劉師培以為《春秋》是史，演化為三傳，只

是講者講述、記者記載不同；康有爲卻認爲《春秋》是經，從
史事以取義，隱藏孔子整體價值體系，規範後世。讀者即應從
經典逆探此義，以爲現世張本。劉師培又以爲：「《春秋》一書，
援古制以匡今失，能得先王制法之心也。惟所言皆先王之制，
故所舉之事，均用史冊舊文，而加以褒貶。」（〈孔子作春秋說〉，
《左盦集》，卷 2，頁 2— 3，《劉申叔先生遺書》，第 3 冊，頁
1445—1446）援古匡今，《春秋》僅有褒貶功能，不能預於實際
政事。康有爲則認爲《春秋》提供受命改制的神聖基礎，所改
之制，隨時代變，不可拘古。由於援古匡今，勢須先理解古事
古制；由於隨時代變，所以重視制度更迭。前者從褒貶走向考
古，後者從改制走向變法。前者偏於學術，後者偏於政事。[19]

---

[19] 至於劉師培對今古文見解，見光緒 32 年（1906）所撰〈漢代
古文學辨誣〉，大要是是今古文之分，是由於後儒立說之歧，並
非孔子訂經之時，即含有今古兩派；然而後代爲何有今古兩派？
劉師培云古經本同一源，本子互異，是因傳寫訛誤，後儒又望
文生訓，致立說分歧。此說並未解決問題，既是經文傳寫訛誤，
則定何者爲眞，成爲首要課題，眞僞之間，爭議必定激烈，何
況康有爲《新學僞經考》就以相同理念處理類似問題；其次，
後儒既是望文生訓，也存在眞僞問題，文字眞僞再夾纏學說眞
僞，極難確定其中眞相；第三，韓非就曾說孔子之後，儒分爲
八（《韓非子·顯學》），荀子也分儒者爲子張氏之賤儒、子夏氏
之賤儒、子游氏之賤儒（《荀子·非十二子》），其時並無今古文
問題，然而孔門後學已有不同，孔子確未分立兩派，但在漢代
經今古文學爭議之前，孔學即已有不同的發展方向。問題重點
仍是對孔子認知有異。見《左盦外集》，頁 1—40，《劉申叔先
生遺書》（臺北：華世出版社，1975 年 4 月），第 3 冊。劉師培

　　康有為與諸人爭議，導出：重新探究孔子、重新論定經學、由論經轉向考史。然而前二者正是康有為承清代經學發展所作的工作。康有為重新衡定孔子與經學，卻引發了另一波討論孔學的風潮，康有為懷疑古文經，指責前代儒者未能理解孔學，後人又懷疑康有為學說，訂定今文經的眞僞，重新衡量康有為所說的孔子。考史路向則分爲二：一是疑古，全面推翻古史，走向反傳統之路；一是釋古，重建古史。康有為反傳統，卻是從更古的傳統獲得資源，古史辨派反傳統，則從康有為啓發而來；章太炎、劉師培、王國維等學者[20]，也是與康有為爭論中，

一如朱一新、章太炎，認爲懷疑古文經的結果，不僅廢古文經，且破壞古文經中的信史結構，「非惟經學之厄，亦且中國史學之一大厄矣。」劉師培更明白指出疑經終會走向疑史，其見甚高。
[20] 王國維對今古文見解，見民國 6 年（1917）所撰〈漢代古文考〉九篇，首先說明先秦古文分爲兩大系統：一爲秦國籀文，爲西方文字；一爲六國古文，爲東方文字；兩者俱出於殷周古文。其次指出《史記》古文爲先秦六國遺書，《漢書》古文爲孔子壁中書、鼎彝文字，《說文解字》古文爲漢時所存先秦文字，魏晉之間，與通行隸書相異的文字，通稱爲科斗文字。第三，指出古文意義的演變，漢初稱六國文字爲古文，其後古文成爲書體的專稱，最後成爲學派名稱。第四，古文經源自秦石室金匱之書、孔壁書及河間獻王書。見《觀堂集林》卷 7，頁 293—302 趙萬里編：《海寧王靜安先生遺書》（臺北：臺灣商務印書館，1979 年），第 1 冊。王國維將古文來源作清楚考證，從文字中可以得知歷史從殷周至漢，一脈相傳；古文學派承自先秦遺書，源於文字之異，成於說解之別，也較劉師培望文生訓說爲合理。王國維最大貢獻是彌補了因託古說而來的歷史斷裂危

走向與古史辨派不同的道路。傳統與反傳統之間，不止是橫向
對立，還有縱向繼承的關係。

第四節　儒生與教主

　　光緒 23 年（1897），梁啓超作〈復友人論保教書〉，其時梁
啓超以孔爲教，一如康有爲，欲以孔教規範政治社會：「國受範
於教。」（《飲冰室文集之三》，頁 10，冊 2）梁啓超之失一如康
有爲，聖人固以教化治民，但教化是否必須以宗教形式存在？
光緒 28 年（1902）梁啓超一反其前見解，作〈保教非所以尊孔
論〉，以爲宗教是：「所謂宗教者，專指迷信宗仰而言」，其要不
過「起信」與「伏魔」，起信則禁止懷疑，伏魔則持門戶以排外，
孔子之教正與此相反，所以孔子是哲學家、經世家、教育家，
而非宗教家：「夫不爲宗教家，何損於孔子也。」（俱見《飲冰
室文集之九》，頁 52，冊 4）

　　由於梁啓超視宗教爲迷信，所以斷定宗教在科學日益昌明、
思想日見自由的時代，必會逐漸衰頹，以孔教爲國教，一則混
淆政治與宗教的權限，一則束縛國民思想。梁啓超並說自漢以
來孔子變爲董仲舒、何休，變爲馬融（東漢章帝建初 4 年—東
漢桓帝延熹 9 年，79—166）、鄭玄，變爲韓愈（唐代宗大曆 3
年—唐穆宗長慶 4 年，768—824）、歐陽修（北宋眞宗景德 4 年
—北宋神宗熙寧 5 年，1007—1072）、變爲程頤（北宋仁宗明道
2 年—北宋徽宗大觀 1 年，1033—1107）、朱子，變爲紀昀（雍
正 2 年—嘉慶 10 年，1724—1805）、阮元，這些都限制學者思

機。

想，不能別開生面，孔子之爲孔子，正在思想自由。(《飲冰室
文集之九》，頁 53—55，冊 4）孔子之義，有萬世不易，也有與
時推移，「吾愛孔子，吾尤愛眞理」，應羅列古今中外學術，取
舍之間，以曲直爲斷。(《飲冰室文集之九》，頁 58，59，56，
冊 4）

　　梁啓超認爲孔子不爲宗教家，無損孔子地位，最能擊中康
有爲要害；分政治宗教爲二，也能去除康有爲之弊。梁啓超又
認爲孔子變爲董仲舒、何休等，是限制學者思想，於是前代學
者之說，俱不可信，孔子學術仍待討論，梁啓超雖推尊孔子，
但至此時，孔子已成爲研究對象，兼以眞理在孔子之上，孔子
神聖地位，已然滑落。梁啓超如同康有爲，推尊孔子的結果，
卻造成疑孔的局面。

　　光緒 30 年（1904）劉師培作〈論孔教與中國政治無涉〉，
光緒 32 年〈1906〉，再作〈論孔子無改制之事〉，兩文均批判康
有爲孔教說。綜觀其理論，一在指出孔子之前中國已有宗教，
分爲多神、拜物、祀先（〈論孔教與中國政治無涉〉，《左盦外集》，
卷 9，頁 1，《劉申叔先生遺書》，第 3 冊，頁 1745）；其次是孔
子之教，指教化與教育，以宗教視孔子之學，始於東漢，盛於
六朝，至明李贄「三教同源」說，孔子成爲教主；以素王當孔
子，出於讖緯，本於神權思想，前此無徵（〈論孔子無改制之事〉，
《左盦外集》，卷 5，頁 11—12，8，《劉申叔先生遺書》，第 3
冊，頁 1640—1641，1639）康有爲以孔子及諸子創教爲說，確
實忽略初民宗教信仰；其孔教之教，也介於學說與宗教之間，
兩者無法明確畫分；康有爲理論，未臻嚴密。

　　至於改制之說，主要問題是經典所載制度紛雜，後學無所
適從，康有爲以孔子改制立法，解決典制不一的困擾。劉師培
則解釋古代典制紛雜之因：周代頒行之制，未必普行於列國，

列國之制，有用周制，有用古制；周代制度，前後不同；列國
又更改古制；古代之制，因時、因地、因事而有不同；孔門後
學，聞見有詳略異同，所以傳經派別，也各自不同。(〈論孔子
無改制之事〉，《左盦外集》，卷 5，頁 1—3，《劉申叔先生遺書》，
第 3 冊，頁 1635—1636) 劉師培此說，一可回答康有爲經典異
制的疑問，二可反駁康有爲諸子各立制度的見解。更重要的是
此說已指出古代文化狀況，因時地而異，而非後人所想是單線
相傳，引發中國文化一元或多元的研究。

　　孔子既非教主，也無改制之事，孔子之學究竟爲何？劉師
培引《說文》：「儒，柔也，術士之稱。」孔子之學即古代術士
之學，術士以六藝爲學，所以六藝也稱爲儒書，儒家本六藝之
說而以求用爲目的。六藝則是先王陳跡，用以教民。然而本先
王陳跡以爲說者，又不止儒家，因此劉師培續云孔子之學僅周
季一學派，儒家與諸子並列九流。(〈論孔子無改制之事〉，《左
盦外集》，卷 5，頁 13—16，8，《劉申叔先生遺書》，第 3 冊，
頁 1641—1643) 歷代儒家地位尊崇，是因著述浩繁，弟子眾多
及帝王表彰的結果。劉師培最後結論：「居今日而欲導民，宜革
中國之神教，而歸孔學於九流之一耳。」(〈論孔教與中國政治
無涉〉，《左盦外集》，卷 9，頁 3，《劉申叔先生遺書》，第 3 冊，
頁 1746)

　　劉師培的理論，一則導出古代文化的研究，二則回復孔子
及儒家原本面貌。康有爲以孔教救國，劉師培正好相反，則關
係兩人的宗教觀念。劉師培視宗教爲神道(梁啓超、章太炎亦
然)，既爲神道，必有其不可徵驗的神跡，在劉、梁、章諸氏眼
中，相信此神跡，無異於迷信，以迷信視孔子，豈能提高孔子
地位？爲了維護孔子地位，神道思想只能抑制，絕不能增長。
此所以諸氏力反康有爲孔教說。然而詭譎的是，孔子及儒家，

不但未能保持以往地位，反而日益啓人疑竇，由尊孔而反孔，
反孔正由尊孔而來。

民國 2 年（1913），康有爲再度倡議建立孔教，於《不忍》
雜誌發表〈以孔教爲國教配天議〉、〈孔教會敘〉等文；章太炎
則撰〈駁建立孔教議〉反駁。康有爲之意，在民國成立後，政
局紛亂，紛亂之因，則在風俗道德，欲挽狂瀾，非建立孔教以
指導風俗民心；次則一本前說，孔學精義在三世，據三世理論，
可導引中國至太平世；其方式是模仿基督教（見《康南海文集》，
頁 61，63，67）。章太炎則認爲「宗教至鄙」，只有遠古愚民行
之，所以如此，在於宗教是鬼神迂怪之談，孔子不語神怪，未
能事鬼，豈能以此建立孔教？章太炎並指出孔子：「所以爲中國
斗杓者，在制歷史、布文籍、振學術、平階級而已。」孔子於
中國：「爲保民開化之宗，不爲教主。」（湯志鈞編：《章太炎政
論選集》頁 688，690，692）比較二氏之異，三世理論不計，
康有爲言之有理，然而孔教終不能成者，在於康有爲與諸家宗
教觀互異，也未考慮到儒學即使具有宗教性格，仍與宗教不同，
強彼施此，招致反擊，其來有自。

康有爲與諸家爭論孔教，一如爭論經今古文，引出孔子及
儒家的討論，帶動古史研究新方向；更甚者是孔子地位，日漸
貶抑：梁啓超置眞理於孔子之上，孔子已不再是眞理衡定者，
而是爲眞理所衡定；劉師培、章太炎去除孔教的神道色彩，回
復孔子原貌，卻造成日後學者懷疑儒學。

第五節　民權與君權

康有爲弟子在湖南實施新政之初，非但未受阻撓，且甚受
各方支持，然而不久即遭湖南士紳猛烈攻擊，直至戊戌政變，

方告結束。考其原因，並不在新政諸措施，張之洞在政變前即說：「排斥變法者，大率三等，一爲泥古之迂儒，…一爲苟安之俗吏，…一爲苛求之談士。」政變之後，葉德輝則說：「今又以康、梁之故，使天下譁然不敢言新，恐終難收自強之效。」（〈葉吏部與俞恪士觀察書〉，《翼教叢編》，卷6，頁33）未拒斥新政，還可從《勸學篇》及《翼教叢編》內容中見出，前者力倡新政，後者根本未攻擊新政。

問題的癥結，在於康有爲的孔教說。然則孔教說何以涉及政治？這可從梁啓超於光緒27年（1901）所作《康南海傳》見出，梁啓超述康有爲見解：「先生於耶教，亦獨有所見。以爲耶教言靈魂界之事，其圓滿不如佛；言人間世之事，其精備不如孔子。然其所長者在直捷、在專純，單標一義，深切著明：曰人類同胞也，曰人類平等也，皆上原於眞理，下切於實用，於救衆生，最有效焉。」（《南海康先生傳》，第6章，〈宗教家之康南海〉，《飲冰室文集之六》，頁70，冊3），康有爲引基督教義，用於孔子學說，倡導「人類同胞」、「人類平等」，就字面而言，並無不妥，但究其實質，人人平等之說，是根據人類同出於「天父」，如此彌平了人類一切的等差，在宗教領域內並無問題，問題在康有爲門人將之推於政治領域，以此作爲民權的理論基礎；如果以此理論再進入到倫理領域，勢必破壞社會及家庭結構。這並非杞人憂天，康有爲三世理想，其文化狀況即有無夫婦一項。

此種局面，豈能爲湖南士紳所容忍？張之洞就指責法可變：「不可變者，倫紀也，非法制也；聖道也，非器械也；心術也，非工藝也。」（《勸學篇·二·變法第七》，頁9747），並提出三綱之說，以爲抗衡，且舉證說西方自有其君臣、父子、夫婦之倫。（《勸學篇·一·明綱第三》，頁9715）就此點而言，張之

洞並非有任何保守處，而是對傳統倫理懷有憂懼，倫理結構破
壞後，其結果是社會崩潰。葉德輝也說：「蓋聖人之教，先之以
人倫，而以神道輔其不及；耶穌之教，先儡之以鬼神，抑倫理
於後。」（〈葉吏部與南學會皮鹿門孝廉書〉，《翼教叢編》卷6，
頁 21）尊尊親親之說，先以人倫之教，就重在政治階層與人倫
等差，彌平這些差異，在湖南仕紳看來，無異於墨子，所以王
先謙痛責康梁：「專以無父無君之邪說教人。」（〈王祭酒與吳生
學兢書〉，《翼教叢編》，卷6，頁9）以無父無君責康梁，在《翼
教叢編》中觸處皆是，君權與民權的爭議，核心是倫理觀的差
異，就此而論，康有爲援基督入孔教，確有不當。[21]

然而即使康有爲不以此方法宣傳民權，張之洞等人仍不會
接受。此則涉及社會觀。張之洞曾說：「變法者，朝廷之事也，
何爲而與士民言？曰：不然。法之變與不變，操於國家之權，
而實成於士民之心志議論。」（《勸學篇·二·變法第七》，頁9746）
表面上看，似是與士民共倡變法，實際上是權力在上，士民只
是共同完成。對議院的看法，可清楚顯現張之洞見解：「考外洋
民權說之由來，其意不過曰：國有議院，民間可以發公論、達
衆情而已。但欲民申其情，非欲民攬其權。譯者變其文曰民權，
誤矣。」（《勸學篇·一·正權第六》，頁9722）葉德輝則說：「蓋
憂時之君子，未有不知法之宜變者，惟是朝廷不言而草茅言之，
未免近於亂政。」（〈葉吏部與兪恪士觀察書〉，《翼教叢編》，卷

---

[21] 呂實強指出人人平等，是在上帝面前而言，並非人與人之間，
愛無差等，但這項觀念，難爲中國士大夫接受，成爲教案發生
的原因，見《中國官紳反教的原因》（臺北：中央研究院近代史
研究所專刊之十六，1985 年 2 月 3 版），第 1 章，〈儒家傳統與
反教〉，頁 12—60，引述見頁 30。

6，頁 33）湘省士紳也說：「治天下者，大權不可以旁落，何況下移於民乎？所宜通者，惟上下之情耳。」（〈邵陽士民驅逐亂民樊錐告白〉，《翼教叢編》，卷 5，頁 4）草茅不可言變法，權力不可移於民眾，然而葉德輝、王先謙等人，何以能言變法？與其說是推尊君權，不如說是重視紳權，亦即國家大政，是國君與士大夫共理，細民只能遵從，但須通上下之情。葉德輝等人持「社會菁英觀」，以社會菁英治國理政。

　　康有為則不然，倡導公共文化，建立公民意識，所持是「社會大眾觀」，欲與全國士民共理國政，雖然康有為也自知這不是一蹴可及之事，須從普及教育開始，才有可能達成此一目標，然而兩者畢竟不同，發生衝突，也在所難免。

　　《翼教叢編》派與康有為差異，一在倫理觀，前者堅持等差之別，後者以人人平等為教；一在社會觀，前者持社會菁英觀，後者持社會大眾觀。將兩者置於文化傳統下觀察，康有為之說，有悖離中國文化傳統處，葉德輝等人以正統自居，批判康有為，殆非無故。

　　另一為人批判的政治立場，即康有為對革命的態度。光緒 28 年（1902），康有為作〈答南北美洲諸華僑論中國只可行立憲不可行革命書〉，反對革命。其正面理論是根據《公羊》三世說，由君主專制、君民共治到民主平等，須循序漸進，不可躐等，理由是中國政俗民心由來已久，遽行革命，無所適從；其次是從歐洲歷史得知革命之慘酷，且歐洲除法國為民主政體外，餘皆為君主政體，但無損於民權；第三，政治改革以爭取自由自主為要，君主民主俱為虛位；第四，戊戌變法已有成效，但為西后、榮祿所阻，一旦光緒復辟，以專制之君權變法，以公議之民權守成，最為有效，且不必經過革命的糜爛。（見《不幸而言中不聽則國亡》，頁 54，53，56，70）

　　康有爲接著指出革命說之弊，一在革命者倡導自立，但中國行政體系嚴密，由中央到郡縣，層層轄制，無從自立；美洲諸國自立，是因歐洲距離過遠，鞭長莫及，歐洲諸國自立，是因宗教不同，中國並不存在這種狀況；且自立後，十八行省變爲十八國，外無以禦歐美侵略，內足以啓各省相爭。二在革命者欲以雷霆之力，掃蕩舊俗，康有爲則認爲舊俗未必爲非，有所取舍，較惟新是求、惟異是尙爲要。三在革命者以滿洲爲敵，康有爲則說國史民族融合，無從檢別漢族、非漢族，且夷夏之別，出自《春秋》，以禮儀爲主，不以種族爲界。(見《不幸而言中不聽則國亡》，頁 72—76，82，84—85)

　　次年（光緒 29 年，1903）章太炎作〈駁康有爲論革命書〉，指出革命固然慘酷，流血成河，死人如麻，但觀歐洲爭取立憲民權的歷史，何嘗不然？既然中國舊俗俱在，何以只可行立憲而不可行革命？啓迪民智，正有賴革命以開之。光緒帝受制於西后猶有可說，但庚子事變，可以脫離西后，行至南方與之分庭抗禮，而光緒不爲，適足以證明其居皇帝虛名，豈能賴以變法？且以君權變法，就是君權專制而非立憲。(《章太炎政論選集》，頁 201—2*03)

　　章太炎並認爲割據而有自由，猶愈於名實不副的立憲。立基於民族主義，則是章太炎全文重點。章太炎指出中國固有不同種族，但皆歸化漢族，滿族不僅未歸化漢族，且陵制漢族，尊事孔子，奉行儒術，只是其南面之術，愚民之計。曾、左、李、胡，勳業蓋世，也僅是位在藩鎭，未參內政。至於滿洲立憲，上議院可否決下議院定案，而上議院則是皇室、貴族與僧侶，漢族無所謂政權可言。康有爲反對革命，一是爲光緒之私誼，忘卻漢族之公仇，二是爲本身名位著想。(《章太炎政論選集》，頁 205，195，197，200，208)

康有爲重在避免流血革命，所指陳者在將來；章太炎重在
爭取漢人政權，所駁斥者在目前。以歷史背景論，戊戌政變後，
又有義和團事件，招致八國聯軍攻入北京；日本蘇俄以東北爲
戰場，爭奪在華利益，最後兩國聯手瓜分東北；章太炎革命救
國論，確能影響人心，清廷虛有其表的立憲運動，也證明章太
炎所說，較符實際。以歷史發展論，辛亥革命後，中國果然陷
入分裂局面，列強干預也與日加深；對傳統文化批判則日益激
烈，康有爲判斷，顯然無誤。

民國 6 年（1917），康有爲參與復辟，倡導讀經，認爲孔教
微絕，人民不知爲何國之民，家國政治也茫無是非。（《丁巳要
件手稿·讀經》，頁 10）；民國 24 年（1935），抗日前夕，章太
炎演講〈論讀經有利而無弊〉，認爲救國之道，舍讀經莫由，讀
經之要，在保持國性。（《章太炎政論選集》，頁 863，868）取
徑仍異，但從經典中反省時代問題則同。

康梁倡人人平等，根源在孔教說；康有爲反對革命，依據
在三世說。前者理想遠大，卻不符傳統；後者眼光準確，卻不
符實際。前者招致湘省士紳反對；後者招致革命黨人批判。

結論

一、皮錫瑞、廖平、康有爲公羊學

（一）皮錫瑞公羊學

　　皮錫瑞一生困於科甲，屢試不售，不能一第，遂成最大憾事。但對本身學問，卻甚爲自負。雖然難免自哀自憐，而此哀憐，是傳統知識分子科舉不第的自我憂傷，以文字干祿所遇到的困境。所以感嘆世路難行，仕途狹窄。嘗作〈擬行路難〉，但是與六朝〈行路難〉相較，偏重立功名於當世的抒發，較缺乏對存在本質的反省，於是想要逃離世網，但又沉陷於英雄名利，最後只能承認根本未能逃離世網，自外人群，回到世俗，面對世俗價值，以名山著述自期，但著述非在自娛，而是懷抱淑世理想。（第一章第一節）

　　皮錫瑞治經，善於考定名物制度，並結合歷史變遷，尋求理想，以爲典型在夙昔，三代制度，即是理想所在。考定名物制度，背後隱藏寄託。所以強調治學在得之於心，以生命主體，承擔國家責任；但此一承擔，並非空談，而要能施之於世；欲施之於世，必須有一具體可行方案，於是又須探究制度。除了描述歷代制度外，更重在分析朝代興衰的原因。這是制度／意義的研究。研究如《尚書》即強調此一進路，考定制度與史事的眞相，再推究制度與史事背後的意義。又鄭玄治經，最終仍在探究聖人之意，禮是鄭學，研治鄭玄，自是應有之義。而且禮本身即有強烈的經世內容。皮錫瑞以爲鄭玄禮學，不僅有學術意義，更有經世價值。經學史觀，也反映這一思路。從漢末至明代經學發展，是一由盛而衰的歷史，這一過程以西漢今文學爲經學正統，鄭玄糅合今古，正統雖不已純，但仍有今文學

餘緒；南北學分立，鄭是北學，後併入南學，鄭學浸微；宋人疑古，不信漢學，至斯以降，經學衰微已極。惟清儒能傳承漢學。從日漸消沉，到衰極復盛，彼端是孔子，此端是清儒，遙遙相對，研經目的是追求孔子眞義。（第二章第一節）

　　皮錫瑞經學思想，即以孔子爲素王、微言大義、通經致用爲核心。惟有《公羊傳》方知素王之義，微言大義則是改制立法，經今文學在漢代曾發生實際效用。於是《公羊》學成爲孔學正統。但是孔子素王、定制立法、三世理想等，無法從《公羊傳》直接讀出，皮錫瑞提出以借事明義的方法解釋經典，亦即借著褒貶歷史人物及事件，說明《公羊》作者所寄寓的理想。而這些意義，均須明見於《公羊傳》。即使《公羊傳》所無，也須見諸董仲舒《春秋繁露》、何休《春秋公羊傳解詁》。《公羊傳》雖無明文，董仲舒、何休卻能得知，關鍵在口傳大義。口傳大義的缺口一開，任何理論均可假借此一觀念進入《公羊》學的世界。借事所明之義，本即與讀者存在感受有密切關連，加之以口傳大義的觀念，形成《公羊》詮釋學對讀者開放的現象，因而整部《公羊傳》充滿各種意義。（第三章第一節）

　　皮錫瑞指出今古文均傳述孔門之學，只是說解不同，而非版本不明、學者僞造。正因儒者未能跟從最初經說，所以才導致日後經說紛歧。經典的存在端視本義能否掌握，師說則是經典本義的惟一判準，無師說的經典，不僅在於其說解不可相信，更在於經典本身無存在的價值。今古文之爭，已從文字不同，完全演變爲說解不同。是以皮錫瑞對劉歆的評論，不同於其前的劉逢祿、其後的康有爲，劉歆在經學史的地位，並不是僞造群經，而是另創說解。古文學只重訓詁章句，微言大義不講，聖經宗旨即不彰，微言大義等同於聖經宗旨。皮錫瑞雖云六經皆有微言大義，詳究其實，僅能在《春秋》中尋得，更嚴格而

言，僅能在《公羊傳》求得。所以微言大義、口授師傳、聖經宗旨，三者密不可分。而誅討亂賊、改制立法等，尤爲微言大義核心，這就是古文學與今文學的區別。劉歆以降的《左傳》學傳統，與董仲舒、何休代表的《公羊》學傳統，二者的對諍，皮錫瑞是以經學、史學之別處理。董仲舒、何休與劉歆、杜預，則位於不同學術地位，不相比擬。經今古文的爭論，至此由對立、競爭，轉爲相互補足。（第四章第一節）

素王非孔子自稱，而是後代儒者以此稱之；探究所以，在於孔子曾設一王之法，以待後世王者實施；此義屬《春秋》微言，後人不盡明瞭。此一理論，與其說是直接認定孔子神聖性格，不如說是探討《春秋》原意，發掘一王之法，再逆探孔子性格，遂賦予素王之號。改制係針對不同時代而設，而非執持一端。如此意謂《春秋》制法說形式意義大於內容意義，讀者只要掌握《春秋》制法形式，即可據其所處時代宣稱《春秋》制法的內容；二者之間，存在任意性，推擴至最大，讀者可運用任何內容，只要能配合形式，即可稱這是先聖本意。（第五章第一節）

春秋實際歷史的變化是時代愈後愈見衰亂，但三世說卻顛倒言之，以爲愈後愈治，最後終到達太平世。處理此一矛盾，《公羊》家通義，均以假託當之，皮錫瑞知之甚稔，故以借事明義解經。治國理政，不能僅憑褒貶，褒貶可以導出對歷史人物、事件的價值判斷，但不能導出治國理政的制度。三世說的不足，就在此處。皮錫瑞選擇《王制》作爲制度的憑藉，正可補足此一缺失。皮錫瑞《王制箋》最主要特色，是以王者爲權力核心，以禮儀爲施政內容，層層向外遞擴，試圖建立一禮樂世界。目的是讓個人、社會、國家，不僅僅是物質的存在，還是精神的存在，個體生命與群體生命既立基於現實，又能超越於世俗。

生命不斷向上攀升，每一個人才活得有意義。理想的國家，就
是有禮有節的國家。王者施政，就朝此目標努力。（第六章第一
節）

（二）廖平公羊學

　　廖平經學六變，生命的目標，仿佛已與經學結合。生命型
態與經學解釋，不能分開。正因生命主體與經學解釋結合，所
以研究經學，會追尋經典作者，在主體與主體交映情境下，以
掌握經典意義。知聖既是理解聖人及其所創作的經典，這就需
要讀者詮釋，讀者資格、詮釋進路，須先討論。賢者才有資格
解讀聖人性格與經典內容，解讀方式類似翻譯，避免加入自己
意見。亦即賢者是居於聖人與凡人之間，傳達聖人生命姿態與
經典義理。神聖世界與世俗世界的關係，不是神聖與世俗的對
立，也不是神聖向世俗妥協，而是借由賢者溝通，世俗仰望神
聖，透過聖人宣說的義理，安排世界秩序。（第一章第二節）

　　綜合廖平經學六變說，前三變討論今古學，以制度的互異，
分別今古學的不同；後三變超越今古學之爭，討論天人問題，
從制度研究，進而探索人存在的終極意義。前三變屬於通經致
用範疇，後三變屬於有益身心範疇。所討論的對象，有制度、
疆域、文字、讖緯等。廖平最終目的，並非拒斥若干學派，而
是建立一大系統以容納不同學說。（第二章第二節）

　　弟子發問，師乃詳答，不問則不答，說明研讀《公羊》的
特殊形式，而《公羊傳》本身，確實也是以此方式展開。但在
師生問答之際，所傳達者，自不限於事，義也在其中。降及後
代演變爲讀者與經典的對話，因此讀者存在感受愈是深廣，其
問題意識也愈是豐富，從而所獲致的答案也愈有獨具的特色。
廖平即以推經立義解釋《公羊傳》，並發展其《公羊》學。無論

經傳，均仰賴學者說明推擴，亦即讀者的參與，是完成孔子之意的正當方式。此時的讀者不僅在解釋經典，更是代聖立言，最後的發展則是以己言爲聖言。（第三章第二節）

廖平已發現，同屬今學，《公羊》、《穀梁》所傳《春秋》經文，文字有異同；同爲一經，《公羊》衍爲嚴、顏二派，《詩》衍爲齊、魯、韓三派。文字既不能範圍今古爭論，廖平轉以制度分析今古之異。劉歆最大之罪不過在顚倒五經，根源在視孔子爲學者傳經，而非素王改制。攻劉歆、駁古學，是爲證明經今文學的正當與合法，回復經典眞相。這一眞相，即是廖平一再宣稱孔子的素王事業，而素王事業就以制度爲核心。由此推導，經典絕不能是前代文獻，孔子只有整理之功；必須是孔子制作，寄託其關注所在；既是寄託，自不能明言，僅能以微言大義形式存在；學者治經，就在挖掘孔子的微言大義。（第四章第二節）

孔子，至少在廖平心中，不是今日所謂哲學家，解析各種觀念；也不是學者，孜孜於學術。倒過來說，哲學或學者定義，應依孔子行事而定，即以禮樂教化貞定人間秩序。廖平相信遠古天人相通，後代進化至一定境界，復可上天，均與承認天的存在有關，這一上天，並非自然天，而是具有意志、具有神力的天，所以聖人才能與之溝通，接受其命令。至於孔子創制，並非從無到有，建構一整套制度，仍是因革前代，既是因革前代，無法以專一朝代名之，於是只能以孔子制稱之。立法改制，不是憑空而來，仍有其歷史根據；經典中的微言大義，也不是聖人突發奇想，而有歷史沿革。如是，經學既有思想層面，也有歷史層面。但無論《春秋》抑或《公羊》，所缺者正是制度，勢須以《公羊》結合其他經典，作爲孔子創制的依據，廖平以《王制》爲孔子改制的藍圖。（第五章第二節）

綜觀廖平《公羊補證》所述三世說，一在以魯容天下，以魯爲
象徵，十二公爲歷史進程；其次就在借《周禮》、《王制》以制
度之異說明皇帝王伯之異；第三是描述太平世內容，不斷重複
太平世是大一統世界，所謂大一統世界即是大九州一合全球言
之。在《王制》之外，又加入《月令》，以作爲治國理政綱領。
《月令》所表現者即是以天神爲根源，以天子爲核心的宇宙觀。
政治是此宇宙觀之一部分，處於此宇宙觀之下。廖平的理想世
界，是經由禮制臻於自然與人文和諧的狀態。(第六章第二節)

（三）康有爲公羊學

　　經雖有六，傳經卻僅《公羊》，《春秋》可以撥亂，撥亂的
目的是導向太平，但人生有時而盡，外在環境無論如何美好，
我們終究須面對生命的結束，生死難安，正是生命最大的苦痛，
無與於外在環境，所以這是生命的本質困境。但康有爲本身生
命並不是充滿悲苦，時云遊戲人間、或曰歷劫俗世，金身偶現、
誤入塵網等，這是爲救衆生，我生不得不如此，是以超越我觀
實存我，所呈現的情境。觀看衆生，但又無力救世，只能寄諸
遺憾於諸天，更進一步則是逍遙於諸天。(第一章第三節)

　　生生之理，自不限於一己，也會涉及他人。此時生命可發
展兩種方向：一是棄絕人事，專究一己生死；一是由己及人，
廣探生命意義。由後者言，生命取普遍義，完成每一具體生命
存在的價值。康有爲選擇後者，自道這是氣質使然。欲令人人
樂其生，這就從觀我生到觀人生，從憂慮一己之生到憂慮世人
之生，反過來說，他人的生命之樂，也就是自己生命之樂。這
是思想轉化的內在理路。但我生如此，人生卻如彼，推究原因，
不在於天道，而在於人事。政治、經濟、文化，居於其中關鍵。
日後康有爲思想，即以文化爲核心，融合政治、經濟，欲創造

一太平盛世。(第二章第三節)

《春秋》學首重義理,事件是義理的依託,義是實質,事是外貌,所以在《春秋》學形成的過程中,經文只是記號,載負義理。從讀者觀點而言,則須從理解事件開始,進而穿透事件背後的義理,再掌握孔子制作的精義,至此事件本身的得失,無關緊要。然而孔子原意、《春秋》本義,具不可知,所存者只是讀者讀出的意義。康有為這一讀者,改變了傳統的閱讀模式,讀者不再是被動的接受作者給予的內容,而是主動推補作者的不足。(第三章第三節)

籀文—孔經—秦篆—漢隸,既是周代官方字體,復經孔子撰述,遞及篆隸,不過因任自然,形體稍變,仍孔門之舊。此一系列經典,代代相傳,真實性不容置疑。這即是康有為文字觀,古文經典不能見容此一解釋系統。諸多論證,無非徹底否認古文經典,惟有西漢經今文學者所傳經典,才是孔子真傳。道—聖人—孔子—六經—春秋—公羊—董仲舒,是康有為認定的經學傳承譜系,決定此一譜系的形成,則是素王改制。晚清經學今古文之爭,集中在《春秋》,《春秋》三傳又集中在《公羊》、《左傳》,其中關鍵,就在此點。承認《左傳》解《春秋》經,無異承認《春秋》學乃至孔學不完全是改制之學,一旦這一前提成立,前述體系有崩潰之虞。(第四章第三節)

康有為賦孔子予教主地位,孔教說著重在世俗層面,世俗意指關懷社會現實,重視宗教社會力量,以宗教改革社會,而非中從獲得解脫。託古有其原則,一不是不可究詰的鬼神,二不是籍籍無名的人物,所託之人,性格或異,事跡或殊,但開務成物,創始文化,則不可或缺,在這一前提下,託古才有意義。康有為孔子託古改制論,略有兩部分,一是純粹理論建構,一是實際制度建立。前者即新王、王魯、三統、文質。以孔子

411

爲王，更新天下之制；但孔子究非實際王者，所以後世以素王
當之，所制王法，託之於《春秋》；所制之法，是鑒於前代文化
偏弊，參考不同文化質性而來。實際制度，大要有二，一是禮
制，一是社會制度。借著禮制，重新理解生命的意義；重視經
濟，以維持生命莊嚴。(第五章第三節)

　　康有爲發展各種三式模式，以爲理想世界藍圖：
(第六章第三節)

二、皮錫瑞、廖平、康有爲公羊學影響

(一)皮錫瑞公羊學影響

　　具體實用之物，時代不同，技術不同，應用標準、環境亦
隨之而異，即使是國家制度，也會因政治、經濟、社會變遷而
修改。基本倫理精神，不論外在環境如何變遷，人倫關係應維
持一定體制。皮錫瑞稱前者是法，後者是道，道原本於天，不
可改變；法立基於社會，可隨環境變易。整體變革理論，來自
經典，《周易》確立形上原則，《公羊傳》證明孔子改制，《禮記》
是具體制度更易，核心人物，自是孔子。變法內容是保種保教。
針對保種所提方案，大致有二，開設民生工商業，創辦商學堂。
心力所在，仍爲保教。保教之教，顯然是指孔教，但孔教可有
兩種含義：一是以孔爲教，一是孔子之教。以孔爲教，是將孔
子視爲教主，宗教意味甚濃；孔子之教，是指儒家之學，學術
氣氛較重。皮錫瑞依違在兩者之間，略微偏向後者。教主是孔
子，聖經是六經，尤其是《春秋》；孔子是素王，《春秋》是改
制之書，這一論式，使素王改制獲得神聖性質與地位。《公羊》
學與宗教意識結合，這是《公羊》學史的新變。(第七章第一節)

　　然而皮錫瑞變法思想又不止於技藝變革，還有制度變革。

雖然皮錫瑞強調法可變而道不可變，但外在制度的更革，必會
觸動內在思想的變化，此時形成法在變道亦隨之而變。這正是
王先謙、葉德輝最不能接受者。（第八章第一節）

王先謙以納蘭性德編《通志堂經解》、錢儀吉編《經苑》為
義理派經學，本身所選是考據派經學，學術立場清晰異常。《續
經解》所收《公羊》學著作共同特色是以考據方式探求義理，
微言大義必須經由考據得知，「經典—意義—考據」三者合一。
義理／考據的區分，超越今文／古文的區分。皮錫瑞尊今抑古，
王先謙等難免有微辭。（第八章第二節）

文廷式論衡《左傳》、杜注與《公羊》，首重文辭，從文字
討論《左傳》意義得失。皮錫瑞《公羊》思想，取徑與此殊不
相同，以今文經典為孔學真傳，以孔子為素王，以《春秋》為
改制之書等，皆非從文辭考論，亦不為文廷式道及。（第八章第
三節）

（二）廖平公羊學影響

廖平作〈改文從質說〉，力陳學習西法之要，《公羊》並有
改文從質之例。又分析經傳文質有二說：一是中國與中國分，
即文質互有偏勝，主政者補偏救弊；一是中國與外國分，即文
質是道德與富強，中國應學習西方富強之術。改文從質，自是
指後一義。學習西方，不免有用夷變夏之譏，於是引禮失求野
之說，以證明學習西方合於傳統。並以道器說明中西之異，廖
平以為中國詳道德，為形上之道；西方詳富強，為形下之器。
又中國是老國，所以勢弱；西方是新國，所以力強，互易學習，
中國取西方形下之器，西方取中國形上之道。西方取中國形上
之道，日趨虛文；中國取西方形下之器，日趨實用，情境正相
反，終必導致中國強盛而西方虛弱。（第七章第二節）

413

張之洞經典觀是以經學爲學術之源，從訓詁考據尋求經典原義。
前者貶抑不同學術，後者不能承認經典意義的轉化。廖平則否，
以經學綜攝諸學術，雖然怪誕，但高下之別不顯，解經方法，
不限於訓詁考據，擴大經典意義。廖平雖是經生，又亟欲從經
典研讀中，獲致生命終極意義，所以講天人之學。均與張之洞
秉持傳統經世致用觀念不同。（第八章第二節）

（三）康有爲公羊學影響

　　康有爲之制度論，要點有三：一立制度局，二建立中央制
度，三建立地方制度。所設計的制度，是直接面對群衆，尤重
人民生計，以經濟爲內容，行政組織爲形式，將全國民衆納入
此一體系；文化則注重公共文化，不再是個人道德與宗族倫理。
制度已含蓋物質、文化的內容。物質指經濟、財政，在經濟上
倡導發展農工商業，財政上主張設立銀行，採金本位制，發行
鈔票。財經的基礎是肯定人欲的人性論，而且此種欲望是每一
個人的基本權利。其文化觀，是一社會大衆型態，而非社會菁
英型態，亦即所欲建立的文化，是一公共文化領域，倡導普設
學校、設立報館、獎勵出版、建圖書館、博物館等，都不是爲
了某一特定階層或個人，在政治權利外，提出民衆文化權利。（第
七章第三節）

　　朱一新認爲考辨經典眞僞，所引發的影響之一，就是懷疑
經典，一旦啓懷疑之風，經典在傳統所形成的權威地位，即開
始動搖。經典傳遞的價值規範、歷史事件，亦即所記載的文化
意識，均須重新檢證。朱一新所在意者，其實不是《左傳》有
否傳經，而是《左傳》偏廢，《左傳》所載的歷史隨之偏廢，古
史有中斷之虞。（第八章第三節）

　　康有爲三世說的政治制度、社會結構、公共文化等，根本

不見於張之洞變法理論。張之洞以爲道器不同，康有爲則道器合一，中西衝突不顯，視野也較張之洞爲廣。三世說提出具體發展方向，對國史解釋效力，也較張之洞爲大，中體西用說實不如三世說。（第八章第三節）

　　義經而體史是章太炎所提最重要觀念。體裁是史，意義是經；形式是史，內容是經；性質是史，價值是經。這是經史合一。從史窺經，從事件見出意義，這才是章太炎眞意之所在。（第八章第三節）

　　劉師培以爲《春秋》是史，演化爲三傳，只是講者講述、記者記載不同；康有爲卻認爲《春秋》是經，從史事以取義，隱藏孔子整體價值體系，規範後世。劉師培認爲《春秋》援古匡今，僅有褒貶功能，不能預於實際政事。康有爲則認爲《春秋》提供受命改制的神聖基礎，所改之制，隨時代變，不可拘古。（第八章第三節）

　　康有爲與諸家爭論孔教，一如爭論經今古文，引出孔子及儒家的討論，帶動古史研究新方向；更甚者是孔子地位，日漸貶抑：梁啓超置眞理於孔子之上，孔子已不再是眞理衡定者，而是爲眞理所衡定；劉師培、章太炎去除孔教的神道色彩，回復孔子原貌，卻造成日後學者懷疑儒學。（第八章第四節）

　　《翼教叢編》派與康有爲差異，一在倫理觀，前者堅持等差之別，後者以人人平等爲教；一在社會觀，前者持社會菁英觀，後者持社會大衆觀。將兩者置於文化傳統下觀察，康有爲之說，有悖離中國文化傳統處，葉德輝等人以正統自居，批判康有爲，殆非無故。（第八章第五節）

　　戊戌政變後，又有義和團事件，招致八國聯軍攻入北京；日本蘇俄以東北爲戰場，爭奪在華利益，最後兩國聯手瓜分東北；章太炎革命救國論，確能影響人心，清廷虛有其表的立憲

運動，也證明章太炎所說，較符實際。辛亥革命後，中國果然
陷入分裂局面，列強干預也與日加深；對傳統文化批判則日益
激烈，康有爲贊成君主立憲，顯然有理。（第八章第五節）

三、皮錫瑞、廖平、康有爲公羊學異同

（一）皮錫瑞、廖平、康有爲公羊學異同

　　皮錫瑞是傳統士大夫，以經世自期；廖平以賢人自居，傳
達聖人義理；康有爲自認教主，拯救衆生。皮錫瑞考定制度之
後的理想；廖平欲建立一大學術系統容納衆說；康有爲轉化現
世爲樂土。皮錫瑞探討《公羊傳》所載歷史事件背後的意義；
廖平推擴《公羊傳》的意義；康有爲推補《公羊傳》的不足。
從作者生命型態觀察，是士大夫、賢人與教主之異；從治學目
的觀察，是考定理想、容納衆說與建立樂土之異；從經典詮釋
觀察，是探究意義、推擴意義與推補意義之異。《公羊》學詮釋
者，日漸擴大、深化。

　　皮錫瑞認爲微言大義是經今古文的區別；廖平也認爲研治
經典就在挖掘微言大義；康有爲認爲素王改制是經學傳承譜系。
皮錫瑞指出孔子設一王之法，以待後世王者實施；廖平以爲孔
子承受天命，立法改制；康有爲直指孔子是教主，更新天下。
皮錫瑞以《禮記·王制》作爲三世說內容，試圖建立禮樂世界；
廖平則以《周禮》、《王制》制度之異說明皇帝王伯之異，並加
上《禮記·月令》作爲施政綱領；康有爲借資本主義及社會主
義發展各種三式模式，以爲理想世界藍圖。從經典意義觀察，
發掘微言大義，三家咸同；從聖人崇拜觀察，是崇拜孔子、孔
子承受天命與孔子爲教主之異；從三世理想觀察，是禮樂文化、
良善制度與太平盛世之異。孔子日漸神化，理想也日漸深宏。

（二）皮錫瑞、廖平、康有爲公羊學影響異同

皮錫瑞與諸家衝突，在制度與經解；廖平與張之洞之異，限於經解；康有爲與諸家之異，則是經解、政治變革與社會結構觀念之異，幾近於全面與其時學者對立。然而降至民國，康有爲政治影響不顯，學術影響卻方興未艾，古史辨派懷疑漢儒、貶抑孔子、以經爲史，大部分受康有爲啓發。

綜合上述，皮錫瑞與廖平較近於純粹經生，康有爲則介於經生與政治人物之間；前者專力於經學，後者欲以經學改革政治社會。就學術方向而論，皮錫瑞調和漢宋，初未受宋學影響；廖平、康有爲先受宋學影響，後轉向經學，但三氏最終轉向西漢經今文學；皮錫瑞究心禮制，廖平、康有爲專意經今文學思想。就公羊學分析，皮錫瑞、廖平尚討論《公羊傳》義例，康有爲則致力於《公羊傳》微言大義的闡發。

四、皮錫瑞、廖平、康有爲公羊學意義

從皮錫瑞、廖平、康有爲對《公羊》學解釋，可以發現傳統知識分子愈是深入經典，愈能自經典獲得廣闊深刻的意義：或從經典得到人生的根據，或從經典得到經世致用的根源，甚或將自身拋入經典，成爲經典意義的代言人。從獲得人生根據而論，藉由經典所傳達的價值，以完成人生的使命，經典給予讀者何止是流傳歷史文獻，更有實際的功能；從經世致用根源而論，結合其他經典，建構經世理論，或以經典爲主，接納西方理論，原來經典彼此相關，有待後人比勘整合，以建立整體經典觀，至於接納西方理論，也可得知經典的思想厚度。代經立言更是在傳統與現世之間，構築了思想的橋梁，古與今不再是斷裂樣態，藉由詮釋者溝合這一時空分隔。而這一切就從重

新解釋經典開始，承天受命的神聖象徵，素王改制的堅定信念，三世理想的宏遠規模，改制立法、聖作賢譯、孔子改制、以孔為教等，既開創了《公羊》學理論基礎，也創造了《公羊》學術語。這也是皮錫瑞、廖平、康有為《公羊》學最大的限制，易流於以己意釋古經。經典成為生命與知識的基礎，卻是皮錫瑞、廖平、康有為最大的貢獻。

參考書目

皮錫瑞著作

師伏堂叢書　臺灣大學研究圖書館藏

　經學通論　光緒 33 年湖南思賢書局刊本

　經學歷史　光緒 32 年湖南思賢書局刊本

　尚書大傳疏證　光緒 22 年師伏堂刊本

　今文尚書考證　光緒 23 年師伏堂刊本

　尚書中候疏證　光緒 25 年湖南思賢書局刊本

　古文尚書冤詞平議　光緒 22 年湖南思賢書局刊本

　孝經鄭注疏　光緒 21 年師伏堂刊本

　鄭志疏證　光緒 25 年湖南思賢書局刊本

　聖證論補評　光緒 25 年師伏堂刊本

　六藝論疏證　光緒 25 年湖南思賢書局刊本

　魯禮禘祫義疏證　光緒 25 年湖南思賢書局刊本

　王制箋　光緒 34 年湖南思賢書局刊本

　漢碑引經考（附引緯考）　光緒 30 年師伏堂刊本

　經訓書院自課文　光緒 19、21 年師伏堂刊本

　師伏堂詠史　光緒 30 年師伏堂刊本

　師伏堂詞　光緒 30 年師伏堂刊本

　師伏堂駢文　光緒 21、30 年師伏堂刊本

　師伏堂詩草　光緒 30 年師伏堂刊本

皮氏經學叢書　中央研究院傅斯年圖書館藏

　經學通論

　經學歷史

　王制箋

　聖證論補評

鄭志疏證

六藝論疏證

古文尚書冤詞平議

尚書中候疏證

尚書大傳疏證　影印光緒 22 年師伏堂刊本　續修四庫全書經部書類第 51 冊　上海　上海古籍出版社　1995 年 3 月

今文尚書考證　影印光緒 23 年師伏堂刊本　續修四庫全書經部書類第 51 冊　上海　上海古籍出版社　1995 年 3 月

尚書古文疏證辨正　影印光緒 23 年思賢講舍刻本　續修四庫全書經部書類第 51 冊　上海　上海古籍出版社　1995 年 3 月

尚書中候疏證　影印光緒 25 年師伏堂刊本　續修四庫全書經部書類第 55 冊　上海　上海古籍出版社　1995 年 3 月

王制箋　影印光緒 34 年湖南思賢書局刊本　續修四庫全書經部禮類第 107 冊　上海　上海古籍出版社　1995 年 3 月

魯禮禘祫義疏證　影印光緒 25 年湖南思賢書局刊本　續修四庫全書經部禮類第 112 冊　上海　上海古籍出版社　1995 年 3 月

春秋講義　影印宣統 1 年鉛印本　續修四庫全書經部春秋類第 148 冊　上海　上海　古籍出版社　1995 年 3 月

六藝論疏證　影印光緒 25 年湖南思賢書局刊本　續修四庫全書經部群經總義類第 171 冊　上海　上海古籍出版社　1995 年 3 月

駁五經異義疏證　影印民國 23 年河間李氏重刊本　續修四庫全書經部群經總類類第 171 冊　上海　上海古籍出版社　1995 年 3 月

鄭志疏證　影印光緒 25 年湖南思賢書局刊本　續修四庫全書經部群經總義類第 171 冊　上海　上海古籍出版社　1995 年 3

月

經學歷史 影印光緒 32 年湖南思賢書局刊本 續修四庫全書經
部群經總義類第 179 冊 上海 上海古籍出版社 1995 年 3
月

經學通論 影印光緒 33 年湖南思賢書局刊本 續修四庫全書經
部群經總義類第 180 冊 上海 上海古籍出版社 1995 年 3
月

今文尚書考證 盛冬鈴、陳抗點校 北京 中華書局 1989 年
10 月

經學通論 臺北 臺灣商務印書館 1989 年 10 月臺 5 版

經學歷史 周予同注本 臺北 藝文印書館 1987 年 10 月 2
版

漢碑引經考(附引緯考) 影印光緒 30 年師伏堂刊本 臺北 文
海出版社 1967 年

南學會講義 影印光緒 28 年上海睡覺齋主人分類纂輯湘報 臺
北 大通書局 1968 年 12 月

廖平著作

六譯館叢書(經學部分) 中央研究院傅斯年圖書館藏
　大學中庸演義 民國 5 年存古書局刊本
　大統春秋公羊補證 光緒 32 年則柯軒再板
　公羊解詁三十論 光緒 23 年刊本
　左傳古義凡例 光緒 12 年刊本
　經學四變記 光緒 32 年成都存古書局刊本
　經學五、六變記 民國 7 年存古書局刊本
　春秋圖表 光緒 27 年刊本
　易說 民國 7 年成都存古書局刊本

詩說　民國 7 年成都存古書局刊本
群經凡例　光緒 23 年尊經書局刊本
尙書宏道篇　民國 7 年存古書局刊本
書中候宏道篇　民國 7 年存古書局刊本
今古學考　光緒 12 年尊經書局刊本
古學考　光緒 23 年尊經書局刊本
知聖篇　光緒 27 年尊經書局刊本
經學初程　光緒 23 年尊經書局刊本
王制訂　光緒 23 年尊經書局刊本
經話甲、乙篇　光緒 23 年尊經書局刊本
起起穀梁廢疾　光緒 11 年刻本
釋范　光緒 11 年刻本
易經古本　民國 4 年存古書局刊本
坊記新解　民國 3 年存古書局刊本
孝經凡例　民國 3 年存古書局刊本
分撰兩戴記章句　民國 4 年存古書局刊本
家學樹坊　民國 3 年存古書局刊本
禮說　民國 7 年存古書局刊本
王制集說　民國 3 年存古書局刊本
群經大義　民國 6 年存古書局刊本
周禮訂本注　民國 6 年存古書局刊本
六譯館雜著　民國 4 年存古書局刊本
六譯館文鈔　民國 9 年存古書局刊本
春秋三傳折中　民國 6 年存古書局刊本
孔經哲學發微
春秋左氏古經說　光緒 34 年成都中學堂刊本
易經古本　影印民國 10 年四川存古書局刻新訂六譯館叢書本

續修四庫全書經部易類第 40 冊　上海　上海古籍出版社
1995 年 3 月

禮經凡例　影印民國 10 年四川存古書局刻新訂六譯館叢書本
續修四庫全書經部禮類第 93 冊　上海　上海古籍出版社
1995 年 3 月

禮記識　影印民國 10 年四川存古書局刻新訂六譯館叢書本　續
修四庫全書經部禮類第 106 冊　上海　上海古籍出版社
1995 年 3 月

坊記新解　影印民國 10 年四川存古書局刻新訂六譯館叢書本
續修四庫全書經部禮類第 107 冊　上海　上海古籍出版社
1995 年 3 月

春秋左傳杜氏集解辨正　影印光緒 33 年四益館叢書鉛印本　續
修四庫全書經部春秋類第 128 冊　上海　上海古籍出版社
1995 年 3 月

何氏公羊解詁三十論　影印光緒 12 年成都四益館經學叢書本
續修四庫全書經部春秋類第 131 冊　上海　上海古籍出版社
1995 年 3 月

重訂穀梁春秋經傳古義疏　廖宗澤補疏　影印民國 20 年渭南嚴
氏校刻渭南嚴氏孝義家塾本　續修四庫全書經部春秋類第 133
冊　上海　上海古籍出版　1995 年 3 月

春秋圖表　影印光緒 27 年成都尊經書局刊本　續修四庫全書經
部春秋類第 148 冊　上海　上海古籍出版社　1995 年 3 月

今古學考　影印光緒 12 年成都刻四益館經學叢書　續修四庫全
書經部群經總義類第 179 冊　上海　上海古籍出版社　1995
年 3 月

知聖篇　影印光緒刻本　續修四庫全書子部儒家類第 953 冊
上海　上海古籍出版社　1995 年 3 月

廖平選集（上）　李耀仙編　成都　巴蜀書社　1998 年 7 月
　　今古學考　黃海德點校
　　古學考　趙載光點校
　　知聖篇（正、續）　舒大剛點校
　　孔經哲學發微　李純蛟點校
　　經話（甲、乙）　李純蛟點校
　　六變記　舒大剛點校
廖平選集（下）
　　王制訂　李耀仙點校
　　王制集說凡例　李耀仙點校
　　周禮訂本　周開度點校
　　起起穀梁廢疾　周開度點校
　　釋范　舒大剛點校
　　何氏公羊解詁三十論　周開度點校
　　春秋左氏古經說疏證　張力點校
　　春秋三傳折中　周開度點校
　　文字源流考　周開度點校
　　附錄　家學樹坊　廖師政編　周開度點校
康有爲著作
康南海先生遺著彙刊　蔣貴麟編　臺北　宏業書局　1987 年 6
月再版
　　第一集：新學僞經考　影印民國 6 年排印本
　　第二集：孔子改制考（上）　影印民國 9 年重刊萬木草堂叢
　　　書本
　　第三集：孔子改制考（下）
　　第四集：春秋董氏學　影印光緒 23 年萬木草堂叢書本
　　第五集：中庸注、孟子微　影印光緒 27 年演孔叢書本．影印

光緒 27 年萬木草堂叢書本

第六集：論語注　影印民國 6 年重刊萬木草堂叢書本

第七集：春秋筆削大義微言考（上）　影印民國 6 年重刊萬
木草堂叢書本

第八集：春秋筆削大義微言考（下）

第九集：禮運注、長興學記、桂學答問、書鏡　影印民國 2
年演孔叢書本、排印本、排印本、排印本

第十集：俄彼得變政記、日本變政考　排印本、排印本

第十一集：日本書目志　影印光緒 22 年刊本

第十二集：七次上書彙編、戊戌奏稿、代草奏議　排印本、
排印本、排印本

第十三集：光緒聖德記、丁巳要件手稿、共和平議　影印光
緒 25 年手稿本、影印國 6 年手稿本、排印本

第十四集：官制議　排印本

第十五集：中華救國論、物質救國論、理財救國論、金主幣
救國論　影印民國 1 年康南海文鈔本、排印本、排印本、
影印光緒 2 年排印本

第十六集：不幸而言中不聽則國亡　影印民國 8 年排印本

第十七集：康南海墨蹟、哀烈錄、長安演講集、遺墨　影印
民國 20 年影印本、排印本、影印民國 12 年教育圖書社印
本、影印本

第十八集：諸天講　影印民國 18 年刊本

第十九集：康南海文集　排印本

第二十集：康南海詩集（上）　影印民國 26 年崔斯哲手寫本

第二十一集：康南海詩集（下）

第二十二集：自編年譜、康文珮編年譜續編、梁啟超撰康南
海傳　排印本

新學僞經考　影印光緒 17 年康氏萬木草堂刻本　續修四庫全書
　　經部群經總義類第 179 冊　上海　上海古籍出版社　1995 年
　　3 月
戊戌奏稿　影印辛亥 5 月刻本　沈雲龍主編近代中國史料叢刊
　　初編第 33 輯第 326 冊　臺北　文海出版社　1969 年
康南海文集　影印民國 3 年排印本　沈雲龍主編近代中國史料
　　叢刊初編第 80 輯第 795 冊　臺北　文海出版社　1973 年
康南海詩集　影印民國 26 年崔斯哲手寫本　沈雲龍主編近代中
　　國史料叢刊續編第 4 輯第 35、36 冊　臺北　文海出版社　1974
　　年
官制議　影印民國 29 年排印本　沈雲龍主編近代中國史料叢刊
　　續編第 4 輯第 37 冊　臺北　文海出版社　1974 年
康有爲學術著作選　樓宇烈整理
　　論語注　北京　中華書局　1984 年 1 月
　　孟子微、禮運注、中庸注　北京　中華書局　1987 年 9 月
　　康子內外篇（附實理公法全書、民功篇、弟子職集解、辯論
　　　類、南海先生與朱一新論學書牘、函札四通）　北京　中
　　　華書局　1988 年 8 月
　　長興學記、桂學答問、萬木草堂口說　北京　中華書局　1988
　　　年 3 月
　　春秋董氏學　北京　中華書局　1990 年 7 月
　　諸天講　北京　中華書局　1990 年 7 月
康有爲全集第一集　姜義華、吳根樑編校　上海　上海古籍出
　　版社　1987 年
康有爲全集第二集　姜義華、吳根樑編校　上海　上海古籍出
　　版社　1990 年 4 月
　　康有爲全集第三集　姜義華編校　上海　上海古籍出版社

1992 年 12 月

新學僞經考　點校本　北京　中華書局　1988 年 3 月 3 刷

新學僞經考　朱維錚、廖梅編校　北京　三聯書店　1998 年 6 月

孔子改制考　點校本　北京　中華書局　1988 年 3 月 2 刷

大同書　臺北　帕米爾書店　1989 年 10 月

康有爲大同論二種　朱維錚編校　北京　三聯書店　1998 年 6 月

萬木草堂遺稿、遺稿外編（上、下）　蔣貴麟編　臺北　成文出版社　1978 年 4 月

康南海先生遊記彙編　蔣貴麟編　臺北　文史哲出版社　1979 年 1 月

康南海先生未刊遺稿（詩經說義、大戴禮記補注）　蔣貴麟編　臺北　文史哲出版社　1979 年 10 月

萬木草堂詩集　上海　上海人民出版社　1996 年 7 月

康有爲政論集　湯志鈞編　北京　中華書局　1998 年 6 月

經部

周易正義　唐‧孔穎達撰　影印十三經注疏本　臺北　藝文印書館　1985 年 12 月

周易集解　唐‧李鼎祚撰　影印古經解彙函本　臺北　臺灣學生書局　1976 年 9 月

易傳　宋‧程頤撰　臺北　世界書局　1979 年

周易本義　宋‧朱熹撰　臺北　世界書局　1979 年

周易集解纂疏　清‧李道平撰　潘雨延點校　北京　中華書局　1994 年 3 月

周易古經今注　高亨撰　香港　中華書局　1985 年 9 月重印

周易古經通說　高亨撰　香港　中華書局　1986 年 6 月重印

周易雜論　高亨撰　濟南　齊魯書社　1988 年 7 月 4 刷

先秦漢魏易例述評　屈萬里先生撰　臺北　臺灣學生書局
　1981 年 10 月 3 版

易學哲學史（上）　朱伯崑撰　北京　北京大學出版社　1986
　年 11 月

尚書正義　唐・孔穎達撰　影印十三經注疏本　臺北　藝文印
　書館　1985 年 12 月

尚書大傳輯校　清・陳壽祺撰　叢書集成新編　第 106 冊　臺
　北　新文豐出版公司　1985 年 1 月

尚書大傳補注　清・王闓運撰　尚書類聚初集　第 8 冊　臺北
　新文豐出版公司　1984 年 10 月

尚書釋義　屈萬里先生撰　臺北　中國文化大學出版部　1980
　年 8 月

尚書綜述　蔣善國撰　上海　上海古籍出版社　1988 年 3 月

尚書學史　劉起釪撰　北京　中華書局　1989 年 6 月

毛詩正義　唐・孔穎達撰　影印十三經注疏本　臺北　藝文印
　書館　1985 年 12 月

詩集傳　宋・朱熹撰　臺北　臺灣中華書局　1971 年 10 月臺 4
　版

詩經通論　清・姚際恆撰　臺北　廣文書局　1993 年 10 月

讀風偶識　清・崔述撰　臺北　學海出版社　出版年月不詳

詩經原始　清・方玉潤撰　臺北　藝文印書館　1981 年 2 月

詩三家義集疏　清・王先謙撰　吳格點校　臺北　明文書局
　1988 年 10 月

詩經今注　高亨撰　臺北　里仁書局　1981 年 10 月

詩經釋義　屈萬里先生撰　臺北　中國文化大學出版部　1980

年 9 月

詩經名著評介　趙制陽撰　臺北　臺灣學生書局　1983 年 10 月

詩經名著評介第二集　趙制陽撰　臺北　臺灣學生書局　1993 年 7 月

詩經研究論集（二）　林師慶彰編　臺北　臺灣學生書局　1987 年 9 月

詩經研究史概要　夏傳才撰　臺北　萬卷樓圖書公司　1993 年 7 月

周禮注疏　唐・賈公彥撰　影印十三經注疏本　臺北　藝文印書館　1985 年 12 月

周禮正義　清・孫詒讓撰　王文錦、陳玉霞點校　北京　中華書局　1987 年 12 月

周官成立之時代及其思想性格　徐復觀撰　臺北　臺灣學生書局　1980 年 5 月

周禮研究　侯家駒撰　臺北　聯經出版公司　19876 年月

周官之成書及其反映的文化與時代新考　金春峰撰　臺北　東大圖書公司　1993 年 11 月

儀禮注疏　唐・賈公彥撰　影印十三經注疏本　臺北　藝文印書館　1985 年 12 月

禮記正義　唐・孔穎達撰　影印十三經注疏本　臺北　藝文印書館　1985 年 12 月

禮記集解　清・孫希旦撰　沈嘯寰、王星賢點校　北京　中華書局　1989 年 2 月

禮記訓纂　清・朱彬撰　饒欽農點校　北京　中華書局　1996 年 9 月

王制著成之時代及其制度與周禮之異同　陳瑞庚撰　臺北

嘉新文泥公司文化基金會研究論文第 203 種　　1972 年 5 月

大戴禮記解詁　清‧王聘珍撰　王文錦點校　北京　中華書局 1983 年 3 月

白虎通義疏證　清‧陳立撰　吳則虞點校　北京　中華書局 1994 年 8 月

禮學新探　高明先生撰　臺北　臺灣學生書局　1981 年 9 月臺 3 版

三禮通論　錢玄撰　南京　南京師範大學出版社　1996 年 10 月

左傳正義　唐‧孔穎達撰　影印十三經注疏本　臺北　藝文印 書館　1985 年 12 月

春秋釋例　晉‧杜預撰　臺北　臺灣中華書局　1970 年 3 月

左氏春秋考證　清‧劉逢祿撰　影印皇清經解春秋類彙編第 2 冊　臺北　藝文印書館　1986 年 9 月

春秋左傳注　楊伯峻撰　臺北　源流出版社　1982 年 4 月再版

春秋左傳讀　章太炎撰　章太炎全集（二）　上海　人民出版 社　1982 年 7 月

春秋左傳讀敘錄　章太炎撰　同上

讀左札記　劉師培撰　劉申叔先生遺書（一）　影印民國 23 年寧武南氏校本　臺北　華世出版社　1975 年 4 月

春秋左氏傳答問　劉師培撰　同上

春秋左氏傳古例詮微　劉師培撰　同上

春秋左氏傳傳例解略　劉師培撰　同上

春秋左氏傳傳注例略　劉師培撰　同上

春秋左氏傳例略　劉師培撰　同上

杜預及其春秋左氏學　葉政欣撰　臺北　文津出版社　1989 年 10 月

春秋左氏經傳集解序疏證　程元敏撰　臺北　臺灣學生書局
　1991 年 8 月

春秋左傳學史稿　沈玉成、劉寧撰　南京　江蘇古籍出版社
　1992 年 6 月

公羊傳注疏　唐·徐彥撰　影印十三經注疏本　臺北　藝文印
　書館　1985 年 12 月

春秋繁露注　清·凌曙撰　影印續經解春秋類彙編第 1 冊　臺
　北　藝文印書館　1986 年 9 月

春秋繁露義證　清·蘇輿撰　鍾哲點校　北京　中華書局　1992
　年 12 月

春秋公羊傳解詁　漢·何休撰　四部備要本　臺北　臺灣中華
　書局　1980 年 1 月臺 3 版

春秋屬辭　元·趙汸撰　通志堂經解本　臺北　漢京文化公司
　出版年月不詳

春秋正辭　清·莊存與撰　影印皇清經解春秋類彙編第 1 冊　臺
　北　藝文印書館　1986 年 9 月

春秋舉例　清·莊存與撰　影印皇清經解春秋類彙編第 1 冊　臺
　北　藝文印書館　1986 年 9 月

春秋要旨　清·莊存與撰　影印皇清經解春秋類彙編第 1 冊　臺
　北　藝文印書館　1986 年 9 月

春秋公羊通義　清·孔廣森撰　影印皇清經解春秋類彙編第 2
　冊　臺北　藝文印書館　1986 年 9 月

春秋公羊何氏釋例　清·劉逢祿撰　影印皇清經解春秋類彙編
　第 2 冊　臺北　藝文印書館　1986 年 9 月

公羊春秋何氏解詁箋　清·劉逢祿撰　影印皇清經解春秋類彙
　編第 2 冊　臺北　藝文印書館　1986 年 9 月

公羊禮說　清·凌曙撰　影印皇清經解春秋類彙編第 2 冊　臺

北　藝文印書館　　1986 年 9 月

公羊禮疏　清・凌曙撰　影印續經解春秋類彙編第 4 冊　臺北
　藝文印書館　1986 年 9 月

公羊問答　清・凌曙撰　影印續經解春秋類彙編第 4 冊　臺北
　藝文印書館　1986 年 9 月

公羊逸禮考徵　清・陳奐撰　影印續經解春秋類彙編第 4 冊　臺
　北　藝文印書館　1986 年 9 月

公羊義疏　清・陳立撰　四部備要本　臺北　臺灣中華書局
　1982 年 10 月臺 2 版

春秋公羊傳異文釋　清・李富孫撰　影印續經解春秋類彙編第
　4 冊　臺北　藝文印書館　1986 年 9 月

公羊家哲學　陳柱撰　臺北　臺灣中華書局　1980 年 11 月臺 2
　版

從公羊學論春秋的性質　阮芝生撰　臺灣大學文史叢刊

春秋公羊傳要義　李新霖撰　臺北　文津出版社　1989 年 5 月

公羊學引論—儒家的政治智慧與歷史信仰　蔣慶撰　瀋陽　遼
　寧教育出版社　1995 年 6 月

公羊傳漫談　翁銀陶撰　臺北　頂淵文化公司　1997 年 3 月

清代公羊學　陳其泰撰　北京　東方出版社　1997 年 4 月

清末的公羊思想　孫春在撰　臺北　臺灣商務印書館　1985 年
　10 月

穀梁傳注疏　唐・楊士勛撰　影印十三經注疏本　臺北　藝文
　印書館　1985 年 12 月

穀梁大義述　清・柳興恩撰　影印續經解春秋類彙編第 3 冊　臺
　北　藝文印書館　1986 年 9 月

春秋穀梁經傳補注　清・鍾文烝撰　駢宇騫、郝淑慧點校　北
　京　中華書局　1996 年 7 月

穀梁眞偽考　張西堂撰　臺北　明文書局　1994 年 4 月

箴膏肓評　清‧劉逢祿撰　影印皇清經解春秋類彙編第 2 冊　臺北　藝文印書館　1986 年 9 月

穀梁廢疾申何　清‧劉逢祿撰　影印皇清經解春秋類彙編第 2 冊　臺北　藝文印書館　1986 年 9 月

學春秋隨筆　清‧萬斯大撰　影印皇清經解春秋類彙編第 1 冊　臺北　藝文印書館　1986 年 9 月

春秋說　清‧惠士奇撰　影印皇清經解春秋類彙編第 1 冊　臺北　藝文印書館　1986 年 9 月

春秋大事表　清‧顧棟高撰　吳樹平、李解民點校　北京　中華書局　1993 年 6 月

春秋異文箋　清‧趙坦撰　影印皇清經解春秋類彙編第 1 冊　臺北　藝文印書館　1986 年 9 月

春秋異文考　陳新雄撰　臺北　嘉新水泥公司文化基金會研究論文第 26 種　1964 年 11 月

春秋三傳傳禮異同考要　李崇遠撰　臺北　嘉新水泥公司文化基金會研究論文第 106 種　1969 年 8 月

春秋三傳及國語之綜合研究　顧頡剛講授　劉起釪筆記　香港中華書局　1988 年 6 月

春秋要領　程發軔撰　臺北　東大圖書公司　1989 年 4 月

春秋人譜　程發軔撰　臺北　臺灣商務印書館　1990 年 12 月

春秋辨例　戴君仁撰　臺北　國立編譯館中華叢書編審委員會　1978 年 12 月

春秋三傳論文集　戴君仁等撰　臺北　黎明文化公司　1981 年 1 月

國語左傳論集　張以仁撰　臺北　東昇出版公司　1980 年 9 月

論語正義　清‧劉寶楠撰　高流水點校　北京　中華書局　1990

年 3 月

論語述何　清‧劉逢祿撰　影印皇清經解四書類彙編第 1 冊　臺
　北　藝文印書館　1986 年 6 月

論語說義　清‧宋翔鳳撰　影印續經解四書類彙編第 1 冊　臺
　北　藝文印書館　1986 年 6 月

論語集釋　程樹德撰　程俊英、蔣見元點校　北京　中華書局
　1990 年 8 月

孟子正義　清‧焦循撰　沈文倬點校　1996 年 2 月 3 刷

孟子字義疏證　清‧戴震撰　張岱年主編戴震全書（六）　合
　肥　黃山書社　1995 年 10 月

四書章句集注　宋‧朱熹撰　臺北　大安出版社　1994 年 11
　月

緯書集成　安居香山、中村璋八編　石家莊　河北人民出版社
　1994 年 12 月

讖緯論略　鍾肇鵬撰　臺北　洪葉文化公司　1994 年 9 月

超越神話—緯書政治神話研究　冷德熙撰　北京　東方出版社
　1996 年 5 月

五經異義疏證　清‧陳壽祺撰　影印皇清經解諸經總義類彙編
　第 1 冊　臺北　藝文印書館　1986 年 9 月

九經古義　清‧惠棟撰　影印皇清經解諸經總義類彙編第 1 冊
　臺北　藝文印書館　1986 年 9 月

經義雜記　清‧臧琳撰　影印皇清經解諸經總義類彙編第 1 冊
　臺北　藝文印書館　1986 年 9 月

經義述聞　清‧王引之撰　影印皇清經解諸經總義類彙編第`1
冊　臺北　藝文
　印書館　1986 年 9 月

　癸巳存稿　清‧俞正燮撰　影印續經解諸經總義類彙編第 1

冊　臺北　藝文印書館　1986 年 9 月

句溪雜著　清・陳立撰　影印同治 3 年刻本　續修四庫全書經
　部諸經總義第 171 冊　上海　上海古籍出版社　1995 年 3 月

經義考　清・朱彝尊撰　四部備要本　臺北　臺灣中華書局
　1979 年 2 月臺 3 版

國朝漢學師承記（附國朝經師經義目錄、國朝宋學淵源記）　清・
　江藩撰　鍾哲整理　北京　中華書局　1998 年 12 月 2 刷

章句論　呂思勉撰　臺北　臺灣商務印書館　1977 年 3 月

讀經示要　熊十力撰　臺北　廣文書局　1989 年

兩漢經學今古文平議　錢穆撰　臺北　東大圖書公司　1978 年
　7 月臺 2 版

經今古文字考　金德建撰　濟南　齊魯書社　198610 年月

經今古文學問題新論　黃彰健撰　臺北　中央研究院歷史語言
　研究所專刊之七十九　1982 年 11 月

今古文經學新論　王葆玹撰　北京　中國社會科學出版社
　1997 年 11 月

西漢經學源流　王葆玹撰　臺北　東大圖書公司　1994 年 6 月

西漢經學與政治　湯志鈞、華友根、承載、錢杭撰　上海　上
　海古籍出版社　1994 年 12 月

今存三國兩晉經學遺籍考　簡博賢先生撰　臺北　三民書局
　1986 年 2 月

今存南北朝經學遺籍考　簡博賢先生撰　臺北　黎明文化公司
　1975 年 2 月

宋代經學之研究　汪惠敏撰　臺北　師大書苑　1989 年 4 月

明代經學研究論集　林師慶彰撰　臺北　文史哲出版社　1994
　年 5 月

清初的群經辨偽學　林師慶彰撰　臺北　文津出版社 1990 年 3

月

近代經學與政治　湯志鈞撰　北京　中華書局　1989 年 8 月

　經學、政治和宗教—中華帝國晚期常州今文學派究　艾爾曼
　　（Benjamin A. Elmam）撰　趙剛譯　南京　江蘇人民出版社
　　1998 年 3 月

史部

史記三家注　漢・司馬遷撰　宋・裴駰等注　臺北　鼎文書局
　　1978 年 11 月

漢書注　漢・班固撰　唐・顏師古注　臺北　鼎文書局　1978
　　年 11 月

後漢書注　晉・范曄撰　唐・李賢注　臺北　鼎文書局　1978
　　年 11 月

清史稿　趙爾巽等撰　點校本　臺北　鼎文書局　1981 年

先秦史　呂思勉撰　臺北　臺灣開明書店　1961 年 3 月

西周史　楊寬撰　臺北　臺灣商務印書館　1999 年 4 月

春秋史　童書業撰　臺北　臺灣開明書店　1967 年 9 月

戰國史　楊寬撰　臺北　臺灣商務印書館　1997 年 10 月

秦漢史　錢穆撰　香港　大中國印刷廠　1966 年 4 月再版

劍橋中國秦漢史　崔瑞德（Denis Twitchett）、魯惟一（Michael
　　Loewe) 編　楊品泉等譯　北京　中國社會科學出版社　1992
　　年 2 月

宗周社會與禮樂文明　楊向奎撰　北京　人民出版社　1997 年
　　11 月

考信錄　清・崔述撰　崔東壁遺書本　臺北　世界書局　1960
　　年

西漢禮學新論　華友根撰　上海　上海社會科學院出版社

1998 年 2 月

清代通史　蕭一山撰　臺北　臺灣商務印書館　1985 年 4 月修訂本臺 6 版

清代史　孟森撰　臺北　正中書局　1984 年 11 月臺 8 版

劍橋中國史・晚清篇 1800—1911（上）　John K. Fairbank 編　張玉法主譯　臺北　南天書局　1987 年 9 月

劍橋中國史・晚清篇 1800—1911（下）　John K. Fairbank、劉廣京編　張玉法主譯　臺北　南天書局　1987 年 9 月

近代中國史綱　郭廷以撰　香港　中文大學出版社　1989 年 3 版

以禮代理—淩廷堪與清中葉儒學思想之轉變　張壽安撰　臺北中央研究院近代史研究所專刊（72）　1994 年 5 月

洋務運動史　夏東元撰　上海　華東師範大學出版社　1996 年 8 月 2 刷

中國官紳反教的原因（1860—1874）　呂實強撰　臺北　中央研究院近代史研究所專刊（16）　1985 年 2 月 3 版

清季湖南的新政運動（1895—1898）　林能士撰　臺灣大學文史叢刊湖湘文化與湖南維新運動　丁平一撰　長沙　湖南人民出版社　1998 年 8 月

外人與戊戌變法　王樹槐撰　臺北　中央研究院近代史研究所專刊（12）1980 年 6 月再版

康有爲與戊戌變法　湯志鈞撰　北京　中華書局　1984 年 10 月

戊戌變法史論叢　湯志鈞撰　臺北　谷風出版社　1986 年 10 月

西學東漸與晚清社會　熊月之撰　上海　人民出版社　1994 年

437

4 月

資本主義與二十一世紀　黃仁宇撰　臺北　聯經出版公司
1991 年 11 月

二十二史劄記　清・趙翼撰　杜維運考證　臺北　華世出版社
1977 年 9 月

讀史札記　呂思勉撰　臺北　木鐸出版社　1983 年 9 月

資治通鑑注　宋・司馬光撰　宋・胡三省注　臺北　世界書局
1980 年 10 月 9 版

左傳紀事本末　清・高士奇撰　楊伯峻點校　臺北　里仁書局
1980 年 3 月

國語注　吳・韋昭撰　臺北　九思出版社　1978 年 11 月

戰國策　漢・劉向集錄　臺北　里仁書局　1990 年 9 月

魯國史　郭克煜、梁方健、陳東、楊朝明撰　北京　人民出版
社　1994 年 12 月

孔門弟子志行考述　蔡仁厚撰　臺北　臺灣商務印書館　1985
年 10 月

廖平評傳　黃開國撰　南昌　百花洲文藝出版社　1993 年 8 月

康有爲評傳　沈雲龍撰　臺北　傳記文學出版社　1978 年 7 月

追憶康有爲　夏曉虹編　北京　中國廣播電視出版社　1997 年
1 月

康有爲思想研究　蕭公權撰　汪榮祖譯　臺北　聯經出版公司
1988 年 5 月

康有爲大傳　馬洪林撰　瀋陽　遼寧人民出版社　1988 年 7 月

康有爲傳　湯志鈞撰　臺北　臺灣商務印書館　1997 年 12 月

日本國志　清・黃遵憲撰　影印光緒 24 年上海圖書集成印書局
本　沈雲龍主編中國近代史料叢刊續編第 10 輯第 96 冊　臺
北　文海出版社　1974 年

清朝續文獻通考　清・劉錦藻撰　臺北　新興書局　1965 年 10
月

四庫全書總目　清・紀昀等撰　臺北　藝文印書館　1969 年

續修四庫全書總目提要（經部）　中國社會科學院圖書館整理
北京　中華書局　1993 年 7 月

清人文集別錄　張舜徽撰　臺北　明文書局　1982 年 2 月

偽書通考　張心澂撰　臺北　鼎文書局　1973 年 10 月

先秦文史資料考辨　屈萬里先生撰　屈萬里全集第 4 冊　臺北
聯經出版公司　1983 年 2 月

沈寐叟年譜　王蘧常撰　臺北　臺灣商務印書館　1982 年 5 月

皮鹿門年譜　皮名振撰　臺北　臺灣商務印書館　1981 年 12
月

廖季平年譜　廖幼平編　成都　巴蜀書社　1985 年 6 月

民國康長素先生有爲梁任公先生啓超師生合譜　楊克己撰　臺
北　臺灣商務印書館　1982 年 10 月

康有爲先生年譜　吳天任撰　臺北　藝文印書館　1994 年 11
月

文芸閣先生年譜　錢仲聯撰　趙鐵寒編文芸閣先生全集（一）
沈雲龍主編近代中國史料叢刊續編第 14 輯第 131 冊　臺北
文海出版社　1975 年

太炎先生自定年譜　章太炎撰　章氏叢書　臺北　世界書局
1982 年 4 月再版

梁任公先生年譜長編初稿　丁文江撰　臺北　世界書局　1959
年

顧頡剛年譜　顧潮撰　北京　中國社會科學出版社　1993 年 3
月

史通通釋　唐・劉知幾撰　清・浦起龍釋　點校本　臺北　里

仁書局　1980 年 9 月

文史通義校注　清·章學誠撰　葉瑛校注　臺北　仰哲出版社　出版年月不詳

中共史學的發展與演變　逯耀東撰　臺北　時報出版公司　1979 年 11 月

史學與史學方法　許冠三撰　臺北　萬年青書店　出版年月不詳

歷史學與社會科學　康樂、黃進興主編　臺北　華世出版社　1981 年 12 月

歷史定論主義的窮困　卡爾·巴伯（Karl Popper）撰　李豐斌譯　臺北　聯經出版公司　1984 年 5 月

歷史的理念　柯靈烏（R.C.Collingwood）撰　陳明福譯　臺北　桂冠圖書公司　1987 年 10 月

在中國發現歷史　柯文（Paul A. Cohen）撰　林同奇譯　臺北　稻香出版社　1991 年 8 月

中國經學史　馬宗霍撰　臺北　臺灣商務印書館　1979 年 9 月　臺 6 版

中國經學史　本田成之撰　臺北　廣文書局　1979 年 5 月

中國經學史的基礎　徐復觀撰　臺北　臺灣學生書局　1982 年 5 月

中國經學發展史論(上)　李師威熊撰　臺北　文史哲出版社　1988 年 12 月

經學史　諸橋轍次、安井小太郎、小柳司氣太、中山久四郎撰　林師慶彰、連清吉譯　臺北　萬卷樓圖書公司　1996 年 10 月

經學史論集　湯志鈞撰　臺北　大安出版社　1995 年 6 月

兩漢經學史　章權才撰　臺北　萬卷樓圖書公司　1995 年 5 月

魏晉南北朝隋唐經學史　章權才撰　廣州　廣東人民出版社

1996 年 8 月

宋明經學史　章權才撰　廣州　廣東人民出版社　1999 年 9 月

中國近代經學史　田漢雲撰　西安　三秦出版社　1996 年 12 月

周予同經學史論著選集（增訂版）　朱維錚編　上海　上海人民出版社　1996 年 7 月 2 版

中國經學史論文選集　林師慶彰編　臺北　文史哲出版社　1993 年 3 月

漢代學術史略　顧頡剛撰　臺北　天山出版社　1985 年 6 月

秦漢的方士與儒生　顧頡剛撰　臺北　里仁書局　1995 年 2 月

從理學到樸學—中華帝國晚期思想與社會變化面面觀　艾爾曼（Benjamin A. Elmam）撰　趙剛譯　南京　江蘇人民出版社　1997 年 3 月

中國近三百年學術史／清代學術概論合刊　梁啓超撰　徐少知、李鳳珠、黃昱凌、鄭慧卿點校　臺北　里仁書局　1995 年 2 月

中國近三百年學術史　錢穆撰　臺北　臺灣商務印書館　1980 年 1 月臺 7 版

中國哲學史　勞思光撰　坊間本

清代思想史　陸寶千撰　臺北　廣文書局　1983 年 9 月 3 版

歷史與思想　余英時撰　臺北　聯經出版公司　1976 年 9 月

清儒學記　張舜徽撰　濟南　齊魯書社　1991 年 11 月

中國學術思想史論叢（八）　錢穆撰　臺北　東大圖書公司　1990 年 4 月再版

近代中國思想學說史　侯外廬撰　坊間本

近代中國的變局　郭廷以撰　臺北　聯經出版公司　1990 年 8 月 2 刷

441

中國近代思想史論　王爾敏撰　臺北　華世出版社　1982 年 1
　月 3 刷
近代思想史散論　龔師鵬程撰　臺北　東大圖書公司　1991 年
　11 月
被解釋的傳統—近代思想史新論　陳少明、單世聯、張永義撰
　廣州　中山大學出版社　1995 年 5 月
近代中國人物思想論—晚清思想　張灝等撰　周陽山、楊肅獻
　編　臺北　時報文化出版公司　1985 年 11 月 4 刷
求索眞文明—晚清學術史論　朱維錚撰　上海　上海古籍出版
　社　1996 年 12 月
晚清政治思想研究　小野川秀美撰　林明德、黃福慶譯　臺北
　時報文化出版公司　1982 年 5 月
晚清政治思想史論　王爾敏撰　臺北　華世出版社　1976 年 4
　月 2 版
晚清五十年經濟思想史　趙豐田撰　臺北　華世出版社　1975
　年 12 月
尋求富強：嚴復與西方　史華茲（Benjamin Schwartg）撰　葉
　鳳美譯　南京　江蘇古籍出版社　1996 年 4 月
章太炎的思想及其對傳統儒學的衝擊　王汎森撰　臺北　時報
　文化出版公司　1985 年 5 月
古史辨　顧頡剛等編　臺北　明倫出版社　1970 年 1 月重印
中國上古史研究講義　顧頡剛撰　臺北　洪葉文化公司　1994
　年 10 月
顧頡剛讀書筆記　顧洪編　臺北　聯經出版公司　1990 年 1 月
顧頡剛與中國新史學　施耐德（Laurence A Schneider）撰　梅
　寅生譯　臺北　華世出版社　1984 年 1 月
顧頡剛先生學述　劉起釪撰　北京　中華書局　1986 年 5 月

古史辨運動的興起——一個思想史的分析　王汎森撰　臺北　允晨文化公司　1987 年 4 月

疑古思想與中國現代史學的發展　彭明輝撰　臺北　臺灣商務印書館　1991 年 9 月

顧頡剛的疑古史學　陳志明撰　臺北　商鼎文化出版社　1993 年 1 月

子部

墨子閒詁　清·孫詒讓撰　臺北　河洛圖書出版社　出版年月不詳

莊子集釋　清·郭慶藩撰　臺北　河洛圖書出版社　1974 年 3 月

荀子集解　清·王先謙撰　沈嘯寰、王星賢點校　北京　中華書局　1997 年 10 月 4 刷

荀子新注　臺北　里仁書局　1983 年 11 月

韓非子集釋　陳奇猷撰　臺北　華正書局　1977 年 4 月

呂氏春秋校釋　陳奇猷撰　臺北　華正書局　1985 年 8 月

新語校注　王利器撰　北京　中華書局　1996 年 2 月 2 刷

賈誼集校注　王洲明、徐超撰　北京　人民文學出版社　1996 年 11 月

淮南子集釋　何寧撰　北京　中華書局　1998 年 10 月

論衡校釋（附劉盼遂集解）　黃暉撰　北京　中華書局　1996 年 10 月 3 刷

王陽明傳習錄詳註集評　陳榮捷撰　臺北　臺灣學生書局　1983 年 12 月

日知錄集釋　清·顧炎武撰　清·黃汝成集釋　臺北　世界書局　1981 年 4 月 6 版

觀堂集林　王國維撰　趙萬里編海寧王靜安先生遺書本　臺北　臺灣商務印書館　1979 年 5 月

清儒學案新編（第四卷）　楊向奎撰　濟南　齊魯書社　1994 年 3 月

漢學商兌　清・方東樹撰　影印道光 6 年浙江書局刊本　臺北　廣文書局　1977 年 7 月再版

校邠廬抗議　清・馮桂芬撰　影印光緒 23 年刻本　沈雲龍主編近代中國史料叢刊初編第 62 輯第 612 冊　臺北　文海出版社　1971 年

東塾讀書記　清・陳澧撰　臺北　臺灣商務印書館　1997 年 6 月臺 2 版

漢儒通義　清・陳澧撰　東塾叢書　影印光緒廣東刻本　臺北　華文書局　1970 年 6 月

勸學篇　清・張之洞撰　張之洞全集本　石家莊　河北人民出版社　1998 年

籌洋芻議　清・薛福成撰　庸盦全集　影印光緒 24 年刊本　臺北　華文書局 1971 年

盛世危言增訂新編　清・鄭觀應撰　影印光緒 26 年重印本　臺北　臺灣學生書局　1965 年 11 月

翼教叢編　清・蘇輿編　影印光緒 24 年刊本　沈雲龍主編近代中國史料叢刊初編第 65 輯第 647 冊　臺北　文海出版社　1966 年

覺迷要錄　清・葉德輝撰　影印光緒 31 年刊本　臺北　臺聯國風出版社　1970 年 12 月

現代儒學論　余英時撰　臺北　八方文化公司　1996 年 9 月

思想與人物　林毓生撰　臺北　聯經出版公司　1983 年 8 月

意義的探究—當代西方釋義學　張汝倫撰　臺北　谷風出版社

1988 年 5 月

文化符號學　龔鵬程撰　臺北　臺灣學生書局　1992 年 8 月

文化人類學的理論架構　莊錫昌、孫志民撰　臺北　淑馨出版社　1998 年 11 月 3 刷

論人─人類文化哲學導論　歐因斯特‧卡西勒（Ernst Cassirer）撰　劉述先譯　臺北　文星書店　1959 年 11 月

真理與方法─哲學詮釋學的基本特徵　漢斯‧格奧爾格‧加達默爾（Hans-Georg Gadamer）撰　洪漢鼎譯　臺北　時報文化出版公司　1993 年 10 月

論傳統　愛德華‧希爾斯（Edward Shils）撰　傅鏗、呂樂譯　臺北　桂冠圖書公司　1992 年 5 月

東方民族的思維方法　中村元撰　林太、馬小鶴譯　臺北　淑馨出版社　1999 年 2 月

中國佛教發展史論　楊惠南撰　臺北　東大圖書公司　1993 年 6 月

宗教生活的基本形式　涂爾幹（Emile Durkheim）撰　芮傳明、趙學元譯　臺北　桂冠圖書公司 1994 年 8 月再版

中國的宗教：儒教與道教　韋伯（Max Weber）撰　簡惠美譯　臺北　遠流出版公司　1989 年 1 月

宗教社會學　韋伯撰（Max Weber）　劉援、王予文譯　臺北　桂冠圖書公司　1997 年 11 月

信仰的動力　保羅‧田力克（Paul Tillich）撰　魯燕萍譯　臺北　桂冠圖書公司　1994 年 8 月

集部

南雷文定　明‧黃宗羲撰　梨洲遺著彙刊本　出版項不詳

東原文集　清‧戴震撰　張岱年主編戴震全書（六）　合肥　黃

山書社　1995 年 10 月

潛研堂文集　清·錢大昕撰　嘉定錢大昕全集第 9 冊　南京　江蘇古籍出版社 1997 年 12 月

問字堂集／岱南閣集合刊　清·孫星衍撰　駢宇騫點校　北京中華書局　1996 年 7 月

校禮堂文集　清·淩廷堪撰　王文錦點校　北京　中華書局 1998 年 2 月

雕菰集　清·焦循撰　臺北　鼎文書局　1977 年 9 月

揅經室集　清·阮元撰　國學基本叢書本　臺北　臺灣商務印書館　1967 年 3 月

劉禮部集　清·劉逢祿撰　道光 10 年思誤齋刊本　臺北　中央研究院傅斯年圖書館藏

樸學齋文錄　清·宋翔鳳撰　影印浮谿精舍叢書本　臺北　聖環圖書公司　1998 年 5 月

龔定盦全集　清·龔自珍撰　臺北　新文豐出版公司　1975 年 3 月

魏源集　清·魏源撰　點校本　臺北　鼎文書局　1978 年 11 月

朱九江集　清·朱次琦撰　影印光緒 23 年刊本　臺北　臺灣商務印書館　1973 年 12 月

弢園文新編　清·王韜撰　朱維錚、李天綱編校　北京　三聯書店　1998 年 6 月

虛受堂文集　清·王先謙撰　影印光緒 26 年刊本　沈雲龍主編近代中國史料叢刊初編第 69 輯第 681 冊　臺北　文海出版社 1966 年

虛受堂書札　清·王先謙撰　影印光緒 33 年刊本　沈雲龍主編近代中國史料叢刊初編第 69 輯第 683 冊　臺北　文海出版社

1966 年

佩弦齋文存　清‧朱一新撰　拙盦叢稿　影印光緒 22 年刊本
　沈雲龍主編近代中國史料叢初編第 28 輯第 272 冊　臺北　文
　海出版社　1966 年

陳熾集　清‧陳熾撰　趙樹貴、曾麗雅編　北京　中華書局
　1997 年 4 月

讀書札記　清‧文廷式撰　趙鐵寒編文芸閣先生全集（三）　沈
　雲龍主編近代中國史料叢刊續編第 14 輯第 133 冊　臺北　文
　海出版社　1975 年

譚嗣同全集（增訂本）　清‧譚嗣同撰　蔡尚思、方行編　北
　京　中華書局　1998 年 6 月 3 刷

太炎文錄初編　章太炎撰　章太炎全集（四）　上海　上海人
　民出版社　1985 年 9 月

太炎文錄續編　章太炎撰　章太炎全集（五）　上海　上海人
　民出版社　1985 年 2 月

章太炎政論選集　湯志鈞編　北京　中華書局　1977 年 11 月

章太炎選集（注釋本）　朱維錚、姜義華編注　上海　上海人
　民出版社　1981 年 9 月

飲冰室文集　梁啓超撰　臺北　臺灣中華書局　1983 年 12 月
　臺 3 版

左盦集　劉師培撰　劉申叔先生遺書（三）　影印民國 23 年南
　武寧氏校本　臺北　華世出版社　1975 年 4 月

左盦外集　劉師培撰　同上

樂府詩集　宋‧郭茂倩編　臺北　里仁書局　1984 年 9 月

大俠　龔鵬程撰　臺北　錦冠出版社　1987 年 10 月

千古文人俠客夢—武俠小說類型研究　陳平原撰　臺北　麥田
　出版社　1997 年 12 月

文學散步　龔師鵬程撰　臺北　漢光文化公司　1985 年 9 月
文學與美學　龔師鵬程撰　臺北　業強出版社　1986 年 4 月
文化、文學與美學　龔師鵬程撰　臺北　時報文化公司　1988
　年 2 月
飲食男女生活美學　龔師鵬程撰　臺北　立緒文化公司　1998
　年 9 月
文學理論　韋勒克（Wellk）、華倫（Rene）撰　梁伯傑譯　臺
　北　大林出版社　出版年月不詳
中國文學理論　劉若愚撰　杜國清譯　臺北　聯經出版公司
　1985 年 8 月
鏡與燈—浪漫主義文論及批評傳統　艾布拉姆斯
　（M.H.Abrams）撰　酈稚牛、張照進、童慶生譯　北京　北
　京大學出版社　1989 年 12 月

學位論文
皮錫瑞經學史觀及其經學問題探討　許英才撰　政治大學中文
　系碩士論文 1992 年 6 月
皮錫瑞易學述論　高志成撰　逢甲大學中文系碩士論文　1994
　年 6 月
皮錫瑞詩經通論研究　胡靜君撰　逢甲大學中文系碩士論文
　1995 年 6 月
廖平經學思想研究　陳文豪撰　政治大學中文系碩士論文
　1992 年 6 月
康有爲經學述評　丁亞傑撰　中央大學中文系碩士論文　1992
　年 5 月
康有爲公羊思想研究　王妙如撰　淡江大學中文系碩士論文
　1996 年 6 月

單篇論文

論皮錫瑞之經學　王韶生撰　崇基學報 1 期　1961 年 7 月

井研廖季平師與近代今文學　蒙文通撰　廖幼平編　廖季平年
　譜　成都　巴蜀書社　1985 年 6 月

廖季平先生與清代漢學　蒙文通撰　廖幼平編　廖季平年譜

井研廖師與漢代今古文學　蒙文通撰　廖幼平編　廖季平年譜

廖季平哲學思想與經學的終結　鍾肇鵬撰　社會科學研究
　1983 年 5 期

廖康羊城之會與康有為經學思想的轉變　黃開國撰　社會科學
　研究　1986 年 4 期

廖平經學第一變的思想準備　黃開國撰　重慶師院學報（哲學
　社會科學版）1985 年 3 期

廖季平經學第三變變因芻議　舒大剛撰　社會科學研究　1984
　年 4 期

廖季平經學第四變及其哲學思想　鄭萬耕、張奇偉撰　社會科
　學研究　1986 年 1 期

廖平經學六變時間考略　黃開國撰　成都大學學報（社會科學
　版）　1987 年 1 期

廖平經學述評　黃開國撰　社會科學輯刊　1990 年 2 期

廖平與經學的終結　黃開國撰　哲學研究　1987 年 10 期

廖平經學六變的變因　黃開國撰　中國哲學史研究　1989 年 2
　期

清代學術三大發明之一——廖平的平分今古之論　黃開國撰　南
　京大學學報（哲學人文社會科學）　1992 年 4 期

廖平經學六變的發展邏輯　黃開國撰　四川大學學報　1992 年
　2 期

晚清經今文學及其代表康有爲之思想　吳康撰　孔孟學報
　11、12 期　1966 年 4、9 月

今文學家康有爲之孔子改制學說提要　吳康撰　經學研究論集
　臺北　黎明文化公司　1981 年 1 月

康有爲與今文經學　楊向奎撰　中國哲學史研究　1983 年 1 期

康有爲和今文經學　湯志鈞撰　經學史論集　臺北　大安出版
　社　1995 年 6 月

康有爲與章太炎　周予同撰　周予同經學史論著選集　上海
　人民出版社 1983 年 11 月

康有爲的「孔子改制」新議　遲雲飛撰　湖南師範大學社會科
　學學報　1988 年 3 期

重評新學僞經考　朱維錚撰　復旦學報（社會科學版）　1992
　年 2 期

孔子改制考和知聖篇的比較　黃開國撰　孔子研究　1992 年 3
　期

國家圖書館出版品預行編目資料

清末民初公羊學研究：皮錫瑞、廖平、
康有爲 ／丁亞傑著. -- 初版
-- 臺北市：萬卷樓, 民 91
面；　　　公分

ISBN 957－739－385－3 (平裝)

1.經學 － 中國 － 晚清(1840-1911)

090.97　　　　　　　　　91002792

清末民初公羊學研究

--皮錫瑞、廖平、康有爲

著　　　者：丁亞傑
發　行　人：許錟輝
出　版　者：萬卷樓圖書有限公司
　　　　　　臺北市羅斯福路二段 41 號 6 樓之 3
　　　　　　電話(02)23216565・23952992
　　　　　　FAX(02)23944113
　　　　　　劃撥帳號 15624015
出版登記證：新聞局局版臺業字第 5655 號
網 站 網 址：http://www.wanjuan.com.tw
E-mail：wanjuan@tpts5.seed.net.tw
經 銷 代 理：紅螞蟻圖書有限公司
　　　　　　臺北市內湖區舊宗路二段 121 巷 28 號 4F
　　　　　　電話(02)27953656(代表號)　FAX(02)27954100
E-mail：red0511@ms51.hinet.net
承 印 廠 商：晟齊實業有限公司
定　　　價：440 元
出 版 日 期：民國 91 年 3 月初版